U0554476

权威·前沿·原创

皮书系列为
"十二五""十三五"国家重点图书出版规划项目

"一带一路"蓝皮书

BLUE BOOK OF
"THE BELT AND ROAD"

"一带一路"建设发展报告
(2019)

ANNUAL REPORT ON DEVELOPMENT OF "THE BELT AND ROAD"
CONSTRUCTION (2019)

中国社会科学院"一带一路"研究中心
中信改革发展研究基金会
中国社会科学院大学欧亚高等研究院
主　　编／李永全
执 行 主 编／王晓泉

社会科学文献出版社
SOCIAL SCIENCES ACADEMIC PRESS (CHINA)

图书在版编目（CIP）数据

"一带一路"建设发展报告. 2019 / 李永全主编
. -- 北京：社会科学文献出版社，2019.3（2019.10 重印）
（"一带一路"蓝皮书）
ISBN 978 - 7 - 5201 - 4432 - 2

Ⅰ. ①一… Ⅱ. ①李… Ⅲ. ①"一带一路" - 国际合
作 - 研究报告 - 中国 - 2019 Ⅳ. ①F125

中国版本图书馆 CIP 数据核字（2019）第 040742 号

"一带一路"蓝皮书
"一带一路"建设发展报告（2019）

主　　编 / 李永全
执行主编 / 王晓泉

出 版 人 / 谢寿光
责任编辑 / 王小艳
文稿编辑 / 王蓓遥

出　　版 / 社会科学文献出版社·当代世界出版分社（010）59367004
　　　　　　地址：北京市北三环中路甲 29 号院华龙大厦　邮编：100029
　　　　　　网址：www. ssap. com. cn
发　　行 / 市场营销中心（010）59367081　59367083
印　　装 / 三河市东方印刷有限公司

规　　格 / 开　本：787mm × 1092mm　1/16
　　　　　　印　张：28.75　字　数：431 千字
版　　次 / 2019 年 3 月第 1 版　2019 年 10 月第 3 次印刷
书　　号 / ISBN 978 - 7 - 5201 - 4432 - 2
定　　价 / 168.00 元

本书如有印装质量问题，请与读者服务中心（010 - 59367028）联系

"一带一路"建设发展报告（2019）
编 委 会

摘　要

　　《"一带一路"建设发展报告（2019）》分为总报告、分报告、国际合作篇、国内区域篇、专题篇五部分。总报告指出，"一带一路"倡议提出 5年来，中国与沿线国家开启了新的合作模式，激活了各种合作机制，创造了诸多合作纪录，促进了区域经济发展，为全球治理提出中国方案。

　　分报告重点分析了中国与"一带一路"沿线国家贸易、投资、产能、园区及体育文化领域合作。在贸易合作领域，中国与沿线国家之间的贸易合作水平逐渐提高。在投资合作领域，中国和沿线国家的合作取得了显著成就，不仅大幅提升了我国投资的自由化与便利化程度，中国对外投资还成为拉动全球对外直接投资增长的重要引擎。在产能合作领域，中国与"一带一路"沿线国家取得积极进展，产能合作规模持续扩大，境外经贸合作区发展迅速，合作领域不断拓展。园区合作已经成为中国发展模式与理念传播的重要载体，以及开展对外投资合作的重要名片。体育文化领域合作已经成为推进民心相通的重要媒介。

　　国际合作篇讨论了中亚、南高加索、西亚、南亚、非洲及北欧等地区在"一带一路"建设中的地位和作用。五年来，中亚各国对"一带一路"的认知越来越清晰，从最初的天然好感上升为真心的支持和期待。中国与南高加索国家在"一带一路"框架下的合作快速发展，双边贸易投资稳步增长，在制度建设、互联互通和产能合作上取得诸多早期收获。通过"一带一路"，中国与西亚国家在基础设施建设、能源产业、金融等诸多领域展开多元合作，形成复合的联动发展格局。南亚是"一带一路"沿线的一个重点地区，中巴经济走廊、孟中印缅经济走廊都是"一带一路"的重要组成部分。中非共建"一带一路"是国际"一带一路"合作中的亮点。中非合作

由"先行先试"的"试验田",转变为国际"一带一路"合作的"示范田"。北欧国家虽然在地理上同中国距离遥远,但是也积极探寻通过"一带一路"促进自身发展。

国内区域篇着重分析了北京、江苏、福建、内蒙古、四川、广西、陕西以及宁夏参与"一带一路"的规划和实施情况。北京市立足城市定位,发挥自身优势,通过继续加快城市功能转变,将在"一带一路"建设中发挥示范和排头兵作用。江苏省围绕"一带一路"交会点建设,着力推进设施互联互通,加强江海联动、陆海统筹。福建省坚持经贸合作与人文交流并重,全方位开展与"一带一路"沿线国家和地区多领域合作。在国家"一带一路"倡议全局中,内蒙古被赋予"发挥联通俄蒙的区位优势"的时代任务。四川省以建设完备的交通网络为基础,把自身的经济、文化资源和"一带一路"沿线国家有机地结合起来,实施四川省的"251"经济发展规划。广西在推动国际陆海贸易新通道、中国—东盟信息港建设等方面取得了积极的成效。陕西围绕国家"一带一路"总体规划部署,在"陆海内外联动,东西双向互济"的开放新格局中发挥越来越重要的作用。宁夏以内陆开放型经济试验区为契机,以中阿博览会为平台,不断加强与"一带一路"沿线国家的交流与合作。

专题篇研究了中国与"一带一路"沿线国家在央企合作、中亚合作、"带盟对接"、海外利益保护及国际舆情等领域的问题和前景。中信集团为央企参与"一带一路"建设提供业务协同模式的经典案例。丝绸之路经济带建设为中亚地区发展注入新活力。丝绸之路经济带与欧亚经济联盟对接合作既基于各自发展的内在需求,也具有良好的客观基础。在"一带一路"建设背景下,中国海外利益保护的机遇与挑战并存。五年来,国际社会纷纷通过新闻媒体、图书出版、智库研究关注解读"一带一路",形成了积极热烈的舆论反响,凝聚起日渐增强的全球共识。

目 录

Ⅳ　国内区域篇

Ⅴ　专题篇

VI　附件

皮书数据库阅读**使用指南**

总 报 告

General Report

B.1

风正时济　任重道远

——写在"一带一路"倡议提出五周年之际

李永全[*]

摘　要：　"一带一路"倡议提出5年来，中国与沿线国家开启了新的合
作模式，激活了各种合作机制，创造了诸多合作纪录，促进
了区域经济发展，为全球治理提出中国方案。全球化改变了
各国人民的意识和对自身利益及权利的理解，尊重这些利益
和权利，以全新的态度对待合作伙伴是时代的要求。平等、
互利、包容正是"一带一路"倡议所包含的合作理念。

关键词：　"一带一路"　全球治理　中国方案

---

* 李永全，中国社会科学院"一带一路"研究中心主任、中国社会科学院大学国际关系学院
教授。

2018 年岁末，在"一带一路"国际合作倡议提出满五周年之际，回顾五年的发展历程，无论国内"改革开放"事业，还是国际务实合作，都取得了重要成果和不凡的业绩。"一带一路"开启了新的合作模式，激活了各种合作机制，创造了诸多合作纪录，促进了区域经济发展。同时，在世界局势多变、全球化面临新的艰难险阻的大背景下，"一带一路"为全球治理提出了中国方案。目前，这一方案正在为越来越多的国家所理解和支持。

一　应对变局　共谋对策

自 2008 年世界金融危机以来，世界经济陷入持续低迷。西方主要经济体采取各种措施恢复经济，但增长依旧乏力。与此同时，各国积累多年的社会问题开始爆发，社会不满情绪蔓延全球，民粹主义浪潮此起彼伏。世界面临新一轮动荡，发达经济体解困乏术，局势变幻莫测。其实，种种迹象表明，世界发展模式出了问题，自由主义模式出了问题。在全球化进程中，自由主义模式逐渐占据优势，资本为了提高竞争力，获得最大利润，想尽一切可能的和不可能的手段。资本输出的宽松条件使这种模式逐渐蔓延到世界主要经济体。伴随着扩大市场、刺激消费、挥霍资源，环境污染也延续了几十年。在这个过程中，与经济高速增长相伴相生的显著现象是社会分化严重、社会矛盾加剧。如今，这个模式已经走到或者正在走向尽头。

在这种情况下，世界各国在寻找解决问题的途径，不同地区在寻找解决问题的机制，世界大国在谋求制定新的规则，TPP、TTIP 等机制虽应运而生，但运转艰难。实际上，国际社会在合作理念上还存在巨大差异，少数发达国家制定垄断规则，超级大国资本自私自利以及达不到目的即搞贸易保护主义等做法更使世界经济充满不确定性。同时，用所谓的"民粹主义"安抚怨声载道的民众毕竟不是长久之计。

简而言之，当今世界格局面临重大调整，或许百年变局已经开始。在这个进程中，已经全球化的世界经济再也不可能逆转，封闭的发展模式、自私自利的合作模式已经过时。各国都应该听从时代的召唤，面对新形势的挑战，勇敢地调整或改变目前的增长模式和合作理念，以开放包容的心态、公平合理的理念和模式开启新的时代。

就是在这种形势下，中国政府提出了"一带一路"这一国际合作倡议。"一带一路"倡议提出了一个美好的目标，开启了一个内容丰富、充满机遇、互利共赢的进程，吸引了沿线各国政府和企业的注意力，激起其合作愿望。它虽然立足于务实合作，却包含了全新的国际合作理念。同时，中国也在以身作则地践行新的合作原则。这是一个践行新理念、探索新模式、应对新挑战的中国方案。

二　五年历程　硕果相伴

从"一带一路"国际合作倡议提出至今，它已经成为最流行的政治词语和最热门的时代话题。它不仅成为务实合作领域的重要议题，也逐渐成为国际关系领域的重要议题。

这五年是"一带一路"出发的五年。2013年9月和10月，中国国家主席习近平先后提出共建"丝绸之路经济带"和"21世纪海上丝绸之路"倡议，如今它已经得到中东欧、中亚、南亚、中东以及非洲等国家和地区的积极响应。沿线国家不仅正确理解了这个倡议的内涵，而且抓住了这个倡议提供的机遇，使民族经济发展获得新的动力。目前已经有100多个国家表达了对"一带一路"倡议的支持和参与共建的意愿。

这五年是"一带一路"规划的五年。从2013年习近平提出的"五通"（即政策沟通、设施联通、贸易畅通、货币融通和民心相通），到2016年和2017年三部委（国家发改委、外交部、商务部）和"一带一路"建设工作领导小组办公室编制的"一带一路"建设愿景与蓝图，"一带一路"建设的主体框架日渐清晰。所谓的"三大走向"和"六廊六路多国多港"既是规划的主体框架，也是倡议的具体化，其实施前景取决于中国与沿线国家共同建设的意愿与决心。

这五年是与"一带一路"沿线国家发展战略对接的五年。五年的实践表明，凡是"一带一路"建设进展顺利的时候，大都是中国与沿线国家或

沿线国家之间实现了发展战略对接。这种对接是利益的对接、规划的对接、投资政策的对接。正是这种对接创造了巨大的发展潜力和动力，也创造了巨大的效益。中国和哈萨克斯坦国家发展战略在"一带一路"框架下的对接、中国和俄罗斯在能源及其基础设施建设领域的发展战略对接，以及中国和巴基斯坦发展战略的对接激发了强有力的发展动力和合作动力，效果相当显著。

这五年是"一带一路"收获的五年。"一带一路"倡议提出五年来，已经取得初步成效，且成果喜人。这些成果既展现在中国发展与国际合作方面，也展现在沿线国家发展与扩大国际交流方面。互利合作的实例更是不胜枚举。截至2018年，中国已经和80多个国家和国际组织签署共建"一带一路"合作协议，已有87个成员加入亚洲基础设施投资银行（简称亚投行）。五年来，中国同"一带一路"沿线国家货物贸易累计超过5万亿美元，中国对沿线国家的投资达600亿美元。这些成果带动了各国间的合作，促进了各国社会经济发展。

这五年也是中国向世界展示和践行新型合作理念的五年。2018年是中国改革开放40周年。40年来，中国由一个贫穷落后的国家发展成为世界第二大经济体，人均国民收入从1978年的190美元上升到2017年的8800美元，我们已经从改革开放初期解决温饱问题发展到满怀信心地走向全面建成小康社会。中国人民实实在在地感受到改革开放带来的红利。中国的改革开放离不开与世界经济接轨，融入全球化进程。与此同时，中国也对世界经济稳定与发展做出重要贡献。"一带一路"倡议是中国在总结数十年发展经验基础上向世界提出的务实合作的中国方案。它追求的是方法上的共商、共建、共享和目标上的互利共赢。2018年11月在上海举办的中国国际进口博览会充分展示了中国以开放包容的态度参与国际合作的胸怀和诚意。

在历史的长河中，五年时光或许只是弹指一挥间，但它留下了浓墨重彩的一笔，我们将循着它走向合作共赢的美好未来。

三　道路曲折　勇对挑战

"一带一路"倡议五年实践取得的重要成果鼓舞了倡议发起者，也鼓舞了沿线国家积极参与实践的企业和项目主体。与此同时，像所有重大进程和项目一样，五年实践也向人们提示了实践"一带一路"面临的各种挑战与过程的复杂性。

第一，对"一带一路"倡议的认识不足仍然是阻碍合作的重要因素，因此，践行合作倡议有助于推广中国理念，树立和改善中国形象。虽然"一带一路"是务实合作倡议，但是经常被某些国家解读为地缘政治项目，在沿线国家媒体中也不时出现曲解"一带一路"倡议合作理念与实践的不和谐音符。2018年上合组织青岛峰会上，国家主席习近平向上合组织成员国和国际社会提出了创新、协调、绿色、开放、共享的发展观，共同、综合、合作、可持续的安全观，开放、融通、互利、共赢的合作观，平等、互鉴、对话、包容的文明观和共商共建共享的全球治理观。① 这个讲话提出了在世界历史发展关键时期中国应对国际社会所面临挑战的"中国方案"，而"一带一路"倡议是我们落实中国立场和原则的重要实践。

第二，协调沿线国家相关政策和利益具有现实性、迫切性及困难性。"一带一路"沿线国家大都是发展中国家，它们社会环境复杂，基础设施落后，经济规模有限，投资增长乏力。尤其是苏联解体后的独联体地区，各国在政治、经济、人文等领域都有千丝万缕的联系，任何跨国大项目都会影响地区基础设施运行效率、市场行情甚至经济结构。不仅如此，各国经历了独立后的多年发展，经济政策和经济运行环境差异很大。这些因素对实施"一带一路"倡议都具有一定的影响，协调这些关系成为"一带一路"发展的重要要求之一。

在国外上大项目，无论是基础设施建设还是园区建设，都会影响到周边国家乃至整个地区。与沿线各国尤其独联体地区各国进行经济合作，在涉及投资保护、劳动力资源利用、技术标准等问题时，任何政策上的微调都需要付出巨大努力。比如，中国西部—欧洲西部公路（双西公路）建设项目，

---

① 《弘扬"上海精神"构建命运共同体——习近平在上海合作组织成员国元首理事会第十八次会议上的讲话》，《人民日报》2018年6月11日。

俄罗斯由于担心该项目影响其国内其他基础设施的运行效率而缺乏参与积极性，从而影响整个项目建设进度。这个例子具有代表性和现实意义，项目的投资是具有政治风险的，而政治风险必须依靠政治手段解决，即通过政策沟通为合作创造良好的环境。这说明在项目上马前必须做深入细致的调查研究，否则不仅会影响工程进度，甚至会影响国家关系。

第三，缺乏对沿线国家相关政策的了解、缺乏国际合作经验、缺乏人才成为"走出去"的巨大障碍。"一带一路"倡议提高了国内企业"走出去"的热情和愿望，到国际市场寻找发展机遇成为许多企业家和投资者的决策目标。但是，相对于当年"引进来"而言，"走出去"要困难得多。这些困难是客观存在的，短期内靠主观努力不易克服。一是对合作伙伴所在国家相关政策、法律、法规缺乏了解，这些法律、法规和政策包括所在国经济体制、投资政策、税收政策、劳工制度、外汇政策等。改变这种状况需要人文社会科学研究领域的共同努力，使研究接近前沿，接近生活，接近需求。二是相应人才极度缺乏。这里所说的人才不是一般意义上的外语人才，而是了解所在国国情，具备相应的经济、法律、金融等领域知识的复合型人才。相对于"一带一路"倡议的宏伟目标而言，我们不仅需要加快人才培养，更需要改进培养人才的手段，复合型人才培养应涉及整个学科教育体系和评价体系。可以预期，"一带一路"倡议的顺利实施必将推动我国人才培养机制的完善。

第四，"一带一路"沿线人文环境尤其是舆论环境堪忧，亟待通过人文交流加以改善。各种调查和研究报告均指出，"一带一路"倡议在沿线地区得到所在国理解、欢迎和对接的同时，各地媒体对"一带一路"倡议及其实践或者报道甚少，或者存在许多曲解。目前时常出现在沿线各国媒体中所谓的"中国威胁论"具有复杂的背景，但把中国作为地缘政治博弈的操盘手和竞争对手的言论在很大程度上是缺乏对中国的深入了解。同时，"一带一路"沿线国家文化千姿百态，各种民族文化、宗教文化、历史与现实交织在一起，不了解其特点就不能达到"民心相通"的目的。而人文交流是实现"民心相通"的重要手段。因此，加强人文交流，在"民心相通"上做文章是摆在我们面前的重要任务。值得指出的是，随着"一带一路"倡议的不断推进，国际上对该倡议的反应正趋于平衡，正面客观的报道和评论逐渐增加，但是我们仍然任重道远，不可懈怠。

第五，非传统安全威胁值得重视，消除威胁需要国际社会和合作伙伴共同努力。非传统安全威胁在"一带一路"沿线地区尤其严重。中亚、南亚、东南亚以及中东等地区政局相对动荡，恐怖主义、分裂主义、跨国犯罪等现象频繁发生。非传统安全风险分两种，一种是环境本身存在风险，如政局动荡等，另一种是参与务实合作项目的人员和财产本身成为攻击目标。这个问题的解决将随着"一带一路"倡议的发展而日益具有迫切性。风险防范已经成为现实安全话题，探索有效途径为"一带一路"建设保驾护航，保证人员、财产和项目安全是顺利推进"一带一路"建设的重要条件之一。

在这种安全形势下，相关国家和地区共同应对挑战是唯一出路。因此，从这个意义上说，"一带一路"建设不仅是务实合作，也是安全合作，"一带一路"建设的顺利推进不仅能够实现经济上的互利共赢，也将促进地区的稳定发展。

四　开放包容　共赴明天

世界形势正发生剧烈变化，世界经济正进行深度调整，保护主义、单边主义抬头，全球化进程充满诸多变数。中美之间的贸易战吸引了全世界的注意力。这场贸易战将对中美关系产生巨大影响，也预示着中美关系进入新阶段。与此同时，中美贸易战不仅反映中美之间的贸易和国家关系，它还折射出世界经济进程中深层次的问题。全球化时代，随着新经济体的出现，新规则的制定也不会像以往一样总是由少数大国垄断。同时，全球化改变了各国人民的意识和对自身利益及权利的理解，尊重这些利益和权利，以全新的态度对待合作伙伴是时代的要求。平等、互利、包容，正是"一带一路"倡议所包含的合作理念。

2018 年 11 月，首届中国国际进口博览会在上海举行。习近平在博览会开幕式上做了题为《共建创新包容的开放型世界经济》的主旨演讲。习近

平在演讲中呼吁世界各国以创新精神建立开放、包容的世界经济。40 年来，中国坚定地实施改革开放政策，根据国家发展需要和具体国情逐步与全球化的世界经济进程接轨。中国是经济全球化的重要参与者，既从全球化进程中获得发展机遇，也为这个进程做出了中国贡献。中国以自身发展实践深刻体会到建立开放型经济的必要性和重要性。正如习近平指出的那样，"开放带来进步，封闭必然落后。国际贸易和投资等经贸往来，植根于各国优势互补、互通有无的需要"。① 中国国际进口博览会展示了中国主动向世界开放的重要姿态，是着眼于新一轮对外开放的重大决策。在继续推动经济全球化参与世界经济进程中，那种自私自利、以自我为中心、自己利益优先的理念已经过时，以包容的态度对待全球化进程，以包容的态度对待合作伙伴，是当前或未来世界经济发展的潮流。

"一带一路"已经启程，它不会笔直无碍，也不会一帆风顺，但它是通往人类命运共同体的美好征程。"风正时济，自当破浪扬帆。任重道远，还需策马扬鞭。"带着创新精神和包容心态走在通往美好目标的"一带一路"上，同道者一定会达成共识，找到合作项目，实现共同发展、共同繁荣！

---

① 习近平在首届中国国际进口博览会开幕式上的主旨演讲。

分 报 告

Sub-reports

B.2
中国与"一带一路"沿线国家贸易合作

徐坡岭 黄 茜*

摘　要： "一带一路"建设5年来，中国与沿线国家之间的贸易合作水平逐渐提高。从贸易额和贸易占比看，中国对"一带一路"沿线国家的出口占总出口的比重呈持续上升趋势，自沿线国家的进口则受大宗商品价格波动的影响，呈现波动特征。从贸易结构看，产业间贸易是中国与"一带一路"沿线国家贸易的主要结构特征，但与东南亚国家之间则表现出较明显的产业内贸易特征，显示中国与这些国家和地区的产业内分工水平较高，更高的贸易额也是这种分工的表现。相对而言，中东欧国家尽管工业化水平较高，但与中国的产业间贸易特征表明，中国与这些国家之间还缺乏产业内分工合作。

---

* 徐坡岭，中国社会科学院"一带一路"研究中心副主任，中国社会科学院俄罗斯东欧中亚研究所俄罗斯经济研究室主任，研究员；黄茜，中国社会科学院研究生院博士研究生。

　　　　"一带一路"沿线国家贸易合作的发展还表现在贸易便利化
　　　　的进展方面，其中，沿线自贸区建设是推进贸易便利化的
　　　　重要手段。

关键词： "一带一路"　贸易合作　贸易便利化　自贸区

　　实现贸易畅通，加强贸易合作是"一带一路"建设中的重点内容，也是促进"一带一路"沿线各国共同发展与共同繁荣的重要方式之一。自"一带一路"倡议提出以来，中国在与沿线各国贸易合作方面取得不少积极的进展，主要表现为贸易合作逐渐加强，贸易结构进一步优化以及贸易便利化水平不断提升。

一　"一带一路"沿线国家及其区域划分

　　"一带一路"沿线国家涵盖了东南亚、南亚、东亚、中亚、西亚北非、中东欧等地区65个国家，其地域面积占全球1/3以上，人口总量占全球六成以上，2017年国民生产总值占全球的31.5%。本报告将"一带一路"65个沿线国家按区域划分如表1所示。

表1　"一带一路"沿线国家按区域划分

区域	国家
东亚(2国)	中国、蒙古国
东南亚(11国)	新加坡、泰国、越南、马来西亚、印度尼西亚、菲律宾、缅甸、柬埔寨、文莱、老挝、东帝汶
南亚(8国)	印度、孟加拉国、巴基斯坦、斯里兰卡、尼泊尔、阿富汗、马尔代夫、不丹
中亚(5国)	哈萨克斯坦、乌兹别克斯坦、土库曼斯坦、塔吉克斯坦、吉尔吉斯斯坦

区域	国家
西亚北非(19国)	阿联酋、沙特阿拉伯、土耳其、以色列、卡塔尔、埃及、科威特、伊拉克、伊朗、阿曼、巴林、约旦、阿塞拜疆、黎巴嫩、格鲁吉亚、也门、亚美尼亚、叙利亚、巴勒斯坦
中东欧(20国)	俄罗斯、波兰、捷克、匈牙利、斯洛伐克、罗马尼亚、乌克兰、斯洛文尼亚、立陶宛、白俄罗斯、保加利亚、波黑、克罗地亚、爱沙尼亚、拉脱维亚、塞尔维亚、马其顿、阿尔巴尼亚、摩尔多瓦、黑山

二 中国与"一带一路"沿线国家贸易情况

(一)中国"一带一路"沿线国家整体贸易情况

根据国际货币基金的统计数据,2013～2017年,中国与"一带一路"沿线国家的货物贸易总额在10000亿美元上下波动,占中国与全球贸易总额的25.0%～26.6%。由于受到世界经济增长乏力、国际市场大宗商品价格下跌等影响,中国与沿线国家的贸易总额在2015年下降11.1%,2016年贸易持续低迷,2017年中国与"一带一路"沿线国家贸易增长转负为正,贸易总额达到10936.01亿美元,同比增长13.7%,占中国与全球贸易总额比重达到26.6%(见表2和图1)。

从出口与进口结构来看,中国始终保持出超地位。2013～2017年,中国对"一带一路"沿线国家的出口额占中国出口总额平均比重为27.2%,而进口额占中国进口总额平均比重为24.0%(见图1)。2013年中国对"一带一路"沿线国家贸易顺差为986.14亿美元,2015年贸易差额进一步拉大,顺差达到5年最高值,即2366.29亿美元。2017年中国自"一带一路"沿线国家的进口额大幅度增长23.9%,超过出口额增长16.5个百分点,中国与"一带一路"沿线国家的贸易顺差开始出现明显缩小的趋势。

表2 2013～2017年中国与"一带一路"沿线国家货物贸易额

单位：亿美元

贸易额	2013年	2014年	2015年	2016年	2017年
出口额	5691.57	6367.45	6163.16	5966.61	6409.96
进口额	4705.43	4832.50	3796.87	3653.61	4526.04
贸易总额	10397.00	11199.95	9960.03	9620.23	10936.01

资料来源：根据国际货币基金组织网站数据整理计算而得。

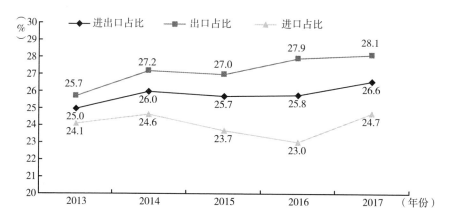

图1 2013～2017年中国与"一带一路"沿线国家贸易额占中国与全球贸易额比重

资料来源：根据国际货币基金组织网站数据整理计算而得。

（二）中国与"一带一路"沿线各区域及国别贸易情况

1. 各区域情况

从中国与"一带一路"沿线各区域的货物贸易合作情况来看，东南亚是与中国贸易规模最大的区域，且贸易增长速度较快。2017年中国与东南亚的贸易额为5182.56亿美元，较2013年增长了17.1%。同时中国与东南亚的贸易额占中国与全部"一带一路"沿线国家的贸易额的比重也由2013年的42.6%增长到2017年的47.4%。西亚北非与中东欧分列第2位与第3位，2017年中国与西亚北非贸易额为2441.36亿美元，占比22.3%；与中东欧的贸易额为1615.11亿美元，占比14.8%。此外，中国与排在第4位的南亚的贸易规模虽不算大，但贸易增长却是最快的，近五年双边贸易年均增长 7.25%，超出中国与东南亚贸易额年均增长 3 个百分点。排在最后的分别是中亚与东亚，2017 年与中国贸易额占比分别为 3.3% 与 0.6%（见表 3、图 2）。

表 3　2013～2017 年中国与"一带一路"沿线各区域货物贸易额

单位：亿美元

区域	2013 年	2014 年	2015 年	2016 年	2017 年
东亚	59.46	72.87	53.25	45.28	63.61
东南亚	4427.55	4798.45	4654.03	4605.49	5182.56
南亚	963.51	1061.13	1113.00	1126.89	1270.42
中亚	502.29	449.66	326.00	301.70	362.94
西亚北非	2874.15	3156.87	2481.81	2170.45	2441.36
中东欧	1570.03	1660.98	1331.95	1370.42	1615.11

资料来源：根据国际货币基金组织网站数据整理计算而得。

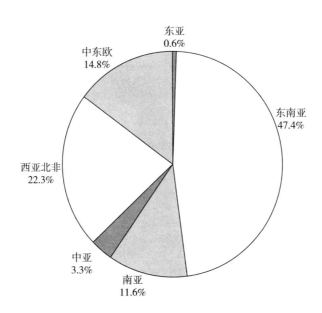

图 2　2017 年中国与"一带一路"沿线各区域贸易额占比

资料来源：根据国际货币基金组织网站数据整理计算而得。

从出口方面看，中国对东南亚区域出口规模最大。2017年中国对东南亚出口2828.95亿美元，占中国对"一带一路"沿线国家出口总额的44.1%，其次是西亚北非与南亚，出口额占比分别为20%与16.8%（见表4）。需要指出的是，在"一带一路"沿线六大区域中，中国只有对南亚的出口是逐年递增，且出口份额增长幅度最大，五年间共增长了3.6个百分点。

表4 2013~2017年中国对"一带一路"沿线各区域出口额

单位：亿美元

区域	2013年	2014年	2015年	2016年	2017年
东亚	24.49	22.16	15.72	9.95	13.56
东南亚	2438.85	2717.58	2790.06	2645.14	2828.95
南亚	752.64	858.64	943.29	978.68	1076.50
中亚	232.42	240.61	175.59	181.05	217.70
西亚北非	1253.55	1491.16	1424.83	1280.16	1283.02
中东欧	989.63	1037.30	813.67	871.63	990.23

资料来源：根据国际货币基金组织网站数据整理计算而得。

进口方面，东南亚仍然是中国最大的进口来源地，2017年进口额为2353.61亿美元，超出了中国自所有"一带一路"沿线国家进口总额的一半，且进口增长速度最快，五年间进口额增长18.3%，且进口份额也增长了将近10个百分点。西亚北非与中东欧分别为第二大与第三大进口来源地，2017年的进口占比分别为25.6%与13.8%（见表5）。

进出口结构方面，中国除了与沿线东亚区域（蒙古国）有着贸易逆差之外，与其他区域大多数年份是顺差主导，其中与南亚的贸易顺差最大，并且逐年上升。

2. 国别情况

分国别来看，2017年中国与"一带一路"沿线贸易额排名前十的国家依次是越南、马来西亚、印度、俄罗斯、泰国、新加坡、印度尼西亚、菲律

表5　2013～2017年中国自"一带一路"沿线各区域进口额

单位：亿美元

区域	2013 年	2014 年	2015 年	2016 年	2017 年
东亚	34.97	50.72	37.53	35.33	50.06
东南亚	1988.70	2080.87	1863.97	1960.35	2353.61
南亚	210.88	202.48	169.71	148.21	193.91
中亚	269.87	209.05	150.41	120.65	145.25
西亚北非	1620.60	1665.71	1056.97	890.28	1158.34
中东欧	580.41	623.67	518.28	498.78	624.88

资料来源：根据国际货币基金组织网站数据整理计算而得。

宾、沙特阿拉伯与阿联酋，中国与这十大贸易国的贸易额占中国与沿线所有国家贸易总额的比例为69.0%。其中，中国与越南的贸易额增长最快，2013～2017年，中越贸易额共增长87.7%。其次是菲律宾和印度，与中国贸易额五年分别增长了35.1%和29.0%（见图3、表6）。

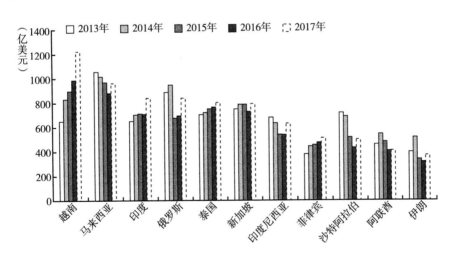

图3　2013～2017年中国与"一带一路"沿线主要国家贸易额

资料来源：国际货币基金组织网站。

表6 2017年中国在"一带一路"沿线的十大出口目的国与进口来源国

单位：亿美元，%

出口目的国	出口额	占比	进口来源国	进口额	占比
越南	723.60	11.3	马来西亚	543.54	12.0
印度	681.43	10.6	越南	505.57	11.2
新加坡	462.33	7.2	泰国	418.61	9.2
俄罗斯	433.21	6.8	俄罗斯	411.14	9.1
马来西亚	422.72	6.6	新加坡	335.02	7.4
泰国	388.83	6.1	沙特阿拉伯	317.62	7.0
印度尼西亚	348.79	5.4	印度尼西亚	285.12	6.3
菲律宾	321.89	5.0	菲律宾	191.96	4.2
阿联酋	289.66	4.5	伊朗	185.25	4.1
伊朗	186.83	2.9	印度	163.56	3.6
合计	4259.29	66.4	合计	3357.39	74.1

资料来源：国际货币基金组织网站。

三 中国与"一带一路"沿线国家贸易商品结构

（一）中国与"一带一路"沿线国家整体贸易商品结构

按照《联合国国际贸易标准分类》（SITC）的十大类产品的分类标准进行统计，可发现中国对"一带一路"沿线国家的出口主要集中在 SITC5—SITC8 类产品上，即工业制成品。其中，机械与运输设备（SITC7）的出口额最高，2017 年出口额达 2642 亿美元，占中国对"一带一路"沿线国家出口总额的 41.2%。其次是主要按原料分类的制成品（SITC6）与杂项制品（SITC8），2017 年两类产品出口额分别为 1482 亿美元与 1260 亿美元，占比分别为 23.1% 与 19.7%。从 2013~2017 年这五年的结构变化情况来看，SITC7 的出口额与出口份额均呈整体增长态势，五年间出口份额扩大了 3.2 个百分点；相反，SITC6 与 SITC8 的出口份额均呈下降趋势（见图 4）。

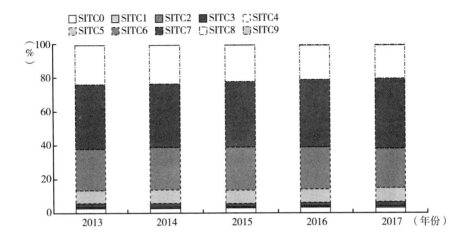

图4　2013～2017年中国对"一带一路"沿线国家整体出口商品结构

资料来源：UN Comtrade 数据库整理计算得出。

进口方面，中国从"一带一路"沿线国家进口的初级产品（SITC0—SITC4）与工业制成品（SITC5—SITC8）份额相当。从图5中可以看出，中国对初级产品的进口份额在不断减少，从2013年的56.6%下降到2017年的45.3%，而工业制成品的进口份额呈上升的态势，从2013年的41.1%上升到2017年的48.1%。在十大类产品中，进口份额较大的是矿物燃料、润滑油及有关原料（SITC3）和机械与运输设备（SITC7），二者加总占据所有出口商品的60%左右。其中，SITC3的进口份额在五年间处于逐渐下降的态势，而SITC7的进口份额则呈现上升的趋势。

（二）中国与"一带一路"各区域商品贸易结构

1. 东亚

在出口方面，中国向东亚（仅包括蒙古国）出口商品中工业制成品占80%左右，其中主要集中在机械与运输设备（SITC7）、主要按原料分类的制成品（SITC6）和杂项制品（SITC8）的出口上。2017年，中国向蒙古国出口三类产品金额分别是5.00亿美元、2.96亿美元与1.06亿美元，分别占中国向蒙古国出口总额的40.5%、24.0%与8.6%。从商品

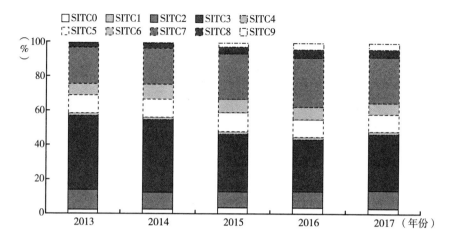

图5 2013～2017年中国自"一带一路"沿线国家整体进口商品结构

资料来源：UN Comtrade 数据库整理计算得出。

结构变化情况来看，2013～2017 年，中国向蒙古国出口的 SITC7 的比重有着大幅度的提升，五年间份额增加了近 15 个百分点；而 SICT6 与 SITC8 的出口份额都有所减少（见图 6）。

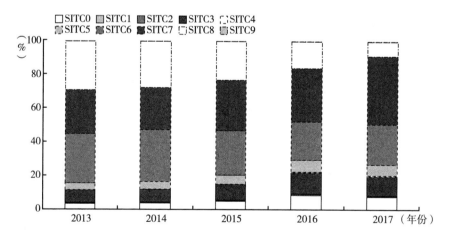

图6 2013～2017年中国对"一带一路"东亚区域（仅含蒙古国）出口商品结构

资料来源：UN Comtrade 数据库整理计算得出。

中国从蒙古国进口的商品结构较为单一，仅仅对非食用原料（SITC2）与矿物燃料、润滑油及有关原料（SITC3）这两类产品的进口就占据了进口总额的 95% 以上。其中 SITC2 的进口占比较大，但近两年呈下降态势；SITC3 的进口额与所占份额近两年都呈上升趋势（见图7）。

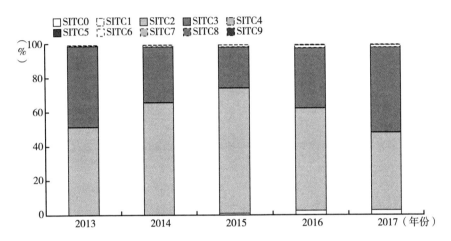

图7　2013～2017年中国自"一带一路"东亚区域（仅含蒙古国）进口商品结构

资料来源：UN Comtrade 数据库整理计算得出。

2. 东南亚

中国向"一带一路"东南亚区域出口的近九成产品都是工业制成品。其中出口最多的是机械与运输设备（SITC7），2017 年该类产品出口额为 1131. 64 亿美元，占比为 40. 0%。其次是主要按原料分类的制成品（SITC6）与杂项制品（SITC8），2017 年两类产品出口额分别是 691. 45 亿美元与 423. 56 亿美元，分别占出口总额的 24. 4% 与 15. 0%。从产品结构变化情况看，2013～2017 年，SITC7 的出口份额有着小幅度的上升，而 SITC8 的占比呈现明显的下降，同时 SITC6 近两年也出现了下降的趋势（见图8）。

中国自东南亚区域主要进口机械与运输设备（SITC7），2017 年进口金额达到 1056. 88 亿美元，同比增长 14. 9%，但进口份额却由上一年的 46. 9% 下降到 44. 9%。其余产品进口份额从大到小依次为矿物燃料、润滑油及有关原料（SITC3）（占比 11. 5%）、非食用原料（SITC2）（占比 10. 2%）、未列名的

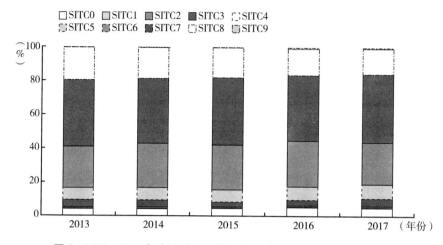

图8　2013~2017年中国对"一带一路"东南亚区域出口商品结构

资料来源：UN Comtrade 数据库整理计算得出。

化学品和有关产品（SITC5）（占比8.2%）、杂项制品（SITC8）（占比6.6%）和主要按原料分类的制成品（SITC6）（占比5.1%）（见图9）。

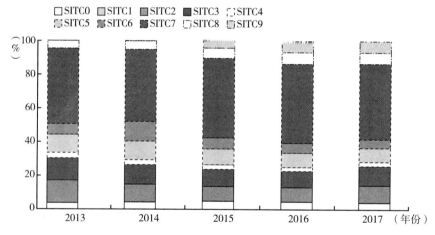

图9　2013~2017年中国自"一带一路"东南亚区域进口商品结构

资料来源：UN Comtrade 数据库整理计算得出。

3. 南亚

中国向南亚出口商品中工业制成品占96%以上，其中出口规模最大的是机械与运输设备（SITC7），2017 年出口额为 488.56 亿美元，占出口总额的 45.4%。其次是主要按原料分配的制成品（SITC6），出口额为 262.92 亿美元，占比 24.4%。从出口商品结构变化来看，2013～2017 年，SITC7 的出口额逐年递增，出口份额也迅速扩大。反观 SITC5、SITC6 与 SITC8 这三大类产品，其出口额虽无明显下降，但出口份额却呈现缩小的态势（见图 10）。

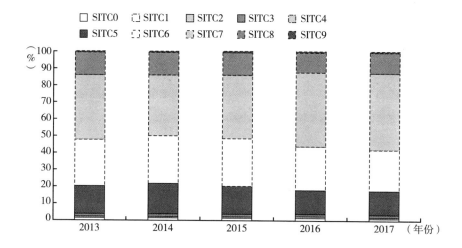

图 10　2013～2017 年中国对"一带一路"南亚区域出口商品结构

资料来源：UN Comtrade 数据库整理计算得出。

从进口方面看，中国从南亚进口较多的主要是按原料分类的制成品（SITC6）与非食用原料（SITC2），2017 年中国对两类产品的进口规模分别是 84.86 亿美元（占比 43.8%）与 40.49 亿美元（占比 20.9%）（见图 11）。

4. 中亚

中国向中亚出口商品主要集中在工业制成品中的 SITC6、SITC7 与 SITC8 上。其中，出口规模最大的是 SITC8，2017 年出口额达 102.61 亿美元，占比 47.1%，同时较 2013 年出口额增长了 16%，占比提高 10.8 个百分点。SITC6 与 SITC7 的出口份额则相近，2017 年分别为 22.5% 与 23.3%（见图 12）。

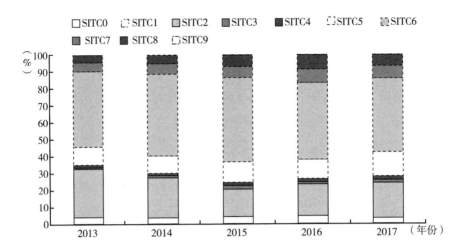

图 11　2013～2017 年中国自"一带一路"南亚区域进口商品结构

资料来源：UN Comtrade 数据库整理计算得出。

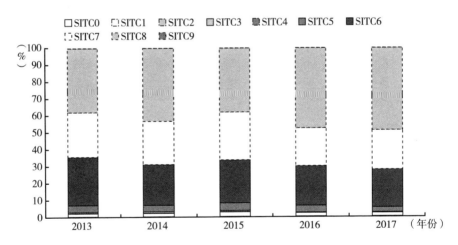

图 12　2013～2017 年中国对"一带一路"中亚区域出口商品结构

资料来源：UN Comtrade 数据库整理计算得出。

中国从中亚进口产品主要集中在初级产品上，其中对矿物燃料、润滑油及有关原料（SITC3）的进口规模最大，然而近几年中国对 SITC3 的进口额有大幅度的下降，2017 年中国进口 SITC3 类产品金额为 83.58 亿美元，较 2013 年缩水一半以上，同时所占出口份额也大幅度下滑，由 2013 年的 73.5% 下落到 2017 年的

57.5%。而中国从中亚进口的非食用原料（SITC2）、未列名的化学品和有关产品（SITC5）和主要按原料分类的制成品（SITC6）的份额都有所上升（见图13）。

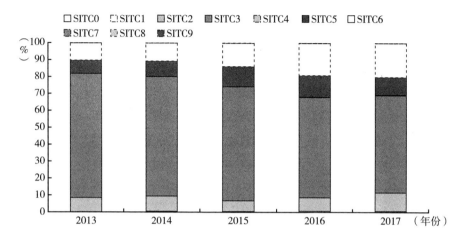

图13　2013~2017年中国自"一带一路"中亚区域进口商品结构

资料来源：UN Comtrade 数据库整理计算得出。

5. 西亚北非

中国对西亚北非的出口结构与对中亚的出口结构较为相似，出口同样集中在工业制成品中的 SITC6、SITC7 与 SITC8 这三类产品上。其中，SITC7 的出口额最高，2017 年为 502.77 亿美元，占比为 39.2%；SITC6 与 SITC8 的出口规模接近，2017 年两类产品出口额分别为 331.27 亿美元（占比 25.8%）与 317.75 亿美元（占比 24.8%）。从出口结构变化上来看，SITC7 出口所占份额逐年递增，而 SITC6 与 SITC8 的出口份额逐年递减（见图14）。

从进口结构上来看，中国主要从西亚北非进口第三类产品，即矿物燃料、润滑油及有关原料（SITC3），其 2017 年的进口额为 839.30 亿美元，占中国自西亚北非进口总额的 72.5%。其次是未列名的化学品和有关产品（SITC5），进口占比为 17.3%。从五年结构变化来看，中国从西亚北非虽主要进口能源产品，但进口比重却逐年下降（见图15）。

6. 中东欧

中国向中东欧的出口同样集中在 SITC6、SITC7、SITC8 这三类产品上，

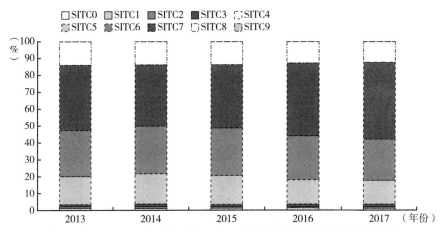

图14 2013～2017年中国对"一带一路"西亚北非区域出口商品结构

资料来源：UN Comtrade 数据库整理计算得出。

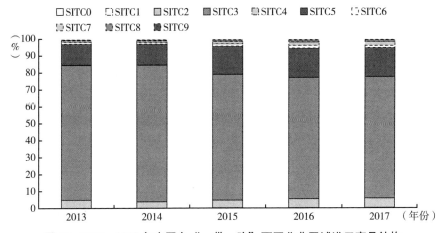

图15 2013～2017年中国自"一带一路"西亚北非区域进口商品结构

资料来源：UN Comtrade 数据库整理计算得出。

其中 SITC7 出口比重最大，五年占比均在40%以上，且呈上升趋势。此外，出口量较大的依次是 SITC8 与 SITC6，2017年出口份额分别是28.8%与14.9%，虽然两类产品在2017年的出口额较上年都有所增加，但出口份额均出现小幅度的下降（见图16）。

中国自中东欧进口商品中初级产品占比超过一半，其中最主要的进口产

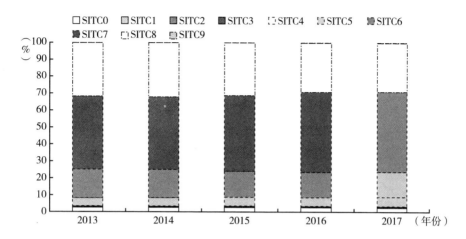

图16 2013~2017年中国对"一带一路"中东欧区域出口商品结构

资料来源：UN Comtrade 数据库整理计算得出。

品为矿物燃料、润滑油及有关原料（SITC3），2017年该类产品进口金额为274.96亿美元，占中国从中东欧进口总额的44.0%。工业制成品中，中国主要进口机械与运输设备（SITC7），其2017年进口额为119.09亿美元，占比为19.1%（见图17）。

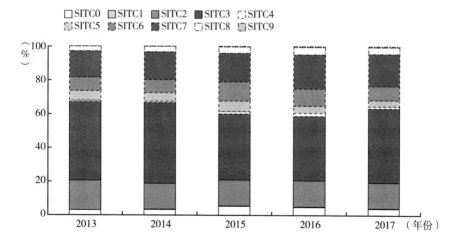

图17 2013~2017年中国自"一带一路"中东欧区域进口商品结构

资料来源：UN Comtrade 数据库整理计算得出。

四 贸易便利化与中国和"一带一路"
沿线国家的自贸区建设

上述贸易合作的发展与中国和"一带一路"沿线国家的贸易便利化合作密切相关。其中，不仅包括中国与欧亚经济联盟在 2018 年 5 月 17 日签订的贸易合作协定，还包括其他一系列双边和多边的合作协议。自贸区建设是"一带一路"建设进程中推动贸易发展和贸易便利化合作的主要抓手。

（一）中国境内自贸区建设

自 2013 年 9 月上海自由贸易试验区正式挂牌起至今，我国经国务院批准成立的自由贸易试验区一共达到 12 个。中国自由贸易试验区将制度创新与改革开放融为一体，以推动贸易与投资自由化为核心理念，通过实施对外资准入前国民待遇加负面清单、建设国际贸易"单一窗口"、贸易综合监管制度创新等多种措施，为全国推行贸易便利化起到了示范作用，也为实现"一带一路"贸易畅通打下了坚实基础。中国自由贸易试验区建设情况见表7。

表7 中国自由贸易试验区建设情况

成立时间	自贸区名称
2013 年 9 月	中国(上海)自由贸易试验区
2015 年 4 月	中国(天津)自由贸易试验区、中国(广东)自由贸易试验区、中国(福建)自由贸易试验区
2017 年 3 月	中国(辽宁)自由贸易试验区、中国(浙江)自由贸易试验区、中国(河南)自由贸易试验区、中国(湖北)自由贸易试验区、中国(重庆)自由贸易试验区、中国(四川)自由贸易试验区、中国(陕西)自由贸易试验区
2018 年 10 月	中国(海南)自由贸易试验区

资料来源：https://baike.baidu.com/item/中国自由贸易区/1289330。

（二）中国与"一带一路"沿线国家自贸区建设情况

截至目前，中国总共已经签署了17份自贸区协定，共覆盖了25个国家及地区（见表8）。正在进行谈判的自贸区协定共有14个，覆盖33个国家和地区（见表9）。此外，正在研究的自贸区建设及自贸协定升级共有8个。

表8　中国已签订的自由贸易协定

签订方	启动时间	签署时间	签订协定
中国内地—中国香港 中国内地—中国澳门	2002 年 1 月	2003 年 6 月 2003 年 10 月	《关于建立更紧密经贸关系的安排》（CEPA）
中国—智利	2004 年 11 月	2005 年 11 月	《中国—智利自由贸易协定》
中国—巴基斯坦	2005 年 4 月	2006 年 11 月	《中国—巴基斯坦自由贸易协定》
中国—新西兰	2004 年 11 月	2008 年 4 月	《中国—新西兰自由贸易协定》
中国—新加坡	2006 年 10 月	2008 年 10 月	《中国—新加坡自由贸易协定》
中国—秘鲁	2007 年 9 月	2009 年 4 月	《中国—秘鲁自由贸易协定》
中国—东盟	2002 年 12 月	2009 年 8 月	《中国—东盟自由贸易区投资协议》
中国—哥斯达黎加	2008 年 11 月	2010 年 4 月	《中国—哥斯达黎加自由贸易协定》
中国—冰岛	2006 年 12 月	2013 年 4 月	《中国—冰岛自由贸易协定》
中国—瑞士	2011 年 1 月	2013 年 7 月	《中国—瑞士自由贸易协定》
中国—韩国	2012 年 5 月	2015 年 6 月	《中国—韩国自由贸易协定》
中国—澳大利亚	2005 年 4 月	2015 年 6 月	《中国—澳大利亚自由贸易协定》
中国—东盟（"10 + 1"升级）	2014 年 8 月	2015 年 11 月	《中国与东盟关于修订〈中国—东盟全面经济合作框架协议〉及项下部分协议的议定书》
中国—格鲁吉亚	2015 年 12 月	2017 年 5 月	《中国—格鲁吉亚贸易协定》
中国—智利（升级）	2016 年 11 月	2017 年 11 月	《中国与智利关于修订〈自由贸易协定〉及〈自由贸易协定关于服务贸易的补充协定〉议定书》
中国—马尔代夫	2015 年 9 月	2017 年 12 月	《中国—马尔代夫自由贸易协定》
中国—新加坡（升级）	2015 年 11 月	2018 年 11 月	《自由贸易协定升级议定书》

资料来源：中国自由贸易区服务网。

表9 中国正在进行的自贸协定谈判

自贸区名称	启动时间	进展
中国—海合会	2004 年 7 月 2009 年 6 月(重启)	中断六年后,与 2016 年 1 月恢复谈判。已完成了九轮谈判,双方在完成 15 个谈判议题中的 9 个
中国—挪威	2008 年 9 月	中断 7 年,2017 年 8 月重启,目前已进行了 12 轮谈判
中国—巴基斯坦自贸协定第二阶段	2011 年 3 月	2018 年 4 月举行了第十次会议,取得了明显的进展
中日韩	2012 年 11 月	已完成了 13 轮谈判,三方确定了谈判议题和领域,并设立了货物贸易、服务贸易、投资等 14 个工作组同步推进谈判
《区域全面经济伙伴关系协定》	2012 年 11 月	已完成 23 轮谈判,目前谈判正在加速推进
中国—斯里兰卡	2014 年 9 月	已完成 5 轮谈判,目前进展良好
中国—以色列	2016 年 3 月	已完成 3 轮谈判,双方同意加快谈判进程
中国—新西兰自由贸易协定升级	2016 年 11 月	已完成了 5 轮谈判,目前已结束了政府采购章节,进展明显
中国—毛里求斯	2017 年 12 月	双方已完成自贸协定谈判,将开始谈判结果和文本的法律审核工作
中国—摩尔多瓦	2017 年 12 月	2018 年 3 月,双方在摩尔多瓦进行了首轮谈判
中韩自贸协定第二阶段	2017 年 12 月	已完成两轮谈判,目前进展良好
中国—巴拿马	2018 年 6 月	已完成 3 轮谈判,在卫生与植物卫生措施、技术贸易壁垒、电子商务、知识产权等近半数章节内容达成一致,进展明显
中国—巴勒斯坦	2018 年 10 月	2018 年 10 月 23 日,中巴自贸协定谈判正式启动
中国—秘鲁自贸协定升级	2018 年 11 月	2018 年 11 月 17 日,中国与秘鲁自由贸易协定升级谈判正式启动

资料来源:中国自由贸易区服务网。

在我国所有的自贸协定中,涉及"一带一路"沿线国家已签订的自由贸易协定有 7 个,正在谈判的自贸协定有 7 个,正在研究建设的自贸区有 3 个,共覆盖 28 个"一带一路"沿线国家。

1. 中国与东亚国家签署贸易协定情况

目前，中国与蒙古国已签署《中华人民共和国商务部和蒙古国对外关系部关于启动中国—蒙古自由贸易协定联合可行性研究的谅解备忘录》，代表两国正式开启自贸区建设进程。[①] 中蒙近两年贸易增长迅速，2017 年中蒙贸易额达 63.61 亿美元，同比增长 40.49%。[②] 未来中蒙自贸区的建设将进一步扩大，加强双方在农业、畜牧业、经贸、旅游、基础设施等领域的合作。

2. 中国与东南亚国家签署贸易协定情况

中国与东南亚已签订的自贸协定有四个，分别是《中国—东盟自由贸易投资协定》《中国—东盟（"10 + 1"）升级》《中国—新加坡自贸协定》《中国—新加坡自贸协定升级》。正在谈判的自贸协定有 1 个，即《区域全面经济伙伴关系协定》（RCEP）。

（1）《中国—东盟自由贸易投资协定》

中国与东盟自贸区谈判始于 2002 年，在七年的时间里，双方依次签订了《中国—东盟全面经济合作框架协议》（以下简称《框架协议》）、《中国—东盟全面经济合作框架协议货物贸易协议》、《争端解决机制协议》、《中国—东盟全面经济合作框架协议服务贸易协议》及《中国—东盟全面经济合作框架协议投资协议》。2010 年 1 月 1 日中国—东盟自贸区全面建成。中国—东盟的《框架协议》主要覆盖了货物贸易、服务贸易、投资和经济合作等领域内容。在货物贸易方面，中国与东盟六个老成员国之间将对90% 的产品实行零关税，与新成员国也将在 2015 年实现 90% 零关税的目标。同时中国承诺对东盟六个老成员的平均关税水平从 9.8% 降到 0.1%；这六国也将对中国的平均关税从 12.8% 降到 0.6%。服务贸易方面双方也将进一步提升开放水平。随着中国—东盟自贸区内贸易自由化的加大，双方资金、技术、人才等生产要素的流动效率也会不断提高，区域经济一体化也会

---

① 《中国与蒙古启动自贸协定联合可行性研究》，中国自由贸易区服务网，http://fta.mofcom. gov.cn/article/chinamongol/chinamongolnews/201705/35064_1.html。

② 资料来源于国际货币基金网站。

达到前所未有的程度。①.

（2）《中国—东盟（"10＋1"）升级》

为了进一步提升贸易与投资自由化和便利化水平，2004年8月，中国与东盟正式启动了自贸区升级谈判，在经历了两轮升级谈判后，中国与东盟签署了《中华人民共和国与东南亚联盟关于修订〈中国—东盟全面经济合作框架协议〉及项下部分协议的议定书》（简称《议定书》）。《议定书》是对原有协议的补充、完善与提升，从而使双方在货物贸易、服务贸易、投资与经济技术合作等领域的合作不断深化。②

（3）《中国—新加坡自贸协定》

中国与新加坡在2008年10月23日签署了《中华人民共和国政府和新加坡共和国政府自由贸易协定》（简称《协定》），以及《中华人民共和国政府和新加坡共和国政府关于双边劳务合作的谅解备忘录》。③《协定》在中国—东盟自贸区的基础上，进一步加快中新两国货物贸易自由化的进程，扩大服务贸易的市场准入范围，减少人员流动障碍及简化海关程序等，从而促进中新贸易便利化及经贸合作的不断深化。

（4）《中国—新加坡自贸协定升级》

2018年11月12日，中国与新加坡签署《自由贸易协定升级议定书》，对原先自贸协定的原产地规则、海关程序与贸易便利化、贸易救济、服务贸易、投资、经济合作等6个领域进行了升级，进一步提升了双边贸易便利化水平，同时还增加了电子商务、竞争政策和环境3个领域的议题，实现了更为广泛与深化的经贸合作。④

---

① 《商务部召开"中国—东盟自贸区建成"专题新闻发布会》，中国自由贸易区服务网，http：//fta. mofcom. gov. cn/article/chinadongmeng/dongmengnews/201006/2878_ 1. html。
② 《中国与东盟结束自贸区升级谈判并签署升级〈议定书〉》，中国自由贸易区服务网，http：//fta. mofcom. gov. cn/article/chinadongmeng/dongmengnews/201511/29455_ 1. html。
③ 《〈中国—新加坡自由贸易协定〉在京签署》，中国自由贸易区服务网，http：//fta. mofcom. gov. cn/article/singapore/singaporenews/201006/2896_ 1. html。
④ 《中国与新加坡签署〈自由贸易协定升级议定书〉》，中国自由贸易区服务网，http：//fta. mofcom. gov. cn/article/zhengwugk/201811/39340_ 1. html。

（5）《区域全面经济伙伴关系协定》（RCEP）

《区域全面经济伙伴关系协定》（以下简称 RCEP）是由东盟十国与中国、日本、韩国、印度、澳大利亚、新西兰共同推进的区域自由贸易试验区，目前已进行 23 轮谈判，有望于 2019 年达成协定。一旦协定达成，RCEP 将会成为亚太地区涵盖成员最多、影响范围最大的自由贸易试验区，其人口约为 35 亿，占世界人口近一半。RCEP 成员中除了东盟十国与印度是"一带一路"沿线国家外，韩国与新西兰也先后加入"一带一路"，因此 RCEP 的建成将为"一带一路"国家的贸易畅通与贸易便利化打下坚实基础。

3. 中国与南亚国家签署贸易协定情况

中国与南亚国家已经签署的自贸协定有 2 个，分别是《中国—巴基斯坦自贸协定》与《中国—马尔代夫自贸协定》，正在谈判的自贸协定有 2 个，即《中国—斯里兰卡自贸协定》与《中国—巴基斯坦自贸协定第二阶段》。此外，中国与孟加拉国和尼泊尔也有望在未来开启自贸区建设进程。

（1）《中国—巴基斯坦自贸协定及第二阶段谈判》

中国与巴基斯坦自 2003 年 11 月签署了优惠贸易安排后，双方又先后签署了《中国—巴基斯坦关于自由贸易协定早期收获计划的协议》、《中国—巴基斯坦自由贸易协定》、《中国—巴基斯坦自由贸易协定补充议定书》及《中国—巴基斯坦自由贸易区服务贸易协定》。中巴两国在货物贸易关税减让、服务市场开放、贸易投资环境改善等方面都取得巨大的成果。

根据《中巴自由贸易协定》的内容，中巴双方对全部货物的减税分两个阶段进行。第一阶段在协定生效后 5 年内，双方对占各自税目总数 85% 的产品按照不同降幅实施降税，其中 35% 的产品关税在 3 年内降至零。第二阶段从协定生效第六年开始，双方对各自产品进一步降税。①

---

① 《商务部国际司负责人就〈中国—巴基斯坦自贸区服务贸易协定〉答记者问》，中国自由贸易区服务网，http://fta.mofcom.gov.cn/article/chpakistan/chpakistannews/201504/21199_1.html。

截至 2018 年，中巴双方就自贸区第二阶段谈判已进行了十次会议，其间，双方签署了《中国—巴基斯坦自由贸易区服务贸易协定银行业服务议定书》，进一步相互开放银行业，为推动服务贸易自由化提供条件。

（2）《中国—马尔代夫自贸协定》

中国与马尔代夫于 2017 年 12 月签署了《中华人民共和国政府和马尔代夫共和国政府自由贸易协定》，该协定涵盖了货物贸易、服务贸易、海关与贸易便利化及非关税措施等领域的内容。在货物贸易方面，双方承诺实现大幅度的关税减让，马尔代夫最终将对全部税目的 95.6% 的产品取消关税，而中国也将实现 95.4% 的税目的零关税。① 服务贸易方面，双方将进一步开放了部分服务市场，并对服务贸易在市场准入、国民待遇等方面做出承诺。同时，双方海关也将进一步加强合作，通过简化通关手续、降低通关成本等手段来推动贸易便利化的发展。

（3）《中国—斯里兰卡自贸协定》

中国与斯里兰卡于 2014 年 9 月正式开启自贸区谈判进程，2018 年已经结束了五轮双边谈判。中斯双方从贸易便利化、投资环境、经济技术合作等方面入手，致力于建成中斯自贸区，从而为深化双方经贸合作，实现共同发展创造有利条件。

4. 中国与西亚北非国家签署自贸协定情况

中国与西亚北非国家有 1 个已签署的自贸协定，即《中国—格鲁吉亚自贸协定》；有 3 个正在谈判的自贸协定，分别是《中国—海合会自贸协定》、《中国—以色列自贸协定》及《中国—巴勒斯坦自贸协定》。

（1）《中国—格鲁吉亚自贸协定》

《中华人民共和国政府和格鲁吉亚政府自由贸易协定》于 2017 年 5 月签署，并于 2018 年 1 月 1 日生效实施。中格自贸区协定是我国提出"一带一路"倡议后启动与达成的第一个自贸协定，也是中国与欧亚国家建成的

---

① 《商务部国际司负责人解读中国－马尔代夫自由贸易协定》，中国自由贸易区服务网，http：//fta. mofcom. gov. cn/article/chinamedf/chinamedfnews/201712/36400_ 1. html。

第一个自由贸易区。中格自贸协定涵盖货物贸易、服务贸易、海关程序和贸易便利化、卫生与植物卫生措施、技术性贸易壁垒、贸易救济、知识产权和合作领域等 17 个章节。根据该《协定》的内容，在货物贸易方面，格鲁吉亚应对中国 96.5% 的产品立即实施零关税，中国对格鲁吉亚 93.9% 的产品实行零关税，其中 90.9% 的产品立即实施零关税。① 在服务贸易领域，双方也承诺进一步加大市场开放力度。

（2）《中国—海合会自贸协定》

中国—海合会自贸区是继东盟之后中国开展谈判的第二个自贸区，于 2004 年启动谈判流程，但过程一波三折，迄今为止双方已完成九轮谈判，但仍未达成自贸协定。海合会成员包括阿联酋、巴林、卡塔尔、阿曼、科威特和沙特阿拉伯六个国家，并全部为"一带一路"沿线国家，也为中国石油和液化气进口集中来源地。一旦中国—海合会自贸区建成，贸易便利化措施的实施将加大双方之间的贸易畅通力度，从而使成员国更能发挥其比较优势及要素禀赋，深化各国之间的经贸合作关系。

（3）《中国—以色列自贸协定》

以色列是"一带一路"沿线国家，也是我国在中东地区的重要合作伙伴。中国与以色列于 2016 年 3 月正式宣布开启自贸区谈判，到 2018 年已经进行了三轮谈判，双方在货物贸易、服务贸易、原产地规则及海关程序、卫生与植物卫生、经济技术合作、电子商务、争端解决等领域已取得了积极的进展。②

（4）《中国—巴勒斯坦自贸协定》

中国与巴勒斯坦于 2018 年 10 月 23 日共同签署谅解备忘录，正式启动自贸区谈判。近年来中巴两国经贸合作成果显著，双边贸易增势明显。2017

---

① 《中国与格鲁吉亚正式签署自由贸易协定》，中国自由贸易区服务网，http://fta. mofcom. gov. cn/article/chinageorgia/chinageorgianews/201705/34958_ 1. html。

② 《中国－以色列自贸区第三轮谈判在以举行》，中国自由贸易区服务网，http://fta. mofcom. gov. cn/article/chinaisrael/chinaisraelnews/201712/36319_ 1. html。

年全年，中巴双边贸易额达到 6928 万美元，同比增长 16.2%。① 中巴自贸区一旦达成，也将推动双边贸易合作的进一步深化，在发挥各方比较优势的基础上实现共同发展的目标。

5. 中国与中东欧国家签署自贸协定情况

中国与中东欧国家目前只有一个正在谈判的自贸区，即中国—摩尔多瓦自贸区。中国与摩尔多瓦于 2017 年 12 月签署了自贸协定谈判备忘录，正式开启双边自贸协定谈判。2018 年 3 月进行了中摩首轮谈判，对后续谈判路线及具体任务达成了共识。

根据目前中国与"一带一路"沿线国家的自贸区建设发展进程来看，第一，中国与东南亚签署的自贸协定最多，覆盖面最广，影响力最大。同时，协定签署时间较早，且均已经完成自贸协定的升级谈判。因此，较高水平的贸易便利化促进了中国与东南亚的经贸合作，数据表明，在与"一带一路"沿线各区域的贸易合作中，中国与东南亚贸易规模最大，且增长速度也较快。第二，中国与南亚的自贸协定数量排第二（2 个已签署的自贸协定与 2 个正在谈判的自贸协定），从中国与南亚的贸易数据中可以看出，虽然双边贸易规模不大，但是贸易增长速度最快。第三，中国与西亚北非虽只有一个已签署的自贸协定，但还有三个自贸协定处于谈判进程中，因此双方经贸合作发展潜力巨大。从近五年的贸易数据来看，西亚北非与中国的贸易额占比排名第三，却是为数不多的年均贸易增长率为负的区域。未来"一带一路"的建设与自贸区的建设与发展，尤其是中国—海合会自贸区的建成，将促使双方通过更高水平的互联互通来发展双边贸易合作，从而实现互利共赢。第四，中国与中东欧、东亚（蒙古国）及中亚没有签署任何自贸协定，目前中国与中东欧的摩尔多瓦自贸区正处于谈判进程中，中蒙自贸区也正处于可行性研究中，而我国与中亚国家的自贸区建设仍为空白。从贸易数据上来看，除了中蒙贸易近几年增长较快之外，中国与中东欧贸易增速较

---

① 《中国与巴勒斯坦启动自贸协定谈判》，中国自由贸易区服务网，http：//fta. mofcom. gov. cn/article/chinapalestine/chinapalestinenews/201810/39220_ 1. html。

为缓慢，近五年年均增长率仅为 1.68%；中国与中亚国家近五年的贸易额总体上是负增长，2017 年较 2013 年贸易额共下降 27.7%，年均增长率为 -6.28%。可见，自贸区建设及贸易便利化水平将对成员国之间的经贸合作与发展起巨大的影响作用。

随着韩国、新西兰、智利、哥斯达黎加、巴拿马等的国家陆续加入"一带一路"，中国与这些国家的自贸区建设，不管是已经建成的，还是未来有待建成的，都将为推动双边经贸合作不断深化以及"一带一路"建设的推进发挥巨大的作用。

五 更多国家加入到"一带一路"建设进程中

随着"一带一路"倡议不断地推广与深入人心，更多的国家对中国倡导的"一带一路"表现出了极大的兴趣与热情。根据中国"一带一路"官网上的统计数据，截至 2018 年 11 月 20 日，"一带一路"国家共更新为 123 个（不包括中国）。除了原先 64 个沿线国家外，有 59 个国家陆续与中国签订了"一带一路"相关合作协议，成为"一带一路"国家。新增国家中共有 6 个亚太地区国家、3 个欧洲国家、36 个非洲国家与 14 个拉丁美洲国家（见表10）。其中，韩国是中国第四大贸易伙伴，也是中国最大的进口来源国，2017 年中韩贸易额达 2806 亿美元，[①] 同比增长 10%。中国与新西兰的贸易额也在不断创新高。2017 年中国正式成为新西兰第一大贸易伙伴，且早在 2013 年就取代澳大利亚成为新西兰最大的出口市场。[②]

随着更多国家的加入以及"一带一路"国家之间互联互通的不断加大、经贸合作的不断深化，中国本着共商、共建、共享的原则，势必将引领"一带一路"国家走共同发展、共同繁荣的道路。

---

① 资料来源于国际货币基金组织网站。
② 《新西兰 2017 年进出口双双创新高，中国是最大的贸易伙伴》，搜狐网，https://www.sohu.com/a/219920308_736837。

表10　新增"一带一路"国家名称

所属区域	国家名称
亚太地区	韩国、新西兰、纽埃、巴布亚新几内亚、萨摩亚、斐济
欧洲	希腊、奥地利、马耳他
非洲	南非、埃塞俄比亚、摩洛哥、马达加斯加、利比亚、塞内加尔、几内亚、吉布提、阿尔及利亚、苏丹、突尼斯、卢旺达、索马里、毛里塔尼亚、科特迪瓦、塞拉利昂、南苏丹、加纳、莫桑比克、纳米比亚、肯尼亚、乍得、津巴布韦、布隆迪、乌干达、多哥、喀麦隆、塞舌尔、赞比亚、加蓬、安哥拉、尼日利亚、刚果、坦桑尼亚、佛得角、冈比亚
拉丁美洲	特立尼达和多巴哥、玻利维亚、圭亚那、巴拿马、安提瓜和巴布达、多米尼克、乌拉圭、哥斯达黎加、格林纳达、多米尼加、委内瑞拉、苏里南、智利、萨尔瓦多

资料来源：中国一带一路门户网站。

B.3
中国与"一带一路"沿线国家投资合作

盛 斌 孙天昊*

摘　要：　在"一带一路"倡议提出五周年之际，中国和沿线国家在投
资合作领域取得了显著成就，不仅大幅提升了我国投资的自
由化与便利化，中国对外投资还成为拉动全球对外直接投资
增长的重要引擎。但与此同时，我国对沿线国家的投资依然
存在空间与产业分布不均衡、跨境并购交易完成率较低、境
外经贸合作园区赢利状况堪忧、双边投资协定保障效力不足
等问题。为此，中国需要从顶层设计的角度出发，持续提升
对外直接投资的便利化程度、科学评估国企跨境并购目标、
在经贸合作区实施本土化和多样化的经营模式、重构双边投
资协定等方式来推进中国和沿线国家在投资领域的合作。

关键词：　"一带一路"　对外直接投资　跨境并购　双边投资协定

一　中国与"一带一路"沿线国家投资合作的成就

（一）对外直接投资

自 2013 年中国提出"一带一路"倡议以来，中国境内投资者在 2013 ~

---

* 盛斌，教育部长江学者特聘教授、南开大学经济学院院长；孙天昊，南开大学经济学院博士后。

2017 年共对沿线国家累计直接投资 807.3 亿美元。其中，中国投资者在 2017 年全年对“一带一路”沿线的 57 个国家大约 3000 家境外企业直接投资了 201.7 亿美元，同比增长 31.5%，占中国同期对外直接投资流量的 12.7%。[①] 从投资的流向来看，2017 年全年中国对外投资主要流向新加坡、哈萨克斯坦、马来西亚和印度尼西亚等国家。

中国对“一带一路”沿线国家的对外直接投资呈现如下特点：对外投资规模稳步扩大，投资结构逐渐优化，投资相对集中在部分国家，对外投资模式以跨境并购为主。第一，从投资规模来看，从 2013 年的 126.3 亿美元到 2017 年的 201.7 亿美元，规模稳步扩大（2016 年除外，2016 年投资额为 153.4 亿美元，较 2015 年的 189.3 亿美元有所减少）。另外，截至 2017 年末，中国对“一带一路”沿线国家的直接投资存量是 1543.98 亿美元，占中国对外直接投资总存量的 8.5%。如果排除中国香港、开曼群岛、英属维尔京群岛前三位避税地的投资，中国对“一带一路”沿线国家的投资存量约占剩余存量的 33.6%，也说明了“一带一路”沿线国家在我国对外投资中的重要位置。第二，从投资的行业结构分布来看，直接投资涉及领域趋向于立体化和多面化。中国在“一带一路”沿线国家的投资从之前以能源行业为主到如今的包括基础设施、信息科技、农业等国民经济 18 个大的行业分类。中国已经以更科学的方式，因地制宜地根据不同沿线国家的实际情况形成不同的投资规划，加深了直接投资和当地实际情况的契合度。第三，从投资的区域来看，新加坡、俄罗斯、印度尼西亚、哈萨克斯坦和老挝是截至 2017 年末中国对“一带一路”沿线直接投资存量位列前五的国家。东盟国家依然是中国企业“一带一路”对外直接投资的首选，其次是俄罗斯、中亚和西亚地区。第四，从投资模式来看，绿地投资增长乏力，跨境并购稳步增长。

[①] 资料来源于商务部、国家统计局、国家外汇管理局在 2018 年 9 月 28 日联合发布的《2017 年度中国对外直接投资统计公报》。

（二）跨境并购

根据商务部数据，中国境内企业在 2017 年对"一带一路"沿线国家共实施 62 起并购，其投资额约为 88 亿美元，同比增长 32.5%。从区域分布来分析，"一带一路"沿线国家吸引中国跨境并购的主要投资区域集中在东盟、西亚和中亚等地区。从行业分布来分析，中国对沿线国家跨境并购目标行业主要是能源电力和原材料，除此之外，信息科技、基础设施、医疗保健等行业也有所涉及。从收购方来看，国有企业是进行跨境并购的主要力量，其中最大的项目是中石油集团和华信能源有限公司通过投资 28 亿美元收购阿联酋阿布扎比国家石油公司（ADNOC）最大油气区块 12% 的股权。

跨境并购正在逐渐取代绿地投资成为"一带一路"投资合作的主要方式。跨境并购，与其他的投资模式相比较，并不需要很长的建设期。这成为跨国公司想要在短时间内进入市场，并加速扩大市场规模的首选。因此，随着"一带一路"倡议的推进，中国更多的企业开始通过在沿线国家配置最优资源和采用国际化的经营方式来提升企业的国际竞争力。例如复星集团 2017 年 9 月以出资不超过 10.9 亿美元收购印度医药企业 Gland Pharma 大约 74% 的股权，这起并购是中国医药企业迄今为止跨境并购的最大纪录。中国企业以"一带一路"为平台，以合作促进转型，不仅通过跨境并购获得了一定的研究与开发能力等无形资产，还以此实现了业务组合之间的优化。

（三）境外经贸合作园区

截至 2018 年上半年，中国企业在"一带一路"沿线 46 个国家已经建设了 113 家境外经贸合作区，其中入区 4542 家企业，累计投资约 348.7 亿美元。中国在境外经贸合作区为沿线国家创造了 28.7 万个就业岗位，并上缴东道主国家税费 28.6 亿美元。冼国明教授认为，自 2008 年境外经贸合作区起步至今，共经历了企业自主探索期、政策扶持下快速成长期和"一带一路"倡议下的高速发展期三个阶段。① 现阶段"一带一路"倡议下的境外经贸合作园区大部分分布在亚洲，其次是欧洲和非洲，南北美洲分布相对较少，这与"一带一路"倡议延伸的方向基本一致。按照境外经贸合作园区的功能划分，中国以加工制造型、资源及农业开发型为主，在"一带一路"沿线的发展及转型的经济体中做积极有效的探索，以实现互利共赢的诉求。

以中国—白俄罗斯工业园区为例，中白工业园区是目前中国在海外最大、合作层次最高的工业园区。合作园区位于丝绸之路经济带横贯欧亚的枢纽白俄罗斯的首都明斯克，总面积 91.5 平方公里。中白工业园区在开发初期确立了以新材料、机械制造、医药化工、电子信息等为主要产业的模式，并吸引了华为、中兴、中石油等国内企业入驻。中白工业园区是中国和"一带一路"沿线国家互利共赢的典范。对中国而言，工业园区可以使中国企业通过产业集聚和平台效应，利用当地的劳动力和丰富的自然资源开拓新的市场；对白俄罗斯而言，工业园区可以吸引外资、促进就业、增加税收，并有效地促进白俄罗斯的工业化进程。中白工业园区有效地降低了中国企业"走出去"和白俄罗斯引进外资的交易成本，两国通过境外经贸合作园区都获得了较大的收益。

（四）双边投资协定

双边投资协定是中国"一带一路"倡议下构建海外投资利益的主要法律保障机制，是保护中国企业海外投资利益的关键部分。现阶段，中国已经与 58 个"一带一路"沿线国家签订了双边投资协定，没有同中国签署协议的为伊拉克、巴勒斯坦、阿富汗、马尔代夫、尼泊尔、不丹和黑山共 7 个国家。在"一带一路"倡议所涵盖的 65 个国家中，中国的双边投资协定覆盖率高达 89.23%，这意味着双边投资协定在"一带一路"倡议中具有一定的

---

① 《境外经贸合作区如何持续发展》，中国财经报网，http：//www.cfen.com.cn/dzb/dzb/page_7/201807/t20180703_2944360.html。

制度共识性。较高的制度共识性在某种程度上保障了"一带一路"沿线投资国和被投资国的双向投资契约，进而缓解了投资者的顾虑，营造了相对较好的投资环境。

二 中国与"一带一路"沿线国家投资合作存在的问题

（一）中国对"一带一路"沿线国家直接投资存在的主要问题

1. 对"一带一路"沿线国家直接投资的空间和产业分布不均衡

中国对"一带一路"沿线国家的直接投资主要分布在中国附近的国家或地区，对空间距离较远的中东欧、南亚和非洲的直接投资不足。截止到2017年末，中国对沿线国家投资存量前十位的分别是新加坡、俄罗斯、印度尼西亚、哈萨克斯坦、老挝、巴基斯坦、缅甸、柬埔寨、阿联酋和泰国。中国企业对单一地区快速增长的投资可能产生企业之间的过度竞争，从而增加投资的风险，降低投资的效益，也不利于拓展中国"一带一路"倡议的影响力。[①] 另外，从投资的产业分布来看，虽然涉及领域已经趋向于立体化和多面化，但依然过多地集中在建筑工程和资源开发领域，还没能充分发挥我们在现代制造业方面的比较优势。

2. 对"一带一路"沿线国家直接投资的便利化程度有待完善

从国家政策层面的角度来看，投资便利化的程度依然有待完善。第一，企业出境投资的备案程序周期长，并且较为复杂，有可能会延误或错失企业对沿线国家并购的商机；第二，出境签证手续烦琐导致出境企业人员来往不便，如东道国员工因签证难办导致无法入境培训，从而对沿线国家投资的人力资源供给产生负面影响；第三，当境外企业进行返程投资时被视为外资，

---

① 周五七：《"一带一路"沿线直接投资分布与挑战应对》，《改革》2015年第8期。

从而无法享受内资企业的待遇,间接地增加了运营成本。[1]

3. 部分沿线国家对"一带一路"倡议存在认同差异

沿线部分国家受大国博弈、社会认知的偏见等因素影响,对"一带一路"倡议的认同存在差异。部分沿线国家被西方某些媒体和学者误导,认为"一带一路"倡议是中国的"新殖民主义""新扩张主义"等,赋予了负面的政治色彩,从而对中国产生怀疑。战略互信的不足对中国和沿线国家的投资合作产生了极大的负面影响,增加了中国对沿线国家直接投资的难度。另外,尽管"一带一路"倡议追求互利共赢,其核心是经济发展,但不可避免地会对地缘政治产生影响,从而引起相关大国的戒备。以中国和中东欧为例,"16 + 1 合作"机制取得了重大发展,是中国和中东欧互利共赢的合作新平台。但是由于中东欧 16 国大部分是欧盟成员,这在某种程度上导致了欧盟核心德国和法国的担忧,认为"一带一路"倡议会破坏欧盟的整合和团结。[2]

(二)中国对"一带一路"沿线国家跨境并购面临的主要问题

1. 企业内部面临的问题

中国企业在对"一带一路"沿线国家进行跨国并购时,可能会出现以下来自企业内部的一些问题。第一,企业战略目标模糊,并缺乏明确而科学的并购计划。根据波士顿咨询报告,2014 年中国企业的海外并购交易完成率只有67%。[3] 中国企业战略目标模糊和不完善的前期调查被认为是中国企业海外并购完成率较低的主要原因。第二,企业在进行并购谈判时,因管理经验不足和财务处理不当等,会出现收购前估值过高、全盘接受对方负债、反向分手费与审批过高等结果。这些结果会增

① 王晓红:《构建新时期我国企业对外直接投资的新体制和新格局》,《国际贸易》2017 年第 3 期。

② 《王毅回应欧洲对"16 + 1 合作"的担忧》,http://www.gov.cn/guowuyuan/2018 - 05/31/ content_ 5295194. htm。

③ 资料来源于波士顿咨询(BCG)在 2015 年发布的《迎接中国企业海外并购新时代》。

大企业进行跨国并购的财务风险。第三，企业跨境并购的支付方式较为单一，目前中国跨境并购的支付方式有现金支付、股票支付以及综合支付三种方式。从海外并购的案件实例分析，大多数企业选择现金支付的方式。全现金收购给上市公司带来了较大的资金流动压力。[①] 第四，企业跨国并购成功后也面临经营与整合风险，如较难应对不同国家之间差异的文化，并缺乏后期整合能力，使其无法实现并购前所预期的效应等。

2. 东道国复杂的政治、经济和法律环境

在政治环境方面，"一带一路"沿线部分国家政局动荡，执政党频繁更换，局部地区偶有战争冲突。西亚、北非等地区极端宗教势力、暴力恐怖组织势力、民族分裂势力会对我国的对外投资带来直接的安全威胁。除了安全威胁之外，东道国的资产国有化、资产征收、许可证撤销等会延期或终止项目。而跨境并购的交易完成时间往往跨度较大，不稳定的政治局势会产生政策波动，从而直接影响并购过程以及完成之后的整合效果。例如，希腊激进左翼联盟（Syrziza）在 2015 年 1 月胜选组阁后，新政府就职当天叫停了本国最大港口——比雷埃夫斯港口（Piraeus）的私有化计划，而其股权的 67% 原本计划出售给中国远洋集团，这项并购交易为此延迟到 2016 年 6 月。由此可见，东道国的政治不稳定不仅会对中国企业的跨境并购计划产生负面影响，还会影响到"一带一路"的整体布局。

在经济环境方面，"一带一路"沿线许多国家还依然处在工业化的初期和中期发展阶段，基础设施较为薄弱，国际收支等金融体系也比较落后，部分被并购的企业运营方式也不够规范。这些因素都会对中国跨境并购产生负面影响。以国企 Overseas 投资公司在 2013 年未能成功收购老挝 Louangphraban 水泥公司为例，双方未能达成交易的主要原因在于出让方的

---

① 张欣:《"一带一路"背景下国有企业海外并购的趋势、挑战与对策》，《国际贸易》2017年第 11 期。

项目产权结构不清晰和财务报表不完整，这些因素直接影响了收购方做出理性决策，最后导致未能完成股权交割，跨境并购失败。[①]

在法律环境方面，"一带一路"沿线部分国家的法律制度依然不完善，执法的随机性和变数较大，导致跨境并购存在一定的法律风险。东道国的外国投资管理法、税法、劳工法、反腐败法以及反垄断法等都可能出现诸多问题，从而导致跨境并购交易受阻。例如中东地区的部分国家属于伊斯兰法系，这与我们所熟悉的英美法系和大陆法系存在较大差异。此外，部分沿线国家并不是 WTO 成员或者《纽约公约》的缔约国，这意味着即使出现争议后进行国际仲裁，也无法获得东道国法院的承认。以紫金矿业 2010 年未能成功收购刚果（金）的 Platmin 股权为例，按照刚果（金）的官方表态"该收购协议违反有关规定，在刚果（金）没有法律效力"，于是这笔约 2.84 亿美元的并购项目被迫终止。[②]"一带一路"沿线国家法律建设水平不完善、法律制度差异显著，这导致了中国的跨境并购受到了很大程度的制约。

（三）中国在"一带一路"沿线国家境外经贸合作区的赢利状况堪忧

中国在"一带一路"沿线国家设立的经贸合作区普遍面临着投资回报期较长、赢利状况堪忧的问题。例如，截止到 2017 年，中国在尼日利亚的莱基自贸区和印度尼西亚的聚龙农业产业合作区还尚未实现赢利。[③] 境外经贸合作区的赢利状况堪忧主要是由以下原因导致的。

1. 企业方面

境外经贸合作区的建设资金一般是通过企业自筹的方式，资金压力往往会成为经贸合作区持续发展的瓶颈。虽然中国通过中长期贷款和财政支持给

---

① 《东南亚投资：老挝水泥行业并购案例分析》，中国国际工程咨询协会，http：//caiec. mofcom. gov. cn/article/jingmaotongji/201610/20161001410570. shtml。
② 《跨国并购 5 个失败案例分析》，中国国际工程咨询协会，http：//caiec. mofcom. gov. cn/article/jingmaotongji/201704/20170402556781. shtml。
③ 《2017 境外经贸合作区生态调查：阶段性成果已现》，中国一带一路门户网站，https：//www. yidaiyilu. gov. cn/xwzx/hwxw/44994. htm。

予了经贸合作区的企业一定支持，然而，因为资金需求量过大，企业融资往往需要求助于境外银行。但是境外银行融资工具和融资渠道有限，难以满足企业需求。例如，尼日利亚的莱基自贸区融资安排主要依靠资本金，但是尼日利亚国内资金紧张，且存在较大的汇率风险。尼日利亚政府在 2016 年宣布放弃本国货币对美元的自由浮动汇率机制，导致货币奈拉一天之内贬值41.47%。自贸园区的中国企业承担着不易融资的困境。

除了融资困难以外，经贸合作区还面临着复合型人才缺乏的困境。因为境外合作区多处于相对不发达地区，因此对优秀人才的吸引力较弱。境外经贸合作区缺乏通晓东道国语言、法律以及跨国管理经验的复合型人才。

2. 园区方面

境外经贸合作区在建设之初大多有比较明确的产业定位和布局规划，但是在实际建设过程中，总偏离最初的规划，出现了产业结构单一和规划布局不合理的情况。一些经贸合作区的赢利模式基本依靠出租、转让开发土地或单纯的开发矿产资源，这两种模式都是不可持续的。经贸合作区的投资开发应注重和高赢利的产业相结合，发展成为集合资源开发、加工制造、物流和商贸等多功能于一体的综合性产业园区，以实现资金流的良性循环。产业关联不强、规划布局不合理阻碍境外经贸合作区持续健康的发展。

3. 东道国方面

"一带一路"沿线的部分国家面临潜在的政治风险和经济波动，其中一些国家依然面临政局动荡以及战乱。例如，埃及 2016 年动荡的政治经济局势（货币一年内贬值约 200%）使苏伊士经贸合作区不能正常营业。此外，一些沿线国家的经济经常出现较大的波动。例如，埃塞俄比亚国家银行在2017 年 10 月宣布货币比尔贬值 15%，这使得埃塞俄比亚东方工业园所面临的最大风险就是东道国外汇支付能力较弱且银行信用等级较差的现象。政治和经济缺乏稳定性的东道国，其较为不利的投资环境都会冲击中国的境外经贸合作区，导致中国企业受到巨大的经济损失。

另外，"一带一路"沿线的部分国家存在不透明、不完备的法律体系，

且与国际接轨程度较低。不健全且陌生的法律制度环境给园区内的企业带来了法律上不可预期的风险。

（四）双边投资协定的保障效力存在不足

1. 久未更新导致协定时滞性

虽然中国已经和 58 个"一带一路"沿线国家签署了双边投资协定，但是这些协定有很多都是在二十世纪八九十年代签的。中国在签署协议时主要是从资本输入国的身份出发，在其双边投资协定中只承诺最惠国待遇和公平公正待遇，争议部分则提交国际仲裁庭，因此所缔结的协定内容较为谨慎和保守。时滞性导致协议保护投资者的程度较低，很难在促进投资上发挥较大作用。

时滞性导致其保障效力不足的主要表现为：第一，双边投资协定中包含国民待遇的条款较少，即使有也是根据东道国的国内法支持的国民待遇标准，大多不适用于投资准入前阶段；第二，双边投资协定内容中的公平待遇没有明确标准，大部分和最惠国待遇合并在一起；[1] 第三，双边投资协定的大部分仲裁范围有较为严格的限制，部分协定只同意将与征收补偿额有关的争议提交国际仲裁庭，对其他投资争议只能寻求东道国的国内法律或者友好协商的方式去解决；第四，部分双边协定未对劳务人员的出入境问题做出较有约束力的规定。

2. 尚未充分利用投资者—国家争端解决机制（ISDS）

对外双边协定之所以可以成为保护投资者的有效工具，很大部分原因归功于它的投资者—国家争端解决机制（ISDS）。ISDS 允许投资者可以直接对投资的东道国发起仲裁，从制度设计的角度将投资者和拥有主权的东道国放置在平等地位，以此来保护投资者的利益。然而，与美欧等国家和地区相比，中国尚未充分利用好 ISDS。在全球公开的 767 起 ISDS 案件中（截止到

---

① 卢进勇、王光、闫实强：《双边投资协定与中国企业投资利益保护》，《国际贸易》2018 年第 3 期。

2017 年 1 月），美国发起了 148 起申诉，也是最常见的胜诉方，中国只发起了 5 起申诉，这说明在全球范围内，中国对外直接投资的增长并没有同时带动中国的投资方发起更多 ISDS 申诉。[①] 中国没有充分利用 ISDS 是导致双边投资协定保障力不足的原因之一。

三　优化中国与"一带一路"沿线国家投资合作的建议

（一）优化对外直接投资的建议

1. 优化对外直接投资的空间与产业布局

"一带一路"沿线国家发展水平和资源禀赋各异，因此中国应有差异性地对沿线国家的重点领域采用不同的投资策略，以优化直接投资的空间和产业布局。第一，巩固在中亚地区能源领域的投资；第二，扩大在西亚及北非地区油气加工和能源运输等领域的投资；第三，加大印度、巴基斯坦等南亚地区基础设施领域的投资；第四，加强与俄罗斯在矿产、能源等领域的投资合作；第五，在中东欧地区加深基础设施和装备制造等领域的投资合作；第六，在东南亚地区根据 10 个国家不同产业基础进行针对性的投资，对新加坡等经济水平较高国家进行资本和知识密集型产业的投资，对越南等劳动力成本较低的国家增加对劳动密集型产业的投资，对印度尼西亚等资源较丰富的国家进行资源密集型产业的投资。[②] 总之，在空间与产业布局方面，中国应因地制宜地利用装备制造合作和产能合作推动制造业对沿线国家的投资，构建全球生产网络体系；在服务业方面，中国应推动生产性服务业的投资，在"一带一路"沿线国家形成供应链体系和研发创新体系。

---

① 柯静：《"一带一路"倡议推进与中外双边投资协定重构》，《现代国际关系》2018 年第 6 期。
② 张述存：《"一带一路"战略下优化中国对华直接投资布局的思路与对策》，《管理世界》2017 年第 4 期。

2. 优化对外直接投资的便利程度

从国家政策层面的角度来看，对外投资便利化依然有可完善的空间。第一，提高对外投资的专业服务和信息服务能力，整合各部门资源，做好信息服务、行业指导等综合性的服务工作。建立一个包含法律咨询、资产评估、技术咨询和信用评级的综合服务平台，为对"一带一路"沿线国家直接投资的企业提供全流程的服务。第二，在融资便利化方面，应加大政策性贷款支持，具体包括合理地扩大政策性贷款支持，适度及理性地扩大国家开发银行、中国进出口银行等金融机构对企业优惠贷款的规模。此外，还应通过积极开发混合贷款、丝路债券等方式创新融资模式，并充分发挥亚洲基础设施投资银行、丝路基金等平台的作用，为对"一带一路"沿线国家投资的企业，特别是高质量的项目提供融资便利化的支持。第三，完善对外直接投资的风险防范体系，积极发挥驻外大使馆协调经贸争端和突发政治及经济事件的解决机制，切实维护中国企业的合法权益，并及时提供促进投资、风险预警等便利服务。

3. 优化对外直接投资的国际环境

第一，建设友好的双边政治关系对企业的对外直接投资有积极的促进作用，可以提升企业投资的成效与二元边际。[①] 因此，应重视政治和外交在对外直接投资中的作用，使国家在政治和外交层面给予保护和支持，以创造更加有利的对外投资环境。中国需要积极与"一带一路"沿线国家重构双边贸易协定，并完善境外经贸园区的建设，这两点在后文将有详细论述。第二，重视中国企业在东道国的社会责任和海外形象。习近平在2018年8月"一带一路"建设五周年的座谈会中曾特意强调，"一带一路"倡议要惠及当地社会和老百姓，建设能够让当地老百姓受益的民生工程。[②] 随着中国对沿线国家跨国投资影响的加大，越来越多的东道国非政府组织会对投资项目

---

① 杨连星、刘晓光、张杰：《双边政治关系如何影响对外直接投资》，《中国工业经济》2016年第11期。

② 《习近平：推动共建"一带一路"走深走实造福人民》，中国之声官方网站，http://china.cnr.cn/news/20180828/t20180828_524343453.shtml。

提出环保等社会责任的要求。例如，中国水利水电建设集团在 2015 年 2 月因柬埔寨非政府组织关于环保方面的批评而被迫暂停了其 4 亿美元的水坝项目。因此，为优化中国对外直接投资的国际环境，中国必须要有承担更多社会责任的意识。

（二）优化跨境并购的建议

1. 对国企跨境并购的建议

对国企而言，应该合理地把控跨境并购节奏，不宜盲目扩大规模，并购前应基于自身发展合理地明确战略目标，并购后应对实际效果进行评估，并将评估结果作为量化评价国企管理者的指标。[①] 国企在"一带一路"的并购中既不能"买贵的"，更不能"买错的"。"买贵的"是指企业进行并购时交易的价格远远超过其并购所能实现的增加价值；"买错的"是指并购目标并不符合企业未来所能实现的发展诉求。因此，国企在对沿线国家进行跨境并购时，应该更多地从自身发展的角度出发，制定好战略方向和目标，做好从东道国投资环境到目标企业的全面调查分析，然后科学地评估其价值。因此，国企在选择跨境并购项目时，应更多地从经济角度出发落实国家的"一带一路"倡议，而不是为了完成政治任务去急功近利地并购。国有企业兼具经济属性和社会属性，因此，作为代表国家形象的国企在参与"一带一路"建设进行跨境并购时，更应该遵循绿色、包容、和平的理念，以此和东道主国家互利共赢，实现可持续发展。

2. 对民企跨境并购的建议

对民企而言，尤其是没有跨境并购经验的民企，在并购前应雇用经验丰富及专业的财务和法律顾问，并通过实地调研的方式了解并购目标。除此之外，还应及时关注东道国的政治和经济状况，民企应组建自己的风险管理部门，专门针对目标投资国的状况进行研究，并了解可能出现的投资风险。在

---

① 陈仕华、卢昌崇、姜广省、王雅茹：《国企高管政治晋升对企业并购行为的影响》，《管理世界》2015 年第 9 期。

跨境并购过程中,企业需要聘请熟悉东道国法律的律师,充分了解东道国的法律制度,并严格遵循其法律法规,依法经营。

在融资方面,实力较小的民企可能会出现较大困难。在这种情况下,民企应当积极探索并购贷款创新、优先股融资等多种灵活方式实现融资目的。并购贷款创新包含银团贷款、过桥贷款等多种贷款模式;优先股融资有助于帮助民企满足融资需求、规避融资风险、保留对目标企业的控制权。另外,亚投行、丝路基金等系列融资机构的设立已经为"一带一路"发展进程中的民企拓宽了融资渠道。在此基础上,国家还可以建立更加简洁的管理投资审批手续,并健全企业境外投资检查制度来帮助民企实现更方便的跨境投资。[1]

(三)优化境外经贸合作园区的建议

1. 企业发展层面:实施本土化、多样化的赢利模式

境外经贸合作区设立的意义在于不仅提供了中国企业联合去海外的重要平台,同时也为"一带一路"沿线国家的社会和经济发展做出了重大贡献。因此,合作园区内企业应从本土化经营考虑,转变发展理念,坚持共享式的本土化发展,使中国境外经贸合作园区成为"东道国—中国"园区的转变。秉持互利共赢原则,成为命运共同体的海外园区会使中国企业和东道国政府捆绑在一起,更好地建设园区。[2] 除此之外,园区内企业还应实施多元化的发展模式,根据不同的行业定位,把握产业链上下游的协作关系,以形成地区特色产业为主,相关产业链条完整的经贸合作区的发展模式。

2. 园区规划层面:科学制定园区内的产业规划

境外经贸合作园区的规划应注重因势利导,根据产业园区所在国家的不同特点形成不同的投资规划,以此来突出产业特色,提升核心竞争力。合作区的建设需要依托"一带一路"沿线国家的优势产业,通过建设海外研究

---

① 孙天昊:《"一带一路"战略中的经济互动策略研究》,东北财经大学博士学位论文,2016。
② 冼国明:《海外园区应由"中国海外园区"向"东道国—中国园区"转变》,http://orig.cssn.cn/jjx_ lljjx_ 1/lljjx_ gd/201811/t20181103_ 4769363.html。

中心和高科技园区，在传统产业的创新性和高新技术产业的综合领域加强合作。① 除此之外，经贸合作园区的发展势必带动周边地区的发展，因此，规划园区还可以从产城融合的模式考虑如何分享人口集聚所带来的经济红利，开发新的商业机遇。

3. 国家层面：完善建设对东道国投资环境的评估平台

中国应建立由政府相关部门、专业学者和法律服务机构三方成立的对东道国投资环境的评估平台，以此来完善风险管控体系。评估平台应对合作园区所在国家的风险进行指标体系的量化评价，并包含预警系统、防控系统和止损系统。完善平台的建设有助于园区内企业制定相应方案，并提高其对风险的应变能力。

（四）重构双边投资协定

中国和"一带一路"沿线国家应进行双边投资协定的整合及升级谈判，力求在保护投资者利益的同时减少对国家公共管理权限的冲击，尽快制定适合新时期中国和沿线国家的双边投资协定范本。为了适应新的历史时期要求，新的双边投资协定范本应突出优化东道国的投资环境功能，以此来实现中国企业在"一带一路"沿线国家的投资自由化。因此，新的投资协议范本应包含扩大"投资"的定义范围，增强对投资的利益保护程度，提高准入阶段的投资待遇，完善国际投资的仲裁机制等。

---

① 吴泽林：《"一带一路"倡议的功能性逻辑》，《世界经济与政治》2018 年第 9 期。

B.4
中国与"一带一路"沿线国家产能合作

郭朝先 杨晓琰*

摘 要： 五年来中国与"一带一路"国家开展产能合作，取得积极进展，主要有：产能合作规模持续扩大，一批重大标志性项目启动；境外经贸合作区发展迅速，并呈现"大分散、小集中"分布特征；合作领域不断拓展，参与主体日益多元化；东部地区是中国企业"走出去"主力，中西部地区潜力较大；"一带一路"产能合作与中国—中东欧"16＋1"、中非产能合作形成协同发展态势。但是，当前"一带一路"产能合作仍然存在一些不容忽视的问题和障碍，包括产能合作层次偏低，境外产业园区开发质量不高，融资难问题比较突出，中国技术标准接受度不高，对外投资风险较大等问题。展望未来，我们认为"一带一路"产能合作前景光明，将呈现以下图景：中国工业化极大成功，提升了中国国际影响力，"一带一路"产能合作将加速推进；国内相关政策日益完善，助推"一带一路"产能合作发展；前期准备和投资经验的积累，将有效提升"一带一路"产能合作效益并降低风险；"一带一路"产能合作重塑国际分工格局，中国将是新国际产业链"链主"。本报告最后提出了相应的对策建议，主要是：进一步做好统筹规划，完善国际产能合作支持体系；进一步加强境外产业园区建设，优化园区管理机制；创新产能

---

* 郭朝先，中国社会科学院工业经济研究所研究员；杨晓琰，中国社会科学院研究生院博士研究生。

合作模式，提高合作成功率和经济效益；创新投融资机制，切实解决产能合作融资难问题；鼓励采用中国技术标准，大力实施标准国际化战略；积极开展第三方合作，推进形成命运共同体；强化国别研究，降低产能合作风险；加强合规性能力建设，规避海外经营风险。

关键词： "一带一路"　　产能合作　　境外产业园区　　前景展望

2018 年是中国提出"一带一路"倡议五周年，是《国务院关于推进国际产能和装备制造合作的指导意见》发布三周年。本报告对五年来中国与"一带一路"国家开展产能合作情况进行回顾与展望，分析五年来主要进展、存在的问题与障碍，并提出对策建议。

一　五年来中国与"一带一路"国家产能 合作进展情况

（一）中国与"一带一路"国家产能合作规模持续扩大，一批重大标志性项目启动

自 2013 年中国政府提出"一带一路"倡议以来，中国企业积极响应，对外投资速度加快，国际产能合作规模不断扩大。据报道，2013～2017 年，我国对沿线国家直接投资 773 亿元，年均增长 7.2%，高于对全球投资增速 6.8 个百分点。① 在对外承包工程方面，2017 年我国企业在"一带一路"沿线的 61 个国家新签对外承包工程项目合同 7217 份，新签合同额 1443.2 亿美元，占同期我国对外承包工程新签合同额的 54.4%，同比增

---

① "伟大的变革——庆祝改革开放 40 周年大型展览"展板资料。

长14.5%。①

一批重大标志性项目启动，正按计划推进建设。中老铁路、中泰铁路、雅万高铁、蒙内铁路、匈塞铁路、亚吉铁路业、卡拉奇高速公路等项目已启动，正在按计划推进建设。一批境外经贸合作区和产业园区建成，则成为中国企业集群式"走出去"的平台和友好合作的象征。

（二）境外经贸合作区发展迅速，呈现"大分散、小集中"分布特征

境外经贸合作区是在海外发展比较成熟且被政府认可的一种海外园区。境外经贸合作区已成为促进中国和东道国经贸合作双赢的重要载体，是深化投资合作、移植复制中国发展经验的重要载体。通过建设境外合作园区可为企业"走出去"搭建平台，带动企业抱团出海，为构建较为完整的产业链创造条件，降低海外投资成本并降低风险。

"一带一路"沿线境外经贸合作区发展迅速，集群效应初步显现。截至2018年9月，我国企业在46个国家正在建设初具规模的113家合作区，累计投资366.3亿美元，入区企业4663家，上缴东道国税费30.8亿美元。其中，24个"一带一路"沿线国家在建的82家合作区，累计投资304.5亿美元，入区企业4098家，上缴东道国税费21.9亿美元；通过确认考核的20家合作区累计投资201.3亿美元，入区企业873家，上缴东道国税费21.2亿美元。② 2018年，我国稳步推进中老和中哈等跨境经济合作区建设，加快推进中蒙、中越、中缅、中尼等跨境经济合作区建设前期工作。通过确认考核的境外合作区目录见表1。

---

① 《商务部新闻办公室："一带一路"经贸合作成效显著》，商务部网站，http://www.mofcom.gov.cn/article/ae/ai/201812/20181202820669.shtml。
② 《商务部对外投资和经济合作司负责人谈2018年1~9月我国对外投资合作情况》，"走出去"公共服务平台，http://fec.mofcom.gov.cn/article/jwjmhzq/tjsj/201811/20181102810220.shtml。

表1　通过确认考核的境外合作区目录

序号	合作区名称	境内实施企业名称
1	柬埔寨西哈努克港经济特区	江苏太湖柬埔寨国际经济合作区投资有限公司
2	泰国泰中罗勇工业园	华立产业集团有限公司
3	越南龙江工业园	前江投资管理有限责任公司
4	巴基斯坦海尔—鲁巴经济区	海尔集团电器产业有限公司
5	赞比亚中国经济贸易合作区	中国有色矿业集团有限公司
6	埃及苏伊士经贸合作区	中非泰达投资股份有限公司
7	尼日利亚莱基自由贸易区(中尼经贸合作区)	中非莱基投资有限公司
8	俄罗斯乌苏里斯克经贸合作区	康吉国际投资有限公司
9	俄罗斯中俄托木斯克木材工贸合作区	中航林业有限公司
10	埃塞俄比亚东方工业园	江苏永元投资有限公司
11	中俄(滨海边疆区)农业产业合作区	黑龙江东宁华信经济贸易有限责任公司
12	俄罗斯龙跃林业经贸合作区	黑龙江省牡丹江龙跃经贸有限公司
13	匈牙利中欧商贸物流园	山东帝豪国际投资有限公司
14	吉尔吉斯斯坦亚洲之星农业产业合作区	河南贵友实业集团有限公司
15	老挝万象赛色塔综合开发区	云南省海外投资有限公司
16	乌兹别克斯坦"鹏盛"工业园	温州市金盛贸易有限公司
17	中匈宝思德经贸合作区	烟台新益投资有限公司
18	中国·印尼经贸合作区	广西农垦集团有限责任公司
19	中国印尼综合产业园区青山园区	上海鼎信投资(集团)有限公司
20	中国·印度尼西亚聚龙农业产业合作区	天津聚龙集团

资料来源：商务部网站，http：//fec. mofcom. gov. cn/article/jwjmhzq/article01. shtml。

　　中国的境外经贸合作区在"一带一路"六大经济走廊均有分布，但是主要集中在亚洲和欧洲，而亚洲主要集中在东南亚（尤其是印尼），而欧洲主要集中在俄罗斯、白俄罗斯、匈牙利三国，因此，在地理上呈现"大分散、小集中"分布特征。[①]

①　曾刚、赵海、胡浩：《"一带一路"倡议下中国海外园区建设与发展报告（2018）》，中国社会科学出版社，2018，第50～55页。

（三）合作领域不断拓展，参与主体日益多元化

五年来，中国与"一带一路"国家开展国际产能合作的产业，既有以轻工、家电、纺织服装为主的传统优势产业，也有以钢铁、电解铝、水泥、平板玻璃为主的富余产能优势产业，还有以电力设备、工程机械、通信设备、高铁和轨道交通为主的装备制造优势产业。中国与"一带一路"国家开展产能合作，对外有利于支援相关国家工业化建设，对内有力地促进了供给侧结构性改革。

中国与"一带一路"沿线国家进行产能合作主体以国有企业为主，民营企业也表现活跃。截至2017年5月，共有47家央企在"一带一路"沿线国家参与、参股或者投资，与这些沿线国家的企业合作共建了1676个项目。行业层面的国际产能合作联盟也纷纷成立，助推"一带一路"产能合作。近年来成立的国际产能合作企业联盟如表2所示。国际产能合作企业联盟在帮助企业整合行业内资源、促进信息共享与交换、加强与政府沟通及协调的领域发挥了重要作用，有力助推"一带一路"产能合作，形成合力共同开发国际市场。

表2 我国主要的国际产能合作企业联盟

序号	成立时间	联盟名称	所属行业
1	2016年6月	中国电力国际产能合作企业联盟	电力业
2	2016年9月	中国石油和化学工业国际产能合作企业联盟	石化业
3	2016年12月	中国工程机械行业国际产能合作企业联盟	工程机械
4	2017年3月	中国纺织国际产能合作企业联盟	纺织业
5	2017年3月	中国钢铁行业国际产能合作企业联盟	钢铁业
6	2017年4月	中国轻工业国际产能合作企业联盟	轻工业
7	2017年4月	中国通信行业国际产能合作企业联盟	通信业
8	2017年9月	中国矿业国际产能合作企业联盟	矿产业
9	2017年10月	中国建筑业国际产能合作企业联盟	建筑业

资料来源：项义军、周宜昕《新时代推进我国国际产能合作建设：新模式、新机制和新路径》，《商业研究》2018年第10期。

（四）东部地区是中国企业"走出去"主力，中西部地区潜力较大

中国对外投资呈现出明显的地域特色，主要是受长期积累的经济发展水平、能源或劳动力成本、国家政策等众多因素影响。东部地区产业集中度、制造业和技术水平较高，但也面临严重的产能过剩和能源、劳动力成本上升的问题，因此在国家政策的作用下，部分企业凭借资本或技术优势"走出去"，选择能源或劳动力成本相对较低的"一带一路"沿线国家，降低成本的同时缓解过剩产能问题。与此同时，西部地区受西部大开发等国家一系列支持西部经济发展政策的影响，凭借资源和劳动力成本优势，经济水平得到快速提升，逐渐参与到与"一带一路"沿线国家产能合作行列中。

表3反映了如下情况。

从对外投资存量来看，截至2017年末，中国地方企业对外非金融类直接投资存量达到7274.6亿美元，占全国非金融类存量的45.3%，较上年增加0.9个百分点。其中，东部地区6115.2亿美元，占84.1%；西部地区530.8亿美元，占7.3%；中部地区415.5亿美元，占5.7%；东北三省213.1亿美元，占2.9%。从投资增速来看，除东北三省对外直接投资存量出现负增长，2017年资本存量较2016年下降4.7%，其余地区均继续增长，其中东部地区同比增长44.5%，西部地区投资存量只占总体的7.3%，但较2016年增长24.0个百分点，对外直接投资增长趋势明显。

从对外投资流量来看，2017年，地方企业对外非金融类直接投资流量达862.3亿美元，同比下降42.7%。其中，东部地区642.4亿美元，占地方投资流量的74.5%，同比下降48.9%，但仍然占据投资主体地位；西部地区124.7亿美元，占地方投资流量的14.5%，同比增长8.0%；中部地区76.1亿美元，占8.8%，同比下降24.7%；东北三省2017年对外投资19.1亿美元，仅占投资流量的2.2%。但是，从投资增速来看，在2017年对外投资整体下降42.7%的情况下，中部地区和西部地区分别较上年增长−24.7%和8.0%，较东部地区和东北三省发展潜力较大，尤其是西部地区在整体下降的情况下，仍能够继续保持正增长。

表3 2017年中国地方对外直接投资按区域分布情况

单位:亿美元,%

地区	存量	比重	同比增长	流量	比重	同比增长
东部地区	6115.2	84.1	44.5	642.4	74.5	-48.9
中部地区	415.5	5.7	16.7	76.1	8.8	-24.7
西部地区	530.8	7.3	24.0	124.7	14.5	8.0
东北地区	213.1	2.9	-4.7	19.1	2.2	-41.2
合计	7274.6	100.0	38.8	862.3	100.0	-42.7

资料来源:中华人民共和国商务部、国家统计局、国家外汇管理局《2017年度中国对外直接投资统计公报》,中国统计出版社,2018,第26~27、16页。

从境外产业园区投资情况来看,东部地区占据绝对多数,无论是园区单独实施企业数量、园区合作实施企业数量、园区境内实施企业数量还是国家级境外经贸合作区数量,东部地区所占份额均在六成左右,且境外投资企业(机构)数量占74.7%中部地区、西部地区和东北地区表现各有优劣。具体情况详见表4。

表4 各地区境外产业园区投资情况

单位:家

地区	园区单独实施企业数量	园区合作实施企业数量	园区境内实施企业数量	境外投资企业(机构)数量	国家级境外经贸合作区数量
东部地区	54	8	62	19290	13
中部地区	8	5	13	2515	1
西部地区	14	1	15	2455	3
东北地区	5	0	5	1556	3
合计	81	14	95	25816	20

资料来源:曾刚、赵海、胡浩《"一带一路"倡议下中国海外园区建设与发展报告(2018)》,第125~126页。

(五)"一带一路"产能合作与中国—中东欧"16+1"、中非产能合作形成协同发展态势

"一带一路"建设涉及的区域和重点与中国—中东欧"16+1"合作、中非

合作既有区别又有联系。近年来,"一带一路"产能合作与中国—中东欧"16 + 1"合作、中非产能合作日益形成协同发展态势。也可以说,中国—中东欧"16 + 1"合作、中非产能合作是"一带一路"产能合作的具体化和深化。

2012 年中国—中东欧国家领导人首次会晤在波兰华沙举行,中国与中东欧 16 个国家的"16 + 1"合作机制启动。截至 2018 年,中国与中东欧各国领导人先后进行了 7 次会晤,继首次会晤提出"16 + 1"合作之后,其后 6 次,每次会晤双方均发布一次《纲要》。系列《纲要》内容丰富,涉及互联互通、产能合作、基础设施建设、人文、人力资源、民航合作等多个领域,为双方合作提供了方向。

2015 年 1 月,中国政府与非盟签署推动"三网一化"备忘录,即建设覆盖非洲全境的高铁网、高速公路网、航空网和推进工业化。这一计划既有利于推动非洲基础设施互联互通与工业化进程,也有利于中国装备走进非洲。2015 年 12 月习近平在约翰内斯堡峰会上公布了《中非合作论坛——约翰内斯堡行动计划》,提出 2016 ~ 2018 年中非合作的"五大支柱"(坚持政治上平等互信、坚持经济上合作共赢、坚持文明上交流互鉴、坚持安全上守望相助、坚持国际事务中团结协作)和"十大合作计划"(工业化合作计划、农业现代化合作计划、基础设施合作计划、金融合作计划、绿色发展合作计划、贸易和投资便利化合作计划、减贫惠民合作计划、公共卫生合作计划、人文合作计划、和平与安全合作计划),并为此配套 600 亿美元金融支持,中非合作顶层设计日益完善,使得中非产能合作快速推进。[①]

二 "一带一路"产能合作存在的问题与障碍

(一)产能合作层次偏低,亟待升级和深化

首先,是中国输出去的产能在产业层次上偏低。虽然中国输出去的富余

---

① 隆国强:《中非产能合作的成效、问题与对策》,《国际贸易》2018 年第 8 期。

产能总体上属于国内甚至国际上的先进产能，但是，从大面上而言，主要集中在劳动密集型和资源密集型产业，产业层次偏低，这与发达国家以资金密集型产业、技术密集型产业、高端服务产业输出为主还是有一定差距。

其次，是产能合作层次偏低。以中国与哈萨克斯坦产能合作为例，虽然涉及的行业众多，但基本上仍停留在单个项目层面或产品层面，远未达到覆盖产业链上下游、良性互动的合作层次。在合作方式上，许多项目中方是以工程总承包形式参与合作，不参与生产和运营。[①] 显然，这种产能合作层次偏低、深度不够，不但中方获利少，也不利于项目整体赢利能力的提升。

（二）境外产业园区开发质量不高，集聚程度偏低

从类型上看，中国海外园区有加工制造型、资源利用型、农业开发型、商贸物流型、技术研发型、多元综合型 6 种。在具有一定规模和一定影响力的 81 个中国海外园区中，有很多以农产品加工和资源开发利用为主，缺乏高科技和高端服务海外园区。按照中国国家级境外经贸合作区建设标准，81个海外园区只有 20 个通过考核，数量不多，占比不高，甚至存在通过考核的因再次考核不合格而被取消资格的现象。这说明，海外园区建设离规范的园区标准还有很长的一段路程要走。[②]

很多海外园区犯经验主义错误，造成资金回笼困难、赢利模式不清等现实问题。海外园区建设前期，基础设施建设投资巨大，往往长达数年或十多年，其间回报微薄，存在投资和收益不成比例问题，这又无法套用国内园区开发模式，致使一些园区开发主体陷入困境。

一些境外园区土地、人才、资金要素缺乏，集聚程度不够，加上基础设施不完整、配套服务不完善，入驻企业较少，更谈不上集群发展。一些园区主导产业特色不突出，定位不明确，产业同质化竞争问题严重。境外园区产

---

① 黄晓燕、秦放鸣：《"一带一路"背景下中哈制造业产能合作的经济效应与反思》，《对外经贸实务》2018 年第 4 期。

② 曾刚、赵海、胡浩：《"一带一路"倡议下中国海外园区建设与发展报告（2018）》，中国社会科学出版社，2018，第 14～15 页。

业本地化程度不够，还往往缺乏具备跨国经营综合素质、熟悉东道国政策文化语言且能够进行跨国业务谈判的人才。

（三）金融市场欠发达，融资难问题比较突出

产能合作中融资难仍是一个比较突出的问题，这既有中国的原因，更有所在国的原因。

就中国方面而言，目前缺乏"外保外贷"和"外保内贷"等服务，固定资产在境外的海外园区入驻企业，无法获得国内商业银行的信贷支持，而中国银行的境外分支机构布局不合理、能力不足、银行全球授信体系不完善，企业的境外子公司不能利用国内母公司的信誉和授信额度，国内母公司不能为其境外子公司在中国银行境外机构贷款提供担保，企业境外投资形成的资产不能作为抵押担保在境内贷款等都使企业面临融资难问题。[①]

就所在国而言，目前"一带一路"国家整体上金融市场发展不充分，融资渠道单一、融资成本高、金融基础设施不完善。[②]"一带一路"国家整体上金融市场结构单一，股票、债券等资本市场发展程度较为落后，可利用的融资工具较少，市场自身融资能力较弱。同时，部分沿线国家资本市场和金融市场并未开放，外资进入渠道有限。"一带一路"国家普遍面临外汇短缺，不少国家实行外汇管制，导致利润难以汇出，而且汇率波动大，汇率风险上升。"一带一路"国家主权信用风险评级普遍偏低，资本市场不发达，信用担保体系不健全，这使得融资成本普遍偏高，缺乏增信能力，难以支持长期资金需求。"一带一路"国家金融基础设施也不完善，缺乏完善的投融资保护机制，金融监管难以满足实际需求，货币稳定存在较大风险，信用评价体系不健全，这使目前沿线国家融资环境难以满足实际需求。

---

① 曾刚、赵海、胡浩：《"一带一路"倡议下中国海外园区建设与发展报告（2018）》，中国社会科学出版社，2018，第20页。
② 曾刚、赵海、胡浩：《"一带一路"倡议下中国海外园区建设与发展报告（2018）》，中国社会科学出版社，2018，第69~73页。

（四）中国技术标准权威性不够，技术标准对接难度大

在"一带一路"产能合作中，有些国家要求必须采用东道国标准或者欧美标准，拒绝使用中国标准，造成"走出去"企业主动权丧失和适应当地要求的成本大幅上升。另外，"一带一路"国家标准化管理部门和适用标准五花八门，加大了中国与其技术标准对接的难度。比如，东盟十国中，除新加坡之外，其他九个国家的产品标准化处于相对落后阶段，在技术标准对接语言方面就存在 7 种语言，涉及技术标准数量 29000 多项。① 加强中国—东盟产能合作，光技术标准对接一项，其复杂程度和工作量就非常大。

（五）多数"一带一路"国家营商环境堪忧，投资风险较大

多数"一带一路"国家工业化水平偏低，基础设施落后，工业配套能力不足；一些国家和地区法制不健全、人治色彩明显、政府办事随意性大；还有的国家和地区政局不稳、社会治安恶化，部分国家国际恐怖主义、宗教极端主义、民族分裂主义三股势力和跨国有组织犯罪活动猖獗，这些都给产能合作带来极大的负面影响。

有的国家国情社情与中国有很大的不同，中国企业前往投资需要格外注意。比如，有的国家和地区（如印尼、东欧国家等）劳动者权益保护严格，劳工组织势力大，若发生劳资纠纷则非常棘手，中国投资企业往往需要支付巨额补偿金。有的国家和地区（如东欧国家）环境意识强、环保组织强大，投资若涉及环保问题，往往争议巨大或面临处罚风险。有的国家和地区社会宗教色彩浓厚（如伊斯兰国家），穆斯林员工每天要进行 5 次祷告，每次半小时，严重影响工作效率，若放弃雇佣当地人，则又可能违反当地法律。有的国家和地区部族势力（如部分中亚国家）、家族统治（如部分南亚国家）

---

① 张协奎、刘伟：《中国—东盟产能合作：成绩、问题与对策》，《商业研究》2018 年第 10 期。

色彩明显，新上台的部族、家族往往对前任的部族、家族进行政治清算，导致投资的政治风险极大。

若将总体投资风险评价等级分为 AAA、AA、A、BBB、BB、B、CCC、CC、C、D 十个等级，尹美群、张敏、盛磊、李文博、张成军研究表明："一带一路"沿线 65 个国家中，投资风险评价等级处于 A、BBB、BB 档次的中等投资风险国家为 35 个，占比 54%；投资风险评价等级处于 B 及以下档次的高投资风险国家达 30 个，占比 46%；而 AA 及以上档次的低投资风险的国家一个也没有。[1] 中国社会科学院世界经济与政治研究所的一项评价结果稍好一些，他们对 35 个"一带一路"国家进行了投资风险评估，结果是 1 个国家（新加坡）获得 AA 等级评价，1 个国家（伊拉克）获得 B 等级评价，其余的 33 个国家分别评价为 A、BBB、BB 等级的中等投资风险国家。[2]

三 "一带一路"产能合作前景展望

"一带一路"建设成为当前国际上最受欢迎的倡议和最重要的国际公共产品之一。展望未来，我们认为"一带一路"产能合作前景光明。

（一）中国工业化极大成功提升中国国际影响力，"一带一路"产能合作将加速推进

改革开放 40 年，中国经济快速发展，人民生活水平显著提升，中国已经成为世界第二大经济体。工业化快速推进，我们用几十年的时间走过发达国家几百年的工业化历程，当前，中国整体上已经进入工业化后期阶段。我

---

[1] 详见尹美群、张敏、盛磊、李文博、张成军《"一带一路"背景下海外投资风险》，经济管理出版社，2018，第 79～104 页。
[2] 中国社会科学院世界经济与政治研究所编《中国海外投资国家风险评级报告（2017）》，转引自刘东民、王永中、徐奇渊、李远芳、宋爽《"一带一路"融资体系建设》，中国社会科学出版社，2018，第 55～56 页。

们不仅有几百种工业产品位居世界第一，而且 2011 年中国制造业规模超过美国成为世界上最大的制造业国家。经济实力尤其是工业实力是中国实施“走出去”和开展“一带一路”建设的前提和基础。

多数“一带一路”沿线国家工业化水平偏低、经济较为落后，它们迫切希望通过工业化来改变国家落后的面貌，中国工业化的极大成功对“一带一路”沿线国家产生巨大的吸引力。通过产能合作，使我国优势产能“走出去”，这不仅涉及产业项目合作，也涉及相关技术标准、投资规则、发展经验等方面的输出或合作，是国家软实力对外输出，体现了一个国家跻身经济强国之列的国际影响力。反过来，中国国际影响力的提升，又将进一步推进“一带一路”产能合作。

（二）国内相关政策日益完善，助推“一带一路”产能合作发展

近年来，我国在计划规划、战略对接、双边或多边合作、管理办法、投资规范方面不断完善政策，助推“一带一路”产能合作。与此同时，一些部门还编制了“报告指南”，指导国际产能合作，有效降低产能合作中的风险、提高产能合作成功率。近年来与国际产能合作相关的政策文件如表 5 所示。

表 5　近年来与国际产能合作相关的政策文件一览

类别	发文单位	发文日期	文件
计划规划	国家发改委、外交部、商务部	2015 年 3 月	《推动共建丝绸之路经济带和 21 世纪海上丝绸之路的愿景与行动》
	国家认监委	2015 年 6 月	《共同推动认证认可服务“一带一路”建设的愿景与行动》
	“一带一路”领导小组办公室	2015 年 10 月	《标准联通“一带一路”行动计划（2015～2017）》
	国家发改委、国家能源局	2017 年 5 月	《推动丝绸之路经济带和 21 世纪海上丝绸之路能源合作愿景与行动》
	农业部、国家发改委、商务部、外交部	2017 年 5 月	《共同推进“一带一路”建设农业合作的愿景与行动》

类别	发文单位	发文日期	文件
计划规划	国家发改委、海洋局	2017 年 6 月	《"一带一路"建设海上合作设想》
	"一带一路"领导小组办公室	2017 年 12 月	《标准联通共建"一带一路"行动计划(2018~2020年)》
	地方政府	近年来	多个省市区出台"一带一路"建设实施方案以及专项行动计划、实施方案等,如《北京市推进共建"一带一路"三年行动计划(2018~2020 年)》《湖南省推进国际产能和装备制造合作三年行动计划(2018~2020 年)》、河北省《关于积极参与"一带一路"建设推进国际产能合作的实施方案》《陕西省标准联通共建"一带一路"行动计划(2018~2020 年)》等
战略对接	中国政府	近年来	中国政府与印尼政府签署《推进"一带一路"和"全球海洋支点"建设谅解备忘录》、《中华人民共和国政府和哈萨克斯坦共和国政府关于"丝绸之路经济带"建设与"光明之路"新经济政策对接合作规划》《中华人民共和国与俄罗斯联邦关于丝绸之路经济带建设和欧亚经济联盟建设对接合作的联合声明》、中蒙两国外长发表联合新闻稿《落实"一带一路"同"发展之路"对接》等
双边或多边合作	中国政府	近年来	《中华人民共和国国家发展和改革委员会与阿拉伯联合酋长国经济部关于加强产能与投资合作的框架协议》、《中华人民共和国国家发展和改革委员会与联合国欧洲经济委员会的谅解备忘录》,与东盟 10 国发表《中国—东盟产能合作联合声明》,与湄公河 5 国发表《澜沧江—湄公河国家产能合作联合声明》,中国—中东欧国家合作("16+1"合作)及其一系列年度发布的纲要等
管理办法	商务部	2013 年 10 月	《关于加强对外投资合作在外人员分类管理工作的通知》
	国家发改委、商务部、中国人民银行、外交部	2017 年 8 月	《关于进一步引导和规范境外投资方向的指导意见》
	商务部	2017 年 10 月	《对外投资合作"双随机一公开"监管工作细则(试行)》
	国家发改委	2017 年 12 月	《企业境外投资管理办法》
	财政部、国家税务总局、国家发改委、商务部	2017 年 12 月	《关于境外投资者以分配利润直接投资暂不征收预提所得税政策问题的通知》

续表

类别	发文单位	发文日期	文件
管理办法	国家发改委、财政部、商务部、中国人民银行、银保监会、证监会	2018 年 4 月	《关于引导对外投融资基金健康发展的意见》
	工信部	2018 年 11 月	《关于工业通信业标准化工作服务于"一带一路"建设的实施意见》
投资规范	国务院	2015 年 5 月	《关于推进国际产能和装备制造合作的指导意见》（国发〔2015〕30 号）
	商务部	2015 年 4 月	《关于进一步做好对外投资合作企业环境保护工作的通知》
	国资委	2017 年 1 月	《中央企业境外投资监督管理办法》
	国家发改委、商务部、中国人民银行、外交部	2017 年 8 月	《关于进一步引导和规范境外投资方向的指导意见》
	国家发改委、人民银行、商务部等 28 部门	2017 年 10 月	《关于加强对外经济合作领域信用体系建设的指导意见》
	商务部	2017 年 10 月	《关于做好"对外投资"监管方式海关申报的通知》
	国家发改委、商务部、中国人民银行、外交部和全国工商联	2017 年 12 月	《民营企业境外投资经营行为规范》
报告指南	商务部	2017 年 5 月	《中国对外投资合作发展报告（2016）》
	中国国际经济贸易仲裁委员会	2017 年 9 月	《中国国际经济贸易仲裁委员会国际投资争端仲裁规则（试行）》
	国家税务总局	2017 年 10 月	《"走出去"税收指引》
	国家发改委	2017 年 11 月	《中国对外投资报告》
	商务部	2017 年 12 月	2017 年版的《对外投资合作国别（地区）指南》，已经是第九个年度版，覆盖了 172 个我国企业对外直接投资、对外承包工程、对外劳务合作的主要市场
	国家外汇局	2017 年 12 月	《"一带一路"国家外汇管理政策概览（2017）》
	国家税务总局	截至 2018 年 4 月底	已经发布 58 份"一带一路"参与国、沿线国家和地区税收指南；《中国居民赴某国家（地区）投资税收指南》

资料来源：作者整理。

（三）前期准备和投资经验的积累，将有效提升"一带一路"产能合作效益并降低风险

虽然当前部分"一带一路"产能合作项目效益不高、风险偏大，但是，随着"一带一路"建设工作的持续推进，尤其是政策沟通、设施联通、贸易畅通、资金融通、民心相通"五通"持续深入推进，产能合作效益和便利程度得以提高，很多产能风险将被有效化解。

首先，通过对沿线国家的深入研究，特别是企业"干中学"，使得中国企业对"一带一路"国家有了比较清晰的认识。近年来，我国国家部门、行业协会、高端智库等都加强了"一带一路"国别研究，以前不为大家所了解的沿线国家政治经济条件、国情社情民意等信息逐步被揭示。特别是中国企业前期对国际产能合作具体实践，通过"干中学"，充分了解在不同国家开展产能合作时存在的关键部门、主要节点、重要风险，为后续继续开展产能合作积累了宝贵的经验教训。

其次，中欧班列的开行使中国与沿线国家开展产能合作更加便捷、高效。中欧班列（CR Express）是由中国铁路总公司组织，按照固定车次、线路、班期和全程运行时刻开行，运行于中国与欧洲以及"一带一路"沿线国家间的集装箱等铁路国际联运列车，是深化我国与沿线国家经贸合作的重要载体和推进"一带一路"建设的重要抓手。2013 年，中欧班列仅开行 80 列，2017 年则达到 3673 列，2018 年仅上半年就为 2490 列。截至 2018 年 6 月底，中欧班列累计开行已突破 9000 列，运送货物近 80 万标箱，国内开行城市 48 个，到达欧洲 14 个国家 42 个城市。① 越来越频繁的中欧班列有力地促进和支持中国与"一带一路"国家开展产能合作，不仅使人员和物流往

---

① 中欧班列（英文名称 China Railway Express，缩写 CR Express）自 2011 年 3 月 19 日开始运行，首列中欧班列由重庆开往德国杜伊斯堡，当时称作"渝新欧"国际铁路。2016 年 6 月 8 日，中国铁路正式启用"中欧班列"品牌，按照"六统一"（统一品牌标志、统一运输组织、统一全程价格、统一服务标准、统一经营团队、统一协调平台）的机制运行，集合各地力量，增强市场竞争力。

来加速，而且有效地降低了物流成本，国际产能合作效益进一步实现。

再次，中国与"一带一路"国家产能合作融资框架架构已经初步完成，融资难问题未来将有所缓解。目前，"一带一路"产能合作投融资框架基本形成，主要资金渠道有财政资金、政策性金融机构、开发性金融机构和主要商业金融机构等。亚洲基础设施投资银行、丝路基金、金砖国家新开发银行，以及多种多样的"一带一路"投资基金成为助力"一带一路"建设的生力军、主力军。

最后，一些合作模式被证明行之有效，可以复制推广。比如，中国与马来西亚开创了"两国双园"模式，"两国双园"就是在中国广西钦州设立"中马钦州产业园"，在马来西亚关丹设立"马中关丹产业园"，并成立了"两国双园"合作理事会和联合工作组等协调机构，目前，"两国双园"发展态势良好。此外，还有其他比较成功的模式，如中埃产能合作中的"泰达模式"，等等。这些合作模式可以为类似条件下的其他产能合作项目所采用，从而提高项目成功率。

（四）"一带一路"产能合作重塑国际分工格局，中国将是新国际产业链"链主"

中国经济过去30多年的高速增长，得益于日益融入全球价值链。但是，过去中国企业参与由发达国家主导的国际产业分工链，以西方为中心的"游戏规则"和"非中性"的国际产业链、价值链也使中国陷入付出巨大的资源环境代价但获利不足的窘境。现在，中国参与全球价值链分工已经到了需要转型的十字路口，是继续参与发达国家主导的国际分工链，还是另辟蹊径，构建以我国为主的国际产业分工链。答案可能不是非此即彼，但显然后者值得中国企业深入探索实践。

从全球视野看，中国的产业技术及能力有着自身鲜明特性，处于世界产业价值链承上启下的关键环节。通过"一带一路"产能合作，中国将重塑国际分工格局，在全球产业链中获得"一席之地"，有望成为新的产业分工链的"链主"。

四 对策建议

（一）进一步做好统筹规划，完善国际产能合作支持体系

进一步做好顶层设计。相关国家部门完善境外投资管理制度，健全投资政策服务体系，鼓励企业参与"一带一路"建设和国际产能合作的同时，着力抓好对外投资真实性审核、事中事后监管等工作，严防对部分领域非理性对外投资的风险，使企业的对外投资更趋理性。

加强国家级国际产能合作综合服务体系建设。借鉴法国开发署、日本国际协力机构模式，通过派出机构（企业法人），以市场化方式服务"走出去"企业。区别对待政策性项目和商业性项目，商业性项目应该完全按照市场化原则开展运作，充分尊重企业的自主权，政府部门应避免给商业项目赋予过多政治色彩，让其承担不应有的政策性负担。政策性项目甚至援建项目也要尽可能考虑其商业化运维前景，减轻运维财政压力。

积极发挥行业协会和国际产能合作企业联盟功能。发挥其桥梁纽带作用，将国家产能合作的相关工作部署和政策信息及时准确地传达给企业。发挥其协商协调作用，指导企业因地制宜发展，帮助企业与政府、金融机构、外国驻华使馆等机构牵线搭桥，建立多层次产能合作机制。

加强"二轨"对话及交流合作。这对于化解恶意攻击中国开展国际产能合作的不利舆论如"新殖民主义""掠夺资源论""支持独裁论""假冒伪劣论"等具有重要作用。

（二）进一步加强境外产业园区建设，优化园区管理机制

建设境外产业园区和经贸合作区，将个别企业的"单打独斗"产业转移行为向"抱团出海"集群式发展转变，有利于提高"走出去"的成功率。境外产业园区、经贸合作区等因其具有吸引上下游产业链整体转移及关联产业的协同布局的功能，更有助于有效整合全球资源，构建以中方为中心的价

值链体系。

对于国家级境外经贸合作区，应建立政府及企业间的磋商机制。可借鉴中国与新加坡合作推进苏州工业园的管理模式，引入多级政府协调工作机制，从政府高层就优惠政策、资源整合等难点问题通过协商机制达成共识，并由执行层落实相关具体工作，企业跟进落实，提高园区开发建设效率。

可以考虑从三个层面来优化境外产业园区管理机制。[①] 第一个层面，签署双边政府间的合作协议。第二个层面，成立关于产能合作园区双边工作委员会，一般都是部级，为园区建设发展遇到的各种投资便利化问题提供一个有效、及时的解决渠道。第三个层面，参照中国国内经验设立园区联合办公室或管委会。与现有的园区管委会的不同在于，管委会最好能够有双方政府机构的介入和参与，这样才能推动某些政策和政府服务切实的落地实施。

（三）创新合作模式，提高产能合作成功率和经济效益

在国际产能合作中，积极推进政府与社会资本合作（PPP）模式。坚持利益共享、风险共担、长期合作、伙伴关系等 PPP 核心理念，通过 PPP 合作机制确保参与各方管控风险、共同受益。

尝试推行“软输出”产能合作模式。有条件的中国海外园区可尽量减少资产直接投入，实现由“重资产投入”向“重资本运作”转变。中国企业除了直接投资建立产业园区招商运营外，以提供产业园区设计、规划、运营等咨询服务为主的软输出模式也将成为中国与“一带一路”沿线国家产能合作的代表性模式之一。这种模式具有投资风险低、投入低、回报高、周期短等特点。在产能合作迅速扩大，门槛逐渐降低的竞争下，这种软输出模式无疑开辟了一种新的合作路径。

---

① 井华：《产业园区是国际产能合作的重要平台》，《国际融资》2018 年第 11 期。

（四）创新投融资机制，切实解决产能合作融资难问题

"一带一路"产能合作秉持开放包容原则，在投融资方面不能成为中国的"独角戏"，应该成为沿线国家和国际各领域资本广泛参与的"合奏曲"，拓展多元化资金来源，搭建多层次融资框架，共同推进"一带一路"产能合作。总体原则是，以国内资金、中资企业投入为引导，广泛吸引社会资本参与，包括全球公共资金、准公共资金和商业资金，建立多元化、市场化、国际化的投融资体系。

在政策引导下，增加金融机构在境外合作园区设立支行或办事处，开辟绿色通道，积极解决园区和园区企业融资难问题。促进投融资形式多样化，利用企业的境外资产、股权等多种形式抵押，由境外银行出具保函为境外企业在国内贷款提供担保，与此同时，降低担保要求。

中国企业"走出去"参与"一带一路"建设，可考虑多维度将产能合作与资金融通有机结合起来，降低项目投资风险。比如，借鉴日本当年对外投资经验，发挥人民币贷款在促进我国企业对外投资和促进人民币国际化的双重作用。借鉴这一经验，在"一带一路"产能合作中，通过人民币对外贷款，促进沿线国家使用人民币购买中国机器设备，引导更多国家和地区在贸易中使用人民币结算，增加人民币回流渠道，形成产品流、资金流良性循环局面。"一带一路"产能合作中使用人民币贷款，还可以减少汇率波动的风险，提高项目赢利和企业赢利的概率。

（五）鼓励采用中国技术标准，大力实施标准国际化战略

鼓励在"一带一路"重大工程建设和产能合作中推广使用中国标准，鼓励我国企业参与项目采取中国标准，对成功施行中国标准的企业给予政策支持和资金补助。推进"中国技术＋中国标准＋中国装备＋中国建设"的全链条"走出去"，建设基础设施和产能合作精品工程、示范工程，扩大中国标准国际影响力。

大力实施标准国际化战略，抢占标准制高点，提高国际话语权。积极与国际标准化组织（ISO）、国际电工委员会（IEC）、电气和电子工程师协会

（IEEE）、国际电信联盟（ITU）等国际权威组织合作，将中国标准推广为国际标准。推动与"一带一路"沿线国家签署标准化合作协议，加大标准互认力度。支持"一带一路"沿线国家标准化能力建设，依托我国具有优势的技术标准，加强与沿线重点国家的合作，共同推动国际标准的制定，有针对性地组织标准化援外培训。

（六）积极开展第三方合作，推进形成命运共同体

第三方合作是一种特殊的多边合作，是指两个国家在第三国开展市场合作。第三方合作是国际产能合作新模式，即"1＋1＋1＞3"模式，即"中国优质产能＋发达国家先进技术＋发展中国家现实需求"，三方合作，三方共赢，潜力无限。第三方合作目前已有部分尝试，比如，中国机械工业建设集团与韩国现代建设株式会社合作开发厄瓜多尔太平洋炼油厂等国际产能合作项目，就是第三方合作的一种积极尝试。

在"一带一路"开展第三方合作，特别推动中国与发达国家开展第三方合作，形成"一带一路"的"北—南—南"合作模式，可以充分利用发达国家跨国公司先进的技术、管理经验、营销网络，分散中国企业的投资风险，并展现中国在"一带一路"倡议中所秉持的开放性姿态，推动形成利益共同体、责任共同体和命运共同体。在具体操作中，我国可以在政府层面与发达国家签订"一带一路"第三方合作协议，重点与欧洲、日本、韩国等地的跨国公司开展合作。

（七）强化国别研究，降低产能合作风险

"一带一路"国家国情差别巨大，今后对于"一带一路"产能合作的研究要深入国别研究，不仅仅是大面上的泛泛研究。相关政府部门、智库、行业协会、拟前往投资的企业都要加强投资前的前期研究，对拟投资国家的市场、产业、政治、金融、法律、税务、人文、社会、宗教信仰等方面进行广泛的前期研究工作，避免盲目投资，对产能合作可能出现的风险早知晓、早防范。

（八）加强合规性能力建设，规避海外经营风险

一方面，要运用国际多边规则和法律武器，维护中国企业权益，尤其是要反对美国的贸易霸凌主义和"长臂管辖"；另一方面，中国企业要加强合规性能力建设，必要时成立企业首席合规官和合规性经营办公室，专司企业合规经营，切实加强员工经营合规性教育，最大限度地减少因技术转移、知识产权保护、劳工权益、环境保护、原产地等方面的纠纷。

B.5
中国与"一带一路"沿线国家园区合作

邹昊飞　谭潇　杜贞利*

摘　要：　"一带一路"园区合作是落实"一带一路"合作倡议的重要
节点、实现国际产能与投资合作的重要平台，是我国发展模
式与理念传播的重要载体，以及开展对外投资合作的重要名
片。本报告梳理分析了"一带一路"园区合作的合作背景、
重要意义和相关政策举措，研究了"一带一路"园区合作建
设现状与成效，以及合作中面临问题，提出具有针对性的对
策建议。

关键词：　境外经贸合作区　园区合作　产能合作

一　"一带一路"园区合作的发展背景与重要意义

（一）发展背景

1. 全球经济深度调整蕴含巨大发展机遇

当前，世界经济仍处于国际金融危机后的调整复苏期，经济增速总体放
缓，政经格局和经贸秩序正在酝酿深刻变革。从世界经济大势来看，多极化

---

* 邹昊飞，中国国际工程咨询有限公司对外经济合作业务部处长，正高级工程师；谭潇，吉林
大学创新发展研究院博士研究生，任职于中国国际工程咨询有限公司对外经济合作业务部；
杜贞利，中国国际工程咨询有限公司对外经济合作业务部主任，正高级工程师。

趋势明显加快，呈现此消彼长的调整，传统经济力量存量影响仍然较大，"金砖国家"等新兴经济力量迅速上升。从全球产业布局来看，各国经济结构调整、技术进步推动、资源环境约束加剧、市场开拓需求等基本动因使要素全球流动和资源国际配置以新的态势加速演变，国家之间产业和投资转移的规模不断扩大、层次不断提高。在此背景下，各国都在采取各种措施增强经济增长动能，引领或参与全球产业布局，由此开辟了巨大的发展空间。

2. 我国经济转型升级面临重要调整期

目前，我国经济保持中高速发展，已成为世界第二大经济体、全球第一贸易大国和第二对外投资大国，产业规模、技术水平和国际竞争力大幅提升，成为世界经济增长的重要引擎。对外开放方面已进入从经贸大国迈向经贸强国、产品输入迈向产业输出的阶段，出现了市场、能源资源、投资"三头"对外深度融合的新局面。从内部看，我国已建立了较完备的产业体系和基础设施，正处于新型工业化、信息化、城镇化、农业现代化同步发展阶段，具有进一步发展的较好条件和雄厚基础。但是，近年来我国要素成本持续攀升，资源环境约束加大，传统比较优势明显弱化，面临效益差、不协调、难持续等一系列结构性问题，面临产业转移和调整升级的压力。目前，全面深化改革进入攻坚期，宏观调控体系逐步完善，"大国经济"的韧性、潜力和回旋余地巨大，能够有效应对发展过程中碰到的各种困难和挑战。从外部看，"一带一路"合作倡议的提出兼顾各方利益、顺应了各方诉求，得到众多国家的积极响应。"一带一路"和国际产能合作必将加强与沿线国家在基础设施、能源资源以及产能对接等领域的合作，形成我国与沿线国家经济深度融合、强化我国利益存在的重要纽带。

3. 我国园区建设经验丰富逐步输出"中国模式"

产业园区是改革开放以来我国经济快速增长的重要经验，是"中国模式"的重要特征。伴随着我国"走出去"步伐加快，国内工业园区经验开始向全球复制。境外经济贸易合作区（以下简称合作区）是在党中央互利共赢的对外开放方针指导下，在境外有条件的国家和地区，投资建设基础设施完善、主导产业明确、公共服务功能健全、具有集聚和辐射效应的产业园区，通过集群式发展，推动和优化我国企业生产能力的全球布局的重要对外投资合作模式。合作区建设高度契合所在国发展诉求，也为我国企业特别是中小企业搭建公共服务平台，实现"抱团发展"，由分散式、"单打独斗"转变为集群式、规模化发展，影响力和作用日益增强，让世界读懂了中国共赢的投资理念。合作区发展历程符合中国企业"走出去"，实现全球产业布局，开拓两种市场和两种资源的必然规律，是"中国特色"发展模式在境外的具体实践和创新，是推动"一带一路"建设和国际产能合作的重要平台。

（二）重要意义

1. 落实"一带一路"合作倡议的重要节点

"一带一路"合作倡议是党中央、国务院立足国内外形势深刻变化背景下提出的重大战略，对我国扩大全球影响力和话语权、建设全方位开放新格局、从区域大国走向新型全球化大国具有划时代的重大意义。深化产业合作是构建持久牢固的经济一体化网络的重要纽带，是促进区域对话协商，促进技术经济合作、贸易和人员往来的重要依托。"一带一路"沿线国家大多处在工业化进程初期，市场潜力巨大，吸引外资意愿强烈。我国应充分利用和发挥境外合作区建设的成功经验和模式，构建"一带一路"产业节点，深化与沿线国家的产业合作，促进高效、顺畅的区域价值链连接，使我国与沿线国家合作更加紧密，利益更加融合。

2. 国际产能与投资合作的重要平台

当前，我国正在从制造大国迈向制造强国，迫切需要统筹利用好国际和国内两个市场、两种资源，在全球范围优化配置资源、技术、人才等要素，摆脱产业低端锁定和贸易保护主义抬头的不利局面。然而，我国企业"走出去"面临的环境更加复杂、竞争更加激烈、困难更加艰巨，往往表现出对国外政治制度、政策法律、语言文化不熟悉、不适应，同时面临工业基础设施薄弱、产业配套差、水电路等外部配套条件不足等诸多困难，合作区通过建立综合公共服务平台与完善的配套基础设施,为我国企业"走出去"搭建公共平台,积极拓展海外发展空间,为发挥产业集群效益和投资规模效应创造了条件,实现互补协同、共同抵御风险,对推动中资企业"走出去"具有较强的带动作用。

3. 我国发展模式和理念传播的重要载体

工业园区是我国在改革开放实践中形成的重要经验,从蛇口工业区、苏州工业园到目前遍布全国的各类工业区、开发区、经济新区等,我国已形成系统完善的园区建设和管理体系,得到了全世界的广泛认可,工业园区也成为我国经济发展的标杆和缩影。伴随着我国"走出去"步伐加快,国内工业园区经验开始向全球推广。近十年来,境外合作区从无到有,快速发展,并形成一定规模。境外合作区的蓬勃发展,是我国全球综合竞争优势上升的表现,是我国对外开放从贸易阶段转向贸易和投资并重阶段的重要标志和特色。境外合作区建设发挥了重要的示范作用,深化了与所在国的产业投资合作,得到我国"走出去"企业和所在国政府的广泛认可,同时合作区发展模式也成为我国软实力的重要体现和"中国经验"的重要组成部分。

4. 我国对外投资合作的重要名片

伴随着我国"走出去"步伐加快,国内工业园区经验开始向全球复制,影响力和作用不断增强。通过促进与所在国在经济、政治、社会、文化等领域的深入合作,密切双方联系,有力促进当地经济社会发展,积极履行社会责任,树立了良好的中国企业负责任形象,不断巩固和深化我国与相关国家友好关系,开发区模式也受到东道国政府和社会民众的高度认同,成为我国发展模式、管理理念、文化和价值理念等软实力输出的重要渠道和"走出去"的重要名片。①

---

① 邹昊飞、段京新:《境外合作区传递中国投资新理念》,《中国投资》2015 年第 7 期。

二 推动"一带一路"园区建设的举措

（一）不断完善财政政策，突出支持重点，创新支持方式

为指导和规范合作区发展，2008 年商务部、财政部制定了《境外经济贸易合作区确认考核暂行办法》（商合发〔2008〕431 号）和《境外经济贸易合作区发展资金管理暂行办法》（商财发〔2008〕211 号）。为进一步做好境外经贸合作区的指导和服务工作，创新合作区发展模式，2013 年和 2015 年商务部、财政部先后对原办法进行了修订完善，出台了《境外经济贸易合作区确认考核和年度考核办法》（商合发〔2013〕210 号）和《境外经贸合作区考核办法》（商合发〔2015〕296 号）。

境外经贸合作区相关政策不断完善，主要体现在：一是废除境外合作区的招投标制度，引入新的准入模式，并突出政策支持重点，合作区建设高度聚焦"一带一路"合作倡议、国际产能和装备制造合作、非洲"三网一化"等，使政策辐射面更广，支持效果更突出；二是对合作区进行分类指导，按加工制造型、资源利用型、农业产业型和商贸物流型等制定确认考核和年度考核的标准和要求，后期又新增了相关领域高新技术及产品研发、设计、实验为主导的科技研发型园区类型；三是在适当提高合作区确认条件基础上，加大财政支持力度，促进具有一定基础的合作区尽快做强做大、健康有序发展；四是改进支持方式，在对合作区基础设施建设进行补助基础上，针对企业普遍反映的可行性研究等前期费用投入大、融资成本高、境外投资风险多等实际问题，主要采用贷款贴息、前期费用补助、保费补助等方式，以适当缓解合作区建设资金成本及风险压力。

与此同时，积极推动相关地方人民政府或中央企业利用自身优势和资源支持所属企业进行合作区建设，推动各省（自治区）制定省级园区支持政策，为合作区发展创造条件。据不完全统计，目前已有山东、天津、黑龙江、浙江、江苏、广西、安徽、湖北、湖南、河南、江西、新疆等十多个省份制定了省级境外经贸合作园区确认考核管理办法，推动本省区境外合作区建设，形成了中央与地方分工协作、有效协同，全面推动境外合作区建设局面。

（二）开展合作区确认考核工作，规范引导园区建设

根据商务部、财政部制定的境外经济贸易合作区确认考核办法要求，对境外经贸合作区的确认与考核工作，引入科学决策机制，委托中介机构独立开展评估工作。商务部、财政部对中介机构提交的评估报告进行审核，并征询我国驻合作区所在国使（领）馆经商机构的意见后，做出是否通过确认考核和年度考核的决定，对符合条件的合作区在基础设施实际投入方面给予一定的发展资金资助。自2009年开始，商务部委托咨询中介机构开展合作区的确认考核和年度考核工作。通过对合作区建设基本条件、建设成效和发展前景、管理与服务水平、招商进展、工程建设进度与投资规模等方面进行全面考核。通过科学、严肃、慎重的考核，严格规范和引导合作区建设，确保支持政策高效落地。

（三）进一步强化境外合作区服务职能

推动签订双边协议，建立政府间关于合作区建设的协调机制。通过双边途径，就合作区的土地政策、税收政策、劳工政策、基础设施配套以及贸易投资便利化措施等加强与驻在国政府的磋商，为合作区建设提供支持。切实维护好我国企业和人员的合法权益，保障投资和人员安全。截至2018年，我国已同世界上主要的经济体签署了100多个多双边经贸合作机制，与7个国家签署了8个针对合作区发展的政府间协定，还与10个国家签署了针对合作区建设的部门间的合作备忘或协议。

为规范发展，提升合作区服务质量和水平，吸引更多的企业入区投资，实现共同发展，2015年8月4日商务部印发《境外经贸合作区服务指南范本》，规范引导合作区建立完善境外综合公共服务平台，完善公共体系建设，提升在信息咨询、运营管理、物业管理、突发事件应急服务等方面服务

职能，搭建企业集群式国际化发展的平台。

为推动境外合作区招商引资，商务部通过广交会、宁波浙洽会、厦门投洽会、南宁东盟博览会等平台，开辟专门招商展台，进行合作区招商推介工作，并与各省商务主管部门和行业协会对接，以及举办合作区所在国相关人员培训活动等，促进解决合作区招商难问题。

（四）协调解决合作区建设融资难问题、规避投资保险

针对境外合作区融资难、境外投资风险多等实际问题，商务部与国家开发银行、中国信用保险公司分别签订支持境外合作区发展的融资、投资保险相关协议，推动中非发展基金在合作区建立中小企业基金。2010 年 6 月 29 日，商务部和中国出口信用保险公司发布《关于加强境外经济贸易合作区风险防范工作有关问题的通知》，共同建立合作区风险防范机制，商务部全面促进和监督合作区的风险防范工作，中国信保为合作区提供风险分析、风险管理建议以及保险等风险保障服务。2013 年 12 月 13 日，出台《商务部国家开发银行关于支持境外经济贸易合作区建设发展有关问题的通知》，国家开发银行明确合作区优先融资的基本条件，针对合作区的特点和需求，对合作区提供融资服务，重点优先支持已通过确认考核的合作区项日。

2018 年，已有 13 个合作区获得了国家开发银行、中国进出口银行等金融机构提供的开发区建设贷款融资 6.74 亿美元，近 10 个合作区已获得中信保等提供的园区投资保险。

三 "一带一路"园区建设现状与成效

（一）园区建设现状

截至 2018 年，我国已同世界上主要的经济体签署了 100 多个多双边经贸合作机制，与 7 个国家签署了 8 个针对合作区发展的政府间协定，还与 10 个国家签署了针对合作区建设的部门间的合作备忘录或协议。

根据商务部统计数据，截至 2017 年底，我国初具规模的 99 家境外合作区有 75 家分布在"一带一路"沿线，主要为东南亚国家、俄罗斯和中东欧国家，累计实现投资额 307 亿美元，累计实现产值超过 750 亿美元，其中 2017 年新增投资额近 58 亿美元，新增产值超过 180 亿美元。

在建合作区中，有 20 个已建成一定规模，通过了商务部、财政部的确认考核，获得专项财政资金支持，其中加工制造型园区 12 个、资源利用型园区 4 个、农业产业型园区 3 个、商贸物流型园区 1 个。20 个合作区分布于 13 个国家，其非洲地区 4 个、中东欧地区 2 个、俄罗斯 4 个、中东南亚地区 7 个、南亚地区 1 个、中亚地区 2 个。2017 年，20 个合作区中资企业总投资超过 58 亿美元，总产值超过 110 亿美元，就业总人数超过 11 万人，分别占合作区总量的 60% 和 45% 以上。

合作区建设创新了对外投资合作新方式，探索建立了比较成熟的模式，成为我国对外投资合作的重要名片、"一带一路"建设的重要抓手、国际产能和装备制造合作的重要载体，对加快我国经济结构调整和促进双边关系发展发挥了重要作用。目前，合作区发展呈现如下特点。

一是合作区类型不断丰富。园区产业结构表现出向产业链两端延伸的特点，合作区正在逐步由以加工制造为主向上游资源开发利用拓展、向下游商贸物流延伸，高科技、高端制造类园区数量也在不断增多。

二是园区建设成效稳步提升。园区基础设施投资规模、入区企业投资规模、产值、税收等增长迅速，为当地经济社会发展做出重大贡献。

三是合作区布局优化发展。合作区形成立足周边、深耕非洲、全球拓展的分布格局。特别是"一路一带"沿线国家成为我国合作区布局的重点区域，在建的合作区占总数的 70% 以上，充分发挥了以点带面的推动作用。东南亚地区主要利用其劳动力和资源优势，发展生产加工和资源利用类园区；南亚地区主要利用劳动力优势，发展生产加工类园区；俄罗斯主要利用其矿产能源、森林、农业优势，发展资源开发类园区；中东欧地区利用该地区"承东启西"的区位优势，重点发展商贸物流类园区；非洲地区依托人力资源优势、资源和政策优势，发展出口加工类园区和资源开发类园区。

四是投资主体呈现多元化。合作区投资主体已呈现中央企业和地方国企、民营企业并重局面，中西部地区企业"走出去"步伐明显加快，在入园企业总量中占比显著上升，呈现出东部地区带动中西部地区建区企业梯次"走出去"的特点。

（二）园区建设取得的成效

1. 积极开展平台建设，集聚效应初步显现

合作区通过建设区内基础设施，完善公共服务配套条件，为入区企业提供了开展生产经营所需的基础环境；通过搭建公共服务平台，完善园区管理和综合服务体系，解除了企业的后顾之忧；通过集中争取所在国优惠政策，带动产业集聚，改变了企业各自为战的局面；通过帮助企业"集体出海、抱团取暖"，加强了我国企业对当地政府、社会的整体影响力，有效抵御了可能面临的政局动荡、社会安全和政策变动等风险。合作区作为中资企业的集聚平台、服务平台和政策平台，实现了集群式投资和链条式发展，初步形成了产业聚集和规模效应，平台示范效应已初步显现。

2. 实现优势产能对接，开拓国际市场资源与服务国内经济产业升级

境外合作区建设契合所在国发展诉求，是中国实现产业结构调整和全球产业布局的重要承接平台，为国内经济结构调整创造空间，有力地推动了装备"走出去"和国际产能合作。非洲、东南亚等地区资源丰富，并处于快速城镇化过程中，对各类建筑建材、轻纺产品、机械电子等产品需求旺盛，国内优势产能转移过去大有市场，大大开拓了我国企业发展空间。合作区通过引领中资企业"走出去"，有序推进重点行业国际产能和装备制造合作，引导一批示范效应大、带动性强、效益好的产能合作项目入园，采用国内先进工程技术和工艺标准，满足当地市场需求，进一步形成境外投资合作示范效应和产业集聚。

3. 倡导合作共赢，开发利用境外能源资源

通过合作区建设，我国建立了有效利用境外矿产、油气、森林、农业等各类资源的渠道，有利于保障海外资源的长期、稳定供应。目前，通过国家

确认考核的 7 个资源开发园区共掌控耕地 30 多万公顷，林地 50 万公顷，铜钴矿、红土镍矿矿权面积近 10 万公顷，铜资源量 500 万吨以上，镍资源量 2 亿吨以上。以印尼青山园区为例，合作区 2017 年形成 160 万吨镍铁（折合纯镍 16 万吨）的产能，相当于我国 2014 年镍铁年消耗量的 18%，进口缺口的 80%，能够有效保障我国的镍资源供应。同时，合作区立足于资源综合开发利用，有力地回击和驳斥一些国际舆论认为我国开展境外资源合作是"掠夺资源"，搞"新殖民主义"。合作区定位于加强资源综合开发利用，发展下游生产加工，增加资源产品附加值，推动东道国经济和产业发展，把更多利益留在当地，留给当地人民，是一种互利共赢的合作。①

4. 带动国内设备、材料及商品出口，技术、标准及劳务输出

充分发挥国内技术和产能优势，结合行业结构调整，以成套设备出口、投资、收购、承包工程等方式，在资源条件好、配套能力强、市场潜力大的重点国家，加强资源开发和产业投资，建设绿色生产基地，带动装备对外出口，积极推动中国技术与标准"走出去"，有效带动人员与劳务输出。结合境外资源开发，延伸下游产业链，开展下游精深加工，带动成套设备出口。

据统计，2015～2017 年，合作区中资企业投资带动园区各类生产设备、工程机械、电力设备、轻纺原料、建材、汽车及电子零配件等出口金额从约 15 亿美元增至约 21 亿美元，平均增长率超过 20%，平均每个加工制造型合作区中资企业带动设备、装备出口约 12 亿美元。其中，通过确认考核的 20 个合作区，2017 年带动设备、装备出口超过 19 亿美元，占同期合作区总量的 90% 以上。例如，泰国罗勇工业园引入中资企业 72 家，其中汽配、机械电子和建材行业占比达到 70%，2013～2016 年产值分别达到 12.5 亿美元、10.5 亿美元和 13.5 亿美元，入园企业生产产品原材料、部件等大部分自中国进口，近三年分别达到 5.4 亿美元、6.3 亿美元和 7 亿美元，累计达到 50

---

① 邹昊飞、杜贞利、段京新：《"一带一路"战略下境外经贸合作区发展战略与布局研究》，《国际经济合作》2016 年第 10 期。

亿美元,带动作用显著。

5. 承担社会责任,为东道国经济发展做出贡献

合作区发展有效提高东道国产业技术水平和生产能力,加快基础设施建设步伐,逐步完善产业体系,带动就业和经济社会发展,履行了社会责任,树立了中国企业负责任形象,巩固和深化我国与相关国家友好关系。

截至 2018 年,在建的 99 个园区累计上缴东道国税费 24.2 亿美元,为当地创造就业岗位 25.8 万个,当地采购各类设备、原材料金额超过 20 亿美元。园区援建东道国各类教育体育文化设施,医疗卫生机构,污水处理、道路等市政公益设施 120 余个,开展员工职业技能培训近 14 万次,慈善捐款数千万美元。

四 "一带一路"园区合作中面临的问题

(一)总体规划与统筹布局不足

现有合作区多由我国企业自发先行建设,政府缺少统一规划、论证,对合作区的总体数量、国别地区布局、产业定位,主动深入分析不够,政策导向不清晰,指导措施难以在实践中贯彻。总体来看,合作区的发展缺乏统筹布局,各园区的产业发展还未能与国内产业转移形成更有效的衔接,还面临新的政治、经济、社会安全、政策法律等风险,新形势变化对合作区建设提出了新要求和挑战。

(二)项目前期工作的落实保障与分析研究相对缺乏

从建设情况看,合作区存在土地获取、产业定位、需求分析、配套设施、政策条件、开发与合作方式等一系列问题,项目前期工作的落实保障与分析研究应进一步加强。目前,部分合作区对于产业的选择以及未来的规划不明确,对东道国国内市场需求以及辐射能力缺乏预判,存在对于合作区总体定位不合理,主导产业选择过杂等现象。同时,合作区建设尚处于起步阶段，多分布于与我国有地缘关系或良好政治经济关系的发展中国家，尚未进入经济水平较高、科技水平较高的西欧、北美等发达地区，我国境外投资产业结构的合作区发展缓慢。合作区所在地大都为经济不太发达的国家或地区，工业基础薄弱，产业配套差，水、电、路等外部配套条件不足，当地政府难以配套建设合作区所需基础设施；外商投资环境差，法律法规不健全，制度环境、信用环境等都存在一定的缺陷，官僚主义和腐败现象严重，存在审批工程项目程序复杂、手续烦琐、办事效率低等问题；园区的法律地位、优惠政策条件难以落实，建设难度大、成本高。

（三）可持续赢利模式建立较难

合作区普遍采取"滚动开发"模式，前期投入较大，固定资产等沉没成本较高，投资建设主体面临较大的资金压力和投资风险。目前，大部分合作区仍处于开发初级阶段，收益主要来自土地销售议价、园区运营物业服务等，收益来源相对单一，依托商业地产和房地产开发实现收益反补工业地产的赢利模式在短期内也较难见效。同时，与国内开发区相比，合作区建设更多的是企业行为，政策性投入力度要远小于国内开发区，合作区建设资金以企业自筹为主，融资困难使园区建设面临较大资金压力。此外，多数合作区所在国金融市场不完善、融资渠道少、融资成本高；内保外贷、外保外贷跨境资本流动渠道不畅，使得许多合作区境外资产无法盘活，资金周转慢，运营压力较大。由于合作区开发建设尚未形成稳定的收入来源，经营管理与园区开发建设周期长，投资回收慢，赢利水平较低，可持续发展长效机制较难建立。

（四）政府引导与协调机制作用有待加强

多数合作区在东道国政府管理能力不强、营商环境欠佳情况下，合作区开发运营难免需要协调东道国政府解决相关问题。但目前合作区多为中资企业单方实施基础设施建设，所在国政府、企业多未介入合作开发，两国政府对合作区也缺乏明晰的合作协议，合作区的法律地位、投资保障、优惠政策

等处在模糊状态，政府与企业、管理与服务等关系不顺，与政府协调难度和成本都较高，未能充分发挥政府引导与协调机制作用。

五 "一带一路"园区合作的对策建议

（一）紧密结合共建"一带一路"与产能合作战略

紧密结合我国"一带一路"与国际产能与技术合作发展战略，实现重点国别、重点产业优化发展。合作区建设和发展以"一带一路"为主线，立足亚洲周边，深耕非洲，面向拉美，拓展中东欧地区，积极进入发达国家，合理推动钢铁、有色、建材、装备、轻纺等重点行业的产能输出，有重点、有层次、有选择地推进和引导合作区建设和发展。特别是针对"一带一路"国家大多处于工业化进程初期，市场潜力较大，吸引外资意愿强烈，进一步优化国别产业合作格局，推进与我国产能契合度高、合作条件和基础较好的国家开展合作区建设，形成企业集群式"走出去"，深度融入全球产业链、价值链、物流链，并对东道国周边国家和地区形成产业辐射。

（二）加强总体规划与统筹布局力度

进一步做好合作区总体规划与布局工作，加强政府统筹引导力度，实现合作区有序发展。在共建"一带一路"倡议引领下，以产业衔接、产能互补、合作共赢为原则，以建设命运共同体和利益共同体为纽带，统筹考虑东道国发展诉求、合作意愿、资源禀赋、投资环境、产业基础条件等，按照因地制宜、分类施策、充分发挥所在国比较优势的基本思路，有序推动合作区在全球特别是"一带一路"沿线国家的发展布局，实现重点国别、重点产业优化发展，打造"一带一路"建设以及国际产能和装备制造合作的支点和平台。加强政府政策引导，发挥规划的统筹作用和资金撬动作用，对合作区进行合理布局，避免在邻近区域过度集中建设类型相似、产业相近的合作区，降低重复建设甚至恶性竞争的可能性；积极回应各国关切，对某些双方政府高度重视，可以起到明显带动示范作用的合作区，要强化政策的先导环节，助力融资及资源获取，增设绿色通道定向扶持，协调突破发展瓶颈，以加快合作区的建设和发展进度。①

（三）完善政策措施与加大财税支持力度

一方面，需要继续加大合作区支持力度，切实发挥财政资金导向作用。确保财政资金安全，提高资金使用效率和效益，四两拨千斤。另一方面，针对国内外形势变化，动态调整支持重点，创新资金使用方向和支持方式，做到精准发力、定向施策，切实发挥财政资金引导作用，并进一步加强引导金融机构、股权投资资金等社会资本参与境外合作区建设项目。近期，加工制造型园区的重点支持方向既要从统筹政治经济外交需要出发，又要从对外经贸形势、服务国内实体经济出发，优先选择"一带一路"沿线和产能合作重点国别，布局发展钢铁、水泥、平板玻璃等建筑建材，机械电子，轻工家电等产业，同时对园区入区企业建设成效提高标准要求。推动支持科技研发型园区建设，以科技合作为重点，探讨海外研发新模式，积极利用和引进发达国家先进的技术，推动国内产业升级。

（四）强化政府服务与监督职能

进一步加强政府在规划引导、信息发布、风险预警、协调与监督等方面的公共服务职能，逐步建立完善合作区国别和产业指引、合作区服务指南、境外投资指南、商业环境预警、招商推介等工作。完善国内机构间横向协调机制，完善商务、税收、海关等政府部门及金融机构间有关合作区的横向协调机制。指导地方政府提供配套服务，为合作区的发展制定配套政策、提供配套资金，搭建地方政府对外合作平台。引导和督促合作区健全工程建设、

---

① 《推动境外园区合作共赢的战略思考》，新丝路网，http：//silkroad. news. cn/invest/tzzn/65743. shtml。

财务和营销等管理制度，规范经营手段，督促合作区建立健全安全风险防范机制，建立健全境外安全风险预警机制和突发事件应急处理的针对性机制，规避投资风险。

（五）继续推动建立政府间园区合作磋商协调机制

境外经贸合作建设、运营由于未签署政府间合作协议，没有形成双方政府框架内的合作机制，因此其投资主体在东道国没有获得应有的法律地位，东道国给予合作区的政策差异较大，优惠政策难以落实，政策稳定性差。应在充分发挥现有多双边经贸合作机制的基础上，积极推动建立政府间园区合作磋商协调机制。探索在"一带一路"双边或多边框架下，与重点国家建立针对合作区的政府磋商协调机构，形成政府协调长效机制和风险共同应对机制，推动专项服务合作区的有关税收、劳务、检验检疫等优惠政策落地，为合作区的发展和建设提供有力的制度保障与政策环境。

（六）提升核心竞争力与加强交流合作

鼓励国内实力较强、园区运作经验丰富的产业龙头企业与金融机构、行业协会、服务中介等共同投资建设合作区，形成主导产业特色突出、产业链条完整、配套服务协同推进的具有较强竞争力的园区发展模式。同时，鼓励合作区企业进一步加强国内外交流合作，积极同较为成熟的园区平台互动合作，通过第三国或第三方参与、双边经贸园区合作、"两国双园"等新型发展模式，发挥优势、内外互动，提升合作区发展水平。

B.6
中国与"一带一路"沿线国家
体育文化合作

孟 涛*

摘 要： "一带一路"建设已进入"聚焦重点，精雕细琢"的关键时
期，体育作为全世界都能看得懂的肢体语言，其构建民心相
通的桥梁作用愈发凸显。本报告在文献调研基础上，采用实
地考察、专家访谈、逻辑分析等方法，围绕体育文化的国际
交流合作与"一带一路"建设的主题，对古丝绸之路上的体
育文化交流现象进行回顾，又梳理了当前"一带一路"建设
背景下国际体育交流与合作取得的成果、呈现的新特点和新
趋势以及如何通过包容互鉴来推动沿线各国民族传统体育的
发展，阐述了中国与中亚、东南亚等国家之间民族传统体育
的关联，对未来"一带一路"建设中如何使体育发挥更大作
用提出了相关对策与建议。

关键词： "一带一路" 体育文化 国际交流与合作

  "一带一路"倡议提出5年来，得到了沿线众多国家的积极响应，"一带一路"建设在政策沟通、设施联通和贸易畅通等方面都已经取得令人瞩目的成就，习近平在推进"一带一路"五周年工作座谈会上，绘就了一幅

---

* 孟涛，首都体育学院教授，中国社会科学院"一带一路"研究中心研究员。

"大写意"来形容过去几年共建"一带一路"完成的总体布局，而共同绘制好精谨细腻的"工笔画"则是对今后工作提出的具体要求。就是要"一步一个脚印推进实施""一点一滴抓出成果"，推动共建"一带一路"走深走实，福泽沿线国家和民众。

"一带一路"要走深走实，就要有具体的抓手，"一带一路"倡议所倡导的"五通"，虽然把"民心相通"放在最后，但它是实现其他互通的重要基础。体育是全世界都能看得懂的"肢体语言"，没有哪一种活动可以像奥林匹克运动一样，把全世界爱好体育、爱好和平的人组织起来欢聚一堂，吸引全世界的目光。这是奥运会的魅力，更是体育的魅力，体育是一座桥梁，可以跨越种族，跨越国界，跨越语言使世界各国人民的心灵相通。因此，体育文化先行定会助力"一带一路"建设的顺利开展，同时形成交流合作、互利共赢的良好局面。

一　千年回望：古丝路上的体育文化交流

大漠驼铃，帆影幢幢，长河古道，丝路千年。精美的丝绸、瓷器和西域的香料曾在这条贯通千年的古道上络绎于途。尽管张骞出使西域的最初目的是联合大月氏共同对抗匈奴，却最终使丝绸之路成为东西方之间在经济、政治和文化方面进行交流的主要通道，促进了中国与中亚、西亚等国的经济、文化联系。众多历史遗迹表明体育文化的交流古已有之，被誉为东方雕塑艺术博物馆的甘肃天水麦积山石窟，是与莫高窟、云冈石窟、龙门石窟齐名的中国四大石窟之一，具有地势险峻、泥塑艺术出类拔萃的突出特点。麦积山石窟最早开凿于后秦，距今已有 1600 多年的历史，其有洞窟221 座，泥塑石雕 10632 座，壁画 1300 平方米。石窟里保留了大量的实物资料，成为世界人类文明的奇迹。它不仅包含丰富多彩的人文内涵，同时还雕琢和绘制了不少与体育文化相关的壁画、泥塑、石刻雕塑和浮雕。[①] 麦积

---

① 王增明、岳明洁：《麦积山石窟艺术中的古代体育》，《东方收藏》2017 年第 12 期。

山石窟是中国、哈萨克斯坦和吉尔吉斯斯坦三国联合申遗的"丝绸之路：长安—天山廊道的路网"一处遗址点，在联合国教科文组织第 38 届世界遗产委员会会议上，被成功列入《世界遗产名录》，这也是三国首次联合申遗。张骞出使西域，使丝绸之路不仅促进了汉代的兴盛，也对后来的中原与西域地区的经贸往来起到了促进作用。作为最先展开中西交流领域之一的麦积山石窟，同样在促进中西体育文化传播与交流方面起到了积极的作用。石窟创作了为数不少的金刚大力士彩塑，其中有些健美彩塑造型十分逼真生动。石窟中保存至今的武艺图像也很多，如骑战出行壁画（北魏，第 127 窟）和骑射壁画（北魏，第 135 窟）等。① 此外还有一些武艺器械的浮雕石刻。现在麦积山石窟保存的壁画、泥塑、石刻雕塑和浮雕属于体育文化内容，以及与古代体育发展有关的体育文物遗存，大致可以分为以下几类：狩猎活动、习武活动、月舞活动、健美活动和竞赛活动。

二 成效与活力：体育文化国际交流与合作的境况解析

体育是国家之间进行交流的有效手段，是深化国际关系的桥梁。国家近年来不断在政府文件中明确指出"积极开展体育交流活动，支持沿线国家申办重大国际体育赛事"，习近平总书记也一再强调要把"一带一路"建设成文明之路，在体育、文化、卫生等领域实施创新合作，国务院办公厅 2018 年 10 月 11 日印发的《完善促进消费体制机制实施方案（2018～2020年）》，使体育领域消费再次成为政府文件中的主要部分之一。在国家的号召下，中国在体育领域的国际交流与务实合作的脚步逐渐加快，特别是与"一带一路"沿线国家的体育交往频率逐步加快。

---

① 王增明、岳明洁：《麦积山石窟艺术中的古代体育》，《东方收藏》2017 年第 12 期。

（一）体育外交成为助力国家人文交流的重要媒介

南非前总统曼德拉先生有一句名言："体育具有改变世界的力量。"体育以独特的方式架起了不同国家政治外交的桥梁，促进合作、加深理解。从国家层面来讲，体育作为一种特殊的社会文化形态，在一国外交中起着至关重要的作用，国家体育总局作为主管中国体育发展的总指挥部，其下设外联司的体育外事工作主要分为两个方向：一个方向为为配合国家外交大局所开展的对外体育交流活动，即体育外交；另一个方向是体育外事工作配合体育中心工作，国家的体育中心工作就是发展体育运动、增强人民体质，加强体育强国建设。在不同的历史时期体育中心工作的侧重点有所不同，当下的体育中心工作更多的是备战2022年冬季奥运会，为了国家体育事业的整体发展而营造良好的外部环境和氛围，包括群众体育和体育产业的交流，都是为了加大由体育大国向体育强国迈进的建设步伐，服务于国家的体育中心工作。

1. 体育外交的历史与现实作用

体育外交史上最著名的事件当属中美之间的"乒乓外交"，20世纪60年代末中美关系尚处于冷战时期，1971年第32届世界乒乓球锦标赛期间，毛泽东主席决定邀请美国乒乓球队访华，这一举动震惊了世界，并成为世界外交史上的一段佳话，被誉为"小球转动地球"的破冰之旅。世界上还有很多国家也都通过体育的交流达成了国家政府间的谅解。印度和巴基斯坦就是通过"板球外交"缓解了因为克什米尔地区边界问题一直存在的领土争议。2018年以来，朝鲜和韩国两次因为体育而携手，借助平昌冬奥会的契机，恢复了半岛军事热线，促成了高级别会谈，就举行军事会谈达成共识，① 又在2018年5月世乒赛女子团体1/4决赛中，放弃对决组成朝韩联队共同征战。作为通过体育促进和平的完美媒介，乒乓球运动再显身手。从过去到现在，体育在国家外交舞台上频繁登场，发挥着举足轻重的作用。

---

① 《抓住朝鲜半岛局势缓和之机》，搜狐网，http://www.sohu.com/a/222174455_260204。

2. 新时代体育外事工作的特点与趋势

党的十八大以来,体育外事工作呈现新的特点:以元首体育外交和高级别人文交流机制为引领,以"一带一路"体育交流为主线,以民族传统体育的传播推广为抓手,以务实推进重点项目为落脚点的自上而下的体育外事工作新格局。当前人文交流同政治互信和经贸合作并称为我国外交的三大支柱,而体育是人文交流当中的一个重要板块。特别是十九大以来体育外事逐渐向体育外交的重心转移,中国与世界各国之间的互动交流呈现级别高、频率高的趋势,体育逐渐走向了国家外交舞台的前台。"大国外交 + 体育"成为新亮点,体育人文交流成为新时代的新常态,体育文化互动成为沟通民心的重要媒介。

2010 年以来,"人文外交"成为中国特色的大国外交的主导,[①] 中国体育对外交往也在悄然发生变化,更多融入国家人类命运共同体的构建之中。元首体育外交开拓了中国外交实践新创举,习近平本人高度重视体育工作,任职以来出席索契冬奥会开幕式,在短短 43 小时内出席了 12 场双、多边活动,这是国家领导人参与的第一次大型境外体育赛事活动。2017 年 1 月习近平又访问了国际奥委会总部,这也是中国国家领导人第一次访问国际奥委会。在习近平的外事活动中,多次在外交场合提到体育,还于 2017 年 8 月在天津接见了国际奥委会主席巴赫先生。包括申办 2022 年冬奥会也是由习近平领导的党中央亲自提出,审时度势、高瞻远瞩做出决定,并指导申办工作全过程,亲力亲为地来做体育外交工作。在高级别人文交流机制引领下,体育人文交流、体育民间交往也日益增多,在中国与俄罗斯、美国、英国、中欧、法国、印尼、德国、南非八大高级别中外人文交流机制中,体育都是重要的组成部分。此外,体育在"一带一路"倡议、金砖国家经济伙伴战略、中国与"东盟"国家发展战略等重要的多边机制中发挥的作用也不容小觑。例如 2015 年"太极与瑜伽相会"中印文化交流活动在天坛公园举办,中印两国总理出席了此次活动,这样的活动既配合国家外交大局工作,

---

① 钟秉枢:《从封闭到开放——对中国体育与世界体育互动的思考》,《体育科学》2018 年第 7 期。

又推动了两国传统文化和民族传统体育的传播交流。“一带一路”相对而言是一个比较新的概念，自 2013 年习近平首次提出这个倡议以来，受到世界上众多国家的关注，许多国家经历了从观望到质疑再到响应的一个过程。当然这个概念也比较宽泛，习近平强调：不管是不是“一带一路”沿线国家，只要是认同“一带一路”倡议的国家都可以加入。2017 年“一带一路”国际合作高峰论坛之后，国家体育总局响应国家“一带一路”倡议，主推了几个重点活动，比如“丝绸之路国际汽车拉力赛”、“一带一路”马拉松赛事、“一带一路”乒乓球合作计划、“中国武术丝路行”等，主动配合国家外交大局，通过体育的交流互动搭建起民心互通的桥梁。近期还准备打造一个“丝路杯冰球联赛”，主要是为了配合 2022 年冬奥会的推广，推动 3 亿人上冰雪，这也是中国向世界的承诺。

（二）承办大型体育赛事，彰显大国责任与实力

国际体育赛事本身就是体育外交的一个载体，大型综合性体育赛事更是构建国际体育交流的有效平台，每一个大型赛事都是一个庞大而复杂的系统工程。为了满足赛事需求，需要投入巨额资金在基础设施建设、城市服务功能提升、硬件设施现代化等方面进行全方位的提升与改善，这需要承办方有强大的经济实力作为保障。近十年来，金融危机对全球经济产生重创，世界各国举办大型国际体育赛事的意愿下降，但作为负责任的大国和新兴的经济大国，中国在承办大型国际赛事上展现了强烈的国际责任感和较强的经济实力。2008 年北京奥运会使绿色奥运、人文奥运的理念得以传播，此后十年间中国又承办了多次大型综合性国际体育赛事和单项国际体育赛事，为体育的国际交流做出了巨大的贡献。

随着 2022 年冬季奥林匹克运动会的临近，北京即将成为首个既举办过夏季奥运会又举办过冬季奥运会的城市。除了大型综合性国际体育赛事，各单项国际体育组织主办的相关体育赛事也在中国各大城市争相举办。2009 ~ 2015 年部分年份我国承办大型综合性国际体育赛事情况见表 1。2014 ~ 2018 年我国承办的单项国际体育赛事情况见表 2。

表1 2009~2015年部分年份我国承办大型综合性国际体育赛事情况

单位：个，人

年份	赛事名称	参与国家或地区数量	运动员参赛人数
2009	哈尔滨世界大学生冬季运动会	44	2366
2010	广州亚运会	45	10156
2011	深圳世界大学生夏季运动会	152	7865
2014	南京青年奥运会	204	3787
2015	青岛第二届世界休闲体育大会	90	27000

资料来源：钟秉枢、刘兰、张建会《新时代中国体育外交新使命》，《体育学研究》2018年第2期。

表2 2014~2018年我国承办单项国际体育赛事情况

时间地点	赛事名称	时间地点	赛事名称
2014年1月　厦门	厦门国际马拉松	2015年6月　武汉	世界中学生田径锦标赛
2014年4月　北京	斯诺克中国公开赛	2015年8月　北京	田径世锦赛
2014年9月　武汉	武汉网球公开赛	2015年10月　北京	中国网球公开赛
2014年9月　深圳	深圳网球公开赛	2015年10月　上海	上海ATP1000网球大师赛
2014年9月　北京	中国网球公开赛	2016年1月　厦门	厦门国际马拉松
2014年10月　南宁	世界体操锦标赛	2016年1月　深圳	深圳女子网球公开赛
2014年10月　上海	上海网球大师赛	2016年3月　上海	国际滑联上海超级杯
2014年10月　北京	北京国际马拉松	2016年3月　长春	世界青年速滑锦标赛
2014年11月　上海	上海国际马拉松	2016年3月　北京	斯诺克中国公开赛
2015年1月　厦门	厦门国际马拉松	2016年4月　上海	F1中国大奖赛上海站
2015年1月　深圳	深圳网球公开赛	2016年5月　上海	上海田径大奖赛
2015年3月　北京	斯诺克中国公开赛	2016年5月　昆山	汤姆斯杯＆尤伯杯羽毛球团体赛
2015年3月　上海	花样滑冰世锦赛	2016年9月　武汉	武汉网球公开赛
2015年3月　贵阳	国际田联世界越野锦标赛	2016年9月　深圳	深圳男子网球公开赛
2015年4月　上海	F1上海大奖赛	2016年10月　北京	中国网球公开赛
2015年4月　深圳	高尔夫欧巡赛	2016年10月　上海	上海ATP1000网球大师赛
2015年4月　苏州	世界乒乓球锦标赛	2016年10月　珠海	珠海网球精英赛
2015年5月　东莞	国际羽联苏迪曼杯	2016年11月　福州	中国羽毛球公开赛

续表

时间地点		赛事名称	时间地点		赛事名称
2017 年 1 月	深圳	WTA 深圳女子网球公开赛	2018 年 4 月	上海	F1 上海大奖赛
2017 年 1 月	厦门	厦门国际马拉松	2018 年 5 月	上海	国际田联钻石联赛上海站
2017 年 1 月	南宁	中国杯国际足球锦标赛	2018 年 7 月	南京	羽毛球世锦赛
2017 年 3 月	上海	国际滑联上海超级杯	2018 年 9 月	北京	北京马拉松
2017 年 3 月	北京	斯诺克中国公开赛	2018 年 9 月	北京	中国网球公开赛
2017 年 5 月	上海	国际田联钻石联赛上海站	2018 年 10 月	上海	上海网球大师赛
2017 年 9 月	北京	中国网球公开赛	2018 年 10 月	杭州	第九届世界杯武术散打比赛
2017 年 9 月	北京	北京马拉松			
2017 年 10 月	上海	上海网球大师赛			
2018 年 1 月	厦门	厦门国际马拉松	2018 年 3 月	长春	世界速滑短距离锦标赛
2018 年 3 月	南宁	中国杯国际足球锦标赛			

资料来源:以上资料来源于国家体育总局官网、相关项目协会官网及网络和新闻报道等。

从 2015 年兰州国际马拉松组委会邀请"一带一路"沿线 20 多个国家和地区参赛,到 2017 年由国家体育总局和俄罗斯体育部牵头举办的"丝绸之路国际汽车拉力赛",充分推动了丝绸之路经济带的文化交流,加强了丝路沿线城市的友谊。这一系列承载着"一带一路"国际体育合作和人文交流重要使命的体育赛事成为体育领域对国家"一带一路"倡议的积极响应与落实。

表3 "一带一路"相关体育赛事开展情况

序号	时间	举办(国家)城市	赛事名称
1	2018 年	沿线国家	"一带一路"城市大学生运动会(筹办中)
2	2017 年 10 月	(马来西亚)吉隆坡	"一带一路"马拉松系列赛 2017 马来西亚马拉松(筹办中)
3	2017 年 8 月	新疆哈密	2017 中国·新疆"一带一路"首届自驾车运动会(筹办中)

续表

序号	时间	举办(国家)城市	赛事名称
4	2017 年 5 月	广东广州	2017 年南粤古驿道"天翼高清杯"定向大赛
5	2017 年 5 月	河北唐山	"一带一路杯"(唐山)国际沙滩足球邀请赛
6	2017 年 4 月	北京昌平	2017 年第二届北京格斗"一带一路"国际搏击对抗赛
7	2017 年 2 月	陕西韩城	中国·韩城 2017 年"一带一路"国际灯光节春节越野赛
8	2016 年 12 月	黑龙江哈尔滨	第一届中俄冬季青少年运动会
9	2016 年 12 月	深圳宝安	华讯方舟·2016 深圳宝安国际马拉松赛
10	2016 年 11 月	广东广州	2016 年"一带一路"汽车集结赛
11	2016 年 10 月	(俄罗斯)阿斯特拉罕	第二届中俄"一带一路"国际游钓邀请赛
12	2016 年 9 月	北京	北京格斗"一带一路"搏击对抗赛
13	2016 年 9 ~ 10 月	云南昆明	2016 年首届"一带一路·七彩云南"国际汽车拉力赛
14	2016 年 9 月	新疆乌鲁木齐	2016 年"一带一路"国际乒乓球邀请赛
15	2016 年 7 月	江苏无锡	2016 年江苏"一带一路"国际青少年足球友好邀请赛
16	2016 年 5 月	新疆	2016 年中国环塔(国际)拉力赛
17	2016 年 4 ~ 5 月	广西北海	2016 年梦想成真·一带一路(北海)国际青少年足球邀请赛
18	2015 年 11 月	江苏盐城	第二届中国盐城沿海湿地公园国际公路自行车赛
19	2015 年 11 月	江苏淮安	2015 年中国淮安·丝绸之路国际户外运动挑战赛
20	2015 年 10 月	河北香河	"一带一路一城"国际户外运动挑战赛
21	2015 年 8 ~ 9 月	陕西西安	2015 年丝绸之路越野拉力赛
22	2015 年 8 月	陕西渭南	丝绸之路·华山北中国足协渭南国际青年足球锦标赛
23	2015 年 8 月	山东青岛	2015 年第七届青岛国际帆船周·青岛海洋节
24	2015 年 7 月	内蒙古锡林浩特	2015 年内蒙古"电力杯""一带一路"国际青少年足球赛
25	2015 年 7 月	青海—甘肃—宁夏	第十四届环青海湖国际公路自行车赛
26	2015 年 6 月	甘肃兰州	2015 年兰州国际马拉松

注:以上资料来源于网络和新闻报道,统计时间起始点与"一带一路"政策文件《愿景与行动》相关,统计截止日期为 2017 年 4 月 8 日。

资料来源:钟秉枢、刘兰、张建会《新时代中国体育外交新使命》,《体育学研究》2018 年第 2 期。

目前来看,以"一带一路"命名的体育赛事,已经具备一定的数量,但是从规模到质量都还与我们的期待有很大的差距,像"丝绸之路国际汽车拉力赛"等开展比较成熟的真正由沿线国家参与主办、共同推进的品牌赛事还远远不能满足当前需要,甚至有些赛事还有单纯挂名头的倾向,这些现象都应该引起我们的高度关注。"一带一路"是体育国际交流与合作的良好平台,我们需要通过体育本身来推动和加强"一带一路"建设,冠名"一带一路"的体育活动固然重要,但不可刻意为之。要让"一带一路"体育赛事和相关活动的举办落到实处,将体育赛事和相关活动作为中国与沿线国家及城市交流的一张名片,深化中国与沿线国家的体育合作,使"一带一路"的理念真正深入沿线各国民众的心中。推进高水平国际体育赛事及相关活动的深度交流与合作,有赖于沿线各国的共同努力。

(三)国际体育援助体现国际主义精神

国际体育援助与赞助也是中国国家对外援助的重要组成部分,俞大伟将我国对外体育援助分为硬件和软件两类:"硬件援助"主要包括在受援国援建体育场馆设施、援赠体育设备器材、援送体育资金等形式;而"软件援助"则指援派青年志愿者、协助举办运动会、派出援外教练、接受来华训练等多种形式。[①] 中国在非洲及其他发展中国家援建了许多大型体育场馆,如:中国支持加勒比海地区举办 2007 年板球世界杯比赛,为安巴援建了万人板球场;中国援建塞内加尔体育场馆;2017 年 4 月中国援建柬埔寨王国国家体育场在新址开工等。[②] 2008 年以来,也有越来越多的中国企业通过与国际体育组织建立合作伙伴关系、赞助国际体育赛事等形式,走上世界体育舞台。从对外体育援助的软件资源来看,半个多世纪以来,伴随中国体育蓬勃发展的光辉历程,被派往世界 123 个国家和地区的 36 个体育项目的 2547 名体育教练在外辛勤工作,他们的勤奋敬业和精湛技艺,赢得了受援国体育

---

① 俞大伟:《中国体育援助对外发展研究》,《体育文化导刊》2017 年第 6 期。
② 《中国援建柬国家体育场破土动工》,中国新闻网,http://www.chinanews.com/gj/2017/04 – 04/8190973.shtml。

界和当地人民的喜爱和尊敬。① 在这样的援助项目中，体育院校也发挥了应有的作用。例如第十一届非洲运动会开、闭幕式大型团体操与武术表演援外项目，该项目是由主办国刚果（布）政府于 2014 年初向中国政府提出援助的项目之一，得到了商务部和国家体育总局的高度重视，责成首都体育学院选派了一支由专业体操和武术教师共同组成的高素质专家队伍完成此次援外任务。2016 年在印度举行的第十二届南亚运动会，首都体育学院师生再次受到委派担任斯里兰卡国家武术队主教练，组建新的斯里兰卡国家武术队，培养国家级教练员团队，并带队参加运动会，取得了该国参加洲际大赛的历史最好成绩，有效推动了两国体育院校和体育部门之间的友好往来，以及在专业技术、留学生教育等方面的深入合作。中国体育对外援助、赞助对于发展中国家发展体育运动、展开国际体育文化交流提供了有力的物质保障和人员技术保障，体现了高度的国际主义精神。

三　包容互鉴：推动沿线各国民族传统体育文化的交相辉映

　　作为"一带一路"的首倡者和推动者，中国为"一带一路"建设做出了巨大的努力，但建设"一带一路"不应成为中国一家的事。"一带一路"建设是要以中国发展为契机，平等磋商，兼顾各方利益，反映各方诉求。更大范围、更高水平、更深层次的大开放、大交流和大融合需要大家携手打造。体育是人直接参与的有目的身体活动，而体育文化则是体育在文化艺术领域的延伸，二者既有区别又紧密结合。因为体育这种身体活动是由人亲身参与的，人们参与体育活动的目的可能多种多样，但健康、快乐一定是每一个参与者的共同追求，而这种追求也正是全人类的共同追求。因此无论是作为体育的亲身实践者，还是作为体育文化交流的互动者，都可以感受到这种

---

① 《中国体育援外工作记事之一　体育是增进友谊的桥梁》，搜狐网，http://roll.sohu.com/20160817/n464734422.shtml。

人们对于追求美好生活的强烈愿望和置身其中的良好氛围。鉴于体育文化交流能够起到的重要作用，"一带一路"沿线国家的体育主管部门和民间组织应主动承担起推介本国优秀民族传统体育的责任，让各国各民族的传统体育文化在当前"一带一路"建设的时代背景下得以交流互动、交相辉映，成为沟通民心的桥梁和纽带。

（一）我国民族传统体育的发展概况

中华民族的体育文化源远流长，内容丰富，形式多样，健康积极，它包含了中国人行健不息的精神、达观平和的态度、康乐长寿的追求，以及注重礼仪、谦恭礼让、崇尚品德的特征，成为中华民族传统文化的精华。中国武术、中国式摔跤、舞龙舞狮、龙舟竞渡、健身气功等中华民族代表性传统体育成为"一带一路"体育交流的重要抓手和落脚点。

众所周知，中国武术是中华民族优秀传统文化的载体，是世界各国人民认知中国的一张名片。武术独特的身体表现形式充分展示了中国传统文化中蕴含的东方智慧。在武术众多的拳种流派当中，太极拳目前已经成为世界范围内习练人数最多的一项健身活动，众多研究表明太极拳是一项近乎完美的运动方式，截至 2017 年太极拳已在 150 多个国家和地区传播，全世界有近 3 亿太极拳习练者，近百个国家和地区建立了太极拳组织。① 而太极拳的拳理正是遵循了《易经》中阴阳变换的原理，通过虚实、动静之间的转换，通过"运劲如抽丝、迈步如猫行"的技术要求和外示安逸内宜鼓荡的身心一统的境界展示，让习练者和观赏者都可以感受到其无穷的魅力。不仅是太极拳，在许多武术拳种中都蕴含了深刻的文化内涵和突出的健身价值。武术中蕴含的深刻文化内涵和其独特的健身、修身价值，是它走向世界的重要基础。但是目前武术在世界上的传播发展还很不平衡，特别是在"一带一路"沿线国家的传播，供给严重不足。尽管从国家政府层面，十分支持"武术

---

① 《太极拳名扬海内外，全世界 3 亿人在练习》，今报网，http：//www.jinbw.com.cn/life/qiche/2015 - 10 - 22/11814.html。

丝路行""武术海外巡演"等活动的开展，且此类活动已覆盖沿线众多国家和地区，但由于活动时间短、人员有限等原因难以形成长效机制，还是无法满足当地民众的现实需求。

被国务院列入中国第二批国家级非物质文化遗产名录的中国式摔跤是中华传统文化与现代竞技体育高度融合的产物，也是中国最古老的体育项目之一。摔跤在汉代就有文字记载，历经两千余年的发展过程，融合了历史上各民族跤手之所长，角力、相搏、手搏、角抵、相扑、蚩尤戏、争跤、布库、撩脚、掼跤等名词都是摔跤在不同的历史时期的称谓。20世纪50年代，我国从事摔跤运动的体育工作者以流传千年的摔跤运动实践为基础，以现代体育竞赛规则为参照，综合了多个民族的摔跤技法而将中国式摔跤定型为一项现代竞技运动项目。中国式摔跤规则规定"以身体两脚之外第三点着地即为失分"，这种"点到为止"式的竞争规则很好地体现了西方体育"战胜"思想与中国传统"和合"思想的相融。现在中国摔跤协会也通过举办国际邀请赛等形式来传播推广这项运动。现代龙舟竞渡是在古代民俗活动基础上转变而来的一项竞技运动，具有气氛热烈，娱乐性、观赏性强，参与人数多，凝聚团队精神等特点。目前龙舟竞渡运动在很多国家开展，全球已有85个国家和地区成为国际龙舟联合会的成员，足见龙舟运动的影响力。此外，健身气功、舞龙舞狮等特色鲜明的民族传统体育项目在推动中国文化"走出去"过程中也都发挥了重要作用，成为让世界了解中国，与世界各国各民族人民增进了解、加深友谊的有效路径。

（二）各国民族传统体育项目包容互鉴的文化基础

世界上的文明是具有多样性的，十九大报告明确指出，要尊重世界文明多样性，不同文明之间因交流而超越隔阂，因互鉴而超越彼此间的冲突、文明间的共生共存是超越文明优越的必然趋势。人类文化也是多元化的，人是传播文化的主要载体，"一带一路"沿线国家有着复杂的民族多样性，同样有着丰富多彩的民族传统体育，各国各民族可以通过多种途径展开交流与对话，使本民族的优秀传统文化得以在世界范围内传播和弘扬，让世界人民共享人类文明成果。以中国和中亚为例，我国有 10 个民族在中亚跨界而居，有 30 多万华侨、华商在中亚进行贸易，大部分居民信仰伊斯兰教，相近的民风民俗，相似的生活习惯，使得民族认同感加强，双方沟通比较容易。[①]中亚各国与我国新疆等西部地区在体育文化的交流与合作方面有着广阔的空间。像赛马、叼羊、摔跤、姑娘追、射箭、国际象棋、刀郎舞等体育项目相似性很高，极具交流潜质。

中国与东南亚本就一衣带水，在文化认同方面有着不可割裂的渊源，在民族传统体育的交流互鉴中也同样具有地缘优势。现在中国的许多年轻人对于学习泰国的泰拳表现出浓厚的兴趣，参与人数也与日俱增，这对泰拳方面的专业人才是一个巨大的需求，同时也是让中国人通过体育了解泰国的一个重要窗口。拳击运动是菲律宾体育的优势项目，两国乒乓球交流也十分频繁，菲律宾体育总署和菲律宾华人体育总会也积极致力于搭建与中国之间的体育文化交流平台，2017 年 2 月，中菲两国签署了体育合作谅解备忘录，这为两国开展广泛的体育交流，增进双方的友谊发挥了积极作用。此外东南亚国家许多传统体育项目都与中国有着紧密关联，由于东南亚是中国早期移民的主要移民地，因此诸如武术、象棋、藤球等传统体育项目也就自然而然地在这些国家和地区得以传播、交流和发展。

四 结语

经贸领域的合作是"一带一路"的出发点，而文化领域的拓展交流促进了经济质的飞跃。体育是人类共同的语言，是世界文化的重要组成部分，不同文化区域的民族传统体育虽然形式各异，但本质上都体现"团结、和平、友好"的精神。健康、快乐是全人类共同的追求，在"一带一路"建设过程中，体育赛事举办、体育文化交流、体育旅游合作、各民族传统体育的全球推广和体育人才的交叉培养等各种充满活力的体育领域的互动都是可

---

① 张志新、张少杰、武杰等：《中亚地区的体育文化交流》，《体育学刊》2011 年第 5 期。

利用的有效文化途径，民心相通就在于文化的相互理解和相互尊重，所以"一带一路"建设还需要不断地在合作机制上创新，在合作路径上拓宽，在重点项目上务实推进补短板。通过在体育领域的深度交流与合作，搭建起沿线各国民心互通的桥梁。目前体育助推"一带一路"建设需要全社会的参与，光靠政府推动是不够的，要形成以政府主导加社会、企业、院校参与，自上而下与自下而上的双向互动机制，要主动适应当前的新形势和新特点，为配合国家外交大局和服务体育中心工作做贡献。观念的转变是体育在"一带一路"建设中发挥作用的关键，"一带一路"坚持"共商、共建、共享"的原则，也是体育合作坚持的原则，更是推动体育合作发展、构建人类命运共同体的重要保障。

国际合作篇

International Cooperation

B.7

"一带一路"建设与中亚地区合作

李自国*

摘　要： 5年来，中亚各国对"一带一路"的认知越来越清晰，从最初的天然好感上升为真心的支持和期待。"一带一路"在中亚地区取得了显著成就：政策沟通顺畅，设施联通稳步推进，产能合作全面展开，金融合作获得突破，民心相通成果丰富。但同时，"一带一路"建设在该地区也面临一些问题，如"投资威胁论"泛起，投资环境改善不大，技术标准不统一等。鉴于双方的战略利益高度契合，尽管"一带一路"建设会遇到问题，但进一步深化合作是大趋势。

关键词： "一带一路"　中亚　地区合作

---

* 李自国，中国国际问题研究院欧亚所代所长、"一带一路"研究中心副主任。

2013 年 9 月，习近平在哈萨克斯坦提出了建设丝绸之路经济带倡议，得到中亚国家的率先响应。"一带一路"重新定位了中亚在全球经济中的位置，使中亚由世界经济的边缘走向中心，为各国更深更广参与全球分工带来前所未有的历史机遇。5 年来，"一带一路"建设取得丰硕成果，中亚成为落实"一带一路"的示范区。当然，"一带一路"在中亚地区也面临一些问题，如投资环境无实质改善等，出现"投资威胁论"等噪声，对此亦不可不察。

一 "一带一路"对中亚地区的战略价值和各方态度变化

中亚国家从古丝绸之路上受益良多，都有复兴丝绸之路的强烈愿望，对"一带一路"倡议有发自内心的好感。虽然学界和普通民众有过疑虑，但随着"一带一路"推进，"一带一路"对中亚的战略价值越来越清晰。

（一）中亚素有复兴丝绸之路的愿望，对"一带一路"有天然好感

历史上，中亚地区是古丝绸之路的中心，各国都曾受益于古丝绸之路。随着海洋文明的发展，陆上丝路日益凋零。要获得发展，就要"走出去"，参与全球经济分工，这是中亚各国的共识。重振丝绸之路自然而然成为各方首先想到的方案。早在 1994 年，乌兹别克斯坦与联合国教科文组织就曾联合举办过复兴丝绸之路的活动，并发表了《复兴伟大的丝绸之路撒马尔罕宣言》。哈萨克斯坦、土库曼斯坦都提出过复兴丝绸之路计划。2012 年，纳扎尔巴耶夫表示："哈萨克斯坦应该复兴自己的历史地位并成为中亚地区最大商业过境运输枢纽，成为连接欧亚的特殊桥梁。"[①] 2015 年 11 月，土库曼

[①] "Заключительное слово Президента Республики Казахстан Назарбаева Н. А. на 25 - м заседании Совета иностранных инвесторов", http://www.akorda.kz/ru/speeches/external_ political_ affairs/ext_ speeches_ and_ addresses/zaklyuchitelnoe - slovo - prezidenta - respubliki - kazakhstan - nazarbaeva - n - a - na - 25 - m - zasedanii - soveta - inostrannykh - in.

斯坦驻华大使鲁斯塔莫娃在《中国投资》中发表文章，阐述了土方对"一带一路"的理解，她表示，"对于中亚各国来说，丝绸之路经济带包含的内容并不陌生，因为目前中亚每个国家都有自己的计划，复兴伟大丝绸之路的计划。可以说丝绸之路经济带的倡议体现了中亚地区各国经贸一体化进程的发展趋势。'一带一路'战略与土库曼斯坦总统别尔德穆哈梅多夫提出的复兴古丝绸之路的国际倡议在内容上是不谋而合的"。①

2013年9月，习近平提出建设丝绸之路经济带倡议，立即得到中亚各国官方的一致支持。哈萨克斯坦总统纳扎尔巴耶夫在习近平讲话后立即表示，哈方完全赞同习近平提出的建设丝绸之路经济带的构想，愿同中方共筑新丝路。2013年12月，吉尔吉斯斯坦外长阿布德尔达耶夫表示，中吉有非常悠久的交往历史，习近平提出丝绸之路经济带倡议，吉方也有类似的想法，因此特别珍惜这个与中国合作的机会。在中方提出"一带一路"倡议后的一年多时间里，中国相继与各国签署文件，无一例外提及了"一带一路"框架下的合作。哈萨克斯坦总统在2016年、2017年的国情咨文中都谈到丝绸之路经济带项下的合作，乌兹别克斯坦总统米尔济约耶夫在2017年底发表的首份国情咨文中表示，应与中方共同实施"一带一路"倡议，提升乌交通运输基础设施建设水平。

（二）"一带一路"重新定位了中亚在全球经济中的角色，契合各国战略利益

中亚地区位于欧亚大陆的腹地。一方面，这是优势，因为处在地理的中心；另一方面，也是劣势，意味着参与国际经济分工的难度很大。大航海时代开启后，世界经济的重心已经转向沿海国家，曾经繁荣的欧亚大陆中心地区日渐沉寂，在过去数百年中，逐渐沦为世界经济的边缘地带，其发展水平、与世界接轨的程度明显低于沿海国家。最典型的例

---

① 鲁斯塔莫娃·齐纳尔：《土库曼斯坦积极参与"一带一路"战略构想》，《中国投资》2015年第11期。

子是世界纺织业的转移，从欧美到日韩，从日韩至中国，然后又转向越南、孟加拉国等东南亚、南亚国家，却没有转向人力资源丰富、富产棉花的中亚地区。显然，地理限制和交通不便是重要因素之一。"一带一路"倡议，特别是"五通"，重新定位了中亚的角色。哈萨克斯坦首任总统图书馆中国研究中心主任莎伊米尔根诺娃表示，"中国的倡议对我们地区实现发展飞跃，是一个历史的机遇。历史上，中亚有 1500 年的辉煌过去，现在多条 21 世纪丝绸之路交通干线经过中亚地区，中亚又重新具有了战略性意义"。① 吉尔吉斯斯坦前景分析中心主任博格达廖夫表示，"经济带不只是铺设交通运输网络，从本质上说，可使地区劳动力分工从本地化向网络化转变。对于中亚国家而言，这意味着我们融入全球发展网络，走出技术发展的瓶颈"。②

二 "一带一路"建设在中亚地区取得的进展

"一带一路"倡议提出 5 年来，中亚地区作为"一带一路"向西走的"第一站"，取得令人瞩目的成果。

（一）从备忘录到路线图

1. 明确了"一带一路"合作意愿

2014 年 9 月，国家发改委与塔吉克斯坦经济发展与贸易部签署了《关于共同推进丝绸之路经济带建设的谅解备忘录》，这是与沿线国家签署的首份合作备忘录。2014 年 12 月，国家发改委与哈萨克斯坦国民经济部签署《关于共同推进丝绸之路经济带建设的谅解备忘录》。2015 年 6 月，中乌签署《关于在落实建设"丝绸之路经济带"倡议框架下扩大互利经贸合作

---

① Гульнар Шаймиргенова，"Синергия совместных усилий，"http：//www. kitaichina. com/ rjingji/201809/t20180911_ 800141119. html.

② Ерлан Карин，"Россия будет выполнять роль стражника，а Китай станет банкиром для Центральной Азии，"http：//ia‐centr. ru/expert/23549/.

的议定书》。中吉、中土的联合声明中都强调了在丝绸之路经济带框架下的合作。2014 年 5 月，中吉《关于进一步深化战略伙伴关系的联合宣言》提出，"实现共建丝绸之路经济带倡议对双边合作全面发展具有重要意义。双方愿密切协作确定优先实施的大项目，采取具体落实措施，并为此制定完善双边合作的路线图"。2014 年 5 月，中土《关于发展和深化战略伙伴关系的联合宣言》提出，将"中华民族伟大复兴的'中国梦'同土库曼斯坦建设'强盛幸福时代'发展战略的对接，实现共同发展繁荣。双方将共同推动'丝绸之路经济带'建设，研究开展合作的方式并启动具体合作项目"。

2. 从备忘录到路线图

如果说签署的备忘录和联合宣言只是表明在"一带一路"框架下合作的意愿，那么规划更加详细的路线图标志着合作从务虚进入务实的新阶段。2015 年 9 月，国家发改委与吉尔吉斯斯坦经济部签署了《中吉政府关于2015 年至 2020 年毗邻地区合作规划纲要》《中吉 2015 年至 2025 年合作纲要》；2016 年 9 月，中国与哈萨克斯坦签署了《"丝绸之路经济带"建设与"光明之路"新经济政策对接合作规划》；2017 年 9 月，中华人民共和国商务部与塔吉克斯坦共和国经济发展与贸易部签署了《关于加强基础设施领域合作的协议》《中塔合作规划纲要》。这些文件进一步明确了深化"一带一路"框架下的合作路径。

在小多边层面，2016 年 10 月，中国与欧亚经济联盟①启动对接谈判，2017 年 10 月完成谈判。2018 年 5 月 17 日，中国与欧亚经济联盟委员会及各成员国签署了《中华人民共和国与欧亚经济联盟经贸合作协定》，现已进入履行国内程序阶段，多边对接也成功进入规划路线图阶段。

（二）设施联通成果丰富

虽然中亚各国的战略重心不尽相同，但内通外联是共同诉求。5 年来，

---

① 其成员包括中亚的哈萨克斯坦、吉尔吉斯斯坦以及俄罗斯、白俄罗斯、亚美尼亚。

在双多边框架下，在软硬件两方面的合作都实现突破性进展，相互联通水平大幅提高。

1. 硬件建设

主要成果体现在道路连通和能源输送线路建设方面。道路联通方面的重大项目为中哈连云港物流合作基地。该合作基地 2014 年 5 月启用，初步实现深水大港、远洋干线、中欧班列、物流场站的无缝对接。这是"一带一路"建设中的首个大型互联互通项目，哈萨克斯坦借此"拥有"了通向太平洋的出海口，实现了纳扎尔巴耶夫总统提出的"在有出海口国家合作建港"的愿望。中乌合作完成了卡姆奇克隧道。该隧道是安格连—帕普铁路建设的难点和重点，贯通后可使东部的费尔干纳盆地与其他地区连接在一起，形成全国统一的铁路网。该隧道建设于 20 世纪 70 年代就曾探讨过，但因难度大，直至苏联解体也没启动。在中乌共同努力下，该隧道于 2016 年 2 月贯通，中乌两国元首出席了通车视频连线活动。中塔合作完成了瓦赫达特—亚万铁路项目。这是塔独立后建设的第一条铁路，2016 年 8 月，该铁路通车，使塔中部与南部连接起来。中吉之间的重大项目是"北—南"公路，该公路被视为实现"国家地理统一"的战略工程之一，一期由中国融资并承建（154 公里），2015 年 6 月签署了二期工程融资协议（96 公里），目前正在实施之中。

能源管线方面，中国与中亚国家之间已建成了中哈石油管线、中国—中亚天然气管线。截至 2018 年 9 月，中哈原油管线累计输油超过 1.1 亿吨，其中 2017 年超过千万吨。截至 2018 年 9 月底，中国—中亚天然气管线累计对华输气 2358.9 亿标方，其中 2018 年 1~9 月输气 357 亿标方。① 在中国—中亚天然气 A、B、C 三条管线基础上，2017 年中国—中亚天然气 D 线启动建设，预计 2020 年建成。另外，中吉合作完成了"达特卡—克明"输变电线路，把吉尔吉斯斯坦北部电网和南部电网连接起来，

---

① 《前三季度中亚天然气管道向中国输气 357 亿标方》，商务部网站，http://kz.mofcom.gov.cn/article/jmxw/201810/20181002798983.shtml。

结束了吉没有全国统一电网的历史。

2. 软件建设

路通不意味着物流畅通,在道路建设的同时,还需要服务跟得上。中亚各国开始意识到,修路的同时还需要培育物流市场。软件方面的重要举措有四个方面。一是给予中欧班列不同程度的费率优惠。2017 年 5 月,中哈俄等签署了《关于深化中欧班列合作协议》,希望以更便利、更具竞争力的条件吸引东西方物流。二是推动构建跨里海运输走廊。在阿塞拜疆、哈萨克斯坦等的支持下,2015 年成立了跨里海国际运输协调委员会。2017 年 3 月,阿塞拜疆、哈萨克斯坦、格鲁吉亚达成铁路及轮渡货物运输协议,明确各方责任、加强信息互换。2018 年 9 月,哈方邀请乌兹别克斯坦加入跨里海运输走廊协议。这是中亚、高加索地区增强对物流吸引力的自发行动,契合了"一带一路"联且通的精神。三是中、吉、乌三国开通了国际公路货运。2017 年 10 月 30 日至 11 月 1 日进行了试运行,首次实现三国间国际公路全程运输(塔什干—安集延—奥什—伊尔克什坦—喀什),不仅开辟了三国间新的货运路线,缩短了运输时间,而且对整个区域都有很强的示范性意义。四是 2016 年 11 月土库曼斯坦倡议召开了联合国可持续发展交通全球大会,这是联合国首次就可持续交通举行全球性会议。

得益于各方在设施联通方面的努力,地区的内外联通能力都有很大改善。中欧班列方面,2016 年中欧班列发行 1702 列,其中过境哈萨克斯坦的为 1200 列,中哈铁路运力增加 800 万吨。2017 年,中欧班列达 3700 多列,过境哈萨克斯坦的为 1800 多列,占比近五成,为哈方带来 30 亿美元的过境运费收入。中哈连云港物流合作基地启用 4 年来,已累计进出货物 1214 万吨、集装箱 80 万标箱,2018 年 1 ~ 7 月,分别完成过货 259 万吨和 16.3 万标箱,同比增长分别为 3% 和 29% 。①

---

① 张霄:《"一带一路"是中哈互惠发展和共同繁荣之路》,外交部网站,https://www.fmprc.gov.cn/ce/ceka/chn/sgxx/sgdt/t1595187.htm。

（三）产能合作"开花结果"

中亚各国在苏联解体后都遭遇了被动的"去工业化"过程，大批工厂停产关闭。现在，各国都需要重启工业化进程。产能合作契合了各国"再工业化"这一战略诉求。中国与中亚国家产能合作有两种代表模式，一种是中哈产能合作模式，其路径是开展投资与产能合作对话→签署政府间关于加强产能与投资合作的框架协议→成立产能合作基金等配套资金→确认并不断增补合作项目并及时解决出现的问题。其特点是政府引领作用明显，但项目无地域限制，也无特殊政策。2017 年，中吉签署了《关于共同推动产能与投资合作重点项目的谅解备忘录》，吉方也有意走这一路径。另一种是以乌兹别克斯坦的"鹏盛工业园"为代表的合作模式，即建设产业园区。该模式类似特区，划定具体的范围，在园区内享受特殊的税收等政策，吸引外资进入。这种模式在塔、吉、哈三国也都有。如中国在吉的"亚洲之星农业产业园"、在塔吉克斯坦的"中塔工业园"、在哈萨克斯坦的"爱菊农业园"等。

5 年来，中国与中亚国家的产能合作项目很多，仅中哈之间就达成了 51 个项目，总投资额达 280 亿美元。中国驻哈大使张霄撰文表示，这些项目中，"已完工项目 4 个，投资金额 1.43 亿美元；2017 年开工项目 11 个，投资金额约 71 亿美元；2018～2019 年有 11 个项目计划开工建设，投资金额超过 44 亿美元"。① 比较有代表性的领域有 5 个。①油气资源深加工。如哈萨克斯坦的阿特劳炼油厂石油深加工项目、奇姆肯特炼油厂改造项目、巴甫拉达尔石油焦煅烧厂、阿特劳州天然气化工一体化综合项目（正在实施）。目前，哈共有三大炼化企业，中国企业全都已参与。②矿产资源开发。如哈萨克斯坦阿克托盖铜选矿厂项目，总投资额达 21 亿美元，2017 年 3 月竣工投产，被称为中哈产能合作框架下的标志性项目，"一带一路"倡议与哈

---

① 张霄：《产能合作为中哈共建"一带一路"提供强劲动能》，外交部网站，https：//www.fmprc.gov.cn/ce/ceka/chn/sgxx/sgdt/t1595189.htm。

"光明之路"新经济政策对接的示范性项目，在塔吉克斯坦的中塔矿业铅锌矿项目，等等。③机械制造和加工。典型代表项目如哈萨克斯坦东哈州的科斯塔奈江淮汽车厂项目、乌兹别克斯坦的挖掘机生产项目以及在安格连自由工业区的轮胎厂项目、吉扎克工业园的手机生产项目。2018 年 7 月，中国专门生产无人机的黑鲨科技有限公司（BShark）公司宣布，将在乌兹别克斯坦建立无人机生产基地，产能合作在向高新技术领域拓展。④建材。代表性项目是水泥、瓷砖等。如 2013 年塔吉克斯坦水泥年产量不过 100 万吨，而中塔合资的华新亚湾水泥有限公司产能就达 76 万吨。后续中国多家企业在塔建厂，使塔由水泥进口国变成出口国。中企在哈萨克斯坦承建了多家水泥厂，包括江布尔梅纳拉尔水泥厂、奇姆肯特水泥厂等。另外，中国有多家企业在乌兹别克斯坦从事瓷砖生产，中工国际在乌兹别克斯坦投资建设了平板玻璃深加工项目。⑤农业。具有代表性的项目如塔吉克斯坦的"中泰（新丝路）塔吉克斯坦农业纺织产业园"，远景拟建成集棉花生产、加工、纺织、成衣于一体的一条龙项目。吉尔吉斯斯坦的"亚洲之星农业产业园"，吉政府专门为该园区出台了优惠措施。哈萨克斯坦的"中哈爱菊农产品加工园区"，是中哈产能合作项目清单中唯一的粮油加工类合作项目，2018 年 8 月纳扎尔巴耶夫亲自视察了该园区，称其是中哈友谊的见证。在乌兹别克斯坦的"洛阳—布哈拉农业综合产业园"，是以绿豆为主的生产销售一条龙农业综合合作区。

（四）中国与中亚经贸合作逆势增长

近年来，受能源价格等国际影响，中亚各国对外贸易出现波动。尽管中国与中亚贸易也受拖累，但降幅小、恢复快。鉴于各国对外贸易整体降幅更大，中国在各国贸易中的地位并未下降，仍保持各国第一大或第二大贸易伙伴地位。据中亚各国统计数据，2017 年中国已经成为乌、土、吉三国的最大贸易伙伴，是哈、塔的第二大贸易伙伴。2018 年 11 月的进口博览会，中亚各国均派代表团参展，将进一步推动各国优势产品的对华出口。2014 年至 2018 年 9 月中国与中亚国家贸易情况见表 1。

表1　2014年至2018年9月中国与中亚国家贸易情况

单位：亿美元，%

国别	项目	2014年	2015年	2016年	2017年	2018年1~9月
哈萨克斯坦	金额	224.2	143	130.93	180	145.6
	同比增速	-21.4	-36.2	-8.4	37.4	17.4
乌兹别克斯坦	金额	42.75	34.97	36.14	42.2	44.7
	增速	-6.1	-18.2	3.4	16.9	54.8
吉尔吉斯斯坦	金额	52.98	43.42	56.76	54.5	41.6
	增速	3.1	-18.1	30.8	-4.0	-2.1
塔吉克斯坦	金额	25.17	18.49	17.56	13.7	10.6
	增速	28.5	-26.5	-5.0	-21.9	10.4
土库曼斯坦	金额	104.69	86.41	59.02	69.4	62.4
	增速	4.4	-17.4	-31.75	17.6	15.6

资料来源：根据中国海关统计数据整理。①

另外，在双边贸易中，随着中方对中亚国家开放农产品市场，中亚地区对华农产品出口大幅增长是双边贸易的一大特点。2017年，中国进口哈产小麦、葵花籽等农产品逾50万吨，同比增长近20%。② 2018年1~7月中国进口乌新鲜果蔬2.83万吨，进口额2000多万美元，增长3.56倍，③ 中国成为乌兹别克斯坦葡萄干的主要出口市场。

（五）民心相通成果丰富

5年来，中国与中亚各国在文化、教育、旅游、医疗、媒体等各人文领域开展了丰富多彩的交流活动，双方民众的相互认知水平有进一步提高。主要成果如下。

---

① 《海关统计月报》，海关信息网，http：//www.haiguan.info/NewData/NewDateList.aspx？d = 3。

② 张霄：《"一带一路"是中哈互惠发展和共同繁荣之路》，外交部网站，https：//www.fmprc.gov.cn/ce/ceka/chn/sgxx/sgdt/t1595187.htm。

③ 姜岩：《在共建"一带一路"中深化互利合作》，中华人民共和国驻乌兹别克斯坦共和国大使馆网站，http：//uz.chineseembassy.org/chn/sgxx/sgsd/t1598570.htm。

其一，教育合作成果丰富。目前，有 1.4 万名哈萨克斯坦留学生在华留学，中国在哈的留学生有约 1400 人。吉尔吉斯斯坦、塔吉克斯坦在华留学生分别约为 2000 人，乌兹别克斯坦每年来华留学生约 900 人。汉语热在中亚持续，中亚各国的孔子学院有 13 所，其中，"一带一路"倡议提出后新增设了 3 所。同时，中国高校设立中亚各国民族语言的学校增多。目前，教授哈萨克语的高校从 2 所增加至 4 所，分别是北京外国语大学、中央民族大学、上海外国语大学、西安外国语大学；教授乌兹别克语的学校从 2 所增至 4 所，分别是北京外国语大学、中央民族大学、上海外国语大学、兰州大学。

其二，更多喜闻乐见的交流方式走到前台。哈青年歌手迪玛希参加《我是歌手》真人秀节目大获成功，回国后，受到纳扎尔巴耶夫总统亲自接见，被誉为"哈萨克斯坦独立的象征"。2017 年，中哈联合摄制了《光阴的故事——中哈友好》纪录片，通过亲历者的故事，记述了 25 年中哈友好交往的历程。该片在两国同步播出，收到不错的效果。中哈合拍的电影《音乐家》《伊犁之恋》杀青。这些更"接地气"、受众面更广的文化产品，将使人文交流走出政府主导的老套路，将民心相通溶于生活。

其三，中哈吉三国的丝路联合申遗获得成功。2014 年，横跨中国、哈萨克斯坦和吉尔吉斯斯坦"丝绸之路：长安—天山廊道的路网"被联合国教科文组织纳入《世界遗产名录》，33 处丝路历史遗迹被列入文化自然遗产，这也是第一例联合成功申遗的项目。

其四，旅游合作迈上新台阶。2016 年 7 月，中国公民组团赴哈萨克斯坦旅游业务正式启动，双方旅游合作步入快车道。2017 年，哈萨克斯坦举办了"中国旅游年"，在旅游签证政策上出现松动。变化最大的是乌兹别克斯坦，米尔济约耶夫就任总统后，高度重视旅游业发展，专门成立了国家旅游委员会，率先实施了电子签证政策。2018 年 6 月，哈议会上院国际关系、国防和安全委员会主席达丽加·纳扎尔巴耶娃提议，应仿效申根签证，在中亚地区实行统一的"丝路签证"（Silk Viza），该倡议得到乌方的积极响应。

2018 年 9 月，哈方表示将在阿拉木图和阿斯塔纳试点电子签证。2018 年 10 月 4 日，据哈巴尔电视台称，哈乌两国可能会率先启动"丝路签证"，然后逐渐吸引其他国家加入。

其五，企业在民心相通上发挥越来越重要的作用。随着"一带一路"框架下合作的深入，越来越多的企业"走出去"，它们更"接地气"，更贴近百姓。多数中资企业对回馈当地社会、履行社会责任越来越重视。例如，新疆特变电工在塔建设了 4 所当地最现代化的"中塔友谊学校"，在校生达 4000 多人；中石油赞助兴建了哈国立舞蹈学院；等等。企业的形象对民心相通的贡献越来越大。

（六）金融合作有重大突破

5 年来，中国已成为吉尔吉斯斯坦、塔吉克斯坦最大融资来源，乌兹别克斯坦最大投资来源国，哈萨克斯坦等主要融资来源国。截至 2017 年底，中国对哈累计投资已超 430 亿美元，成为哈萨克斯坦第四大投资来源国。应哈方请求，中国国家开发银行、进出口银行等金融机构为哈境内项目建设提供各类资金支持逾 500 亿美元。① 截至 2018 年 8 月，中国累计对乌兹别克斯坦投资 78 亿美元。② 2013～2017 年，吉尔吉斯斯坦共吸引外国直接投资 36.88 亿美元，其中来自中国的直接投资 13.46 亿美元，占比为 36.5%，居各国首位。③ 在塔吸引外资构成中，来自中国的投资占比为 47.3%，同样居首位。④ 截至 2018 年 1 月底，中方对吉提供融资 17.11 亿美元，占比 41.3%。截至 2017 年 6 月，中国对塔提供融资 12 亿美元，占塔对外融资的

---

① 张霄：《"一带一路"是中哈互惠发展和共同繁荣之路》，外交部网站，https://www.fmprc.gov.cn/ce/ceka/chn/sgxx/sgdt/t1595187.htm。
② 姜岩：《在共建"一带一路"中深化互利合作》，中华人民共和国驻乌兹别克斯坦共和国大使馆网站，http://uz.chineseembassy.org/chn/sgxx/sgsd/t1598570.htm。
③ 根据吉尔吉斯斯坦国家统计委员会数据整理，http://www.stat.kg/ru/。
④ 《中国对塔投资占塔吸引外资总额47.3%》，商务部网站，http://tj.mofcom.gov.cn/article/jmxw/201801/20180102694653.shtml。

比重超过 50%。[①]

中哈金融合作走在前头。2014 年 9 月 26 日,哈萨克斯坦交易所正式启动人民币和坚戈的挂牌交易,哈萨克斯坦成为中亚第一个进行人民币挂牌交易的国家。2015 年 12 月 14 日,丝路基金与哈萨克斯坦出口投资署签署了框架协议,由丝路基金出资 20 亿美元成立了中哈产能合作专项基金。这是中国与中亚国家间的首份产能合作基金。2017 年 2 月 20 日,中国银行在哈萨克斯坦的分支机构——哈萨克中国银行在哈萨克斯坦证券交易所完成首笔人民币"T＋1"交易,即本外币资金在交易日的第二天同时办理交割入账,大大降低了企业本币交易的风险。2018 年 4 月,中国首笔坚戈现钞跨境调运在中哈霍尔果斯国际边境合作中心完成,总计 1000 万坚戈现钞运往哈萨克斯坦,有力推动了双方本币结算的活跃度。2018 年 9 月 5 日,中哈正式启动人民币兑坚戈在岸、离岸统一的汇率直接形成机制,人民币与坚戈可不再通过第三方货币而是直接进行报价交易。2017 年 6 月,上海证券交易所与哈萨克斯坦国际金融中心管理局签署合作协议,共同投资建设阿斯塔纳国际交易所,上交所持有阿斯塔纳国际交易所 25.1% 的股份。这是中国与欧亚国家金融合作的一大突破。2017 年 6 月,中信银行等与哈萨克斯坦人民银行签署股权收购协议,收购后者子行阿尔金银行 60% 的股权,2018 年 4 月完成交割。中哈金融合作为中国与中亚其他国家的合作树立了榜样。

三 "一带一路"面临的主要问题

"一带一路"高度契合各国的战略利益,双方合作基本顺畅。但在中亚地区"一带一路"建设也面临不少的问题和挑战,需要给予高度关注。

(一)各种威胁论开始泛起

虽然中亚各国普遍欢迎"一带一路",但总有一些势力从地缘政治视角

---

① 《穆迪预测:至 2018 年底塔外债总额将占 GDP 的 55%》,商务部网站,http://tj.mofcom.gov.cn/article/jmxw/201712/20171202680822.shtml。

看待这一经济合作倡议，不断鼓吹"中国威胁论""债务威胁论""投资阴谋论""腐败输出论""项目不透明论"等，中亚地区民众开始受到影响。中亚的部分媒体开始跟风，无视双方合作的互利性，也渲染上述威胁论。对中国来说，把握好"度"很重要，包括掌握推进速度，考虑社会接受度，关注民众受益度等，需要切实将"企业为主体，市场化运作"原则落到实处。

（二）社会心态复杂，思想相对保守

中亚各国总体来说与国际接轨程度较低，社会思想相对保守。以严格限制外国投资企业本国员工和外籍员工的比例为例，这些限制背后实际上是发展理念问题：是先给予便利的签证政策，吸引更多外资；还是通过严格的签证政策给予本国工人就业机会，但可能影响外国投资者的热情。"先养母鸡，后分鸡蛋"，这个道理大家都懂，但到实际操作层面就往往变成"杀鸡取卵"。

（三）投资环境没有实质改善

这些年，在世界银行公布的《营商环境报告》中，中亚各国的排名虽都有所提升，但吉、塔两国仍然排名居后。哈、乌两国虽进步很大，但由于执行力差，腐败掣肘等，实际的营商环境与账面仍有差距。土库曼斯坦社会封闭，主要评级和排名机构由于没有土的数据，不对土做评论。另外，中亚地区"人治"的情况还是比较明显的，而政府官员的更替又比较频繁，行政效率低，中企在各国都能感受到明显的"中梗阻"现象，即使两国元首达成的项目，到执行层面往往也大打折扣。

（四）整个地区物流绩效指数差，"进出"困难

中亚地区除哈萨克斯坦的物流绩效指数排名中游，其余各国均属于物流低效区域，交通物流成本较大。乌总统米尔济约耶夫表示，仅物流成本就占产品本身价值的70%～80%。各国物流绩效指数（LPI）在160个经济体中的排名见表2。

117

表2　各国物流绩效指数（LPI）在160个经济体中的排名

国别	2016 年	2018 年
哈萨克斯坦	77	71
乌兹别克斯坦	118	99
吉尔吉斯斯坦	146	108
土库曼斯坦	140	126
塔吉克斯坦	153	134
中国	27	26

资料来源："LPI Global Rankings 2018,""LPI Global Rankings 2016," https：//lpi. worldbank. org/international/global。

（五）技术标准不统一

欧亚地区多数国家采用的技术标准多为苏联的ГОСТ标准，该标准与中国的技术标准存在一定差别。能够接受中方标准的国家很少。更重要的是，苏联的标准与国际通用标准差别很大。在建设过程中往往需要相互转换，费时费力。而土库曼斯坦的标准更特别，如建筑标准与苏联的标准也不同，在内部结构、外观和功能设计上均有独特要求，否则视为不合格。近年来，各国开始认识到标准化问题的重要性，哈方提议国际标准化组织（ISO）在中亚设立办事处，但标准统一非一朝一夕的工作。

此外，"三股势力"带来的安全威胁、汇率大幅波动带来的经营风险等也是投资者需要密切关注的。

前景展望　5年来，在"一带一路"框架下中国与中亚各国的合作取得巨大成果，各国精英充分认识到"一带一路"对各国发展的战略意义。尽管各种威胁论泛起，但双方利益诉求高度契合是不争的事实。对中亚各国来说，在独立20多年时间里，获得的非资源直接投资少之又少。中国作为世界工业门类最齐全的国家，不仅有富余的优质产能、充足的资金，更有平等合作的意愿，无疑是最理想的伙伴。对中方来说，中亚地处欧亚大陆中心，是陆上通道的必经之处，而中亚经济正处在工业化阶段，是理想的投资地。因此，进一步深化双方在交通物流、产能、金融等领域合作是大趋势。未来，只要坚持企业主体、市场导向的基本原则，找准中国与各国的战略利益契合点，循序渐进，"一带一路"在中亚地区就一定能够走稳走远。

B.8

"一带一路"建设与南高加索地区合作

邓　浩*

摘　要：　南高加索地区是连接中国和欧洲的重要通道之一，是"一带
一路"建设的重要地区。五年来，中国与南高加索国家在
"一带一路"框架下的合作快速发展，双边贸易投资稳步增
长，在制度建设、互联互通和产能合作上取得诸多早期收获。
南高加索地区"一带一路"建设主要面临地区热点、内部政
局、经济发展和外部因素影响四大挑战。总体来看，从"一
带一路"建设本身需要、地区政局走向和中国与南高加索国
家关系发展视角看，未来中国与南高加索国家共建"一带一
路"潜力巨大，前景看好。

关键词：　南高加索　"一带一路"　互联互通

　　南高加索地区位于欧亚大陆"十字路口"，系古丝绸之路重要驿站，跨
里海经中亚与中国相通，隔黑海与欧洲相望，是连接东西方的重要枢纽。
"一带一路"提出五年来，中国与南高加索地区国家的合作驶入快速发展轨
道，取得引人瞩目的诸多早期收获。在"一带一路"建设中，南高加索地
区也有自己的短板，面临一定挑战，但总的来看，未来中国与南高加索国家
在"一带一路"框架下的合作潜力巨大，前景广阔。

---

*　邓浩，中国国际问题研究院研究员，中国上海合作组织研究中心秘书长，中国前驻吉尔吉
斯斯坦、格鲁吉亚大使馆政务参赞。

一　五年来南高加索地区"一带一路"建设进展

南高加索地区包括阿塞拜疆、格鲁吉亚和亚美尼亚三国，总面积 18.51 万平方公里（阿塞拜疆 8.66 万平方公里、格鲁吉亚 6.97 万平方公里、亚美尼亚 2.98 万平方公里），总人口 1666.9 万（截至 2018 年，阿塞拜疆 982.7 万人、格鲁吉亚 391.2 万人、亚美尼亚 293 万人），[①] 2017 年三国 GDP 总和为 976.78 亿美元（阿塞拜疆 709.27 亿美元、格鲁吉亚 156.77 亿美元、亚美尼亚 110.74 亿美元）。[②] 南高加索地区是中国西部重要近邻，三国均脱胎于苏联，自 1991 年独立以来一直与中国保持友好合作关系。2013 年习近平提出"一带一路"倡议，成为中国与南高加索地区国家关系史上具有里程碑意义的重大事件，为双方关系注入强大动力和活力，将双方合作推向一个前所未有的新高度。五年来，通过双方共同不懈努力，中国与南高加索国家在"一带一路"框架下的合作亮点纷呈，形势喜人。

（一）南高加索三国积极应和"一带一路"倡议

中国提出"一带一路"倡议引起南高加索国家的高度重视。三国均认为这一倡议是本国发展的难得机遇，纷纷给予积极正面回应。

格鲁吉亚是南高地区中对"一带一路"倡议反应最迅捷、态度最积极的国家。2014 年 8 月 20 日，中国丝绸之路万里行媒体团到访格鲁吉亚，总统马尔格韦拉什维利和总理加里巴什维利均表示赞同中国的"一带一路"倡议，希望加强与中方在"一带一路"框架下的合作。[③] 2014 年 10 月，格鲁吉亚总理加里巴什维利倡议举办国际丝绸之路论坛，并与

[①] 《最新世界总人口数量 2018 年（229 个国家）》，排行榜网站，https：//www.phb123.com/city/renkou/21215_3.html。

[②] 《2017 世界各国 GDP 排名：中国 13.1 万亿美元，是日本 GDP 三倍》，排行榜网站，https：//www.phb123.com/city/GDP/21761.html。

[③] 《丝绸之路热正在格鲁吉亚兴起》，光明日报报业集团数字报，http：//epaper.gmw.cn/gmrb/html/2014-08/25/nw.D110000gmrb_20140825_7-08.htm？div=-1。

中国在 2015 年 10 月 15 日共同在格首都第比利斯举办了首届"丝绸之路国际论坛"。会议通过的宣言强调,丝绸之路经济带是当前最重要的国际合作项目,它在促进各国人民经济社会发展、人民福祉和政治稳定方面具有十分重要的作用。[1] 这是国际上第一个以丝绸之路经济带为主题并由外国政府主办的国际论坛,彰显了格鲁吉亚对"一带一路"倡议的高度重视。2015 年 3 月,格副总理兼经济发展部长的克维卡里什维利访华,在南高地区率先与中国签订了《关于加强共建丝绸之路经济带合作备忘录》,为中格在"一带一路"框架下的合作奠定了坚实的制度基础。2015 年 4 月,格鲁吉亚成为中国倡建的亚投行创始成员,是首批批准亚投行协定并提交批准书的国家。2017 年 11 月 28 日,格鲁吉亚政府举行了第比利斯"一带一路"国际论坛,克维里卡什维利总理自始至终参会并发表主旨演讲,来自 60 多个国家包括多名国家和国际组织领导人在内的 2000 多名代表与会,共同探讨了在"一带一路"框架下促进国际合作和共同繁荣的发展之路。[2] 此次论坛盛况空前,引人瞩目,充分表达了格鲁吉亚政府和人民对"一带一路"倡议的高涨热情和积极参与建设"一带一路"的迫切愿望。

阿塞拜疆对"一带一路"倡议一直持积极态度,视之为重振本国经济、实现经济多元化战略的重大契机。2015 年 4 月,阿塞拜疆加入亚投行,成为创始成员。2015 年 12 月,阿塞拜疆总统阿利耶夫访华,中阿签署《关于进一步发展和深化友好合作关系的联合声明》,明确表示"双方支持并愿共同落实中方关于建设丝绸之路经济带的倡议,认为两国开展全方位合作面临新的机遇"。[3] 同时,双方签署了《中阿关于共同推进丝绸之路经济带建设

---

① 资料来源于商务部网站,http://history.mofcom.gov.cn/? bandr = gljyyydyl,http://history.mofcom.gov.cn/? bandr = gljyyydyl。

② 《2017 第比利斯"一带一路"国际论坛关注合作与共同繁荣》,新华网,http://www.xinhuanet.com/world/2017 - 11/29/c_ 1122026068.htm。

③ 《中华人民共和国和阿塞拜疆共和国关于进一步发展和深化友好合作关系的联合声明》,新华网,http://www.xinhuanet.com/world/2015 - 12/11/c_ 1117437272.htm。

的谅解备忘录》，阿塞拜疆明确表示积极支持"一带一路"倡议。① 2016年8月，阿利耶夫总统在接受记者采访时强调，阿塞拜疆支持并愿积极参与共建"一带一路"，推动双方在经贸、能源、交通、旅游等各领域务实合作。② 2017年5月，阿塞拜疆经济部长沙辛·穆斯塔法耶夫率团参加了我国在北京举行的"一带一路"国际合作高峰论坛。

亚美尼亚也是"一带一路"倡议的积极支持者。2015年，亚美尼亚总统萨尔基相参加博鳌论坛并访华，双方签署了《中亚关于进一步发展和深化友好合作关系的联合声明》，指出，"共同建设丝绸之路经济带的倡议为两国开展全方位合作提供了新的历史机遇。双方将积极落实已签署的相关协议，共同推动丝绸之路经济带建设，开辟双方合作新的广阔前景"。③ 2017年3月，亚美尼亚加入亚投行。2017年5月，亚美尼亚经济部长和财政部长参加了"一带一路"国际合作高峰论坛。

（二）中国与南高加索国家"一带一路"合作取得诸多早期收获

在制度层面，最大亮点是2017年5月"一带一路"国际合作高峰论坛期间中格签署了自贸协定。④ 这是中国与欧亚地区国家签署的第一个自贸协定，是中国与格鲁吉亚在"一带一路"框架下实施制度对接的重要成果，标志着中格"一带一路"合作迈入一个高水平发展阶段，走在了中国与南高加索地区"一带一路"合作的前列，具有重要的示范作用。2015年12月10日，中国与阿塞拜疆签署了《中华人民共和国交通运输部与阿塞拜疆共和国交通部交通运输领域谅解备忘录》，强调要在交通运输领域推进"丝绸

① 《习近平同阿塞拜疆总统共同见证〈中阿关于共同推进丝绸之路经济带建设的谅解备忘录〉签署》，国务院新闻办公室网站，http：//www. scio. gov. cn/ztk/wh/slxy/gcyl1/Document/1459131/1459131. htm。
② 《阿塞拜疆总统说愿积极推动"一带一路"务实合作》，新华网，http：//www. xinhuanet. com/2016 – 08/04/c_ 1119334231. htm。
③ 《中华人民共和国和亚美尼亚共和国关于进一步发展和深化友好合作关系的联合声明》，新华网，http：//www. xinhuanet. com//politics/2015 – 03/25/c_ 1114764021. htm。
④ 《中国与格鲁吉亚正式签署自由贸易协定》，新华网，http：//www. xinhuanet. com//world/2017 – 05/14/c_ 1120967865. htm。

之路经济带"建设。2017 年 5 月"一带一路"国际合作高峰论坛期间，中阿新签了经贸合作协议和关于技术法规、标准、质量评定的备忘录。与此同时，中国与亚美尼亚在"一带一路"国际合作高峰论坛期间也签署了新的经贸合作协议。①

在互联互通方面，中国与南高加索地区的合作快速发展。2015 年 2 月10 日，从中国新疆奎屯市首发的新疆—格鲁吉亚国际货运列车抵达第比利斯，用时 9 天，线路全长约 5500 公里，比海运节约 36 天。② 这标志着中国至南高加索地区的"钢铁丝绸之路"开通运行。2015 年 8 月，首列中国货运班列经"跨里海国际运输线路"抵达巴库，共计 82 个集装箱。③ 2015 年12 月 13 日，从中国连云港发出的首趟"丝绸之路"过境集装箱列车跨越哈萨克斯坦、阿塞拜疆抵达格鲁吉亚（随后将过境抵达土耳其），开辟了中国通往欧洲新的交通走廊。④ 2017 年 10 月，阿塞拜疆主推的"巴库—第比利斯—卡尔斯"铁路开通运营，⑤ 为"一带一路"增添了新的重要通道，大幅缩短了中欧之间的运输时间，凸显了南高加索地区在"一带一路"互联互通建设中的重要价值。2018 年 1 月，首趟利用巴库—第比利斯—卡尔斯铁路的中欧班列抵达欧洲，用时 8 天。⑥ 2017 年 11 月，由中国企业承建的格鲁吉亚国内最长铁路隧道实现贯通，⑦ 从而大大提高了格鲁吉亚国内的铁路

① 《"一带一路"高峰论坛成果清单达成 270 多项》，人民网，http://bj. people. com. cn/n2/2017/0516/c82837 - 30191041. html。
② 《首趟中国新疆—格鲁吉亚国际货运列车抵达第比利斯》，人民网国际版，http://world. people. com. cn/n/2015/0211/c157278 - 26543018. html。
③ 《跨里海运输通道投入运营 从中国出发的货运班列抵达巴库》，新闻网，https://www. inform. kz/cn/article_ a2803660。
④ 《国际物流大为缩短，中国西部城市迎来新机遇》，中国日报网站，http://www. chinadaily. com. cn/interface/zaker/1142841/2015 - 12 - 20/cd_ 22755166. html。
⑤ 《巴库—第比利斯—卡尔斯跨国铁路正式开通》，商务部网站，http://istanbul. mofcom. gov. cn/article/jmxw/201710/20171002662891. shtml。
⑥ 《途经巴库—第比利斯—卡尔斯铁路的首趟中欧货运列车发车》，商务部网站，http://az. mofcom. gov. cn/article/jmxw/201801/20180102703584. shtml。
⑦ 《中企承建格鲁吉亚最长隧道贯通，全长约 8300 米》，央视网中国新闻频道，http://news. cctv. com/2017/11/20/ARTIpSgfWbMzmwUG7fgeSpph171120. shtml。

货运能力，为南高加索地区的互联互通平添助力。

在产能合作上，中国与南高加索地区的合作也取得积极进展。2017 年"一带一路"国际合作高峰论坛期间，中石油、中国国家开发银行与阿塞拜疆国家石油公司签署了关于 GPC 项目投资谅解备忘录。双方启动在阿塞拜疆巴库卡拉达赫区建设天然气加工和石油化工综合体，预计总投资额达 42 亿美元。① 2017 年 11 月，中国深圳区域协作促进会与巴库卡拉达赫区政府签署协议，拟在巴库市郊建设"工业小镇"。小镇占地约 1000 公顷，计划吸引中国的轻、重工业企业，高新技术企业，农产品加工企业，物流和服务企业入驻。2018 年 9 月，深圳市区域经济协作促进会与中铁十九局集团共同签署了"阿塞拜疆—中国自贸工业小镇"合作协议。② 2018 年 2 月，中工国际工程股份有限公司与阿塞拜疆 AS 投资集团公司签署合作协议，共同开发建设阿布歇隆农业园，主要从事水果的种植、分选、包装、仓储以及蔬菜大棚业务。该项目投资总额为 1.4 亿美元。③ 在格鲁吉亚，2015 年 10 月，中国华凌自由工业园区开始营业，该园区占地面积 1000 亩，规划为工业园区、市场区、生活区三大部分。2017 年 11 月，中格签署了《中华人民共和国商务部与格鲁吉亚经济与可持续发展部关于开展经济区建设、推进产能合作的备忘录》。④ 在亚美尼亚，2016 年 7 月，中国西电成功签约亚美尼亚电站改造 EPC 项目，总合同金额约 1500 万美元。⑤

① 《GPC 项目投资决策将于 2018 年 7 月前完成——中华人民共和国驻阿塞拜疆共和国大使馆经济商务参赞处》，商务部网站，http：//az. mofcom. gov. cn/article/jmxw/201711/20171102678805. shtml。
② 《阿塞拜疆·中国自贸工业小镇项目正式签约》，凤凰财经网，http：//finance. ifeng. com/a/20180911/16496205_ 0. shtml。
③ 《中工国际将融资 1.4 亿美元在阿塞拜疆建设农业园》，新华丝路网，http：//silkroad. news. cn/2018/0208/83740. shtml。
④ 《中国和格鲁吉亚签署关于开展经济区建设、推进产能合作的备忘录》，商务部网站，http：//fta. mofcom. gov. cn/article/chinageorgia/chinageorgianews/201712/36298_ 1. html。
⑤ 《中国西电成功签约亚美尼亚电站改造 EPC 项目》，国务院国有资产监督管理委员会网站，http：//www. sasac. gov. cn/n103/n86114/n326638/c2373009/content. html。

（三）"一带一路"促进中国与南高加索国家贸易投资合作

"一带一路"的实施为中国与南高加索地区的贸易投资合作注入强大动力。五年来，中国与南高加索国家的贸易和投资规模总体上呈现快速上升态势。

五年来，在"一带一路"建设的推动下，中国与格鲁吉亚双边贸易取得明显进展。2013 年，中国是格鲁吉亚第五大贸易伙伴，2014 年、2015 年上升为第四位，2016 年升至第三大贸易伙伴，2017 年继续保持第三大贸易伙伴地位。据格国家统计局数据，2018 年 1～7 月，中格双边贸易额为 6.12 亿美元，同比增长 28.38%。[1] 近年来，格鲁吉亚对华出口不断上升，2014～2017 年四年间，格鲁吉亚对华出口额分别为 0.9 亿美元、1.25 亿美元、1.68 亿美元和 2.02 亿美元。以格鲁吉亚主要的出口商品葡萄酒为例，2015 年，中国是格葡萄酒第四大进口国，2016 年一跃上升为仅次于俄罗斯的第二大进口国。[2] 随着 2018 年 1 月中格自贸协定生效，两国贸易尤其是格鲁吉亚对华出口贸易面临重要历史性机遇。[3] 同时，从投资方面看，中国已成为格鲁吉亚的重要投资国，2014 年一度成为格鲁吉亚的最大投资国。截至 2018 年，新疆华凌集团对格投资累计超过 6 亿美元，为当地创造了 3500 多个就业岗位，成为格鲁吉亚最大的外资企业。[4]

近年来，中国与阿塞拜疆的双边贸易快速发展。2015 年，中国是阿塞拜疆第九大贸易伙伴，2016 年上升为第五大贸易伙伴，2017 年升至第四大贸易伙伴。2017 年中阿双边贸易额达 12.983 亿美元，居中国与南高国家贸

---

[1] 《2018 年 1～7 月中格贸易额同比增长 28.38%》，商务部网站，http：//ge. mofcom. gov. cn/article/jmxw/201809/20180902783021. shtml。

[2] 《2016 年 1～8 月中国跃升为格鲁吉亚第二大葡萄酒出口国》，商务部网站，http：//ge. mofcom. gov. cn/article/zxhz/hzjj/201609/20160901390202. shtml。

[3] 《格总理认为中格自贸协定将帮助格消除贫困》，商务部网站 http：//ge. mofcom. gov. cn/article/jmxw/201811/20181102804840. shtml。

[4] 《抢抓"一带一路"机遇，华凌拓展海外市场》，新疆新闻在线，http：//www. xjbs. com. cn/zt/2018－08/22/cms2097732article. shtml。

易额之首。①

中国与亚美尼亚近年来的贸易稳中有升。据中方统计，2014～2017年中亚贸易额分别为2.92亿美元、3.32亿美元、3.87亿美元、4.35亿美元，同比涨幅分别为121%、28%、25%和7%，中国连续保持亚美尼亚第二大贸易伙伴国地位。②

二 中国与南高地区共建"一带一路"面临的主要问题

"一带一路"是一个创新性的国际经济合作倡议，共建"一带一路"对中国和南高加索国家来说是一个全新事务，既无历史经验可以借鉴，也无现成模式可以参考，在实践的过程中难免遇到种种考验、挑战和问题。综合五年来的实践，中国与南高加索国家在"一带一路"建设中主要面临以下四大问题。

第一，地区热点冲突问题。南高加索地区是一个领土、民族和宗教纷争的热点集中带，苏联解体前后，南高加索地区出现了纳戈尔诺—卡拉巴赫、阿布哈兹和南奥塞梯三大热点冲突，严重影响地区安全。在国际社会尤其是俄罗斯积极调停下，有关冲突各方虽达成停火协议，但冲突仍时起时伏，地区安全危机四伏。2008年8月，格鲁吉亚和俄罗斯围绕南奥塞梯问题爆发"五日战争"，震惊世界。2015～2016年，阿塞拜疆和亚美尼亚在纳卡地区连续爆发激烈武装冲突，运行20多年的停火协议一度面临失效危险。近年来，格鲁吉亚和阿布哈兹、南奥塞梯之间虽未爆发大的冲突事件，但双方的矛盾非但未见减弱，反而因阿南两地加速与俄深度一体化而日趋尖锐。地区热点久拖无解、时起时伏使地区安全笼罩在阴云之中，也给"一带一路"建设带来不可小觑的安全隐患。与此同时，阿塞拜疆与亚美尼亚因纳卡问题

---

① 《2017年中阿双边贸易额创历史新高》，商务部网站，http://az.mofcom.gov.cn/article/ztdy/201801/20180102699498.shtml。
② 《中国与亚美尼亚双边贸易》，商务部网站，http://am.mofcom.gov.cn/article/zxhz/hzjj/201609/20160901398865.shtml。

反目成仇，断绝往来，整个地区经济一体化严重受阻，导致地区互联互通无法有效推进，难以形成区域大市场。

第二，地区政局问题。近年来，南高加索地区政局总体上保持基本稳定，但稳定基础并不牢固，隐忧和变数呈现加大之势，突出表现为亚美尼亚和格鲁吉亚两国政局稳定面临日益严峻的挑战。亚美尼亚是近年来南高加索地区政局稳定受到冲击最大的国家，国内连续爆发大规模民众抗议活动。2015年，亚首都埃里温爆发抗议电价上涨的大规模民众游行示威；2016年，劫持人质事件引发亚民众抗议浪潮；2018年4月，萨尔基相总统执意出任宪改后的首任总理，民怨沸腾引发全国性大规模民众抗议，他最后不得不黯然下台，导致亚政权出现非正常更迭，反对派领袖帕希尼扬登台执政。目前，亚美尼亚下一步国家政体如何构架、政权如何运转尚存诸多变数，前景尚待明朗。格鲁吉亚现政权自2012年底取代萨卡什维利政权后逐渐稳住政局，站稳脚跟，并在2016年取得议会选举大胜。但近年来，格鲁吉亚民众对现政权施政开始显现日益明显的不满和失望情绪，2018年春夏之交，格鲁吉亚首都连续爆发民众因不满警察执法失当和法院检察院司法不公而举行的大规模抗议示威活动，打破了近年来格政局较为平静的局面，并最终导致格总理易人，国内政局出现异动。2018年10月28日，格鲁吉亚举行新的总统大选，格鲁吉亚执政党“格鲁吉亚梦想—民主格鲁吉亚”党支持的候选人和反对派候选人均未在第一轮中胜出，不得不展开第二轮对决。这与2013年执政党总统候选人在第一轮轻松胜出和2016年执政党在议会大选中取得大胜形成强烈反差，给格执政党敲响了警钟，也表明格政局暗流涌动，政局稳定不容乐观。亚美尼亚和格鲁吉亚政局稳定出现程度不同的问题无疑加大了南高加索地区“一带一路”建设的政治风险，使南高加索地区“一带一路”建设面临政局不稳挑战的概率增大，也对潜在投资者的信心产生负面影响。

第三，地区经济问题。近年来，受世界经济不振和周边国家经济下滑影响，南高加索国家经济发展整体放缓，陷入低速增长，尤其是作为地区经济发展领头羊的阿塞拜疆受国际油价暴跌冲击，从高速增长一度跌入负增长，

2016 年 GDP 出现 3.8% 负增长，2017 年虽有所好转，但也仅仅是同比增长 0.1%。为摆脱对能源的过度依赖，阿塞拜疆开始实施经济多元化战略，大力发展非能源经济，但冰冻三尺非一日之寒，要根本改变对能源的严重依赖不是一朝一夕可以实现的。在阿塞拜疆的出口商品中，能源仍是主打产品，据阿国家统计委员会数据，2018 年 1～9 月阿塞拜疆出口商品中，原油占比为 81.18%、天然气为 7.20%、石油产品为 2.98%，三者相加合计高达 91.36%。① 可见，能源仍在阿塞拜疆经济中占据无可争议的霸主地位。格鲁吉亚经济增长好于阿塞拜疆，2017 年 GDP 同比增长 5.0%，② 但格底子薄、基础差，问题远比阿塞拜疆严重。2017 年格鲁吉亚外贸总额为 106.8 亿美元，但逆差高达 72.0 亿美元，占外贸总额的 67.4%，说明格对外依赖仍十分严重。同时，格基础设施欠账较多、缺乏支撑性产业，经济明显缺乏后劲。亚美尼亚比格鲁吉亚还要困难，处于阿塞拜疆和土耳其东西两面的交通封锁，经伊朗通向波斯湾的通道由于美国重启对伊制裁再次受阻，只能经格鲁吉亚对外联通。交通闭塞、腹背受敌使亚美尼亚的经济困难重重，国家债务居高不下，截至 2018 年第三季度，亚国家债务高达 67.0 亿美元，人均债务达到 2300.0 美元，③ 已接近债务"红线"，加之政局波动，导致亚美尼亚经济雪上加霜，形势更不容乐观。④ 格鲁吉亚和亚美尼亚分别加入欧盟自贸区和欧亚经济联盟，被纳入不同的经济体系，也给相互合作带来新的挑战。南高加索地区经济面临的现实困难客观上增加了该地区"一带一路"建设的经济风险和成本代价，加之南高加索地区本身市场容量有限，各国关系错综复杂，进一步加大了"一带一路"建设的难度。

---

① 《2018 年 1～9 月阿经济总体情况》，商务部网站，http：//az. mofcom. gov. cn/article/ztdy/ 201811/20181102807619. shtml。

② 《1～4 月格鲁吉亚 GDP 增速升至 5.5%》，商务部网站，http：//ge. mofcom. gov. cn/article/ jmxw/201807/20180702761591. shtml。

③ 《亚美尼亚国债至 2018 年第三季度达 67 亿美元》，商务部网站 http：//am. mofcom. gov. cn/ article/jmxw/201811/20181102803721. shtml。

④ 《亚美尼亚政局的不确定性导致经济情况恶化》，商务部网站，http：//am. mofcom. gov. cn/ article/jmxw/201811/20181102803719. shtml。

第四，地区外部因素影响问题。南高加索地区一直是多重外部势力争夺的重点之一，地区局势受外部因素的影响甚大。近年来，南高加索地区周边连续爆发乌克兰危机和"伊斯兰国"事件，加速了大国对南高加索地区的争夺。2014年6月，欧盟与格鲁吉亚签署联系成员国和自贸区协议，将格鲁吉亚纳入"深度西化"轨道，并于2017年3月正式给予格鲁吉亚免签待遇，进一步将格融入欧洲。2017年11月，欧盟与亚美尼亚签署全面伙伴关系协议，从而在与俄较量中扳回一城。美国则推动北约于2016年在格建立南高加索第一个军事培训基地，与格签署《关于深化国防和安全领域合作备忘录》和《情报交换协议》，并在2017年底宣布在格再建一个军事培训基地，格鲁吉亚已成为美欧在南高加索地区的铁杆。面对美欧紧逼，俄罗斯毫不退让，2015年1月成功使亚美尼亚放弃加入欧盟联系成员国转而加入欧亚经济联盟，给欧盟迎头痛击，同时，在美欧以民主人权为由加大对阿塞拜疆施压情况下力挺阿政权，并对格新政府致力于改善对俄关系给予积极回应，竭力迟滞格"加盟入约"步伐。美欧与俄在南高地区的明争暗斗愈演愈烈导致地区国家外交日趋多元，各国内政也难免不受影响，尤其是美一直并未放弃继续对南高加索国家策动"颜色革命"计划，使南高加索地区局势更趋复杂。在此背景下，"一带一路"建设虽无地缘政治目的，但由于我国是倡导国和发起国，难免不受大国在南高博弈的影响和冲击。

三　南高加索地区"一带一路"建设的前景

从五年来中国与南高加索地区共建"一带一路"的实践来看，"一带一路"在南高加索的发展尽管还面临不少困难，但未来的机遇更大更多，在"一带一路"框架下，中国与南高加索地区的合作前景看好。

首先，从"一带一路"视角看，南高加索地区本身具有实施"一带一路"得天独厚的优势。一是区位优势。南高加索地区位于里海和黑海之间，是贯通东西方的交通要道和连接亚欧大陆的纽带。美国特朗普上台后执意退出伊核协议并重启对伊制裁，给"一带一路"拟建的经伊朗至欧洲的交通走廊计划蒙上阴影，使南高加索地区的区位优势更加凸显。同时，与新欧亚大陆桥和经伊朗至欧洲的线路相比，经南高加索通往欧洲的通道在线路长度、运输时间和便捷度上也具有比较优势。二是投资环境优势。根据世界银行最新发布的 2018 年营商环境报告排名，南高加索地区的格鲁吉亚第一次进入世界前十，排名第九，比 2017 年提升 7 位，是欧亚地区排名最高的国家。亚美尼亚排名第 47 位，也在欧亚地区居于前列。阿塞拜疆排名第 57 位，比 2017 年前进 8 位。① 格鲁吉亚还是欧亚地区税负水平最低的国家，也是世界最低的国家之一，总税负水平为 16.4%。② 亚美尼亚也是世界税负较轻的前 20 个国家之一，在欧亚地区更是名列前茅，平均税负为 18.4%。③ 总体而言，南高加索地区的投资环境在欧亚地区也有比较优势。

其次，从地区局势看，虽然南高加索地区安全存在复杂性，但可控仍占主导面，未来南高加索地区有望保持基本稳定局面，从而为"一带一路"建设提供相对有利条件。一是地区各国政局稳定但情况不同，总体上各国执政当局的维稳能力都普遍提高，广大民众人心思定向稳，不希望再次陷入政局动荡。阿塞拜疆仍是南高加索地区的稳定之锚，2018 年 4 月，阿利耶夫第四次赢得总统大选，开启宪改后新的 7 年任期，正踌躇满志地实施其宏大的经济多元化战略。阿塞拜疆的经济已止跌回升，2018 年 1 ~ 8 月外贸顺差60.17 亿美元，同比增长 2.1 倍，预算盈余 4.3 亿美元；1 ~ 6 月外汇储备达到 435.49 亿美元，增加 37.94 亿美元，同比增长 9.54%。④ 稳定的政权、向好的经济，加之对外奉行务实平衡外交使阿塞拜疆有望继续成为南高加索

① 《世界银行发布〈2018 年营商环境报告〉》，搜狐网，https：//www.sohu.com/a/202676840_611309。
② 《全球税负最低的十个国家——堪称避税天堂》，搜狐网，https：//www.sohu.com/a/124053087_493826。
③ 邓浩、李自国：《南高加索地区形势演变与丝绸之路经济带建设》，《CIIS 研究报告》2017年第 19 期。
④ 《2018 年上半年阿经济总体情况》，商务部网站，http：//az.mofcom.gov.cn/article/ztdy/201809/20180902792230.shtml。

地区最为稳定的国家。格鲁吉亚政局稳定虽然出现一定隐忧，但有利于稳定的因素还是占据主导面。格执政党创始人伊万尼什维利再次出山亲任党魁，巩固了在格权力机构中的核心地位，有利于其带领执政党重整旗鼓，恢复民望，继续确保执政地位。格鲁吉亚经济总体向好，2018 年上半年 GDP 同比增长 5.7%；1~9 月外贸同比增长 20.8%。① 经济发展将为改善格鲁吉亚民生创造有利前提，有助于社会稳定。格鲁吉亚现政权在积极"加盟入约"的同时不断改善对俄关系，也为国家稳定发展创造了有利的周边环境。亚美尼亚目前是南高加索地区稳定系数最低的国家，但也开始出现趋稳的积极迹象。帕希尼扬上台执政后正在逐渐站稳脚跟，他目前正在积极备选议会选举，不出意外将稳操胜券，② 从而为其顺利执政铺平道路，有助于其集中精力全力以赴稳定和发展国家，解决迫切的民生问题。经历政权非正常更迭后，亚美尼亚民众对帕希尼扬寄予厚望，也有充分的耐心。二是地区热点虽然始终是安全隐患，但从可见的未来仍然有望保持可控状态。在纳卡问题上，亚美尼亚帕希尼扬正忙于内政，出于维护政权稳定考虑，不会轻率地在纳卡问题上对现行政策做大幅调整。阿塞拜疆虽然在经济和军事上都占据优势，但尚不会采取冒险行动，阿也需要时间观察亚美尼亚新政权的政策动向，俄罗斯作为亚美尼亚的盟友亦不会坐视不管。在格鲁吉亚公开宣布放弃武力收复阿布哈兹和南奥塞梯并改善对俄关系背景下，阿布哈兹和南奥塞梯问题激化的可能性不大。三是外部势力在南高加索地区的争夺短期内不会激化。中东和乌克兰仍会继续成为未来一个时期大国地区争夺的重点，南高加索地区有望保持相对平静的局面。

最后，从中国与南高加索国家关系看，双方一直保持友好合作关系，既无历史恩怨，也无现实利益纠葛，从而为"一带一路"建设提供了强大的

---

① 《2018 年 1~9 月格外贸同比增长 20.8%》，商务部网站，http：//ge. mofcom. gov. cn/article/jmxw/201811/20181102804824. shtml。

② "Чем рискует Пашинян, или После выборов лидер Армении окажется на перепутье," https：//ru. armeniasputnik. am/analytics/20181017/15150185/riski – novoj – pobedy – pashinyan – ili – armeniya – na – puti – k – novogodnej – razvilke. html。

内在动力。"一带一路"的提出和实施标志着中国对南高加索地区外交进入一个新阶段，总体目标是通过与地区国家共建"一带一路"构建地区命运共同体。这为中国进一步加强与南高加索地区"一带一路"合作提供了坚实有力的政策支撑。与此同时，中国正在全面深化改革，将继续坚定不移地实行更大范围、更深层次的全方位对外开放，未来中国经济将迎来一个新的大发展时期，国力将进一步大幅提升。这为中国在南高加索地区推进"一带一路"建设提供了雄厚的实力和信心保障。"一带一路"提出五年来，中国与南高加索国家合作明显提速，取得诸多早期收获，也为未来双方共建"一带一路"奠定了良好基础，提供了有益经验。南高加索各国一直对华友好，对中国坚决支持各国主权独立和领土完整，尊重各国选择的发展道路并积极援助各国发展心存感激，希望中国发挥大国平衡作用，更多地参与地区事务，期盼中国加大投入，帮助振兴地区经济。"一带一路"已被地区各国视为重大发展良机。阿塞拜疆和亚美尼亚双双于2015年成为上合组织对话伙伴，格鲁吉亚与中国自贸协定于2018年生效，地区三国均加入亚投行，为南高加索国家更好地参与"一带一路"合作提供了相应的机制和制度保障。"一带一盟"对接合作和中国与俄罗斯共建欧亚经济伙伴关系也为中国与南高加索国家共建"一带一路"减少了阻力。

总之，"一带一路"对中国和南高加索国家是一个双赢选择，双方积极推进共建"一带一路"进程有助于促进南高加索地区的稳定与发展，并惠及中国和南高加索地区人民。"一带一路"在南高加索地区潜力巨大，前景看好。

B.9
"一带一路"建设与西亚地区
合作研究*

章　远**

摘　要： 西亚处于"一带一路"的交会地带。"一带一路"倡议是中国为世界提供的开放合作平台，体现了构建"人类命运共同体"的全球价值观，符合各国的发展利益。通过"一带一路"，中国与西亚国家双边关系得到提升，在基础设施建设、能源产业、金融合作等诸多领域展开多元合作，形成复合的联动发展格局。西亚地区大多数为发展中国家，中国是新兴国家，彼此都有迫切的经济发展合作需求。中国与西亚的合作既重视政府间协商，也重视民生要求；既推动能源合作，也重视推进新能源和新技术的创新与合作；既尊重和平和安全，也为弱者发声；既重视既有地区多边机制，也重视搭建中国参与和倡导的新多边机制。西亚地区面临国家碎片化、教派冲突、恐怖主义、域外干预和民间误读等结构性困境。未来，解决这些问题更加需要"一带一路"框架下的中国智慧和中国方案。

关键词： "一带一路"　西亚　战略伙伴关系　联动发展

---

* 本报告为上海外国语大学校级一般科研项目"中东地区军事化极端组织跨境活动的国际安全威胁"（20171140039）的阶段性成果。

** 章远，上海外国语大学中东研究所副研究员。

"西亚地区"包含大多数的阿拉伯国家、伊朗、土耳其和以色列。① 西亚处于"一带一路"的交会地带。中国推进"一带一路"建设以来，西亚国家纷纷投以极大的关注，并予以积极响应。通过"一带一路"，中国与西亚国家在基础设施建设、能源产业、金融合作等诸多领域展开多元合作，赢得了广泛支持。2018 年是共建"一带一路"倡议提出的 5 周年，中国已经同 3 个②西亚国家建立全面战略合作伙伴关系，和 5 个③西亚国家建立战略伙伴关系，与 3 个④西亚国家政府签署共建"一带一路"谅解备忘录，有 9 个⑤西亚国家是亚投行创始成员国。

2018 年，中国—阿拉伯国家合作论坛第八届部长级会议上发表的《中国和阿拉伯国家合作共建"一带一路"行动宣言》高度概括了中国与阿拉伯国家共建"一带一路"的立场，即双方愿意共同发扬丝路精神，"秉持共商共建共享原则"合作共赢、共同发展，实现"政策沟通、设施联通、贸易畅通、资金融通、民心相通"。⑥ 土耳其、以色列和伊朗也都是中国在"一带一路"沿线的重要合作伙伴。西亚地区的经济发展需要中国助力，共建"一带一路"有利于合作共赢。然而西亚也存在一些现实的政治安全形势困局，国家之间差异较大，从而对推进"一带一路"形成了一定的挑战。

一 "一带一路"背景下的中国与西亚合作

西亚地区大多数为发展中国家，中国是新兴国家，彼此都有迫切的经济

---

① 地理上的"西亚"与更具地缘政治意义的"中东"有很大的重合，本报告主要采用经济合作与发展组织（Organisation for Economic Co-operation and Development，简称 OECD）所使用的西亚国家范畴，即西亚包括阿联酋、阿曼、巴勒斯坦、巴林、卡塔尔、科威特、黎巴嫩、沙特、土耳其、叙利亚、也门、伊拉克、伊朗、以色列和约旦。

② 沙特（2016 年 1 月 20 日）、伊朗（2016 年 1 月 23 日）和阿联酋（2018 年 7 月 21 日）。

③ 卡塔尔（2014 年 11 月 3 日）、约旦（2015 年 9 月 9 日）、伊拉克（2015 年 12 月 22 日）、阿曼（2018 年 5 月 25 日）和科威特（2018 年 7 月 9 日）。

④ 土耳其、黎巴嫩和阿曼。

⑤ 伊朗、以色列、约旦、科威特、阿曼、卡塔尔、沙特、土耳其和阿联酋。

⑥ 《中国和阿拉伯国家合作共建"一带一路"行动宣言》，中阿合作论坛官方网站，http://www.chinaarabcf.org/chn/lthyjwx/bzjhy/dbjbzjhy/t1577010.htm。

发展合作需求。"一带一路"倡议是中国为世界提供的开放合作平台,体现了构建"人类命运共同体"的全球价值观,符合各国的发展利益。众多重要的"一带一路"沿线相关国家都积极寻求或探讨将本国中长期的发展战略与"一带一路"对接,比如土耳其的"2023 百年愿景""2053 展望""2071 千年目标",沙特的"2030 愿景",科威特的"丝绸城"计划,约旦的"2025 年发展规划",阿联酋迪拜的"2030 工业发展战略",等等。沙特、伊朗、土耳其、以色列等重要节点国家的有效参与,是"一带一路"成功推进的关键保障。

(一)双边合作关系得到提升

近年来,中国和阿拉伯国家由战略合作关系提升到战略伙伴关系是为南南合作树立的成功典范。① 中国与西亚国家之间呈现多样的双边国家间合作关系,既有密切的全面战略伙伴关系和战略伙伴关系,也有创新全面伙伴关系,还有战略合作关系。同时也非常注重促进与其他西亚国家在经贸、技术、人道主义援助等领域签订合作条约。

西亚的阿拉伯国家都是中阿合作论坛的成员国。伊朗、土耳其、以色列虽不属于阿盟成员国,却是重要的节点国家,其经济总量排名位于中东北非地区前列。伊朗和土耳其拥有西亚地区人口最多的两个国家,伊朗约有7920 万人口,② 土耳其人口超过 7800 万。③ 世界经济论坛《全球竞争力报告》中将以色列的综合经济表现列为全球 137 个经济体中最具竞争力的第20 位。④ 地缘政治上西亚国家具有重要意义。西亚地区山地、高原、盆地、

---

① 孙德刚、张丹丹:《"一带一路"与中阿战略伙伴关系新定位》,《当代世界》2018 年第10期。

② 中国驻伊朗大使馆经济商务参赞处发布《对外投资合作国别(地区)指南:伊朗》,2017,http://fec.mofcom.gov.cn/article/gbdqzn/upload/yilang.pdf。

③ 中国驻土耳其大使馆经济商务参赞处发布《对外投资合作国别(地区)指南:土耳其》,2017,http://fec.mofcom.gov.cn/article/gbdqzn/upload/tuerqi.pdf。

④ "The Global Competitiveness Report 2017 – 2018," World Economic Forum, https://www.weforum.org/reports/the – global – competitiveness – report – 2017 – 2018。

沙漠均具备的地理环境、不均衡的人口分布、多样的经济体模式，不一样的风土养育着多元的国家特质和人群性格。该地区国家彼此之间关系复杂，有的地域长期存在动荡局面，政治发展过程差异较大。"一带一路"语境下，中国在与地区内各个国家提升双边合作关系方面，成效显著。

截至 2018 年末，在西亚地区，中国与沙特、伊朗和阿联酋建立了全面战略伙伴关系，与卡塔尔、约旦、伊拉克、阿曼和科威特是战略合作伙伴关系，与以色列是创新全面伙伴关系，与土耳其是建立和发展战略合作关系等。

在与中国签署了建立全面战略伙伴关系联合声明的三个西亚国家中，沙特是重要的能源大国，是伊斯兰世界和阿拉伯世界的重要国家。2017 年 3 月 18 日发布的《中华人民共和国和沙特阿拉伯王国联合声明》中沙特方面明确表示愿意成为"一带一路"的"全球合作伙伴和西亚的重要一站"。① 沙特本国的发展战略"2030 愿景"希望通过将本国的 GDP 提高 40% 从而把 GDP 排名提升到全世界前 15 位，沙特有强烈的与中国合作的意愿。2016 年，中共中央政治局常委、国务院副总理张高丽和沙特王储继承人兼第二副首相、国防大臣签署了《中国政府和沙特政府关于成立中沙高级别联合委员会的协定》，双方在政治、能源、金融、投资、住房、水资源、质检、科技和人文等领域均签署了合作文件。② 中国官方表示愿意在共建"一带一路"的框架内加强两国发展战略对接。"中沙高级别联合委员会"③ 沙特的牵头人由王储穆罕默德·萨勒曼亲自担任，显示了沙特方面将与中国合作提

---

① 《中华人民共和国和沙特阿拉伯王国联合声明》，外交部网站，https://www.fmprc.gov.cn/web/gjhdq_ 676201/gj_ 676203/yz_ 676205/1206_ 676860/1207_ 676872/t1446787. shtml。
② 《张高丽和沙特王储继承人兼第二副首相、国防大臣穆罕默德主持中沙高级别联合委员会首次会议》，新华网，http://www.xinhuanet.com/politics/2016 –08/30/c_ 1119480612. htm。
③ 中沙高委会下设政治外交、"一带一路"、重大投资合作项目和能源、贸易和投资、文化、科技和旅游 6 个分委会，参见《张高丽和沙特王储继承人兼第二副首相、国防大臣穆罕默德主持中沙高级别联合委员会首次会议》，新华网，http://www.xinhuanet.com/politics/2016 –08/30/c_ 1119480612. htm。

高到战略意义的极高重视。①"一带一路"倡议提出以来，中国与沙特在产能和投资方面已经确定 30 个重点项目。②

伊朗是中东地区强国，政治、经济和宗教影响力都不容忽视。中国与伊朗的交往贯穿两国历史，两国近年往来密切。2014 年 5 月伊朗总统鲁哈尼出席在上海举行的亚信峰会，此次访华是鲁哈尼总统第一次出访中国。2015 年 7 月，伊朗核协议在奥巴马执政时期达成，伊朗由此获得了更多的国际合作机会，中国与伊朗的伙伴关系也随后得到提升。2016 年习近平首场重大外交活动即访问中东三国，沙特、埃及和伊朗。通过访问，中国不断巩固与这三个国家之间的传统友谊、加强合作、促进文明互鉴。此次国事访问伊朗期间，中国与伊朗共同发布了建立全面战略伙伴关系联合声明，确定推进双方在政治、基建、能源、贸易、人文、司法、安全、国际和地区事务等领域的合作。"一带一路"倡议下，双方以内容涵盖"交通运输、铁路、港口、能源、贸易和服务业等领域的相互投资和合作"③ 的《中华人民共和国政府和伊朗伊斯兰共和国政府关于共同推进"丝绸之路经济带"和"21 世纪海上丝绸之路"建设的谅解备忘录》和《中华人民共和国国家发展和改革委员会与伊朗伊斯兰共和国工业、矿产和贸易部关于加强产能、矿产和投资合作的谅解备忘录》为依据拓展合作。美国退出伊朗核协议之后，伊朗的经济环境恶化，伊朗更加重视与中国的外交关系，伊朗高层接连访华，推动中伊政治、经贸合作深化。

阿联酋是共建"一带一路"的重要伙伴。位于阿联酋首都阿布扎比哈利法港的中阿产能合作示范园是中国唯一明确的"一带一路"产能合作园

---

① 中沙高委会第一次会议于 2016 年 8 月在北京举行，第二次会议于 2017 年 8 月在沙特举行，第三次会议于 2018 年 7 月在北京举行。
② 王猛：《"一带一路"视域下的中国中东外交：传承与担当》，《西亚非洲》2018 年第 4 期。
③ 《中华人民共和国和伊朗伊斯兰共和国关于建立全面战略伙伴关系的联合声明》，外交部网站，https：//www. fmprc. gov. cn/web/gjhdq_ 676201/gj_ 676203/yz_ 676205/1206_ 677172/1207_ 677184/t1334378. shtml。

区,① 是"一带一路"建设的重大合作项目，是"一带一路"共建的典范项目。阿联酋 2012 年与中国建立战略伙伴关系，2018 年提升为全面战略伙伴关系。阿联酋在联合声明中表示在"一带一路"框架下展开合作，积极参与"一带一路"项目建设。两国同意加强在国际与地区事务合作、安理会改革、双边经贸务实合作、建设自贸区、电子商务合作、产能合作、设立教育合作项目、联合研发科技创新项目、油气合作、军事合作、安全合作、互设文化中心、促进旅游等领域的合作。② 2016 年阿联酋启动了"2030 工业发展战略计划"，发展战略对接是中阿合作具体而现实的共建要求。

卡塔尔、约旦、伊拉克、阿曼和科威特都是"一带一路"倡议提出之后与中国建立战略伙伴关系的西亚国家。这五个西亚阿拉伯国家与中国建立战略伙伴关系联合声明中均含有共建"一带一路"倡议、愿支持并积极参与"一带一路"建设、深化在"一带一路"框架下合作共赢的内容。其中阿曼于 2018 年 5 月，暨中阿建交 40 周年之际，与中国签署政府间共建"一带一路"谅解备忘录。在此之前，在"一带一路"框架下，中国—阿曼（杜库姆）产业园已经开始建设。③ 发展战略对接方面，"一带一路"倡议与阿曼"九五规划"的对接，与科威特"2035 国家愿景"对接分别明确写入两国建立战略伙伴关系的联合声明之中。④ 中国和阿拉伯国家双边外交关系经历了从"新型伙伴关系"推进到"战略合作关系"再推进到"战略伙

① 《中阿产能合作示范园：国家唯一明确的"一带一路"产能合作园区》，江苏省国资委网站，http：//jsgzw.jiangsu.gov.cn/art/2018/4/19/art_ 11716_ 7587208.html。
② 《中华人民共和国和阿拉伯联合酋长国关于建立全面战略伙伴关系的联合声明》，外交部网站，https：//www.fmprc.gov.cn/web/gjhdq_ 676201/gj_ 676203/yz_ 676205/1206_ 676234/1207_ 676246/t1579076.shtml。
③ 韩晓明：《期盼这里成为中东第二个迪拜：中国—阿曼产业园启动 首批企业正式签约入园》，《人民日报》2017 年 4 月 21 日，第 21 版。
④ 参见《中华人民共和国和阿曼苏丹国关于建立战略伙伴关系的联合声明》，外交部网站，https：//www.fmprc.gov.cn/web/gjhdq_ 676201/gj_ 676203/yz_ 676205/1206_ 676259/1207_ 676271/t1585194.shtml；《中华人民共和国和科威特国关于建立战略伙伴关系的联合声明》，外交部网站，https：//www.fmprc.gov.cn/web/gjhdq _ 676201/gj _ 676203/yz _ 676205/1206_ 676620/1207_ 676632/t1575353.shtml。

伴关系"的普遍提升,[①] "一带一路"建设加强了国家间各领域合作的深度和广度。

以色列对外贸易的依存度高,依靠出口拉动经济增长,中国是以色列的重要进口国。[②] 以色列是"一带一路"沿线中国重要的合作伙伴。中以建交25周年之时,以色列总理内塔尼亚胡访华并与中国发表建立"创新全面伙伴关系"的联合声明。以色列表明愿意在"一带一路"和亚投行框架下"加强双边与第三方在基础设施领域的创新合作"。[③] 2016年3月,中国开始与以色列启动自由贸易协定谈判,至今历经三轮,取得积极进展。中国已经成为以色列第三大贸易伙伴。[④] 以从以色列红海港口埃拉特到地中海阿什杜德港的"红海—地中海铁路"项目为例,该铁路长达350公里,包括63座总长4.5公里的桥梁,5条总长9.5公里的隧道,列车可以250～300km/h的速度行驶。[⑤] 有中国公司参与建设的"红海—地中海铁路"项目将是"一带一路"建立综合经济贸易区和全球运输基础设施的重要机会,能够帮助中国和中东升级贸易线路和能源线路。

中国与土耳其的战略合作关系确立于2010年,土耳其是上海合作组织对话伙伴国。土耳其也非常重视开发丝路资源。2012年土耳其提出"丝绸铁路"倡议,2013年,土耳其开始推动包含丝绸之路基金会、丝绸之路投资银行、丝绸之路信贷等复兴丝绸之路联盟,2015年全面启动丝绸之路贸易路线综合联通战略。[⑥] 土耳其联结欧亚的"中间走廊"计划有望和"一

---

① 李伟建:《中阿战略伙伴关系:基础、现状与趋势》,《西亚非洲》2018年第4期。
② 《对外投资合作国别(地区)指南:以色列》,商务部网站,http://fec.mofcom.gov.cn/article/gbdqzn/upload/yiselie.pdf。
③ 《中华人民共和国和以色列国关于建立创新全面伙伴关系的联合声明》,外交部网站,https://www.fmprc.gov.cn/web/gjhdq_676201/gj_676203/yz_676205/1206_677196/1207_677208/t1447466.shtml。
④ 《中国—以色列自贸区第三轮谈判在以举行》,商务部网站,http://fta.mofcom.gov.cn/article/chinaisrael/chinaisraelnews/201712/36319_1.html。
⑤ Mordechai Chaziza, "The Red-Med Railway: New Opportunities for China, Israel, and the Middle East," *BESA Center Perspectives Paper*, No. 382, December 11, 2016, p. 1.
⑥ 〔土耳其〕阿基夫·埃尔索伊:《开发中东人力和自然资源以复兴丝绸之路的方法》,《西亚非洲》2014年第3期。

带一路"对接共建。2015 年习近平在土耳其参加 G20 安塔利亚峰会期间与土耳其政府签署共同推进"一带一路"建设谅解备忘录。2017 年 5 月，土耳其总统埃尔多安来华出席"一带一路"国际合作高峰论坛期间，中方和土方签署多项合作协议。两国的经贸合作中，交通、电力、能源和金融是重点。①

黎巴嫩于 1971 年与中国建交，与中国双边关系稳定发展，2013～2016 年，每年均签署了《中华人民共和国政府和黎巴嫩共和国政府经济技术合作协定》，2017 年签署《中华人民共和国政府和黎巴嫩共和国政府关于共同推进丝绸之路经济带与 21 世纪海上丝绸之路建设的谅解备忘录》。近年来，因黎巴嫩和约旦面临严重的叙利亚难民压力，中国向黎巴嫩和约旦积极提供人道主义援助。

叙利亚内战局势逐渐走向平稳之后，中国企业面临在"一带一路"框架下对接叙利亚战后重建的可能性，且切实存在政治关系、自身能力等方面的显著优势。② 也门正处于过渡时期，政府更希望中国对也门经济发展增加援建项目，比如扩建亚丁湾集装箱码头项目。③ 中国始终重视巴勒斯坦问题和平解决。中国是最早支持巴勒斯坦民族抵抗运动的国家之一。2017 年，中国与巴勒斯坦签订了经济技术合作协定、外交和侨民事务部关于人力资源开发合作谅解备忘录和文化教育合作协定。尽管中国向巴勒斯坦直接投资不多，但中国以援助的形式支援巴勒斯坦的和平建设和经济建设。2018 年中国承诺再次向巴勒斯坦人民提供 1 亿元人民币用于无偿援助和紧急人道主义援助以及向联合国近东巴勒斯坦难民救济和工程处追加捐款。④

---

① 《中国同土耳其的关系》，外交部网站，https://www.fmprc.gov.cn/web/gjhdq_676201/gj_676203/yz_676205/1206_676956/sbgx_676960/。
② 李世峻、马晓霖：《"一带一路"对接叙利亚战后重建：时势评估与前景展望》，《阿拉伯世界研究》2018 年第 2 期。
③ 《驻也门大使馆经商参赞处发布〈也门政府希望中国能提供更多援助〉》，商务部网站，http://ye.mofcom.gov.cn/article/jmxw/201501/20150100858691.shtml。
④ 《携手推进新时代中阿战略伙伴关系——在中阿合作论坛第八届部长级会议开幕式上的讲话》，《人民日报》2014 年 6 月 6 日，《人民日报》2018 年 7 月 10 日。

（二）合作格局安排更加复合多元

在过去的五年中，中国与西亚的合作领域更加丰富，合作格局愈加复合多元。其中，中阿合作论坛具有弘扬丝路精神、推介"一带一路"建设的关键作用，是中国与阿拉伯国家共建"一带一路"的重要平台。中阿合作论坛成立于2004年，论坛从下设部长级会议、高官委员会会议，逐渐形成并增设中阿企业家大会暨投资研讨会、中阿关系暨中阿文明对话研讨会、中阿友好大会、中阿能源合作大会和中阿新闻合作论坛、中阿互办艺术节、中阿北斗合作论坛等机制。① 中阿合作论坛是中国打造的重要多边对话机制和集体合作平台，是中国与阿拉伯国家增进互信的重要组织。中阿合作论坛第六届部长级会议开幕式上习近平做题为《弘扬丝路精神深化中阿合作》的讲话，② 自此，"丝路精神"成为引导中阿共同发展战略合作关系、寻找各方最大公约数的新起点。

在2014年中阿合作论坛北京部长级会议上，习近平提出"以能源合作为主轴，以基础设施建设、贸易和投资便利化为两翼，以核能、航天卫星、新能源三大高新领域为突破口的'1 + 2 + 3'合作格局"。③ "1"即"能源合作为主轴"，是指"深化油气领域全产业链合作，维护能源运输通道安全，构建互惠互利、安全可靠、长期友好的中阿能源战略合作关系"；"2"是"以基础设施建设、贸易和投资便利化为两翼"，"加强中阿在重大发展项目、标志性民生项目上的合作，为促进双边贸易和投资建立相关制度性安排"；"3"是"以核能、航天卫星、新能源三大高薪领域为突破口"。④

石油能源是西亚国家最主要的经济来源，"一带一路"框架下中国在西亚

---

① 《关于论坛》，中阿合作论坛官方网站，http：//www.chinaarabcf.org/chn/gylt/t540745.htm。
② 《弘扬丝路精神深化中阿合作——在中阿合作论坛第六届部长级会议开幕式上的讲话》，《人民日报》2014年6月6日。
③ 《共同开创中阿关系的美好未来——在阿拉伯国家联盟总部的演讲》，《人民日报》2016年1月22日。
④ 《弘扬丝路精神深化中阿合作——在中阿合作论坛第六届部长级会议开幕式上的讲话》，《人民日报》2014年6月6日。

的合作首先重视能源合作的战略性地位。2016 年的欧佩克报告将中国列为全球原油需求增长的主要增长点。[1] 沙特等国也在致力于国家转型,试图摆脱经济的原油依赖,沙特政府所实施的经济改革和财政措施帮助沙特 2018 年 GDP增长达到 12.11%。[2] 但是,原油收入仍然占财政收入的绝大部分。比如 2016年,沙特原油出口收入达 1030 亿美元,2015 年的原油收入则贡献了 42.7% 的GDP。[3] 此外,石油化工产业对海湾国家的经济增长贡献也在日渐增加。海湾国家 2017 年石化产品产量为 1.668 亿吨,2018 年实现 7% 的增长。2017 年,海湾国家石化产品总收入为 556 亿美元。沙特该年的石化贸易利润增长 19%,阿联酋增长 17%。中国视能源合作为中阿合作的"压舱石"。[4]

"一带一路"建设通过重大基础设施发展项目和标志性民生项目,以更便利的双边贸易和投资制度安排推动中国与西亚国家间互惠互利、长期友好的共赢局面的形成和稳固。在基础设施领域,中国企业通过工程承包,参与西亚国家的高铁、航天、港口和铁路网建设,增加与沿线国家航班架次,支持阿拉伯国家构建连接中亚和东非、沟通印度洋和地中海的黄金枢纽物流网。中国不仅与经济状况良好的国家展开合作,还重视加强与有重建需求国家间的合作。在中阿合作论坛第八届部长级会议上,习近平宣布中国设立"以产业振兴带动经济重建专项计划",[5] 提供 200 亿美元贷款额度推广有助就业和提高效益的项目。

中东国家普遍经历了 2011 年中东变局的动荡,转型时期经贸增长受到影响,出现一定程度的回落。但总体来看,"一带一路"倡议提出以来,中国与西亚的进出口额稳步增长,其中与沙特的贸易额占进出口总额的比例最

---

① 《欧佩克:今年世界原油日需求增加 123 万桶》,商务部网站,http://sa. mofcom. gov. cn/article/jmxw/201609/20160901393856. shtml。

② "Saudi Arabia's GDP Projected to Jump 30% by 2023: IMF," *Saudi Gazette*, October 18, 2018.

③ "Kingdom's Oil Revenues Expected to Reach SR386. 3bn in 2016," *Arab News*, June 11, 2016.

④ 黄培昭、景玥、周輖:《第六届中阿能源合作大会在开罗开幕》,人民网国际版,http://world. people. com. cn/n1/2018/1106/c1002 – 30383502. html。

⑤ 《携手推进新时代中阿战略伙伴关系——在中阿合作论坛第八届部长级会议开幕式上的讲话》,《人民日报》2018 年 7 月 10 日。

高。60%的西亚北非国家与中国"一带一路"合作度指数排名上升。① 根据《"一带一路"贸易合作大数据报告（2018）》，2017年中国对西亚的前五位出口国为阿联酋、伊朗、沙特、土耳其和以色列，前五位进口来源国是沙特、伊朗、伊拉克、阿曼和阿联酋。同年，中国与西亚地区②进出口总额较上一年增长14.3%，出口额增长2.6%。中国对西亚地区贸易逆差转变为贸易顺差，至2017年，贸易顺差达到35.1%。③ 中国与阿联酋和沙特的进口、出口和进出口峰值都出现在2014年，之后略有下降，2017年开始回升。2015年，中国实际利用沙特外商直接投资净额为2.77亿美元，达到近五年的峰值。④ 中国在西亚国家的非金融类直接投资持续快速增长，以2016年中国在阿联酋投资为例，同比增长352%。⑤

金融合作领域，中国金融机构加快在西亚地区设立人民币清算行的步伐，促进人民币在中东的使用，加速人民币国际化进程。工商银行多哈分行是中国在阿拉伯国家首家人民币业务清算行，第二个西亚地区人民币清算中心为中国农业银行迪拜分行。位于西亚的两家人民币清算中心服务于区域内客户使用人民币进行跨境贸易，进一步推动中国与西亚在"一带一路"建设框架下实现金融服务领域的合作共赢。此外，中国与阿联酋和卡塔尔成立共同投资基金，支持中东工业化进程，为双方企业进行项目合作提供融资支撑。重视建立工业园，"围绕工业园建设多元投资融资渠道"，"推动园区服务、企业成长和金融支持三位一体发展"。⑥

① 国家信息中心"一带一路"大数据中心编《"一带一路"大数据报告（2017）》，商务印书馆，2017，第3页。
② 依据《"一带一路"贸易合作大数据报告（2018）》整理的西亚数据包含阿联酋、阿曼、巴勒斯坦、巴林、卡塔尔、科威特、黎巴嫩、沙特、土耳其、叙利亚、也门、伊拉克、伊朗、以色列、约旦、格鲁吉亚、阿塞拜疆和亚美尼亚等国。
③ 国家信息中心"一带一路"大数据中心、大连瀚闻咨询有限公司编《"一带一路"贸易合作大数据报告（2018）》，中国一带一路网，https：//www.yidaiyilu.gov.cn/mydsjbg.htm。
④ 参见中国一带一路网，https：//www.yidaiyilu.gov.cn/info/iList.jsp? tm_ id=513。
⑤ 王云松：《"一带一路"推动中阿合作升级》，《人民日报》2016年12月22日。
⑥ 《携手推进新时代中阿战略伙伴关系——在中阿合作论坛第八届部长级会议开幕式上的讲话》，《人民日报》2018年7月10日。

尽管阿拉伯国家经济常依赖石油能源收入，然而长期来看，油价下跌、石油资源的不可再生性等桎梏都迫使能源大国更加注重新技术、新能源的开发和利用。以海合会国家为例，根据《沙特公报》的报道，海合会的太阳能发电总价值在 2018 年达到 21 亿美元，预测到 2022 年将达到 250 亿美元。阿联酋计划到 21 世纪中叶，全国 44% 的电力资源由太阳能提供。[①] 中国在月球探测、火星探测领域与沙特的合作不断推进，中国与阿拉伯国家在北斗卫星导航、数字经济、信息技术等方面合作进展迅速。中阿技术转移中心，合作内容涉及高科技的核能培训、清洁能源培训、北斗卫星导航系统。海水淡化、太阳能、风能、基因工程等科技创新领域均不断取得积极进展。"一带一路"与新进开展的"网上丝绸之路""空中丝绸之路"共同促进，形成愈加立体多元的网络化合作体系。

安全合作领域，中国与西亚国家逐渐建立起成熟的合作机制与合作框架。中国投入 3 亿美元用于与阿拉伯国家的执法合作、警察培训援助。[②] 反恐、网络安全、打击跨国犯罪等领域的合作能够保护双方贸易往来的安全性，维护双方发展所需的稳定安全环境。中国践行人道主义原则，在国际人道主义救援方面扮演重要角色。2016 年，中国向饱受战火困扰的叙利亚、利比亚、也门、黎巴嫩和约旦提供 2.3 亿元人民币的援助。[③] 2018 年中国再向叙利亚、也门、约旦、黎巴嫩提供 6 亿元人民币援助用于人道主义和重建项目。[④] 公共卫生合作领域，中国为沿线国家提供医疗援助、派遣医疗队、与沿线国家合作培养疾病防控人员、专家互访、开展传染病疫情信息通报和监测。通过卫生交流合作，打造促进中国和沿线国家卫生事业共同发展、造

① "GCC to Speed Up Solar Conversion," *Saudi Gazette*, November 18, 2018.

② 《共同开创中阿关系的美好未来——在阿拉伯国家联盟总部的演讲》，人民网，http://politics. people. com. cn/n1/2016/0122/c1024 – 28074930. html。

③ 《共同开创中阿关系的美好未来——在阿拉伯国家联盟总部的演讲》，人民网，http://politics. people. com. cn/n1/2016/0122/c1024 – 28074930. html。

④ 《携手推进新时代中阿战略伙伴关系——在中阿合作论坛第八届部长级会议开幕式上的讲话》，人民日报图文数据库，http://paper. people. com. cn/rmrb/html/2018 – 07/11/nw. D110000renmrb_ 20180711_ 1 – 02. htm。

福民生的"健康丝绸之路"。①

通过友好年、艺术节、文明对话研讨会、联合大学、孔子学院、互派留学生、"百千万"工程、"丝路书香"100部中阿典籍互译、专家学者互访的智库对接、智库协同合作等方式，中国与西亚国家人文合作交流日渐增强。

21世纪初，中国与西亚国家的合作集中于能源领域，随着"1+2+3"合作格局的提出，双方的合作以能源合作为主轴，扩展到基础设施建设、贸易和投资便利化，并进而重视从核能、航天卫星和新能源三个高新领域寻找突破口。"一带一路"五周年之际，中国与西亚所涉及的合作类型已经超过"1+2+3"的设计，深化延展到安全、卫生、文化等领域，业已形成复合立体多元的全面合作局面。

二 中国与西亚展开"一带一路"合作的比较优势

历史上，西亚地区国家参与塑造了古代"丝绸之路"的辉煌；新时期，中国与西亚国家彼此需要，"一带一路"提供了合作共赢的重要时代机遇。2018年中国国际进口博览会召开，首届进博会与"一带一路"沿线国家累计意向成交47.2亿美元，② 西亚地区的沙特、阿联酋、以色列和土耳其是参展国。在"一带一路"框架内展开共建合作的过程中，中国与西亚合作的优势集中于重视政府间合作也重视社会民生，将传统能源产业与高新技术产业结合，积极推动地区和平与安全，不断充实多边合作机制，丰富全球治理体系，从而与"一带一路"沿线的西亚国家共同构建人类命运共同体。

---

① 国家卫生计生委办公厅发布《国家卫生计生委办公厅关于印发〈国家卫生计生委关于推进"一带一路"卫生交流合作三年实施方案（2015~2017）〉的通知》，国家卫生健康委员会网站，http://www.nhfpc.gov.cn/gjhzs/s7951/201510/7c6079e5164c4e14b06a48340bd0588a.shtml。

② 《首届中国国际进口博览会圆满闭幕》，中国国际进口博览会，https://www.ciie.org/zbh/xwbd/20181110/8018.html。

（一）重视双边政府间合作也重视解决民生问题

中国与西亚的合作在双边政府间签署合作协议方面成效显著。有关"一带一路"建设的政府间合作意向的达成和合作文件的签署往往依托重大外交实践，比如双方互访、中国推动的大型主场外交活动搭建沟通平台等重要机遇。双边政府间合作能够有效地就特定国家的具体政策和需求进行充分交流和权威协商，制定的合作方案比较容易因政策支持而得到更务实地落实。当然，"一带一路"建设过程中，多边合作与双边合作互相推进，共同取得增量发展。

中国重视发展对稳定的重要作用，认为发展是解决中东治理问题的"关键钥匙"。① 习近平在阿拉伯国家联盟总部的演讲中提到要破解中东动荡的难题，"关键要加快发展"。② 中国坚持认为，民生问题能够得到解决，民众的需求能够得到尊重，极端主义和恐怖主义才没有立锥之地。西亚国家大多数需要外部帮助推动社会经济发展和改革，中国是极佳的合作伙伴。按照外界观点，"一带一路"属于西方大资本兴趣不大的实体经济，发展中国家会从"一带一路"中切实受益，也只有中国才有条件帮助投资其实体经济。③ "一带一路"既是促进国际经济发展的合作平台，也是中国为世界贡献的国际公共产品。

（二）传统能源与高科技产业结合发展区域经济

随着中国经济的高速发展，能源匮乏问题逐渐凸显。为解决能源的不足，中国积极开展与能源大国的能源资源合作。根据中国海关总署的数据，2017 年全年中国进口原油 41958 万吨，同比增长 10.1%，中国的五大原油

---

① 《携手推进新时代中阿战略伙伴关系——在中阿合作论坛第八届部长级会议开幕式上的讲话》，人民日报图文数据库，http://paper.people.com.cn/rmrb/html/2018 - 07/11/nw.D110000renmrb_ 20180711_ 1 - 02.htm。
② 《共同开创中阿关系的美好未来——在阿拉伯国家联盟总部的演讲》，人民网，http://politics.people.com.cn/n1/2016/0122/c1024 - 28074930.html。
③ 郑永年：《"一带一路"五周年回顾与展望》，《联合早报》2018 年 11 月 20 日。

进口来源国为俄罗斯、沙特、安哥拉、伊拉克和伊朗。[①] 中国目前是世界最大的能源消费国之一。

　　然而从能源生产国的角度而言，单一型能源经济结构很可能因为传统能源在全球能源结构中的地位下降，供应中心多样化，而使原有的能源主导国面临经济下滑的困顿局面。以沙特为代表的石油工业强国，其不合理的经济结构暗藏经济发展停滞甚至后退的危机。沙特正通过"2030愿景"积极寻求国家转型，在石油产业和新能源开发之间寻找更有利于带动经济发展的新平衡。中国既需要推动传统油气资源跨国合作，也不遗余力地推进新能源开发。2017年国家发改委和能源局发布的《推动"一带一路"能源合作愿景与行动》阐释了中国"一带一路"能源合作的六项原则。[②] 六项原则包含了合作的理念和合作的防线，具体而言："一带一路"能源合作的理念即坚持开放包容、坚持互利共赢、坚持市场运作；"一带一路"能源合作的方向即坚持安全发展、坚持绿色发展、坚持和谐发展，构建能源利益共同体。共建"一带一路"不仅需要各方积极推动油气合作，还要推进"油气+"合作模式，顺应全球能源革命。"一带一路"建设帮助各方在高科技重点领域、海洋产业经济、海洋公共服务、航天合作、北斗导航系统、气象遥感卫星技术、数字经济、网络基础设施建设、大数据、云计算、电子商务等方面达成更多的合作共识和成果。[③] 应该说，"一带一路"建设构建的是传统能源与高科技产业结合，具有长期战略发展规划，着力于实现民族伟大复兴的责任共同体和命运共同体。

（三）有利于推进地区和平和集体安全建设

　　西亚安全结构脆弱，权力斗争频繁，国家利益交错竞争，恐怖主义事件

---

① 杨晓宇：《2017年全年我国原油进口量同比增长10.1%》，《中国化工报》2018年3月13日。
② 国家发改委、国家能源局发布《推动丝绸之路经济带和21世纪海上丝绸之路能源合作愿景与行动》，《中国电力报》2017年5月15日。
③ 《携手推进新时代中阿战略伙伴关系——在中阿合作论坛第八届部长级会议开幕式上的讲话》，人民日报图文数据库，http：//paper.people.com.cn/rmrb/html/2018 - 07/11/nw.D110000renmrb_ 20180711_ 1 - 02.htm。

迭出，地区集体安全难以获得有效进展。相较于经济表现而言，西亚冲突不断的环境问题更受西方大国的关注，而不是当地经济复苏与否。西亚没有团结牢固的集体安全机制，外部大国干预往往能左右当地政治走势，复杂化了地区政治和安全形势。中国的"一带一路"建设尊重中东各个国家的国情差异，尊重国家的自主选择，重视对话协商，促进和平和集体安全建设。中国政府多次强调"一带一路"可以在中东和平进程中发挥重要作用。

和平合作、开放包容、互学互鉴、互利共赢的"丝路精神"是中国与西亚国家走共同发展之路的宝贵遗产，是"中阿交往的主旋律"。①"一带一路"建设提倡共商、共享、共建，中国在与西亚以及更广大的全球国际交往中都遵守道义原则，尊重所有国家的正义要求。以巴勒斯坦问题为例，中国始终支持巴勒斯坦问题是中东和平的根源性问题，期待"一带一路"可以为巴勒斯坦人民带来和平和富足。中国呼吁各方应"遵守国际共识，公正处理巴勒斯坦问题"，② 不支持巴勒斯坦问题在中东被边缘化。从 2018 年开始，中国与巴勒斯坦启动自贸协定谈判，推进了双方的经贸合作。

（四）充实国际机制

中国始终重视与西亚区域组织的关系，重视和赞赏阿拉伯国家联盟、海湾阿拉伯国家合作委员会等国际组织在维护地区和平、促进地区发展方面的积极作用。同时，中国也在充实国际机制方面做出自己的积极贡献。中阿合作论坛就是中国与阿盟国家在平等互利基础上，建立的集体对话和务实合作平台。中阿合作论坛始创于 2004 年，"一带一路"为中阿合作论坛带来新的发展机遇。2014 年习近平在中阿合作论坛第六届部长级会议开幕式上所

---

① 《中国对阿拉伯国家政策文件》，中国网，http：//www. china. com. cn/news/2016 - 01/14/content_ 37572025. htm。

② 《携手推进新时代中阿战略伙伴关系——在中阿合作论坛第八届部长级会议开幕式上的讲话》，人民日报图文数据库，http：//paper. people. com. cn/rmrb/html/2018 - 07/11/nw. D110000renmrb_ 20180711_ 1 - 02. htm。

做的以《弘扬丝路精神深化中阿合作》为题的讲演是中国"向阿拉伯世界发出共建'一带一路'的邀请"。[①] 中阿合作论坛是务实合作的重要平台,"存量"为能源、新闻、北斗导航、企业家论坛等机制,"增量"将为妇女、青年、旅游等机制。[②] 中阿合作论坛内涵不断丰富,下设合作机制不断完善,始终在为"一带一路"建设谱写新篇章。多边金融合作方面,中国成功发起亚投行、丝路基金,丝路基金中设立中阿基础设施建设基金专项,伊朗、以色列、约旦、科威特、阿曼、卡塔尔、沙特、土耳其和阿联酋等西亚国家都是亚投行创始成员。

概言之,"一带一路"框架内的中国与西亚合作既重视从国家利益出发的政府间协商,也重视社会层面民众的提高生活水平、改善生活条件等民生要求;既推动能源合作,也重视推进新能源和新技术的创新与合作;既尊重当地国家对和平和安全的要求,也在道义上为弱者发声;既重视在既有地区多边机制框架下合作,也重视搭建中国参与和倡导的新多边机制,创造更多机遇,推动"一带一路"建设。

三 中国与西亚合作的当前挑战和未来展望

政治上,西亚国家普遍经历了中东变局的波及和影响。西亚地区许多国家面临严重的安全问题。国内的中东研究学者认为,"一带一路"建设既有与潜在的风险在于不同国家国情多变、各国发展需求不同、安全威胁和民众对"一带一路"不了解,应对的建议集中于寻找更符合各个国家国情的共建方案,区分国家之间不同的发展需求,针对建设过程中面临的安全威胁制定应对方案,打造安全共同体与当地国家和国际机制一起抑制地区动荡和搭

---

① 《携手推进新时代中阿战略伙伴关系——在中阿合作论坛第八届部长级会议开幕式上的讲话》,人民日报图文数据库,http://paper.people.com.cn/rmrb/html/2018 - 07/11/nw. D110000renmrb_ 20180711_ 1 - 02. htm。

② 《携手推进新时代中阿战略伙伴关系——在中阿合作论坛第八届部长级会议开幕式上的讲话》,人民日报图文数据库,http://paper.people.com.cn/rmrb/html/2018 - 07/11/nw. D110000renmrb_ 20180711_ 1 - 02. htm。

建人文平台从而以促进民心相通的智库合作等形式避免曲解。① 综合来看，当前中国与西亚的合作面临的挑战主要来自有的国家政局不稳、地区内部政治斗争、地区安全形势不稳定、域外干预频繁、官方热情高于民间。"一带一路"建设的未来将受到能否制定应对方案缓解以上挑战的影响。

（一）国家内部碎片化

西亚的国家按照资源特质来看，资源丰富的国家擅长以能源合作为主带动其他产业合作，人力资源丰富的国家则更期待中国的基建项目进驻带来更多的就业岗位。各个国家的国情差别较大，各国的发展需求也各有侧重。除了经济发展模式存在差异之外，西亚多为动荡社会，转型期国家内部不同团体对发展需求甚至可以挑战执政府的政权统治权威和认同权威。中东地区相关利益群体的伊斯兰教表达的需求、对经济治理的期望都会通过对政府和当政者合法性之质疑形成认同权威方面的危机。中东变局以来，国家的行政能力和领导者的政治素养影响了政治政策在社会的深入。世俗化程度较高，现代化发展较快的国家也都渐渐显现威权政治回归的趋势。被西方认为是"阿拉伯之春"成功典范的突尼斯，② 在推翻了总统扎因·阿比丁·本·阿里的统治之后，国家却陷入外债激增的经济混乱，人民的失望情绪不断累积，许多在突尼斯街头的采访中，民众表示更愿意回到本·阿里的时代。

西亚地区的政治极具复杂性。发展受阻的国家普遍存在的共性问题是族群仇恨和教派对立长期存在，社会分裂，政治资源分配不公，甚至政治制度本身也在不断地调整转型。据此，有的伊拉克学者就认为"一带一路"倡议的国别规划和领域规划还需要完善，目前理念超过现实，在战略对接上宣

---

① 王林聪：《中国在中东地区推进"一带一路"建设的机遇、挑战及应对》，《当代世界》2015 年第 9 期。

② Carlotta Gall, "At Birthplace of the Arab Spring, Discontent Opens a Door to the Past，" https：//www. nytimes. com/2014/10/20/world/at - birthplace - of - the - arab - spring - discontent - opens - a - door - to - the - past. html。

传多于实际签署的项目。由此对方学者呼吁更具体切实的合作行动，而不希望过多停留在口号层面。[1]

困扰西亚发展的另一严重威胁要素是分裂主义。因为参与打击"伊斯兰国"而取得更多国际认同的库尔德人开始争取谋求更多的政治利益和地位。从 2017 年 9 月伊拉克库尔德自治区的独立公投效果来看，依欧美国家官方和主流媒体在公投后模糊的表态，西方国家还没有把战后迅速建立一个新的民族国家纳入中东地区议事日程。然而分裂主义的存在，导致国家政策执行过程中会出现竞争性甚至反抗性的政治力量，"一带一路"框架下的双边政府间协定的执行效率可能因此受到波及。中国尊重国家的领土和主权完整，而西亚部分国家的国内分裂倾向阻碍了"一带一路"项目在相关地域的推进。"一带一路"建设依据具体国情具体安排发展方案是理想状态，但西亚的碎片化问题在一定程度上制约了务实合作规划的制定和落实。

（二）地区内部派系斗争导致地区主要矛盾发生变化

原本以色列和阿拉伯世界的矛盾、犹太人和阿拉伯人的矛盾是自以色列建国以来中东最主要的地区内国际冲突的结构性根源。近年来，区域力量对比的变化，过去主导中东政治格局的核心矛盾——阿以对立、巴以问题则呈现边缘化的趋势，沙特和伊朗的地区权力斗争取而代之。美国和以色列的盟友关系以及犹太利益集团在美国国内强大的政治动员能力导致美国中东政策始终向以色列利益倾斜。在这场不对等的较量中，巴勒斯坦方面在平民、财物上的损失远甚于以色列。中国始终支持"享有完全主权的巴勒斯坦国"，[2]不支持巴勒斯坦问题在中东边缘化。

2017 年 6 月，沙特联合其他海合会成员国宣布因卡塔尔"支持恐怖主

① 孙德刚、〔埃及〕马雨欣：《阿拉伯人如何看待"一带一路"——基于对阿拉伯学者的采访分析》，《对外传播》2018 年第 6 期。
② 《弘扬丝路精神深化中阿合作——在中阿合作论坛第六届部长级会议开幕式上的讲话》，《人民日报》2014 年 6 月 6 日；《共同开创中阿关系的美好未来——在阿拉伯国家联盟总部的演讲》，《人民日报》2016 年 1 月 22 日。

义"而同卡塔尔断交，破坏了沙特在海湾地区的权威，造成海合会的分裂。巴勒斯坦的法塔赫和哈马斯达成和解协议，试图推进哈马斯非军事化，但进展缓慢。"伊斯兰国"组织在多国联合打击下基本覆灭。叙利亚政府军取得优势地位但又无力独立结束内战。伊拉克库尔德斯坦自治区突然举行独立公投却又迅速被伊拉克政府镇压。也门胡塞武装以武力对抗中央政府统治导致国家继续分裂。特朗普政府搬迁美国驻以大使馆到耶路撒冷和退出伊朗核协议，恶化中东的安全形势。所有这些变故背后，都含有沙特与伊朗争夺地区主导权的深远因素。沙特和伊朗都与中国建立了全面战略伙伴关系，两国也都表示愿意支持和参与"一带一路"建设。"一带一路"的西亚合作尽管集中于能源、基建、经贸、核能、航天卫星等方面，但并不支持两国的对立行为，两国不断发生的严重政治事件也给"一带一路"在西亚的建设带来不确定性。

（三）恐怖主义和极端主义跨境流动引发安全局势不稳定

跨利比亚、叙利亚的国内战乱造成恐怖组织和恐怖分子在国家间流动。"伊斯兰国"是中东变局的一个严重负产品。2014年宣布建立"哈里发国"的"伊斯兰国"组织在2017年彻底式微。"伊斯兰国"组织的成员和追随者逐渐回流或者外溢到周边国家和地区，"伊斯兰国"组织下一步会演化为分散在全球各个角落，偶尔发动恐怖袭击或者独狼行动的控制力不强的跨国恐怖组织。

跨境恐怖主义和极端主义蔓延是中东变局催生国家能力衰落的恶果之一。国家无法维持对统治领土和人口的有效控制，统治和治理能力都不足，国内的失业率甚至高于剧变之前，多党制的选举制度造成政府割裂却并不能聚合民众建设国家。羸弱的国家和碎片化给恐怖主义、极端主义思想和极端主义组织的滋生培育了社会土壤。

中国设立中阿改革发展研究中心，在中阿合作论坛框架内召开文明对话与去极端化圆桌会议，邀请宗教界知名人士互访，努力以合作对话在宗教界和政治界共同实现去极端化的目标。

（四）域外干预势力不愿退出西亚政治

中东地区政治制度、政治环境的剧烈变革总是与外部国家的国际干预有关，很多时候国际干预直接就是变局的推动者和参与者。在核问题、争议性执政府、分裂主义等重大议题领域，美国、俄罗斯、土耳其、欧盟、北约等国际力量彼此的身份常在朋友和对手之间切换。中东的内战表面是国内军事化的政治对立各方冲突升级，但背后总是存在大国政治、军事、经济干预的因素。除了外交场合采取强硬措施施压之外，域外干预的形式还包括对恐怖主义组织的认定、经济援助的程度调整、经济制裁的范围划定、主动军事打击、设置禁飞区、培植反对派势力等等。中东分裂主义的滋长和成败也都和外部干预有关。旷日持久的内战消耗了中央政府对国家的控制能力，对国家失望的民众逐渐转向族群认同或者教派认同，当外部力量通过干预给予分裂主义足够的支持，原来的主权国家将不得不面临碎片化的结局、破坏发展所需要的安定的内外环境。

（五）民间相互了解不足

现有的中国与西亚合作中，官方热情高于民间。2017年上海外国语大学中东研究所与黎巴嫩阿拉伯统一研究中心在黎巴嫩举办"中阿关系研讨会"。研讨会上中国专家就"一带一路"话题采访阿拉伯专家，最后发现，阿拉伯国家的学者认为中国人看待阿拉伯世界只有冲突不断和石油富豪两种类型，而阿拉伯人对中国的看法则是廉价商品的出口国。[①] 由此可见，民间层面增进交往、文化层面搭建人文交往平台非常重要。比如在当地建立中国文化中心可以是人文交往极佳平台，比如著作互译对增进理解非常重要。习近平在中阿合作论坛第八届部长级会议上的演讲中表示，未来三年，中国将从阿拉伯国家邀请青年创新领袖、青年科学家、科技人员、宗教人士、政党

---

① 孙德刚、〔埃及〕马雨欣：《阿拉伯人如何看待"一带一路"——基于对阿拉伯学者的采访分析》，《对外传播》2018年第6期。

领袖来华，为阿拉伯国家提供各类培训名额。① 未来，更密切的中国与西亚民间交流、文化往来，将对实现"一带一路"民心相通形成积极作用。

中东顽固的安全结构问题，比如恐怖主义、内战、巴以问题、教派争端、大国干预始终没有消失，只在具体内容和表现形式上呈现一定的摇摆态势。中国需要在"一带一路"框架下建立中国与各个国家之间的普遍信任，增进西亚国家民众对中国和"一带一路"的了解，促进增强更广大范围的国际信任。

四　与西亚合作中的中国智慧和中国方案

"一带一路"实施 5 年来取得了重大成就，中国已经同 140 多个国家和国际组织签署共建"一带一路"合作协议。② "一带一路"为中国与西亚合作提供了全面、多元、立体、复合的联动发展格局。"一带一路"倡议倡导对话、"拆墙"、"交而通"，推动中东国家"一起加入'一带一路'朋友圈"。中国愿做中东"和平的建设者""发展的推动者""工业化的助推者""稳定的支持者""民心交融的合作伙伴"。③ 中国在发展减贫方面有着丰富的经验。中国用本国的成就向世界再次证明，稳定是所有国家和地区经济增长、产业转型、国家治理水平提升所必需的环境要素。倡导互联互通、互利共赢、共同繁荣的"一带一路"建设能够提高地区经济水平，也能够提高民众生活水平，从而有助于塑造稳定的内外环境。"一带一路"建设寻求各方利益最大化的合作路径，为解决地区发展问题促进当地改革发展提供巨大动力，为提升双边关系、构建更为公平的国际机制贡献中国智慧和中国方案。

---

① 《携手推进新时代中阿战略伙伴关系——在中阿合作论坛第八届部长级会议开幕式上的讲话》，人民日报图文数据库，http://paper.people.com.cn/rmrb/html/2018 – 07/11/nw. D110000renmrb_ 20180711_ 1 – 02. htm。

② 《同舟共济创造美好未来——在亚太经合组织工商领导人峰会上的主旨演讲》，新华网，http://www.xinhuanet.com/ttgg/2018 – 11/17/c_ 1123728402. htm。

③ 《共同开创中阿关系的美好未来——在阿拉伯国家联盟总部的演讲》，人民网，http://politics.people.com.cn/n1/2016/0122/c1024 – 28074930. html。

B.10
"一带一路"建设与南亚地区合作

唐奇芳*

摘　要： 南亚是"一带一路"沿线的一个重点地区，中巴经济走廊、孟中印缅经济走廊都是"一带一路"的重要组成部分。目前这些重点项目以及中国与南亚国家的双边合作都取得一定的进展，同时也遇到印度因素、东道国政治不稳和营商环境较差等不少挑战。但从总体上看，"一带一路"倡议与南亚国家的发展战略高度契合，能高度满足当地发展的实际需求，在该地区得到普遍欢迎，未来有巨大的发展潜力与合作空间。

关键词： "一带一路"　南亚　进展　挑战　对策

南亚是"一带一路"沿线的重要地区之一。2015年4月，习近平在巴基斯坦议会发表演讲时指出，南亚地处"一带一路"海陆交会之处，是推进"一带一路"建设的重要方向和合作伙伴。"一带一路"倡议得到南亚国家的普遍欢迎，除个别国家外，多国都与中国签署了在此框架下进行合作的双边协议。

"一带一路"实施五年来，中国与南亚国家的合作取得了明显进展。2017年双边贸易已达到1200多亿美元，同比增长14.6%，南亚整体对华贸易占比从9.4%上升到12.0%。同年中国对南亚国家的投资为17.63亿美元，已经成为南亚国家主要的外资来源国。"中巴经济走廊""孟中印缅经

---

* 唐奇芳，中国国际问题研究院副研究员。

济走廊"作为"一带一路"的重要组成部分,取得了不同程度的进展,同时中国在"一带一路"倡议下与南亚各国的双边合作也蓬勃展开。但同时"一带一路"在南亚也面临着众多挑战,需要制定系统、务实的发展策略。

一 "一带一路"在南亚的进展情况

(一)中巴经济走廊:"一带一路"建设的标杆

中巴经济走廊是"一带一路"六大经济走廊之一,而且起步早、进展快,已实质性启动了一批重大项目建设。巴基斯坦前总理谢里夫称"中巴经济走廊是巴基斯坦未来长远发展的希望所在",要将"一带一路"倡议与巴基斯坦的"2025年远景规划"进行完美结合。中巴双方的高度互补与积极配合,是走廊建设快速推进的主要动力。

两国在"一带一路"框架下,本着"政府支持,市场运作"的原则,共同打造"1+4"经济合作布局,即以经济走廊建设为中心,以瓜达尔港、交通基础设施、能源、产业投资合作四大领域为重点。目前各领域均有明显进展。

瓜达尔港是中巴经济走廊的核心,包括瓜达尔港口码头、瓜达尔港自贸区和新瓜达尔国际机场等项目。中国海外港口公司于2013年正式接手港口经营建设权,期限40年。

交通基础设施的主要进展是在公路建设方面,迅速形成了中巴经济走廊公路交通网络。此外,中巴跨境光缆项目2016年5月开工,2018年7月开通。光缆全长820000米,南起伊斯兰堡附近的拉瓦尔品第,北至中巴边境的红其拉甫口岸,并与中国境内的光缆相连。

在能源领域,有12个项目已经开工在建,建成后将提供约1100万千瓦电量,足以弥补巴面临的能源缺口,到2020年前后巴基斯坦的电力供需有望达到初步平衡。这些项目包括胡布燃煤电站、萨希瓦尔燃煤电站、卡西姆燃煤电站、旁遮普省巴哈瓦尔布尔地区的中兴能源光伏电站、信德省塔尔煤

电一体化项目和卡洛特水电站等。其中大部分项目 2018 年建成，卡拉奇等大城市和一些地区的电力短缺问题大为缓解。

在产业合作领域，巴政府已确定在经济走廊沿线建设 29 个产业园区。巴总理伊姆兰·汗 2018 年 11 月初访华时和李克强总理在联合声明中重申要加快产业及园区的合作。

作为"一带一路"的标志性项目，中巴经济走廊的快速发展，为"一带一路"合作发挥了超越双边的重要作用。随着项目的不断落实和投入，中巴经济走廊对本地区的辐射效应迅速凸显。哈萨克斯坦、伊朗、阿富汗等近邻国家纷纷表示希望加入中巴经济走廊建设，发展本国经济，扩大对外开放。

（二）孟中印缅经济走廊：前路漫漫，未来可期

与中巴经济走廊一样，孟中印缅经济走廊也是"一带一路"框架下的主要经济走廊项目。2013 年 5 月，李克强总理访印时提出建设孟中印缅经济走廊倡议，得到时任印度总理曼莫汉·辛格和缅甸、孟加拉两国政府的积极响应。但 2014 年莫迪政府上台后，对"一带一路"倡议态度冷淡，孟中印缅经济走廊推进遇到很大阻力。迄今，该倡议框架下的基础设施联通建设取得一定进展，其他领域则成果有限。

孟中印缅经济走廊框架下的基础设施联通项目在中国国内和双多边方面均有进展。中国云南省境内可直接与孟、印、缅相连的三条铁路和三条公路正在建设或已建成。中缅铁路（泛亚铁路西线）境内段 2020 年有望建成通车；云南保山—腾冲—猴桥铁路已启动前期工作；大理—清水河铁路前期工作正在开展。中缅公路境内段（昆明—瑞丽、昆明—腾冲）已实现高速化；昆明—墨江高速公路已经通车，墨江—临沧高速预计 2020 年建成，临沧—清水河高速也在推进中。在境外，多个孟中印缅经济走廊框架下的联通项目也已启动。帕德玛大桥是中国在孟加拉国最大的工程承包项目，是连接中国及南亚"泛亚铁路"的重要节点和"一带一路"的重要支点工程。2015 年 5 月，昆明—达卡货运航班首飞，标志着云南面向孟中印缅经济走廊的空中

通道已打通。2016 年 2 月，孟加拉国与亚洲开发银行达成 15 亿美元的贷款协议，用于修建从考克斯巴扎到孟缅边境的铁路，扩大泛亚铁路网的联通范围。

总体上，孟中印缅经济走廊的进度远慢于预期，走廊建设仍未进入实质性阶段，就连孟中印缅经济走廊建设的四方联合研究总报告也迟迟未能提交。不过，在中缅、中孟的共同努力下，双边合作均在快速推进。在中缅合作上，除了中缅石油管道和皎漂港等重点项目外，两国于 2018 年 10 月达成中缅铁路的木姐—曼德勒段可行性研究备忘录。中孟在"一带一路"框架下的合作也堪称典范。2016 年 10 月，习近平访孟，双方签署关于开展"一带一路"倡议下合作的谅解备忘录，这是中国与南亚地区国家签署的首个政府间共建"一带一路"合作文件。目前，中孟"一带一路"框架下的合作已在多领域广泛展开，成果颇为丰硕。两国在产能合作、基础设施等重点领域的合作进展尤为迅速。在产能合作方面，习主席访问时中孟还签署了产能合作框架协议。在此框架下，中孟将共同开发孟首个特别经济园区——中国经济工业园，拟吸纳化工、制药、成衣、电信、农业机械、电子电器和信息技术等多行业入园，将为孟提供近 10 万个就业岗位。在基础设施方面，除了帕德玛大桥，中国企业还承建了孟首座隧道——卡纳普里河底隧道项目。这将有效缩短吉大港机场到中国经济工业园时间，缓解吉大港东面交通压力，极利于孟、缅、印三国间货物与人员流通。

（三）"21世纪海上丝绸之路"：在波折中前进

作为位于印度洋主航道上的岛国，斯里兰卡和马尔代夫都是"21 世纪海上丝绸之路"的重要节点，也是中国在南亚"一带一路"合作的重要对象。两国都很重视"一带一路"倡议带来的巨大发展机遇，与中国合作有很多重点项目，取得很大进展，但也同样由于复杂的国内外原因发生了反复和波折。

中国与斯里兰卡在"一带一路"框架下的合作有不少举世瞩目的大项目，其中最著名的是科伦坡港口城和汉班托塔港。科伦坡港口城是斯里兰卡

目前最大的单一海外投资项目，也是"一带一路"沿线的旗舰项目。该项目着眼长远，要用20多年的时间建成南亚和印度洋的航运物流与金融商业中心。汉班托塔港已完成两期建设，正在修建配套产业园区。该港距离印度洋国际主航道仅10海里，可形成连接缅甸皎漂港、孟加拉国吉大港与巴基斯坦瓜达尔港的印度洋海运中心。这两大项目相互呼应，一起对接斯里兰卡政府的"两翼一带"国家发展战略，将有力促进该国的长期发展。

同时，这两大项目也成了双方"一带一路"合作的晴雨表。拉贾帕克萨执政时期，中斯关系十分融洽。2014年9月，习近平访问斯里兰卡，斯方表示该国的"马欣达愿景"（将斯里兰卡建设成海事、航空、商业、能源、知识五大中心）与21世纪海上丝绸之路高度契合。双方达成一系列合作协议，特别是关于汉班托塔港项目进一步投资和科伦坡港口城建设。2015年1月的斯里兰卡大选出现变局，西里塞纳当选总统，科伦坡港口城项目于当年3月被叫停，直至拉贾帕克萨再次执政后的2016年3月才得以复工。2016年4月，斯总理维克勒马辛哈访华，重申愿积极参与中方提出的"一带一路"倡议，将以共建21世纪海上丝绸之路为契机，建设命运共同体。2016年8月，中斯签署科伦坡港口城项目新协议，港口城更名为"科伦坡国际金融城"，标志着中斯合作全面复苏。

马尔代夫是最早表示支持"一带一路"倡议的国家之一，早在2014年12月就签署了《关于在中马经贸联委会框架下共同推进"21世纪海上丝绸之路"建设的谅解备忘录》。双方在"海丝"建设上达成高度共识，也就共同推动中马自贸区谈判达成一致。共建"海丝"框架下的各个重大项目进展迅速，中马友谊大桥于2015年12月开工，2018年8月正式通车，实现首都马累、交通枢纽机场岛和新城胡鲁马累岛的陆路连接，是马国第一座跨海大桥。马累国际机场改扩建项目开始施工，中方援建的拉穆环礁连接公路和胡鲁马累住房项目二期即将交付使用。2017年12月7日，亚明总统访华期间，中马签署双边自贸协定，这是中国商签的第16个自贸协定，也是马尔代夫对外签署的首个双边自贸协定，树立了规模差异巨大的国家间开展互利合作的典范，在两国经贸发展史上具有里程碑意义。然而，2018年2月，马尔代夫发生政变，政局动荡，中马"21世纪海上丝绸之路"进程受到某些影响，甚至传出马方将退出双边自贸协定的消息。

（四）中尼印经济走廊：潜力无限的宏伟构想

中国与尼泊尔山水相连，尽管中间横亘着世界最高的喜马拉雅山脉，但数千年来两国一直保持世代友好的密切往来。"一带一路"倡议提出后，尼泊尔积极支持。2014年12月王毅外长访问尼泊尔时，就初步提出了建设中尼印经济走廊的设想。

"一带一路"框架下的中尼合作进展明显，但并非一帆风顺。尼泊尔国内政局变动和印度大力施压都曾使合作进程出现波折，但是最终都能迅速回到正轨，加速前进，归根结底是因为"一带一路"框架下的中尼合作能解决尼泊尔最严峻的发展问题，符合尼泊尔最迫切的发展需求。作为一个封闭的内陆山地国家，尼泊尔长久以来唯一的对外贸易通道就是印度港口，这不但大大提高物流和交易成本，而且极易被印度控制。2015年10月，印度就曾利用禁运手段，胁迫尼泊尔修改宪法。因此，通过加强中尼陆路联通开辟新的对外交往路径，对尼泊尔来说是国脉所系，成为主流政党和历届政府的共识。

二 "一带一路"在南亚面临的挑战

（一）印度因素

从"一带一路"在南亚的各项进展中不难看出，其面临的首要挑战就是印度因素。中巴经济走廊的快速推进，固然是由于巴基斯坦强烈的合作意愿，也是因为有效地排除了印度因素。与其他国家的合作，多多少少都由于印度的影响而出现波折。印度自视南亚的"超级大国"，将南亚和印度洋看作攸关自身核心利益的"后院"。实施完全排他性的区域政策是历届印度政府奉行的"铁律"。这一区域政策有内外两方面的显著特征：对内，印度利用各种方式迫使其他南亚国家承认其优势地位，强化其南亚战略主导权；对外，印度强烈反对外部势力干预南亚，积极防范域外大国介入南亚事务。

自"一带一路"倡议提出后，印度的态度一直是模糊、冷淡甚至警惕、反对。整体上，印度政治和主流舆论认为"一带一路"倡议是中国的地缘政治工具。尤其对中巴经济走廊建设经过印巴争议的克什米尔地区横加指责，质疑瓜达尔港将成为中国军队的休整补给港。莫迪在2017年初的"瑞辛纳对话"上称"只有尊重相关国家的主权，地区互联互通的走廊才有发展的希望，并且能避免纷争"。印度成为中国周边唯一没有以正式文件方式表达对"一带一路"倡议支持的国家。

在印度的南亚政策中，还有一条铁律是"印度优先"，即其他南亚国家必须将印度放在外交首要地位。因此，它对其他南亚国家在"一带一路"框架下与中国积极合作的态度十分不满，采取各种方式阻挠干预。例如，马尔代夫总统亚明因为与中国的"一带一路"合作成就突出而被印度贴上"亲华"的标签。2017年12月中马签署自贸协定，印度更加怒不可遏，严厉警告马尔代夫要遵守"印度优先"。同时，印度煽动马国内反对派攻击政府并掀起政治风暴，公开向马尔代夫施压，要求其释放所有政治犯。

与此同时，印度在南亚推行自己的地区合作倡议，如"季风计划"（Project Mausam）和"香料之路"（Spice Route）。"季风计划"是以环印度洋区域深远的印度文化影响力及环印度洋国家和地区悠久的贸易往来史为依托，由印度牵头推进环印度洋地区各国加强合作，共同开发海洋资源，促进经贸往来。"香料之路"则借助印度"香料王国"的历史地位和古代"香料之路"的历史概念，力图沟通亚、非、欧三洲之间贸易，拓展印度与东南亚、欧洲的文化往来。这些倡议因与"一带一路"在路径和构想上有不少相似之处，被印度舆论视为对"一带一路"的某种回应。目前这些倡议仅停留在概念阶段，缺乏具体内容和战略设想，却折射出印度雄心勃勃的地缘战略。

实际上，印度从数十年前就开始提出地区合作倡议。如环孟加拉湾多领域经济技术合作倡议（BIMSTEC）、环印度洋地区合作联盟（IOR-ARC）

等。印度的地区合作倡议也着眼于推进互联互通建设，目标是建立互惠伙伴关系，实现区域经济一体化。比如，印度推动的南亚次大陆"孟不印尼"（BBIN）旨在实现四国之间基础设施的互联互通以及人员、货物的流动便利化，进而实现经济上的一体化。但由于印度在对南亚国家关系中的强硬作风，这些倡议进展都不顺利。BIMSTEC 和 IOR-ARC 数十年来几乎原地踏步，BBIN 更因不丹议会不予批准而暂时停滞。

（二）东道国政治不稳

部分南亚国家的政治长期不稳，给"一带一路"倡议下的合作带来挑战。一些国家政治体制脆弱，政局动荡，政策缺乏连续性，导致"一带一路"合作项目出现反复或中断。近年来，尼泊尔政府频繁更迭，几乎每隔一两年就要进行一次大选，中尼"一带一路"合作面临同样的隐忧。另一些国家安全形势严峻，暴恐极端事件频发，对"一带一路"建设造成直接威胁。巴基斯坦对参与"一带一路"建设热情极高，但其国内宗教矛盾、党派和种族利益冲突不断，恐怖主义活动猖獗，严重影响着中巴经济走廊的正常运转。

（三）营商环境较差

营商环境普遍较差也是在南亚推进"一带一路"合作的重要问题。根据世界银行 2018 年 11 月初发表的最新《2019 年营商环境报告》，7 个南亚主要国家的排名都比较靠后。其中印度居于第 77 位，接下来依次是不丹（81）、斯里兰卡（100）、尼泊尔（110）、巴基斯坦（136）、马尔代夫（139）和孟加拉国（176）。

南亚营商环境较差主要体现在三个方面。一是经济发展落后。南亚是世界上人口最稠密的地区之一，也是世界上除撒哈拉以南非洲地区以外经济最落后的地区，贫困人口占总人口的 15.09%。2017 年南亚国家中人均 GDP 最高的是马尔代夫（12527 美元），但该国仅有 42 万人（2016 年），人口最多的印度为 1983 美元，人口分别居于第二、三位的巴基斯坦和孟加拉国分

163

别为 1541 美元和 1602 美元，尼泊尔则仅为 834 美元，属于世界最不发达国家之列。整个南亚的人均 GDP 仅有 1700 美元左右，是中国的 1/5。

二是基础设施薄弱。南亚各国普遍存在交通、能源和通信等领域的基础设施缺失问题，严重阻碍经济发展及国际合作。在 2018 年全球基础设施排行榜上，南亚仅有印度、斯里兰卡和巴基斯坦三国进入前 100 名，分别居于第 62、64 和 92 位。尼泊尔、孟加拉国的基础设施形势尤为严峻。

三是制度建设不足。南亚各国经济社会的制度建设都相对滞后，且经济较为传统封闭。印度等大国并未形成统一的全国性市场，而且保护主义思想泛滥。近年来随着中国对南亚国家贸易顺差扩大，这一倾向愈加严重。1994 年到 2017 年 8 月，印度共发起 212 起对华反倾销和反补贴调查，2018 年头两个月内就有 8 起。

三　对策建议

（一）妥善应对印度因素影响，扩大中印共同利益与合作空间

尽管印度的某些政策使"一带一路"倡议在南亚的推进和中印关系发生不少波折，但不能就此否认两国之间存在的巨大共同利益和广阔合作空间。

首先，要确认合作才是两国关系的主流，避免出现对抗。建交近 70 年来，由于领土争议等历史遗留问题和国家制度的差异，中印关系可谓历经风雨。类似"洞朗事件"的情况时有发生，严重损害中印之间的政治互信与合作关系。如果此类事件重复发生，其成本将不断积累，中印对抗没有赢家，双方遭受的损失会越来越大。

其次，推动"一带一路"与印度"季风计划""香料之路"等进行战略对接。印度的这些地区互联互通构想在目标设定和实现路径上都与"一带一路"倡议有很多相似之处。比如，它们都以基础设施建设为主要切入点，推进地区内的交通网络化和流动自由化。如果去掉中印竞争的有色眼镜，这实际上是双方巨大的合作机遇。

再次，要保持中印关系的好转势头，共同维护全球合理秩序。中印作为互不可少的重要邻国，和则两利、斗则两伤，印方也很清楚其中利害。"洞朗事件"在 2017 年 9 月的厦门金砖峰会之前得到较好的控制，告一段落。2018 年中印关系出现明显好转，4 月下旬莫迪专程访华，在武汉与习近平进行深入的"东湖会谈"，紧接着又于 6 月赴青岛参加上合组织峰会。这一变化背后最大的驱动力是美国特朗普政府保护主义行动下，中印两国的共同利益不断扩大。美对与印双边贸易逆差问题耿耿于怀，将印度列入重点审查的观察名单，强硬要求印度降低美国进口商品关税。美国等发达经济体与发展中经济体的竞争和冲突加剧，中印作为两大新兴经济体，在全球治理和捍卫国际秩序方面拥有更多共同话语，双方对此需要协调一致，携手共进。

最后，努力促进中印民心相通，扩大做实友好合作内容。中印之间的很多误解和猜疑都是缺乏交流的结果，2017 年中国公民出境游达到 1.3 亿人次，但赴印度的只有 10 万人次左右，而且印度某些媒体在负面消息的传播上发挥了推波助澜的作用。今后双方亟须落实领导人会晤的成果，积极扩大双方政党、地方、智库、民间组织等方面的交流，加强民心相通、注重管控民间舆论。同时，两国产业界均看好彼此市场，相互投资蓬勃发展。中印政府应把握这一趋势，加强经济政策沟通协调，改善本国营商环境，做好经济合作的支持、引导和服务工作。只有将中印友好合作扩大做实，才能保持长久的稳定关系。

（二）针对各国情况制订详细计划，以实效推进南亚"一带一路"建设

南亚八国虽然文化相近，但自然条件和资源禀赋各有不同。因此，在本地区推进"一带一路"建设必须按照"一国一策"原则，因地制宜、精准合作。

巴基斯坦是"一带一路"沿线参与积极性最高的国家之一，中巴之间深刻的政治互信为双边"一带一路"合作提供了坚强的保障。因此，中国应保持目前对中巴经济走廊的重点关注和投入，将其作为"一带一路"建

设的优先方向和样板工程，进一步巩固巴基斯坦作为"一带一路"倡议支点的地位。中巴贸易结构具有较强互补性，在"一带一路"倡议助推下增长迅速，年增速保持在10%以上。未来随着瓜达尔港自贸区的生产环境逐步完善，中国可以将服装鞋帽、钢铁冶金、食品加工等产业适度向巴基斯坦转移，实现当地生产及向周边出口。在推动巴基斯坦经济发展的同时，以中巴经济走廊的成功实例吸引南亚其他国家坚定对"一带一路"的信心，坚持并扩大在此框架下的合作。

印度对"一带一路"的心态仍比较复杂，与其合作的重点是要更加灵活务实。为了解决印度一直关注的贸易平衡问题，2018年中国已经扩大医药等印度产品的市场准入，建立首届"中国国际进口博览会"等双多边平台，未来这一力度还会加大。由于中印在劳动密集型工业产品上已有一定的合作基础，未来中国可以充分利用印度劳动力资源，适时将纺织品和机电产品等的加工装配环节通过工业园区向印转移，还可以利用印度在计算机、信息、通信和金融等服务贸易上的比较优势，通过外包和人才合作等方式提升在这些领域的国际竞争力。

斯里兰卡的支柱产业是农业和以劳动密集型为主的初加工工业，与其合作要充分发挥这些产业优势。茶叶、橡胶和椰子是斯里兰卡三大主要出口的农产品，在国际上已经有强大的品牌效应。中国通过科伦坡港口城和汉班托塔港项目建设将有助于斯里兰卡这些优势产品的出口扩张，同时在商贸物流、金融服务和休闲旅游方面建立新的竞争优势。结合中斯工业园建设，可推动国内劳动密集型产业向斯里兰卡转移。

孟加拉国最突出的优势是劳动力资源丰富，纺织服装业发达，在世界市场已经具有相当的地位。2018年6月，中国深圳证券交易所牵头组成的深沪交易所联合体成功竞购孟加拉国达卡交易所25%的股份。这为中国资本，尤其是中小型企业进入孟加拉国提供了良好的平台。中国应加快推动本国纺织服装生产环节向该国的转移，同时提升在服装设计和售后营销等价值链环节的竞争力。

尼泊尔与不丹同为喜马拉雅山地国家，水力资源与旅游资源十分丰富，同时两国在基础设施方面存在巨大缺口。中国与之合作应结合这两大特点，重点放在协助其完善基础设施、开发旅游资源上。同时加强与两国的水电站建设合作，并助其建立配电和输电基础设施体系，满足日益增长的用电需求并为跨境经济合作区的发展做好准备。

马尔代夫同样是依靠旅游业立国的小型经济体，旅游仍然是今后中马合作的重点。2010 年以来中国掀起赴马尔代夫旅游热潮，连年保持马尔代夫最大旅游客源市场地位，中国游客占该国游客总数的 1/4 以上。2014 年中国赴马尔代夫游客数量达到 36.4 万人次的峰值。

阿富汗仍然面临严峻的安全挑战，短期内很难成为"一带一路"合作的重点和热点。但其处于西亚、南亚和中亚交会处的独特地理区位优势，决定了阿富汗是推进"一带一路"建设不可或缺也无法回避的一环。中国在双边和各种多边平台为阿富汗实现国内稳定、改善人民生活提供力所能及的帮助，期待其早日发挥过境运输贸易的巨大潜力。

（三）大力探索第三方市场合作，打造更广阔的南亚"一带一路"合作格局

"一带一路"倡议从提出开始就是一个高度开放的合作框架，在合作形式上也应打开思路，大胆创新。近年来，第三方市场合作成为中国对外经济合作的一个新亮点，这一合作形式具有灵活、开放、高效的优点，值得在南亚的"一带一路"建设中探索和推广。

一方面，中国可以与其他域外国家在南亚开展第三方市场合作。这种合作可以是多边的也可以是双边的，如利用中日韩机制，以及中韩和中日。2018 年 5 月的第七次中日韩领导人会议决定不断拓展中日韩合作外延，积极推动"一带一路"倡议与中日韩合作对接。其中，最核心的内容就是探讨和推动以"中日韩＋X"模式与亚洲其他国家开展合作，合作范围包括国际产能、基础设施、国际减贫、灾害管理等领域。其中，南亚是被多次"点名"的重点目标地区，上述合作领域也高度符合中日韩三国的优势互补及南亚国家的实际需求。

在南亚等地进行第三方市场合作也是中韩、中日进行"一带一路"合作倡议对接的重中之重。2015年中韩自贸区达成时便有这一共识，2017年12月文在寅访华时重申要促进双方在东南亚、南亚等第三方市场展开经济合作。中日在"一带一路"下的第三方市场合作推进得更快。2018年10月26日，在首次"中日第三方市场合作论坛"上，共有52个中日第三方市场合作项目签约，分布在南亚、中东、非洲等的"一带一路"沿线国家，涉及清洁能源、公路、铁路等多个领域。

另外，中国与印度可以尝试在其他南亚国家进行第三方市场合作。可以从产能合作等印度敏感度较低的领域着手。例如开发中印合作的工业园区，进行劳动密集型产业投资；也可发挥印度在服务业方面的优势，共同开发互联网与信息技术、金融等产业的第三方市场；即便在印度对华戒备心理较强的基础设施领域，也可以逐渐试探印度的合作意愿。印度尽管提出众多南亚地区互联互通和基础设施发展构想，但在资金、技术和工程能力上都存在严重不足，导致这些倡议成为口惠而实不至的空想，反而引起其他南亚国家不满。中国在这些方面恰恰可以与印度互补，中印联合开发南亚基础设施项目并非没有可能。

B.11
"一带一路"建设与中非合作研究[*]

赵晨光[**]

摘　要： 中非共建"一带一路"是国际"一带一路"合作中的亮点。五年来，中非合作由"先行先试"的试验田，转变为国际"一带一路"合作的示范田。这不仅体现在中非在互联互通方面取得的一系列重要成就上，而且体现在中非关于"五通"合作的路径选择上。未来，中非共建"一带一路"要进一步走深走实，需要重点关注中非合作论坛的战略价值、中非发展战略的对接方向、印太地缘战略安排的影响，在国际"一带一路"合作中继续保有优势、特色与亮点。

关键词： "一带一路"　中非合作　五通

中非关系是中国外交基础中的基础。在"一带一路"国际合作中，中非合作同样占有基础性地位。2018年是中非合作论坛召开之年，是"一带一路"倡议提出五周年，也是中国改革开放40周年。在这样一个历史性年份，对中非合作进行回溯研究具有重要意义。本报告选取中非共建"一带一路"作为研究主题，对其推进进程、进展成果以及关注方向展开分析，

---

* 本报告是作者主持的北京市社科基金项目"中非合作论坛峰会的机制化问题研究"（项目编号：18ZGC014）和作者主持的2017年度中央高校基本科研业务费重点项目"'一带一路'在非洲的推进研究"（项目编号：3162017ZYQA01）的阶段性成果。

** 赵晨光，外交学院中国外交理论研究中心助理研究员。

力求对"一带一路"框架下的中非合作进行较为清晰的梳理,并对其进一步的发展提出建议。

一 中非共建"一带一路"的进程及阶段

2015 年,《推动共建丝绸之路经济带和 21 世纪海上丝绸之路的愿景与行动》①(简称《愿景与行动》)的发布标志着"一带一路"由理念规划转向具体实践。与此相应,"一带一路"在非洲的推进,亦可分为两个阶段。第一阶段可称作"先行先试"阶段,此时的中非合作并未被正式纳入"一带一路",却发挥了"辅路"的作用。以 2015 年中非合作论坛约翰内斯堡峰会的召开为标志,"一带一路"在非洲的推进进入第二阶段。其突出特征表现为中非合作快速并入"一带一路"轨道,非洲在"一带一路"倡议中的定位愈加明确、清晰,此一阶段可称作"并轨升级"阶段。

(一)"先行先试"阶段

非洲是古代海上丝绸之路的重要落脚点。但在"一带一路"倡议的初期规划(2013~2015 年)中,非洲的定位并不明确。② 这种情况的出现很大程度上缘于 2014 年中国专门针对非洲提出了"461"合作框架③和"三网一化"④。这两项合作框架在本质上与"一带一路"倡议近似,但先于"一带

---

① 2015 年 3 月 28 日,国家发改委、外交部、商务部联合发布了《推动共建丝绸之路经济带和 21 世纪海上丝绸之路的愿景与行动》。作为中国官方发布的首份"一带一路"规划蓝图,该文件具有顶层设计性质。
② 赵晨光:《从先行先试到战略对接:论"一带一路"在非洲的推进》,《国际论坛》2017 年第 4 期。
③ "461",是李克强总理 2014 年 5 月访非时提出的中非合作框架,即坚持平等相待、团结互信、包容发展、创新合作四项原则,推进产业合作、金融合作、减贫合作、生态环保合作、人文交流合作、和平安全合作六大工程,完善中非合作论坛这一重要平台,打造中非合作升级版。
④ 2014 年 5 月,李克强总理访非,提出愿与非洲合作打造其高速铁路网、高速公路网、区域航空网,并推进基础设施工业化,简称"三网一化"。

一路"在非落地实施，其很大程度上为（中非）共建"一带一路"提供了经验和铺垫。

首先，确定合作的主要内容和重点领域。2015 年发布的《愿景与行动》文件将"五通"确定为"一带一路"建设的主要内容，加强共建国家（地区）间在政策、设施、贸易、资金和民心五个方面的互联互通。其中，设施联通，是"一带一路"建设的优先领域；贸易畅通是"一带一路"建设重点内容。而 2014 年提出的中非"461"合作框架早于"一带一路"倡议规划了中非在产业、金融、减贫、生态、人文和安全六大领域的合作；"三网一化"以中非"461"合作框架为基础，将产能合作确定为中非合作的重点，旨在推动非洲在基础设施建设以及工业化方面的快速发展。上述两项中非合作框架与"一带一路"倡议规划的主要合作内容和重点合作领域具有较高一致性，是"一带一路"倡议下非洲的"先行先试"之举。

其次，建立与发展中国家的框架性合作。"一带一路"沿线绝大多数国家是发展中国家，加强中国与发展中国家的全面深入合作，是"一带一路"的重要目标。非洲是全世界发展中国家最集中的大洲，中非"461"合作框架和中非"三网一化"合作专门针对非洲，是新时期中国最早提出的南南合作框架。相较"一带一路"倡议，上述两项中非合作框架更具南南合作的典型性。从这个意义上讲，"461"合作框架和"三网一化"为"一带一路"在非洲的推进提供了经验。

最后，合作框架与成果的整合。2017 年，在"一带一路"国际合作高峰论坛召开之际，中国政府发布了《共建"一带一路"：理念、实践与中国的贡献》，文件梳理了"一带一路"建设取得的阶段性成就，将中非"三网一化"合作及其成果，如亚吉铁路等，列为中非共建"一带一路"的重要实践。这体现了"一带一路"倡议对既有中非合作框架的高度认可，其实践为中非共建"一带一路"提供了铺垫。

（二）"并轨升级"阶段

随着"一带一路"倡议的不断完善，中非合作与"一带一路"倡议的关系逐渐清晰。以2015年召开的中非合作论坛约翰内斯堡峰会为转捩，中国的对非合作快速并入"一带一路"建设的"正轨"，"一带一路"倡议中非洲的战略定位不断升级。

第一，"非洲定位"的初步回应。2015年5月，中国外交部非洲司司长林松添在接受采访时称"一带一路"是中国对外开放的新举措，非洲是海上丝绸之路的延伸，把非洲纳入"一带一路"的宏伟构想当中，是可预期的方向。他进一步表示，"一带一路"未来肯定要延伸到非洲，但在还没有延伸到的时候，不能等待，而要破土动工。①

第二，"非洲定位"的再确认。2016年8月，中央推进"一带一路"建设工作座谈会召开后，林松添接受媒体采访时指出，非洲特别是东部和南部，是海上丝绸之路历史和自然的延伸。非洲作为"一带一路"的重要节点，是共建"一带一路"的重要方向和落脚点。②

第三，"非洲定位"的明确化。2017年1月，王毅部长新年访非时表示，中国同不少非洲国家，尤其是非洲东海岸国家，就中非共建"一带一路"展开探讨，取得积极进展。5月，中国政府举办了"一带一路"国际合作高峰论坛，肯尼亚总统肯雅塔、埃塞俄比亚总理海尔马里亚姆等非洲国家元首和政府首脑来华参会。论坛召开期间，中国政府发布了《共建"一带一路"：理念、实践与中国的贡献》，将非洲定位为共建"一带一路"的关键伙伴。③

此外，2018年9月，中非合作论坛峰会在北京召开，主题为"合作共赢，携手构建更加紧密的中非命运共同体"。此次峰会赋予中非关系更高的战略定位，一方面表明中非双方对"一带一路"在非推进状况的高度认可，另一方面标志着中非合作在"一带一路"倡议中的战略定位得到了进一步提升。

① 林松添：《"一带一路"肯定会延伸到非洲》，中评网，http://www.CRNTT.com。
② 《非洲是建设"一带一路"的重要方向和落脚点——访外交部非洲司司长林松添》，中国社会科学网，http://ex.cssn.cn/dzyx/dzyx_kygz/201608/t20160829_3179156_1.shtml。
③ 推进"一带一路"建设工作领导小组办公室：《共建"一带一路"：理念、实践与中国的贡献》，新华网，http://news.xinhuanet.com/politics/2017-05/10/c_1120951928.htm。

二 中非共建"一带一路"的进展与特色

"五通"是"一带一路"倡议的主要内容，也是评估"一带一路"建设成效的宏观指标。五年来，中非共建"一带一路"取得了积极进展，中非双方通过特色鲜明的合作，有效提高了中国与非洲以及非洲国家之间的互联互通水平。

（一）高层规划引领"政策沟通"

政策沟通是"一带一路"建设的重要保障，其涉及合作的顶层设计等"高级政治"问题，因此有赖于国家高层的战略引领。新时期以来，习近平四次访问非洲。其中，2013年3月，习近平当选中国国家主席后将首次访问确定在非洲；2018年7月，习近平连任国家主席后的首访地仍是非洲。国家高层对中非关系的高度重视，有效引领了中非间的"政策沟通"，为中非共建"一带一路"确立牢固的政治基础。

第一，提出"真实亲诚"理念。2013年3月，习近平在坦桑尼亚发表题为《永远做可靠朋友和真诚伙伴》的重要演讲，用"真实亲诚"四字箴言概括中非关系。2014年3月，中央外事工作会议将其确定为对非工作方针。

第二，提出"正确义利观"。在2013年的访非行程中，习近平就中非合作中遇到的新情况、新问题，有针对性地提出了"正确义利观"。2013年10月，在中国首次周边外交工作座谈会上，这一新理念被确定为新时期指导中国与发展中国家合作的基本原则。2014年3月，中央外事工作会议将"正确义利观"进一步提升为建立新型国际关系特别是与发展中国家交往过程中应秉持的基本理念。

第三，提出"命运共同体"理念。"（中非）命运共同体"是2013年习近平访非时提出的又一重要理念，其后不断升级成为中国特色大国外交的宏观目标。2017年1月，习近平在"共商共筑人类命运共同体"高级别会议

上发表主旨演讲，再次向国际社会发出构建命运共同体的号召。2月，联合国社会发展委员会第55届会议协商一致通过"非洲发展新伙伴关系的社会层面"决议，将中国倡议的"构建人类命运共同体"理念首次写入联合国决议。①

上述重要理念首先针对非洲提出，体现了中非合作的重要性、典型性和示范性，对中非"政策沟通"形成了政治引领。2018年9月，中非合作论坛北京峰会发布了《关于构建更加紧密的中非命运共同体的北京宣言》②和《中非合作论坛——北京行动计划（2019～2021年）》③两项成果文件，直接提及"一带一路"的表述和规划等达20处之多。峰会明确宣告：中国将继续秉持习近平提出的"真实亲诚"理念和"正确义利观"，通过"一带一路"合作，共同建设面向未来的中非全面战略合作伙伴关系，携手打造更加紧密的中非命运共同体。④

（二）路网建设支撑"设施联通"

路网建设是"设施联通"的核心，在中非共建"一带一路"合作中占有基础和优先地位。近年来，在中非"三网一化"合作框架下，中国积极推动非洲"四纵六横"铁路网、"三纵六横"公路网以及航空发展规划，取得了实质性进展。此外，在"一带一路"框架下，中非在电力、能源、通信等基础设施领域的合作也取得了一系列重要成果。截至目前，中国已帮助2000多个非洲村落完成卫星电视设备安装，项目最终将惠及25个非洲国家

---

① United Nations Security Council, "*Resolution* 2274（2016）", Adopted by the Security Council at its 7645th meeting, March 15, 2016.

② 《关于构建更加紧密的中非命运共同体的北京宣言》，中非合作论坛官方网站，https：//www.focac.org/chn/zywx/zywj/t1591944.htm。

③ 《中非合作论坛——北京行动计划（2019～2021年）》，中非合作论坛官方网站，https：//www.focac.org/chn/zywx/zywj/t1592247.htm。

④ 《关于构建更加紧密的中非命运共同体的北京宣言》，中非合作论坛北京峰会官方网站，https：//focacsummit.mfa.gov.cn/chn/zt/t1591944.htm。

共 10112 个村落。① 以"路网建设"为重要抓手的中非"一带一路"合作，找准了非洲基础设施落后的发展瓶颈，为非洲的"设施联通"做出了突出贡献，被誉为非洲经济社会发展的"加速器"。

（三）产能合作推进"贸易畅通"

"贸易畅通"是"一带一路"建设的重点内容。根据中非各自比较优势，产能合作在中非经贸合作中占突出地位。其中，基础设施、工业园区建设是中非开展产能合作的主要内容。五年来，中非共建"一带一路"在基础设施建设领域取得了一系列重大成果，不再赘述。

在工业园区建设方面，中非合作如火如荼，有力推进了"贸易畅通"。截至目前，正在建设和已经运营的中非共建产业园有近百个。在中非产能合作的强力助推下，中国连续 9 年成为非洲第一大贸易伙伴国。2017 年，中非贸易额达 1700 亿美元，同比增长 14%，中国对非投资存量超过 1000 亿美元。2018 年 1~6 月，中非贸易额达 988 亿美元，同比增长 16%。② 在"一带一路"框架下，中非产能合作无论在广度还是深度上都位居世界前列，中非"贸易畅通"正在稳步推进。

（四）多措并举推动"资金融通"

长期以来，资金缺乏制约非洲经济社会发展。在"一带一路"框架下，中国探索了多元化的对非融资模式，构建了稳定、可持续的融资体系，通过"资金融通"助力非洲实现自主发展。

第一，设立对非贷款、基金。截至 2018 年 9 月，中小企业发展专项贷款已累计向 32 个非洲国家承诺 42 亿美元；中非产能合作基金批准投资额 17.47 亿美元，可带动项目总投资额近百亿美元；中非发展基金规模已达

---

① 裴广江等：《打造南南合作的生动样板：中非合作阳光洒满非洲大陆》，《人民日报》2018 年 9 月 3 日。

② 罗珊珊：《中国连续九年成为非洲第一大贸易伙伴国》，《人民日报》2018 年 8 月 29 日。

100 亿美元，可带动中国企业对非投资 230 亿美元。[①]

第二，加强对非直接投资。2017 年，中国对非直接投资流量为 31 亿美元。截至 2017 年底，中国对非各类投资存量超过了 1000 亿美元，涉及制造、农业、金融、科技、建筑、采矿等多领域，几乎遍布每个非洲国家。这反映了中国对非直接投资的深度和广度，前述中非经贸合作区和中非共建产业园的大发展就是其表现。

第三，降低中非贸易交易成本。2018 年上半年，中非共办理人民币跨境收付 381.12 亿元，开展双边本币互换业务总计 730 亿元，共有 28 家非洲银行成为人民币跨境支付系统（CIPS）间接参与方。截至 2017 年，中非贸易中人民币结算比例已由 2015 年的 5%上升到 11%。

第四，开辟对非三方合作。在金融合作领域，中国注重对非三方合作，与世界各国特别是西方发达国家共同推动非洲发展。中国同法国在非洲开展金融合作，可实现优势互补，为非洲发展提供助力。

此外，中国还积极推动亚投行以及金砖国家新开发银行等由中国倡议建立的国际金融机构在非洲拓展业务。目前，中国已成为非洲最大的外部投融资来源国，是非洲基础设施建设的最大融资国。中非共建"一带一路"将切实帮助非洲克服资金不足和基础设施缺乏等发展困难，为非洲复兴与实现自主可持续发展提供助力。

（五）以心相交实现"民心相通"

中非相距遥远，但相似的历史遭遇、渴望共同发展的理念，使中非人民具有天然的亲近感。[②] 自"一带一路"倡议提出以来，中非合作更加注重人文交往，双方以心相交，为全方位合作注入了深层动力。

在 2015 年 12 月举行的中非合作论坛约翰内斯堡峰会上，中方承诺在2016～2018 年对非落实学历教育、青年研修、人才培训、学校援建等多个民

① 万喆：《金融活水助推中非合作跃上新高度》，《经济日报》2018 年 9 月 3 日。
② 《习近平和彭丽媛出席中非合作论坛峰会欢迎宴会》，《人民日报》（海外版）2015 年 12 月5 日。

生项目。截至 2018 年，中国在非洲 41 个国家设立了 54 所孔子学院和 27 个孔子课堂，与非洲国家建立 130 多对友好城市，每年赴非游客超过百万人次。

权威民调结果显示，非洲 36 个国家的受访者中，近 2/3 认为中国对其国家的影响是积极或非常积极的。[①] 中非合作好不好，只有中非人民最有发言权。"一带一路"倡议"民心相通"的合作内涵在中非交往中得到了诠释和体现。

三 "一带一路"在非推进应注意的方面

五年来，"一带一路"倡议从理念到蓝图、从方案到实践取得了举世瞩目的成就。在即将开启的崭新五年里，"一带一路"建设将实现从"大写意"到"工笔画"的"版本"升级。[②] 以此为背景，"一带一路"建设要在非洲进一步走深走实，中国应在宏观上注意以下几个方面。

（一）重视中非合作论坛的战略价值

国际合作机制为中国与沿线国家和地区共建"一带一路"提供了重要的平台。特别是在非洲，"一带一路"的推进涉及国家众多，相关政策协调与战略整合更需要借助权威国际机制的作用。2018 年 9 月召开的中非合作论坛北京峰会，将中非合作论坛作为中非共建"一带一路"的主要平台，其在以下方面展现出的战略能力应当引起重视。

第一，营造政策环境。如前所述，进入新时期以来中国特色大国外交提出了一系列新理念、新规范，其中的"非洲针对性"或"非洲内涵"的凝练需要政策层面的聚焦、阐释和深化。中非集体对话在这方面发挥着重要作用。2018 年召开的中非合作论坛北京峰会将中非共建"一带一路"列为重要议程，并进一步宣示了"真实亲诚"和"正确义利观"在中国对非外交

---

① 钟声：《非洲人民明白谁是真朋友》，《人民日报》2018 年 2 月 7 日。
② 《习近平在推进"一带一路"建设工作 5 周年座谈会上强调　坚持对话协商共建共享合作共赢交流互鉴　推动共建"一带一路"走深走实造福人民》，《人民日报》2018 年 8 月 28 日。

中的宏观指导地位。五年来，中非合作论坛框架下的中非集体对话为中非共建"一带一路"营造了良好的政策环境，其战略价值应当引起重视。

第二，规划战略定位。如前所述，在"一带一路"规划初期，中非合作在其中的定位并不明确。中非合作论坛较早对"非洲定位"问题做出回应，并通过"一轨""二轨"外交并进的方式，① 推动"一带一路"倡议的"非洲定位"逐渐走向清晰。五年来，在中非合作论坛的推动下，中非合作很大程度上已从前述先行先试的"试验田"转变成为国际共建"一带一路"的"示范田"。未来，应进一步发挥中非合作论坛的战略规划能力，推动中非共建"一带一路"走深走实，巩固、提升中非合作在"一带一路"倡议中的战略定位。

第三，构建合作框架。进入新时期以来，中国先后提出了一系列对非合作框架。其中，"461"合作框架整合双边层面中国对非合作的经验和优势，突出中非合作论坛的平台作用，被称为"中非合作升级版"。"三网一化"的提出以"461"合作框架为基础，是对其重点合作内容的再确认。中非合作论坛约翰内斯堡峰会提出的"十大计划"是在中非确立全面战略合作伙伴关系的背景下提出的对非合作整体安排，是对"461"合作框架和"三网一化"的整合和拓展。2018 年召开的中非合作论坛北京峰会在全面总结中非"十大合作计划"基础上，提出实施对非"八大行动"。在中非合作论坛的推动下，上述合作框架前后呼应、整合递进，为中非合作不断走深走实做出战略规划。未来，随着中非共建"一带一路"的快速发展，中非合作论坛在构建合作框架方面的突出能力应当引起重视。

（二）找准中非发展战略对接的方向

在 2018 年召开的中非合作论坛北京峰会上，中非一致同意加强双方在

---

① 赵晨光：《"二轨外交"助力"一带一路"倡议在非洲的推进》，《辽宁大学学报》（哲学社会科学版）2018 年第 1 期。

发展战略上的对接,① 绘制好中非共建"一带一路"的工笔画。在未来的合作中,中国应注意以下方面。

第一,对非合作重点。当前,中国的发展处于工业化末期,面临产业、产能转移的巨大压力,而非洲正处于工业化起步初期,对基础设施以及相关人才的需求量很大。中非开展合作互有需要、互有优势、互为机遇。有鉴于此,中非共建"一带一路"应继续重视"三网一化"在中非发展战略对接上的重要性,以此为抓手,推进中非合作走深走实。

第二,战略对接范围。"一带一路"倡议关于"五通"的规划重点明确且拓展性强。2015 年,中非合作论坛约翰内斯堡峰会提出着力实施包括基础设施建设、金融、贸易和投资便利化、人文交流等领域的"十大合作计划"。2018 年召开的北京峰会在总结前者的基础上提出重点实施产业促进、设施联通、贸易便利、绿色发展、能力建设、健康卫生、人文交流、和平安全对非"八大行动"。上述领域,与"一带一路"规划的"五通"高度契合,既是中国对非合作的优势以及能力所在,又涵盖了非洲发展的诉求,应纳入中非发展战略对接的范围。

第三,战略对接原则。中非发展战略对接的原则应根据非洲发展诉求以及中国对外合作的优势、重点加以确定。将联合国"可持续发展议程"和非盟"2063 年议程"的优先领域进行比照,能初步识别出非洲长期可持续发展的基本需求结构,② 二者共有 15 项目标不同程度地对应,主要涉及人的发展、政治经济的转型(发展)、社会发展、农业与生态的发展等多个方面。③

(三)关注印太地缘战略安排的影响

近年来,美国、日本、澳大利亚、印度四国在各类官方文件及双边、多

---

① 《关于构建更加紧密的中非命运共同体的北京宣言》,中非合作论坛官方网站,https://www.focac.org/chn/zywx/zywj/t1591944.htm。
② 张春:《大国对非战略差异化竞争态势下的涉非三方合作研究》,中非联合研究交流计划研究项目专题研究报告,2016 年 10 月 31 日。
③ AU, *Agenda* 2063 (*First Ten-Year Implementation Plan* 2010 – 2023), Addis Ababa, September 2015, pp. 118 – 120.

边联合声明中频频提到所谓"印太"概念。而"印太"地理范围与"21 世纪海上丝绸之路"有较大重叠。"印太"在很大程度上正在取代"亚太",成为世界大国博弈新的地缘棋盘。在"印太四国"中,日、印对"一带一路"倡议及其框架下的中非合作更加警觉,对中非合作未来进一步走深走实十分抵触。2016 年 11 月,日本首相安倍与到访的印度总理莫迪就构建"亚非增长走廊"达成共识,印日联手制衡"一带一路"框架下中非合作的战略意图已然显现。

第一,在对非合作领域上,"亚非增长走廊"凸显竞争之意。根据印度、日本和印尼智库共同发布的报告,"亚非增长走廊"和"一带一路"倡议在合作领域、路线规划以及重点区域等方面较为类似。[1] 日印大力渲染其印太合作计划的优越性,意在与中国在"一带一路"沿线国家和地区展开竞争。考虑到印度和日本都有充分的对非合作实力,且日印之间建立"特殊战略与全球伙伴关系","亚非增长走廊"对"一带一路"框架下中非合作的竞争态势不言自明。[2]

第二,在对非合作话语建构上,"亚非增长走廊"挑动规则之争。"亚非增长走廊"脱胎于 2016 年 8 月安倍在第六次非洲发展会议(TICD)上提出"自由开放的印太战略"概念,所谓的自由、法治、市场经济等原则一直被标榜为其特点和优势。与此对应,"亚非增长走廊"愿景文件也明里暗里地示意非洲国家注意"一带一路"的"陷阱"。可见,"亚非增长走廊"计划与"一带一路"倡议的竞争不仅在物质层面,还涉及国际规范层面。[3]

第三,在地缘政治博弈上,日印对非战略调整暗含制衡之意。这一点尤其体现在印度对非外交的新动向上。在印太战略背景下,印度将对非战略方

---

① "Asia Africa Growth Corridor Partnership for Sustainable and Innovative Development," http://www.eria.Org/Asia – Africa – Growth – Corridor – Document. pdf, February 10, 2018。

② 张永蓬:《日本对非洲外交:从实用主义平衡到战略重视》,《西亚非洲》2018 年第 5 期。

③ 王秋彬、〔印度〕王西蒙:《日印"亚非增长走廊"计划:进展及挑战》,《现代国际关系》2018 年第 2 期。

向重新朝印度洋（沿岸）非洲国家聚焦。[1] 2018 年 1 月 29 日，印度与塞舌尔签订了阿桑普申岛（Assumption Island）基础设施发展协定的升级版本。在该协定框架下，印度终于获得了阿桑普申岛的基础设施开发权。而 2017年时，印、塞两国在相关议题上，特别是印度在阿桑普申岛建设军事基础设施问题上，还存在分歧。2018 年 3 月 11 ～ 15 日，印度总统拉姆·科温德（Ram Kovind）访问毛里求斯和马达加斯加。据报道，科温德对毛里求斯的访问将推动印度在阿加莱加岛（Agalega island）军民两用港建设项目上取得实质进展。[2] 2018 年 7 月，莫迪借赴非参加金砖国家峰会的机会，对卢旺达、乌干达和南非三个印度洋非洲国家进行了访问。中国和印度领导人相隔一天先后访问卢旺达，印度媒体更多从印中在非竞争的角度进行解读。[3]

此外，2018 年 10 月，在结束访华行程的隔天，安倍于 29 日在东京高规格接待了印度总理莫迪。日印同意提升外交、军事、经贸、人文等多领域合作关系，为实现"自由开放"的印太地区战略展开牢固的合作。针对此次峰会的成果，日本外务省专门发布了一份名为《印日在印太包含非洲的发展合作》的清单。该文件专门将非洲列出，暗含日印在非制衡中国的战略意图。[4] 上述多种迹象表明，在印太战略背景下，印度、日本有意将"亚非增长走廊"打造成印太战略的抓手，对"一带一路"倡议及其框架下的中非合作展开制衡。未来，国际新地缘战略安排对中非合作可能带来的影响应引起格外重视。

中非关系是中国外交基础中的基础，在"一带一路"倡议（在非）落地实施前，中国对非即在"461"合作框架、"三网一化"框架下开展了

---

① 2015 年，第三届印非峰会召开，印度打破由非盟筛选非洲参会国的惯例，向 54 个非洲国家全部发出了邀请，表明其对非外交突破既有局限、在整个非洲拓展影响力的战略意图。

② Pavel Nastin, "India and Africa," New Eastern Outlook, https: //journal – neo. org/2018/06/27/india – and – africa/, June 27, 2018.

③ Prabhash K. Dutta, "How Modi's Africa tour is a welcome but late move to counter China, " India Today, https: //www. indiatoday. in/world/story/modi – africa – china – 1294429 – 2018 – 07 – 24, July 24, 2018.

④ India-Japan Development Cooperation in the Indo-Pacific, including Africa, Ministry of Foreign Affairs of Japan, https: //www. mofa. go. jp/files/000413509. pdf, October 29, 2018.

"先行先试"性质的合作。以中非合作论坛约翰内斯堡峰会的召开为转捩，中非合作快速融入"一带一路"框架。五年来，非洲从"一带一路"倡议的非传统沿线地区，转变为共建"一带一路"的"关键伙伴"和"重要参与方"。① 五年来，中非共建"一带一路"取得的瞩目成就堪称国际"一带一路"合作中的亮点，打造了"一带一路"建设的非洲品牌。未来，中非共建"一带一路"应进一步用好优势、找准方向、化解风险，通过对接双方发展战略推进"五通"建设，在国际共绘"一带一路"蓝图的光辉前景中继续发挥先锋作用。

----

① 参见《共建"一带一路"：理念、实践与中国的贡献》及《中非合作论坛北京峰会宣言》中对非洲与"一带一路"关系的定位。

B.12
"一带一路"建设与北欧地区合作

赵　洋*

摘　要： 从2013年"一带一路"正式提出至今，这一倡议已经走
过了5年的历程。在这5年中，中国同沿线国家在基础设
施建设、进出口业务、金融合作、投融资业务等领域都
开展了深入而广泛的合作，并且取得了明显的成效。北
欧国家虽然在地理上同中国距离遥远，但是也积极探寻
通过"一带一路"促进自身发展，并且北欧五国均为
"一带一路"的重要支柱亚投行的创始会员国。同时，由
于中国同北欧国家之间并无历史遗留的纠纷和争端，也
无明显的利益纷争，因此双方开展合作的政治阻力相对
较小，北欧也可以成为"一带一路"向北的延伸。此外，
北欧国家地处北极地区，该地区自然资源丰富但人口相
对稀少，因而对基础设施建设的需求潜力很大。中国可
以充分发挥自身在这方面的优势，同北欧国家合作完善
北极地区的基础设施建设，使双方都可以从对北极地区
的开发中受益。

关键词： "一带一路"　北欧五国　互联互通

　　从中国国家主席习近平2013年9月于哈萨克斯坦纳扎尔巴耶夫大学提

---

* 赵洋，对外经济贸易大学国际关系学院副教授。

出共同建设"丝绸之路经济带"倡议,在 2013 年 10 月于印度尼西亚提出建设"21 世纪海上丝绸之路",再到同年 11 月中共十八届三中全会明确提出"推进丝绸之路经济带、海上丝绸之路建设,形成全方位开放新格局","一带一路"倡议已经走过了 5 年的历程。在这 5 年中,"一带一路"建设取得了显著的成果,中国同沿线国家的经济、政治合作水平有了显著提高,国家的对外开放格局明显扩大,开放的深度和广度都在不断发展,中国的国际地位和国际影响力也得到了显著增强。迄今为止,中国已经同 100 多个国家和国际组织签署了共建"一带一路"合作文件,同时"一带一路"及其核心理念也被纳入联合国、20 国集团、亚太经合组织和上合组织等重要国际组织的成果文献。[①] 据统计,5 年来中国同"一带一路"相关国家的货物贸易累计超过 5 万亿美元,对外直接投资超过 600 亿美元,并且推动建设了中巴经济走廊、中俄蒙经济走廊、中国—白俄罗斯工业园、柬埔寨西哈努克港经济特区、埃及苏伊士运河经贸合作区等众多合作项目,同时亚吉铁路、蒙内铁路、中老铁路、中泰铁路、匈塞铁路等一批基础设施建设已经完成或正在进行,中欧班列也将中国同东欧、中欧和西欧国家连接在一起。[②]

从地理上看,北欧五国(芬兰、挪威、丹麦、瑞典、冰岛)同中国距离遥远,且不属于"一带一路"的沿线国家。但北欧五国对"一带一路"也表现出了极大的兴趣,希望能够借助"一带一路"推动自身经济快速发展。同时,北欧五国也均为"一带一路"的重要支柱亚投行的创始会员国,对中国参与北极地区的基础设施建设也持开放态度。从历史上看,北欧是琥珀的发源地,早在公元前 2000 年的时候,来自波罗的海的商人就开辟了"琥珀之路",将产于地球北端的琥珀通过北海、波罗的海带到中南欧,后来又通过丝绸之路带到了亚洲。因此,琥珀之路和丝绸之路很早就发生了对

① 《"一带一路"倡议五周年:国家发改委:五年来成效显著》,新华网,http://www.xinhuanet.com/2018-08/10/c_1123251839.htm。
② 《构建人类命运共同体的伟大实践——写在习近平主席提出"一带一路"倡议 5 周年》,环球网,http://china.huanqiu.com/article/2018-10/13175749.html。

接，从而将北欧国家同中国连接在一起，推动了二者间的经济和文化交流。正是通过这两条贸易路线，产自北欧的琥珀得以进入中国，而当时东方的先进文明也得以传入北欧。当前，中国同北欧国家之间仍然存在着巨大的合作潜力。一方面，北欧国家拥有发达的海运业、农业、造纸业和海洋渔业等产业，每年可以创造大规模的对华出口，也需要中国拥有14亿人口，同时收入不断增加、消费水平也迅速提高的大市场；另一方面，北欧国家环境良好、社会稳定、国民生活水平高，被称作"投资天堂"，而这种理想的投资环境正是致力于实践"走出去"战略的中国企业所需要的。同时，北欧国家在绿色能源、环境保护、医疗保健、生命科学和高端精密仪器等新兴产业领域占有领先地位，也可以同中国的新兴产业发展实现优势互补。

一 北欧国家参与"一带一路"的现状

北欧国家当中的丹麦、瑞典和芬兰为欧盟成员国，因此欧盟对待"一带一路"的态度会对这三个国家产生一定影响。值得注意的是，欧盟对待"一带一路"的态度经历了一种从疑虑到积极参与的转变过程。在"一带一路"倡议刚刚提出的时候，欧盟的表现并不积极，尤其担心中国借助自身的经济影响力分化欧盟，特别是通过吸引中东欧国家而削弱欧盟的团结。但是欧盟各国对待"一带一路"的态度也不尽相同，仍有不少欧盟成员国希望借助"一带一路"推动自身发展。特别是在特朗普当选美国总统之后，他所推行的一系列以"美国优先"为基础的逆全球化政策使美国同欧盟渐行渐远，同时欧盟内部不断出现的经济与政治危机也使这一超国家组织备受压力。在这种"内忧外患"的作用之下，欧盟对待"一带一路"的态度开始出现转变，由疑虑和不信任转变为试图从中找到有利于欧盟国家自身发展的机遇。在联盟层面上，欧盟先后发表了《欧盟对华战略新要素》和《欧盟全球战略》两份纲领性文件，其中都提到要重视"一带一路"的深远意义以及由此给欧盟带来的发展机遇。在2017年，中国同欧盟就丝路基金和欧洲投资基金促进共同投资签署谅解备忘录。[①] 在国家层面上，法国、德国、意大利等欧盟主要国家都以创始会员国的身份加入了亚投行，同时这些国家的政府也表态支持“一带一路”倡议。

作为欧盟成员，丹麦、瑞典和芬兰三国会受到欧盟整体对待“一带一路”的态度转变的影响。但是同西欧国家相比，北欧国家对待“一带一路”的看法更加积极，对于同中国进行全方位合作的顾虑也较少。丹麦是最早同中国建立外交关系的西方国家之一，两国关系长期以来保持稳定健康发展。2008 年，中丹两国建立全面战略伙伴关系，两国合作关系进一步升级，而丹麦也由此成为唯一一个同中国建立全面战略伙伴关系的北欧国家。在“一带一路”的推动下，中丹之间的经贸往来迅速升温，2014 年两国的双边贸易额超过 100 亿美元。丹麦是对华人均经贸和投资额最大的欧洲国家，而中国也是丹麦在亚洲最大的贸易伙伴。同时，中丹之间的合作已经远远超出经贸领域，两国在推动国际社会应对共同挑战、促进联合国进行机构改革、应对气候变化乃至维和行动、销毁化学武器、打击恐怖主义和海盗等领域都拥有广泛的共识。[②] 2017 年 5 月，丹麦首相拉斯穆森访华期间，两国共同发表了《中丹联合工作方案（2017～2020）》，将中国“十三五”规划同丹麦的发展战略相融合，以推动两国在各领域的合作进一步深入发展。按照这一方案，两国将在减少贫困、经贸、投资和基础设施建设、知识产权保护、跨境银行业务、海洋运输、科学研究、文化教育、医疗卫生、打击跨国犯罪以及国际维和行动、安全事务和多边外交等领域开展广泛合作，以增强双方政治互信，深化两国全方位战略伙伴关系。[③] 事实上，中国同丹麦之间的合作潜力巨大，两国在农渔业、食品安全、医药卫生和生物技术等领域都拥有广泛的合作空间。同时，双方的政治关系也稳步发展。中国重视丹麦在推动中

① 《欧盟对“一带一路”倡议转向积极参与》，http：//news. gmw. cn/2018－01/26/content_27458339. htm。
② 《深化中丹全面战略伙伴关系，积极打造中欧合作典范》，光明网新闻中心，http：//www. xinhuanet. com//world/2015－05/11/c_127787239. htm。
③ 《中丹联合工作方案（2017～2020）》，新华网，http：//www. xinhuanet. com//world/2017－05/04/c_129587149. htm。

国同北欧和欧盟关系发展中的重要作用,愿意同丹麦就区域、次区域事务以及国际和地区问题加强协调沟通,以引导经济全球化朝着更加包容互惠、公正合理的方向发展,并促进贸易和投资便利化,维护和平稳定,促进繁荣发展。丹麦也愿意深化同中国在各领域的合作,欢迎中国企业赴丹麦投资,同时也致力于推动中国同欧盟的投资协定谈判,愿意成为中欧关系发展的助推器。[①]

　　同丹麦类似,北欧的另一个国家瑞典也希望能借助"一带一路"东风促进自身发展。在2017年"一带一路"国际合作高峰论坛在北京召开前夕,瑞典交通部长安娜·约翰森在《瑞典日报》发表文章,指出"一带一路"倡议在全球具有持久性,并且认为瑞典可以凭借全面的知识体系、卓越的创新能力和能够提供高品质建设的公司同中国在交通运输和数字化方案等领域开展广泛合作。[②] 对于"一带一路"可能给瑞典带来的巨大机遇,瑞典国内很多官方和智库人士还是有清醒认识的。例如瑞典安全和发展政策研究所长、安全及区域合作问题专家施万通就指出,欧盟事实上并没有充分发挥和挖掘"一带一路"的潜力,而造成这种现象的主要原因在于欧盟国家的市场过于分隔,并且欧盟由于国家众多而难以形成一种统一的战略。因此,如果将欧盟的大中亚地区战略同"一带一路"相对接,就可以发挥稳定欧洲经济乃至稳定整个欧洲区域的重大作用。至于北欧国家,施万通认为双方有很多尚未充分释放的合作空间。北欧国家在创新、创业、福利社会和城市治理等众多领域可以为中国提供宝贵的经验,而中国在项目开发和投资等领域也可以为北欧提供巨大的机遇。为此,施万通认为从短期来讲,中国同北欧国家之间应当致力于为更深入的合作建立基础;从中期来讲,双方应建立连贯机制;从长期来讲,

---

① 《李克强同拉斯穆森会谈时强调:深化中丹全面战略伙伴关系,推动中国—欧盟、中国—北欧国家关系与合作取得新发展》,人民网,http://politics.people.com.cn/n1/2017/0504/c1024-29252345.html。

② 《瑞典交通部长:"一带一路"倡议在全球范围内具有持久性》,人民网海外版,http://world.people.com.cn/n1/2017/0514/c1002-29274368.html。

双方应当成为对话和国际协调的中心。① 中国驻瑞典大使桂从友也指出，瑞典一向是自由贸易的积极支持者，并且倡导开放发展，崇尚绿色创新，而这些都是同"一带一路"的理念高度契合的。同时，瑞典企业在基建技术、装备制造、智慧城市、绿色交通等领域处于国际领先地位，参与"一带一路"大有可为。② 事实上，中国和瑞典之间是具备长期友好合作的基础的。瑞典是整个西方世界中第一个同中国建交的国家，近年来两国高层级的往来也较为频繁，双方在各领域的合作也在不断深化。2017 年两国贸易额达到 150 亿美元，比上一年增长 35%，而在瑞典的中国留学生也已经突破 8000 人。此外，瑞典还是第一个提出"可持续发展理念"的国家，而这一理念也同当前中国所追求的创新、协调、绿色、开放、共享的发展思路高度契合。同时，两国在维护世界及地区和平与稳定、反对贸易保护、应对气候变化等领域的观点也高度一致。③

芬兰同中国的关系长期以来较为稳定。两国于 1950 年 10 月建交，同时芬兰也是唯一一个未经谈判便同中国建交的西方国家。2017 年 4 月，习近平对芬兰进行了国事访问，两国宣布建立面向未来的新型合作伙伴关系。同时，双方也表示要加强经济发展规划对接，积极在"一带一路"框架下开展合作，促进欧亚大陆互联互通。④ 中芬两国的经济互补性很强，两国也在经贸领域有长期合作的历史。芬兰是第一个同中国签订政府间贸易协定的西方国家，也是同中国在经贸领域联系较为密切的北欧国家。1980 年，芬兰便给予中国最惠国待遇，而两国近年来双边贸易额的增长也极为引人注目。当前，芬兰是中国在北欧的第三大贸易伙伴，而中国已经成为芬兰在亚洲最

① 《瑞典专家：欧盟各国和"一带一路"合作空间巨大》，人民网海外版，http://world. people. com. cn/n1/2017/0426/c1002 – 29236396. html。
② 《驻瑞典大使桂从友在〈瑞典日报〉发表署名文章〈中瑞"一带一路"合作就在今天〉》，外交部网站，https://www. fmprc. gov. cn/web/dszlsjt_ 673036/t1587076. shtml。
③ 《驻瑞典大使桂从友接受瑞典华文媒体北欧绿色邮报网书面专访》，外交部网站，https://www. fmprc. gov. cn/web/dszlsjt_ 673036/t1586224. shtml。
④ 《中方欢迎芬兰参与"一带一路"建设，促进欧亚互联互通》，欧洲时报网，http://www. oushinet. com/ouzhong/ouzhongnews/20170406/259656. html。

大的贸易伙伴。2017 年，两国间的贸易额达到 71 亿美元，同比增长 12.1%。此外，两国在人文、教育等领域也开展了广泛合作。2010 年以来 芬兰先后主办了"中国春节庙会""中国文化节"等活动，在当地引起了巨 大反响。2014 年 8 月，第 48 届赫尔辛基艺术节举办了以"写真中国——创 造让传统走向未来"为主题的中国主宾国活动。2016 年 5 月，芬兰赫尔辛 基市在北京举办"你好，赫尔辛基"主题文化节活动。① 对于"一带一 路"，芬兰也表现出极大的兴趣，并希望本国的清洁能源、资源处理等优势 产业能够在中国的巨大市场中拥有一席之地。② 2017 年 4 月，习近平对芬兰 进行了访问，两国元首提出将中国"十三五"规划同芬兰"2025 发展愿 景"相对接，并在创新驱动发展、绿色发展、协调发展等领域开展广泛合 作。③ 在本次访问期间，两国就在创新、司法和大熊猫研究等领域开展合 作，签署了双边协议，并且提出以芬兰担任北极理事会轮值主席国为契机， 促进两国在北极生态保护和可持续发展领域的合作。④

北欧地区的两个非欧盟成员国——冰岛和挪威同样对"一带一路"抱 有浓厚兴趣。尽管中国同冰岛距离遥远，但是两国在各领域的合作极为紧 密，一直走在中国同欧洲国家合作的前列。特别是在欧洲国家对华关系上， 冰岛创造了多项"第一"：第一个承认中国市场经济地位的西欧国家，第一 个同中国签署北极合作协议的北极国家，第一个同中国签署自贸协定的欧洲 国家。同时，中国也是冰岛在亚洲最大的贸易伙伴和最大的游客来源地， 2016 年两国贸易额达到 2.29 亿美元，同比增长 19.6%，同年中国赴冰岛游

---

① 《中国同芬兰的关系》，外交部网站，https：//www. fmprc. gov. cn/web/gjhdq_ 676201/gj_ 676203/oz_ 678770/1206_ 679210/sbgx_ 679214/。
② 《"一带一路"推动中芬建立新型合作关系》，中国日报网，http：//fj. chinadaily. com. cn/ 2017 –04/14/content_ 28925202. htm。
③ 《书写中芬友好合作新篇章——记习近平主席对芬兰进行国事访问》，新华网，http：// www. xinhuanet. com/world/2017 –04/07/c_ 129526542. htm。
④ 《外媒关注习近平访问芬兰，中芬合作成果成亮点》，人民网，http：// politics. people. com. cn/n1/2017/0407/c1001 –29195654. html。

客达到 66718 人次，同比增长 40%。① 事实上，在"一带一路"框架下，中国同冰岛的合作空间是极为广泛的。冰岛在地热技术、北极开发与保护、渔业产品和旅游业等领域拥有自身优势，而中国也可以发挥自身在基础设施建设和推动互联互通等领域的优势，实现双方优势互补。2018 年 9 月，冰岛外交部长索尔达松访问中国，同中国方面签署了关于加强地热合作以及加强电子商务合作的谅解备忘录，并且同中方就在"一带一路"框架下拓展经贸、地热、旅游、北极、气候变化等领域的务实合作深入交换了意见，② 推动了双边合作的进一步深入发展。

挪威地处欧亚大陆西北角，海岸线曲折漫长，是世界上主要的海运国家之一，因此也对"一带一路"倡议下的海运基础设施建设表达了关注。特别是埃尔娜·索尔贝格于 2015 年担任挪威首相之后高度重视发展同中国的关系，也重视"一带一路"带给挪威的机遇。在海运方面，挪威同中国具有广泛的合作空间。例如中国中航鼎衡造船有限公司于 2015 年向挪威老牌航运企业 Utkilen 交付一艘 8500 吨不锈钢化学品船"花木兰"号，并且 Utkilen 还向中航鼎衡订购了另外 4 艘 9900 吨化学品船。③ 2017 年 4 月，索尔贝格首相率挪威史上最大商务代表团对中国进行访问并同习近平主席、李克强总理等中方领导人进行会晤。访问期间，两国签署了包括海产、教育、船舶、能源、海洋等领域在内的 13 个合作协议，总金额达到 160 亿元人民币。④ 在同习近平的会谈中，索尔贝格表示支持中方提出的"一带一路"倡议，愿意拓展两国在包括北极事务在内的各领域的互利合作，而习近平也表示中国愿意通过"一带一路"同挪威一起促进欧亚大陆的互联互通，维护

---

① 《驻冰岛大使张卫东就"一带一路"倡议发表署名文章》，中华人民共和国驻冰岛共和国大使馆，http：//is. china-embassy. org/chn/xwdt/t1467384. htm。
② 《冰岛外长索尔达松访问中国》，中华人民共和国驻冰岛共和国大使馆，http：//is. china-embassy. org/chn/xwdt/t1594212. htm。
③ 《综述：挪威期待"一带一路"助推合作再起航》，新华网，http：//www. xinhuanet. com//world/2017 - 06/14/c_ 1121143285. htm。
④ 《挪威首相索尔贝格破冰访华，现场见证 160 亿元合作协议签署》，环球网，http：//world. huanqiu. com/exclusive/2017 - 04/10444960. html。

并促进北极地区的稳定和可持续发展。[1] 事实上，中国和挪威之间的合作潜力很大。在所有北欧国家当中，挪威的区位优势是最明显的。在地理上挪威三面临海，海岸线曲折漫长，并且拥有众多优良的港口，对实现欧亚大陆互联互通意义重大。同时，挪威属于高度开放型经济体，行之有效的多边贸易体系是其经济赖以发展的基础，因此在维护多边贸易秩序，反对贸易保护等问题上同中国拥有一致立场。

二　中国—北欧合作中需关注的问题

"一带一路"提出以来，中国同北欧国家之间的合作有了长足的进展。但是，在双方关系中仍然有一些问题是不可忽视的，如果对这些问题处理不当，则可能会对双方未来的进一步合作造成不利影响。

第一，中国同欧盟关系的整体态势影响和制约了中国同北欧国家间关系的发展。如前所述，作为欧盟成员的丹麦、瑞典和芬兰三国对待"一带一路"的态度会受到欧盟整体对于这一倡议的态度的影响，而欧盟对待"一带一路"的态度又正在经历一个从疑虑到接受的过程。但是，这并不意味着中国在处理同北欧国家的关系时可以忽视欧盟的影响。一方面，欧盟对于"一带一路"的疑虑并没有完全消除，特别是认为中国利用欧洲一体化进程中所面临的困境来"分化"欧盟的声音始终存在。另一方面，即使是非欧盟成员国的冰岛和挪威，其对外政策也会或多或少地受到欧盟的影响。在欧洲地区，出于对美国在二战后利用各种手段对欧洲进行控制的历史记忆，部分国家担心"一带一路"将成为中国版的"马歇尔计划"。欧洲国家对"一带一路"做出此种解读的基础在于：从经济角度讲，"一带一路"可以缓解中国国内产业过剩，推动人民币实现国际化；从地缘政治角度讲，"一带一路"实质上是中国借助经济手段来实现对外政策目标。正如美国通过马歇

---

[1] 《习近平会见挪威首相索尔贝格》，新华网，http：//www.xinhuanet.com//politics/2017 - 04/10/c_ 1120783405. htm。

尔计划一跃成为真正的超级大国一样，中国也希望借助"一带一路"实现同样的目标。[①] 不可否认，如果仅仅从内容上来看，"一带一路"确实同马歇尔计划有诸多相似之处，如利用经济手段推动中国本身以及沿线国家的经济发展，但二者之间的差异也是显而易见的。马歇尔计划尽管使用了经济手段，但其最终目标是构建包括美国和西欧国家在内的集体安全体系，并且明确将苏联和欧洲的社会主义国家排除在外，因此具有明显的意识形态特征和排他性。正是基于这个原因，该计划才被很多人认为是冷战开始的标志之一。"一带一路"则与马歇尔计划有根本不同。从理念上看，"一带一路"的核心理念是包容开放，既不会针对也不会预先排斥任何国家，[②] 无论是沿线国还是非沿线国都可以参与其中。从合作方式上看，"一带一路"强调各国之间的平等、互利，不存在一方对另一方进行经济控制的现象。从最终目标上看，"一带一路"倡导在各国通过全方位合作实现多边共赢，不会出现通过建立一个集团来对抗另一个集团的局面。因此，欧盟对于中国借助"一带一路"来"破坏"其内部团结的担忧是不必要的。

第二，政治关系也会影响中国同北欧国家就"一带一路"开展合作。总体上看，中国同北欧国家的关系较为稳定，但是双方的关系也不时会出现波动。例如，由于挪威方面干涉中国内政的错误举动，两国关系自 2010 年起基本陷入停滞状态，直至索尔贝格担任首相后才开始逐步改善。尽管在这期间两国之间也有经济和人文等领域的交流，但是受到政治关系冷淡的波及，两国包括经贸在内的诸多领域的合作都受到了不同程度的影响，其中挪威对华出口的三文鱼降幅超过一半，而中国也不能容忍挪威一边干涉自身内部事务，一边又希望在同中国的经贸合作中获益。[③] 2018 年以来，中国同瑞典的关系也出现了一些波折。2018 年 9 月 2 日，几名中国游客遭到瑞典警察粗暴对待，由此引发中国政府和舆论高度关注。中国驻瑞典大使馆一方面

---

① 金玲：《"一带一路"：中国的马歇尔计划？》，《国际问题研究》2015 年第 1 期。
② 参见王义桅《"一带一路"：机遇与挑战》，人民出版社，2015。
③ 《社评：挪威用 6 年搞懂了"不应惹中国"》，环球网，http://opinion.huanqiu.com/editorial/2016－12/9832452.html。

向瑞典方面提出严正交涉，另一方面发布公告，提醒在瑞典的中国公民提高安全意识，加强防范。① 9 月 21 日，瑞典电视台播出了带有明显种族主义色彩的辱华节目，并且在节目中使用了缺少台湾及西藏部分地区的错误地图，引发极为恶劣的影响。中国驻瑞典大使馆对此予以强烈谴责，向瑞典电视台提出强烈抗议，并指出"有关节目已经突破了人类道德底线，严重挑战人性良知，严重违背媒体职业道德"。② 这两起事件已经成为造成中国同瑞典之间的关系紧张的政治事件，而其后续产生的影响不可忽视，同时也会不可避免地对中国同瑞典围绕"一带一路"开展的合作产生负面效应。

第三，中国在借助"一带一路"参与北极治理的时候需要处理好同北欧国家之间的关系。2018 年 1 月，中国政府发表了《中国的北极政策》白皮书，将中国定位为北极事务的"积极参与者、建设者和贡献者"，并且认为中国在地理上是"近北极"国家，北极地区自然状况及其变化会对中国的气候系统、生态系统乃至农林渔和海洋等产业产生直接的影响。③ 这是中国迄今为止最全面、最权威的关于自身的北极政策以及北极对于自身影响的阐述，因此一发布便引起国际社会的极大关注。其中，也存在一些刻意抹黑中国北极政策的声音，甚至说中国"在南海的今天可能就是北冰洋的明天"。④ 同时，一些国家也热衷于炒作"中国北极威胁论"，由此怀疑中国参与北极治理的动机。对此，中国要明确表示自身对于北极事务的参与非但没有损害北欧国家的利益，还为这一地区的可持续发展带来了新机遇。此外，中国也要充分考虑到北欧国家的关切，在"一带一路"的框架下推动北欧国家参与"冰上丝绸之路"建设，推动北极地区的互联互通和经济社会可

---

① 《中国驻瑞典使馆再次提醒在瑞中国公民务必提高安全意识、加强安全防范》，外交部网站，https：//www.fmprc.gov.cn/ce/cese/chn/lsfw/lsxxyfw/t1595196.htm。
② 《中国驻瑞典大使馆发言人就瑞典电视台辱华节目发表谈话》，外交部网站，https：//www.fmprc.gov.cn/ce/cese/chn/sgxw/t1597892.htm。
③ 《新闻办就〈中国的北极政策〉白皮书和北极政策情况举行发布会》，中国政府网，http：//www.gov.cn/xinwen/2018－01/26/content_5260930.htm#1。
④ 《李振福：中国的北极政策光明正大，不容抹黑》，环球网，http：//opinion.huanqiu.com/hqpl/2018－01/11565322.html。

持续发展。① 北欧五国均为北极理事会成员，北极事务同这些国家的国家利益直接相关。由于自身地理位置等因素，这些国家对于外部力量介入北极治理较为敏感，且在北极事务中都拥有自身的目标。例如，冰岛认为北极事关国家的安全利益，强调北极气候的变化可能会引发各国围绕对北极资源的占有和控制的冲突，从而影响自身安全。② 芬兰则利用于 2017 年担任北极理事会轮值主席国的机会，将环境保护、互联互通、气象合作和教育设定为北极事务的优先议程，并且强调突出北极意识，强化北欧国家的北极话语权。③ 丹麦则将格陵兰岛视为自身在北极的重大利益，对该岛的独立倾向保持高度警惕。同时，在该岛上有大量的原住民，而对北极资源的开发又同这些原住民的生活状况密切相关。④ 因此，如何在同格陵兰原住民开展合作的同时又不至于引发丹麦的紧张与不安将考验中国的外交智慧。

三　中国—北欧合作前景展望

中国同北欧之间合作空间巨大，而"一带一路"无疑进一步拓宽了双方的合作领域。在"一带一路"推动下，中国同北欧国家之间的立体交通格局初步呈现。例如，中国和芬兰于 2017 年开通了从西安通往科沃拉的货运班列，从而大大缩短了两国之间的陆路运输时间。在海路方面，中海运集团同芬兰纸浆生产商签订合同，中海运的货轮将定期停靠芬兰港口。在航空方面，芬兰航空公司已经开通 6 条直飞中国的航班。⑤ 从经济发展的角度来看，面临高度老龄化、社会福利负担严重、企业竞争能力减弱、产业结构单一等问题的北欧国家也希望搭上"一带一路"的"便车"，为自身经济发展

---

① 《解析〈中国北极政策〉：中国坦荡参与北极治理》，中国一带一路网，https：//www. yidaiyilu. gov. cn/xwzx/roll/46230. htm。
② 钱婧、朱新光：《冰岛北极政策研究》，《国际论坛》2015 年第 3 期。
③ 孙凯、吴昊：《芬兰北极政策的战略规划与未来走向》，《国际论坛》2017 年第 4 期。
④ 苏平、张逸凡：《中丹北极关系适用性及障碍分析》，《南方论坛》2017 年第 1 期。
⑤ 《北欧对接"一带一路"倡议立体交通格局初现》，新华网，http：//www. xinhuanet. com//world/2017 - 05/15/c_ 1120970739. htm。

寻找新动能。① 具体而言,中国同北欧国家围绕"一带一路"的合作应当围绕以下三个思路展开。

第一,在推动同北欧国家的合作进程中,中国需要发展同重点"支柱"国家的关系,以实现以点带面的效应。在北欧五国当中,丹麦和冰岛长期以来同中国保持友好关系,且对"一带一路"都抱有浓厚兴趣,可以成为推动地区互联互通,实现中国同北欧国家围绕"一带一路"全方位合作的支点国家。在中丹全面战略伙伴关系的基础上,中国同丹麦之间围绕"一带一路"可以并且也应当有更大作为。丹麦首相拉斯穆森高度评价"一带一路",认为这一倡议可以使欧亚大陆的联系进一步紧密,有望成为两个大洲未来增长与发展的"发动机"。随着中国经济的发展,中国越来越注重环境保护、清洁能源、医疗健康、食品与农业、设计和物流等产业的发展,而丹麦在这些领域具有优势,可以同中国开展深层次合作。此外,作为贸易型国家,丹麦是自由贸易的支持者和拥护者,在推动全球化、反对贸易保护主义等问题上同中国拥有共同立场。2017 年,两国还开展了围绕"中丹旅游年"的一系列人文交流活动。② 冰岛同样对"一带一路"兴趣浓厚。在经历了金融危机的低谷之后,冰岛经济得以较快恢复,2016 年 GDP 同比增长 7.2%,并且预计未来冰岛对于基础设施建设的资金需求将超过 50 亿美元。③ 2013 年,中国同冰岛签署了《中国—冰岛自由贸易协定》,并于 2014 年 7 月 1 日正式生效。该协定是中国同欧洲国家签署的第一个自贸协定,内容涵盖货物贸易、服务贸易和投资等众多领域。④ 同样在 2013 年,中国同冰岛签署了关于全面深化双边合作的联合声明,宣布双方将加强在政治和经贸领域的对

---

① 《瞄上"一带一路"北欧企业寻找新动力》,中国贸易新闻网,http://www.chinatradenews.com.cn/content/201708/10/c4073.html。
② 《丹麦首相拉斯穆森接受中国媒体联合书面采访》,外交部网站,https://www.fmprc.gov.cn/ce/cedk/chn/zjsg/sgxw/t1458256.htm。
③ 《"一带一路"区域之北欧:新琥珀之路》,中国网,http://opinion.china.com.cn/opinion_66_165766.html。
④ 《中国—冰岛自由贸易协定将于 7 月 1 日正式生效》,商务部网站,http://www.mofcom.gov.cn/article/ae/ai/201405/20140500594954.shtml。

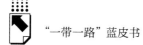

话，在国际事务中加强沟通和合作，同时冰岛也支持中国参与北极事务治理。① 丹麦和冰岛在北欧乃至整个欧洲应属同中国关系最友好国家之列，加强和深化同这两个国家在政治、经济、科技、基础设施建设和人文等领域的合作，对于推动"一带一路"深入北欧地区具有不可忽视的意义。

第二，在"一带一路"推行过程中，中国要照顾北欧国家合理的利益关切，推动双方共同获益。"一带一路"推动构建"政治互信、经济融合、文化包容的利益共同体、责任共同体和命运共同体"，② 而利益共同体则是形成"三个共同体"的基础。构建利益共同体意味着各方要提升利益融合度，不断扩大利益交会点，同时减少分歧，通过共同利益来促合作、谋发展，从而实现互利共赢。③ 总体上讲，这要求通过沿线国家的互联互通建设和贸易投资便利化等措施来推动各国发挥比较优势，促进各国共同繁荣发展，具体而言，则要照顾不同国家的利益关切。受到地理环境、资源禀赋、经济基础和历史条件等因素的制约，各国都有不同的利益关切。对于北欧国家而言，航运业是其经济支柱之一，因而担心中国在欧洲建设连接地中海与中欧地区的铁路可能会危及本国港口的地位，而这些港口的吞吐量目前已经远远落后于中国出资建设的希腊比雷埃夫斯港。因此，中国在推动连接欧亚大陆的铁路网建设的同时，需要考虑到北欧国家的这种担忧。再如作为孤悬于北大西洋和北冰洋交会之处的岛国，冰岛对于北极事务格外关注，认为北极事务不仅关系到其经济收益，更牵涉国家安全问题。此外，其他北欧国家也或多或少有这种关切。因此，在参与北极治理时，中国需要照顾到北欧国家的关切，做到既不"缺位"，也不"越位"。正如《中国的北极政策》白皮书指出的，中国尊重北极国家在这一地区享有的主权和管辖权，也尊重北极域外国家依法在这一地区开展活动的权利，并且将同北极国家就北极事务

---

① 《中国和冰岛全面深化双边合作的联合声明》，中国新闻网，http://www.chinanews.com/gn/2013/04-15/4732388.shtml。

② 国家发改委、外交部、商务部编《推动共建丝绸之路经济带和21世纪海上丝绸之路的愿景与行动》，人民出版社，2015。

③ 王义桅：《"一带一路"：机遇与挑战》，人民出版社，2015，第197页。

保持多层次密切沟通。①

第三，要注意推动"一带一路"同北欧地区现有的发展计划对接。"一带一路"不是另起炉灶，也不是对现有秩序的颠覆和重建，而是要在开放包容的基础上完善现有国际秩序，促进"共商共建共享"的全球治理观的形成，使各国都可以享受全球化的红利。习近平也曾指出，和平赤字、发展赤字、治理赤字是摆在全人类面前的严峻挑战，②因此世界各国也要共同探寻解决之道。"政策沟通"是"一带一路"的主要内容之一，体现了"共商共建共享"的全球治理思想，也是各国携手解决全球治理中的各种赤字的必然要求。在北欧地区，"政策沟通"应当体现在两个方面。一方面，中国需要加强同欧盟之间的政策沟通，因为北欧的欧盟成员乃至非欧盟成员的对外政策都会受欧盟影响。2014年底，欧盟出台了大规模的投资计划即"容克计划"，并于2015年底接纳中国成为欧洲复兴开发银行的股东，从而推动了"一带一路"和"容克计划"的对接。2018年9月，欧盟公布了《连接欧洲和亚洲——对欧盟战略的设想》政策文件，该设想旨在推动欧亚大陆的互联互通，并将中国列为首要合作对象。③当然，这并不意味着中国同欧盟之间的政策对接就不存在问题。欧盟以规则为基础的治理模式仍然同"一带一路"倡导的以发展为主导的治理模式有诸多分歧，而欧盟也仍旧对中国参与"容克计划"等项目抱有一定警惕，这表明双方的政策沟通、协调乃至对接将是一个长期的过程。另一方面，中国也要关注同北欧国家之间的政策沟通。例如，在北极问题上，中国要推动"一带一路"同北极理事会及其成员国特别是北欧五国的政策沟通，推动理事会进行合理改革。2013年成立的中国—北欧北极研究中心是一个很好的开端，该机构将促进中国同北欧学者共同开展北极研究，有利于推动双方就北极气候的变化、北极资源

① 《北极治理中的中国角色》，中国南海研究院网站，http://www.nanhai.org.cn/review_c/259.html。
② 《"一带一路"国际合作高峰论坛重要文辑》，人民出版社，2017，第4页。
③ 《欧版"一带一路"要来了》，人民网，http://paper.people.com.cn/rmrbhwb/html/2018-09/29/content_1884052.htm。

的共同利用、北极航道的开发、北极相关立法等问题开展沟通与交流。在其他问题领域，中国也要注重同北欧国家加强政府间合作和沟通，构建多层次的宏观政策交流沟通机制，以增进政治互信、深化互利合作。

四 结论

尽管北欧国家不属于"一带一路"沿线国家，但"一带一路"所具备的开放合作属性意味着任何国家和地区都可以参与其中并共享发展红利。北欧国家属高度发达经济体，资源丰富、人民生活富裕、消费水平高，在很多领域拥有先进技术，而中国拥有雄厚的资金实力，在基础设施建设等领域具有优势，双方具备很大的合作潜力，并且北欧国家同中国的合作较少受到地缘政治和意识形态等因素的影响，阻力相对较小。此外，在维护多边主义秩序、反对逆全球化思潮和贸易保护主义等问题上，北欧国家也同中国的立场较为一致。因此，中国同北欧围绕"一带一路"拥有广阔的合作空间。

同时，中国也需要注意到同北欧国家合作时可能遇到的不利因素或阻碍，包括欧盟出于各种原因对"一带一路"存在某些担忧，中国同个别北欧国家的政治关系的波动以及北欧国家出于自身利益关切而对中国推动的某些建设项目抱有疑虑等。加强同北欧国家的全方位交流和沟通、增强政治互信是消除这些不利因素的根本途径。在此过程中，中国一方面要发挥好"支点国家"的作用，通过支点带动中国同北欧国家的合作，另一方面也要照顾北欧国家的利益关切，并且积极推动双方的政策沟通，促进"一带一路"真正帮助中国和北欧国家实现双赢。

国内区域篇

Domestic Regions

B.13

北京市参与"一带一路"
建设的规划与实施

李铁牛*

摘　要：　自2013年习近平首次提出共建"丝绸之路经济带"和"21
世纪海上丝绸之路"的倡议五年来，北京市立足城市定位，
发挥自身优势，积极参与"一带一路"建设。2018年10月
22日，北京市公布了《北京市推进共建"一带一路"三年行
动计划（2018～2020年）》，提出了未来三年"一带一路"的
70项重点工作任务，预示着北京持续践行"一带一路"倡
议，通过继续加快城市功能转变，将在"一带一路"建设中
发挥示范和排头兵作用。

* 李铁牛，《新视野》杂志副主编，副编审，北京市委党校校刊编辑部副主任。

关键词： "一带一路" 北京市 对外贸易 经济发展 文化交流

2013 年，国家主席习近平首次提出共建"丝绸之路经济带"和"21 世纪海上丝绸之路"的倡议，到 2018 年已经有五年的时间。五年来，北京作为首都和全国政治中心、文化中心、国际交往中心和科技创新中心，积极响应"一带一路"倡议，立足城市定位，发挥自身优势、抓住发展机遇、全力参与"一带一路"建设。2018 年 10 月 22 日，北京公布了《北京市推进共建"一带一路"三年行动计划（2018～2020 年)》，提出了未来三年"一带一路"的 70 项重点工作任务，发挥城市"四个中心"功能优势建设、提升服务"一带一路"的"四个平台"，将北京初步建成为具有全球影响力的科技创新中心和全球领先的服务贸易枢纽城市，助推"一带一路"沿线国家政策沟通、设施联通、贸易畅通以及民心相通，当好国家"一带一路"建设排头兵。①

一 北京响应"一带一路"倡议，
全力参与"一带一路"建设

改革开放以后，北京经济发展的工作重点经历了一个转变的过程，特别是 2014 年以后，从之前的以重工业、第三产业为主，进入现在的打造"高精尖"结构的高质量发展阶段。当前，北京的城市经济发展定位是减量发展、创新发展和高质量发展。在实际工作中也是按照这种发展思路开展工作和布局的。近几年，北京市经济总体运行平稳，工业增势稳中趋缓，服务业发展平稳增长。从 2018 年上半年看，全市服务业增加值同比增长 7.2%，高于全市 GDP 增速 0.4 个百分点。其中，金融、信息服务、科技服务等优

---

① 《北京市推进共建"一带一路"三年行动计划（2018～2020 年)》，中国一带一路网，https：//www.yidaiyilu.gov.cn/zchj/jggg/69644.htm。

势行业对全市经济增长的贡献率合计达到 58.6%，继续发挥主要带动作用。① 立足首都功能定位，北京对外经济发展势头强劲。

随着"一带一路"建设工作的开展，"一带一路"沿线重点项目的启动和推进，北京市企业对外合作步伐也在逐步加快。2013～2016 年北京市双边贸易额累计达到 10169 亿美元，对外直接投资额累计达到 373.5 亿美元。② 2017 年，北京与"一带一路"沿线国家双边贸易总额达到 1258 亿美元，增长 28.5%，高出全市平均水平 14 个百分点，占全市进出口总额的近 40%。数据显示：五年来，北京利用外资规模达到 679 亿美元，2017 年实际利用外资 243.3 亿美元，规模跃居全国第一位；对外投资规模超过 390 亿美元，北京企业在"一带一路"沿线 31 个国家直接投资累计约为 16.6 亿美元；货物贸易进出口总额累计达到 1.8 万亿美元，2018 年 1～6 月，北京与沿线国家双边贸易额达到 816.7 亿美元，增长 35.4%。③

还有数据显示，2004 年至 2018 年 5 月，北京企业在"一带一路"沿线 31 个国家和地区累计直接投资额约为 33.73 亿美元，投资主要集中于商务服务业、制造业和建筑业等行业；2018 年 1～5 月，北京企业在"一带一路"沿线 19 个国家和地区直接投资额为 1.24 亿美元，超过上年同期投资额的 2 倍。④ 而为进一步促进企业"走出去"和"引进来"，北京市努力营造良好的投资环境，积极搭建更多的交流合作平台，加强多领域、多层次和多形式的合作，这样的做法也增强了企业走出去的信心。

北京统计局调查总队"一带一路"跟踪调查结果显示，五年来，北京市企业积极布局"一带一路"沿线，境外合同金额等主要指标稳定增长，

① 《2018 年上半年北京第三产业增加值同比增长 7.2%》，搜狐网，http：//www.sohu.com/a/241910693_ 161623。

② 《北京着力打造"4 个平台"参与"一带一路"建设》，中国一带一路网，https：//www.yidaiyilu.gov.cn/xwzx/dfdt/19260.htm。

③ 殷呈悦：《"一带一路"北京三年行动计划发布　打造"四个平台"助力"一带一路"》，《北京晚报》2018 年 10 月 25 日。

④ 《北京企业在"一带一路"沿线投资额倍增》，光明网，http：//economy.gmw.cn/2018 - 07/27/content_ 30123177.htm。

合作地域辐射面继续扩大，项目开展更加多样化。调查显示：2017 年，14 家受访企业在"一带一路"沿线国家和地区新签工程 598 项，同比增长 27.8%；新签项目合同额 88.6 亿美元，同比增长 41.7%；在沿线国家和地区实现营业收入 47.4 亿美元，同比增长 21.5%。2017 年，14 家受访企业平均每家与 11.7 个"一带一路"沿线国家和地区有合作关系，比 2015 年多 4.8 个，其中本次调研中合作国家和地区最广泛的一家企业已与"一带一路"沿线 34 个国家和地区建立业务合作关系。被调研企业中，投资合作形式中货物贸易占 57.1%、基础设施投资占 42.9%、资源开发占 14.3%、技术合作占 7.1%（各种合作形式之间有重合），同时还在实业投资、管理咨询等方面扩展延伸，合作方式更加多样化。调查中，78.6% 的受访企业表示，与"一带一路"沿线国家和地区业务往来（商务合作）的经济效益基本达到预期或超过预期。从企业未来预期来看，71.4% 的企业认为未来与"一带一路"沿线国家和地区业务合作的预期非常乐观或比较乐观，信心较为饱满。①

（一）以科技为支撑，打造经济发展新高地

习近平总书记在视察北京时，明确了北京"四个中心"的城市功能定位，强调北京最大的优势为科技和人才，要以建设具有全球影响力的科技创新中心为引领。作为科技创新中心，北京在全国具有得天独厚的优势，不仅高校和科研院所林立，还有像中关村这样的高科技产业的领头羊和孵化器。2018 年 11 月 20 日发布的《2018 高科技高成长中国 50 强报告》中北京企业有 12 家，位居参选城市之首，并另有 5 家企业入围"中国明日之星"。②

创新发展是这些年北京打造经济发展的重点工作，2018 年 1~8 月，全市大中型重点企业 R&D 经费支出增长 17.6%，同比提高 6.8 个百分点。其中，中关村示范区规模（限额）以上高新技术企业技术收入增长 35.5%，

---

① 《北京企业在"一带一路"沿线投资额倍增》，光明网，http://economy.gmw.cn/2018-07/27/content_30123177.htm。
② 张璐：《温榆河公园起步区建设 2019 年完成》，《北京晨报》2018 年 11 月 21 日。

占总收入的比重为 16.9%，同比提高 2.5 个百分点。① 作为首个国家自主创新示范区，中关村在"一带一路"建设过程中，不仅积极参与而且成绩显著，同时中关村也代表了"一带一路"北京乃至全国"走出去"的水平和标准。在中关村，不仅有联想、小米、京东等这样被大家所熟知的企业，还有更多高科技企业都在积极为助力"一带一路"建设默默工作。比如，四达时代集团已在 30 多个非洲国家成立公司并开展数字电视运营，相继在一些国家成立影视译制配音中心，在当地招聘员工。"本土化"的电视节目既丰富了当地民众的文化生活，又为他们提供了了解中国的窗口，促进了民心相通。再比如，同方威视技术股份有限公司的安检产品和解决方案目前已经走进"一带一路"沿线 50 多个国家。中国神州高铁技术股份有限公司为"一带一路"沿线各国的班列和高铁提供运营维护；亿赞普集团作为我国唯一在海外多个国家和地区部署大数据平台的公司，是目前全球领先的互联网跨境贸易及大数据应用公司，不仅构建了"一带一路"大数据中心，提供信息互通共享，还在海外部署跨境清算系统，为双边贸易往来提供当地货币与人民币直接清算通道，促进贸易畅通和货币流通。

（二）发挥文化中心优势，推进国际人文交流与合作

文化在建设"一带一路"的进程中所承载的是桥梁和引领的作用。在北京的城市功能定位中，文化中心建设不仅要摆在重要的位置，也是北京的地区优势和今后城市发展大有可为的重要领域。近些年，北京通过展会、演出、旅游等多领域多样态的发展，做到了与"一带一路"沿线各个国家全方位的交流与合作。

在会展领域，首届"一带一路"国际合作高峰论坛、亚太经合组织会议等重大国际活动陆续在北京举办，作为"主场外交"承办地，北京市全方位构建国际交往服务保障体系，用高水平、高质量、高标准服务来保障这

---

① 陈雪柠：《质量、效率、动力变革推动经济高质量发展　前 3 季度全市 GDP 同比增长 6.7%》，《北京日报》2018 年 10 月 23 日。

些重大的国际活动。作为北京市参与主办传统会展的品牌——中国（北京）国际服务贸易交易会（京交会）、中国北京国际科技产业博览会（北京科博会）和中国北京国际文化创意产业博览会（北京文博会），到 2018 年已经分别举办了 5 届、21 届和 13 届。京交会交易范围涵盖世界贸易组织界定的商业、通信、建筑、销售、教育、环境、金融、健康与社会、旅游、文化娱乐及体育、交通运输、其他等 12 大领域的服务贸易。自举办以来，已逐渐成为全球优质创新服务展示的舞台、国际服务贸易政策和信息发布的窗口、各国服务贸易企业对接交易的平台、国际先进服务"引进来"和中国服务"走出去"的重要桥梁。① 2018 年第五届京交会围绕推动服务业和服务贸易"开放、创新、融合"发展这一主题主线，邀请 46 个"一带一路"沿线国家和地区参会。还围绕"一带一路"主题举办"一带一路"服务贸易合作论坛、2018 年"一带一路"中国俄罗斯城市合作论坛等 10 余场活动。2018 年第 21 届北京科博会邀请"一带一路"沿线国家相关科技部门负责人来华交流国际科技政策、科技合作及科普活动，开办了"2018 国际科技政策与科普人才研修班"，内容涉及"一带一路"国际科技合作、中国科技战略与政策、中国科普发展历程与科普国际化、科普政策法规及其制定与实施、中国科普场馆建设与科普作品赏析、科普特色活动与市场化运行经验等九大方面。2018 年第十三届北京文博会提出"引领文化产业高质量发展 助推全国文化中心建设"的主题。据统计，在这届文博会"文化创意产业重点项目签约仪式"上共签署文化创意产业项目 39 个，金额 68.135 亿元人民币，其中"一带一路"等中外合作成绩凸显，合作项目金额占比为22%。②

在演艺领域，北京拥有国家大剧院、北京人民艺术剧院、首都博物馆等面向世界的国家级文化展示平台。早在 2016 年，北京市 20 余家企业被国家认定为年度文化出口重点企业，数量居全国前列。设立北京文化艺术基金，

---

① 京交会官方网站，http：//www.ciftis.org/。
② 北京文博会官网，http：//www.iccie.cn/。

计划5年投入5亿元,重点支持"一带一路"题材的舞台艺术作品和适合"一带一路"国家外交传播交流推广的作品。此外,由文化和旅游部、国家广播电视总局、北京市人民政府联合主办,中国对外文化集团公司、北京市文化局承办的"相约北京"艺术节,截至2018年已举办了18届,成为北京的演艺文化品牌。每年都设立国外的主宾国活动,2018年"相约北京"有19个国家和地区的800位艺术家通过演出、展览以及艺术普及活动,推动"一带一路"沿线相关国家之间文化交流。

在旅游领域,北京的旅游资源丰富,为了打造以北京为重要节点的"一带一路"国际精品旅游线路,北京市发起设立的世界旅游城市联合会已有来自121个知名旅游城市的会员单位182个,联合会以沿线73个国家及城市为载体,积极推动"一带一路"国际旅游走廊建设。北京国际旅游节是北京很有影响力的国际综合性旅游节庆活动,也是对外旅游文化交流的重要展示平台。2018年,第二十届北京国际旅游节以"中非丝路情 相聚在北京"为主题,邀请"一带一路"沿线代表国家和地区、非洲国家的特色节目参加表演。据统计,2018年上半年北京入境游人数、收入双增:北京入境游外国旅客193万人,同比增长3.4%;实现收入25亿美元,同比增长5.6%。针对入境游,北京还有针对性地深度挖掘并推介适合海外游客需要的特色旅游产品,[①] 此外,从2017年开始京津冀对53个国家的国民实施144小时过境免签政策,开通更多的直航国际班机也增加了海外游客到国内旅游的数量。比如,2017年9月30日开通的北京至雅典直航,到2018年9月已开通一年,承运旅客4万余人次,比上年同期经停航班增长约三倍。

在教育领域,北京汇聚了全国多所高校,"一带一路"倡议提出以来,北京的多所高校相继建立了"一带一路"的研究基地并设立奖学金。比如,2018年北京大学成立"一带一路"书院,北京师范大学成立"一带一路"学院;北京第二外国语学院设立国家"一带一路"数据分析与决策支持北

---

① 王进雨:《精准推广打造旅游对外开放新格局》,《北京日报》2018年9月26日。

京市重点实验室;北京体育大学设立"一带一路"体育人才奖学金项目,拟招收"一带一路"沿线留学生到校学习;等等。这些措施用以人才培养和学术研究积极响应"一带一路"倡议。此外,2017年,北京市教委在全国率先设立了北京市"一带一路"国家人才培养基地项目。首批入选26所高校,其中,既有北京大学、清华大学、中国人民大学、北京师范大学这样的教育部直属高校,也有首都医科大学、首都师范大学、首都经济贸易大学、北京联合大学这样的市属高校。该项目从人才培养和学科专业建设两个方面入手,吸引"一带一路"沿线国家硕士、博士学历教育的留学生和博士后、教育管理专门人才、高端技术技能人才来京学习交流;支持建设汉语或英语授课的专业基础及专业课程,非通用语种课程,中国概况、中国文化特色课程以及沿线国家相关文化、制度研究课程等。同时,北京市教委设立"一带一路"留学生奖学金,首都师范大学、北京联合大学、北京第二外国语学院等14所市属高校获得的"一带一路"外国留学生奖学金总额近800万元。

(三)以金融领域为切入口,建立国际经济合作平台

金融合作对于"一带一路"来讲,是国际合作的重要组成部分之一。通过加强金融合作,可以为"一带一路"建设创造稳定的金融环境,引导各类资本参与到"一带一路"沿线各国的经济发展中。

北京作为中国的首都和国际交流中心,在"一带一路"金融合作中发挥着重要作用。其一,北京是中央金融监管部门和国家管理机关的所在地,是"一带一路"金融合作的决策管理中心。其二,北京是亚投行、丝路基金、亚洲金融合作协会等国际性金融组织总部所在地,也是国家开发银行、进出口银行和大型金融机构的所在地,是金融机构的"大本营"。其三,北京有80多家央企总部,也有众多的民营企业的总部,总部经济效应明显,形成了一支建设"一带一路"的主力军。

同时作为北京本土银行的北京银行也在"一带一路"建设中发挥自己的作用。2018年7月,北京银行发布面向"一带一路"沿线客户的专属金

融服务品牌——"丝路汇通"。同时，联合环球金融同业电讯协会、花旗银行和荷兰国际集团等国际知名机构，整合境内外优质资源，共同为"一带一路"提供服务，同时，利用覆盖全国的服务网点以及"一带一路"沿线43个国家的代理行网络，为"一带一路"建设提供全方位的跨境金融服务。此外，北京银行瞄准"丝绸之路经济带"核心区新疆开展业务，加快了在新疆的金融布局。通过配备专业人员，优化业务流程，创新金融服务，打好科技、文化、绿色金融产品组合拳等措施，提高小微金融服务效率，同时，通过利用科技金融、文化金融、绿色金融、惠民金融等北京银行的优势项目，为建设"丝绸之路经济带"核心区"区域金融中心"而努力。

二 北京发挥城市优势，将在"一带一路"建设中起到示范效应

2018年8月27日，习近平总书记在"推进'一带一路'建设工作5周年座谈会"上强调，共建"一带一路"顺应了全球治理体系变革的内在要求，我们要坚持对话协商、共建共享、合作共赢、交流互鉴，推动各国加强政治互信、经济互融、人文互通，推动构建人类命运共同体，[①] 再次明确了"交流互鉴"与"人文互通"在构建人类命运共同体中的重大意义，以及中国推进"一带一路"建设的核心要义是共商、共建、共享，最终推动"一带一路"沿线国家乃至世界各国互利共赢。

截至目前，北京市的总体规划已经出台过7个版本，从早期的"政治、经济、文化、现代化工业基地"，到2017年的"政治中心、文化中心、国际交往中心、科技创新中心"，北京城市发展方向已经从单一的历史维度向更加绿色宜居的多维度科学城市建设发展迈进，2018年10月22日，北京市公布了《北京市推进共建"一带一路"三年行动计划（2018～2020

① 《习近平：推动共建"一带一路"走深走实造福人民》，中国青年网，http://news.youth.cn/sz/201808/t20180827_11710257.htm。

年)》，提出了"一带一路"未来 3 年 6 个方面 28 项主要任务，实际上，这既是北京作为国家首都的义务与责任担当，也是北京作为国际化大都市城市发展的内在要求。

（一）"一带一路"行动计划与北京市总体规划内在互动，城市发展和"一带一路"建设双赢并进

《北京市推进共建"一带一路"三年行动计划（2018~2020 年）》中强调，北京将发挥城市"四个中心"（政治中心、文化中心、国际交往中心、科技创新中心）的核心功能优势建设和提升服务"一带一路"的"四个平台"（对外交往平台、科技支撑平台、人文交流平台、服务支持平台）。北京城市"四个中心"的功能优势，正是打造"一带一路""四个平台"的根本点和出发点，一一对应，是依托和基础；而相辅相成的是，建立了"一带一路""四个平台"对北京建成国际交往活跃、国际化服务完善、国际影响力凸显的具有全球影响力的科技创新中心和全球领先的服务贸易枢纽城市，起到了极大的促进提升作用。

2014 年 2 月和 2017 年 2 月习近平总书记二年来两次视察北京并发表重要讲话。明确了北京"四个中心"的城市战略定位，北京要建设具有全球影响力的科技创新中心。在 2017 年北京市第十二次党代会上，市委书记蔡奇在总结五年来发展成果的同时，提出要全力抓好北京的"三城一区"建设。"三城一区"包括中关村科学城、怀柔科学城、未来科学城、北京经济技术开发区，是北京科技创新的主平台。2017 年，"三城一区"地区生产总值在北京市占比超过 30%，同比增长 8.3%。其中，北京经济技术开发区同比增长 12%。2017 年北京科学技术奖 195 项获奖成果中，由"三城一区"单位完成的达 129 项，占比 66.2%。[①] 可见"三城一区"在北京科技创新中处于重要地位，也形成了现在和未来北京转型发展的重要支撑。《北京市推进共建"一带一路"三年行动计划（2018~2020 年）》中将北京的"三城一区"

---

① 任敏：《北京综合科技创新水平全国第一》，《北京日报》2018 年 2 月 6 日。

建设与"一带一路"创新合作网络的重要枢纽相结合。特别是以北京科技创新的领军地中关村为先导,通过发挥中关村国家自主创新示范区品牌优势和辐射带动作用,在"一带一路"相关国家的重点城市建设一批有特色的科技园区。目前中关村示范区已先后在硅谷、慕尼黑等城市和地区建立 10 个海外联络处,加快构建国际创新网络的重要节点,加利福尼亚州—北京创新中心也已落户,并成功举办"全球首席执行官走进中关村创业大街"等一批影响力较大的高端国际论坛和会议,中关村示范区企业累计发布国际标准 307 项。[1]

北京市是一座具有悠久历史的文化名城,有着积淀深厚的文化底蕴,北京城市功能定位中明确的文化功能定位,更进一步凸显了北京城市发展的文化优势。《北京市推进共建"一带一路"三年行动计划(2018~2020 年)》中提出的在文化、体育、教育、旅游和医疗卫生等方面着力发展的具体目标和办法,也是依托北京在全国的文化中心地位,通过"一带一路"的对外交流,文化传递、文明互鉴,可以让北京的文化发展与世界相连,促进多领域国际人文合作。

随着"一带一路"建设的不断深入,北京与"一带一路"沿线国家、地区企业的投资经贸往来越来越密切。因此,深化投资经贸合作,全方位开启"一带一路"的服务工作也就成为进一步开展"一带一路"建设的保障。《北京市推进共建"一带一路"三年行动计划(2018~2020 年)》提出,打响"北京服务"品牌,全面推进服务业扩大开放工作,加快培育现代服务业高质量、国际化发展,这与北京近年来服务业扩大开放综合试点取得积极成效有很大关系。比如,由北京市商务委员会牵头,12 个政府部门参与,建成了全球经贸合作信息网络服务平台,在全球 23 个重要的节点城市建立了境外服务中心,形成了政府、行业组织、企业联动、线上线下互动的国际经贸合作新格局。过去 5 年,北京货物贸易规模达到了 1.76 万亿美元,同比增长 10.8%,占全国的份额为 8% 左右,而服务贸易占全国的份额为20%,占北京市贸易总额的 30%。[2]

---

① 林艳:《北京将在"一带一路"国家建科技园区》,《北京青年报》2018 年 10 月 25 日。

② 《"一带一路"为北京经贸合作提供新机遇》,京交会官方网站,http://www.ciftis.org/article/35207.html。

（二）营造"一带一路"文化软环境，促进沿线国家互联互通共享财富

目前，我国的"一带一路"投资项目大部分是铁路、港口等基础设施，基础设施投资回报周期长，而且很多是公共物品。虽然短期收益不明显，但这些基础设施的投资对促进"一带一路"沿线国家的经济发展会起到长远的重要作用。而实际上，中国企业"走出去"的同时自身就带着文化，企业形象就是文化的一种表现。这就提出了一个如何把中国传统优秀文化，通过"一带一路"企业传递出去的问题。如何促进中国同"一带一路"沿线国家和人民民心相通，是需要在经济交往和文化交流的过程中去探索的。比如，我国中医药行业的金字招牌北京同仁堂，在20世纪90年代初，就走出了国门，20多年来依靠重要产品的疗效显著、安全可靠以及中医服务在国际上很受欢迎。"一带一路"倡议提出以来，北京同仁堂在国外的外派药店更加重视适应当地的需求，提高中医药的诊疗服务，在帮助人们远离病痛的同时，既传播了中医药文化，也搭建民心相通的桥梁。再如，医学上先天性心脏病是所有先天性疾病中最严重的一种。作为"一带一路"沿线国家的缅甸医疗条件相对落后。从2017年开始，由中华慈善总会开展的救助先天性心脏病儿童行动，共筛选出50多名由于家庭贫困，患先天性心脏病在当地无法医治的缅甸儿童，接到北京进行治疗。通过这种帮助增进两国人民之间的情感，让缅甸人民分享"一带一路"建设的成果。

人才作为科技创新、文化发展传播的主要生产力，在"一带一路"的建设中也起着重要的作用，而培养沿线国家创新创业人才已成为"一带一路"建设的重要基石和时代使命。2017年3月我国首个服务于高新技术企业及机构的"一带一路"国际人才计划项目"藤蔓计划"在北京启动。这个由北京中关村"一带一路"产业促进会推出的针对在华国际留学生的"藤蔓计划"，通过实习对接、精准派送、考察培训、创业孵化、国际青年企业家培养计划等方式，在企业机构、留学生及国际青年之间搭建创新创业的桥梁和平台，让中国科技创新的火种如藤蔓一样在"一带一路"沿线、沿岸国家延伸生长，推动中国产品、技术服务在"一带一路"快速拓展与深度融合。计划在未来5年有超过100家企业通过"藤蔓计划"、"一带一路"发展直接获益；有超过1000个国际留学生通过"藤蔓计划"与企业建立紧密的工作或者合作关系；有超过1万个国际留学生直接参与到"藤蔓计划"中来。[①]"藤蔓计划"被中央统战部作为典型项目在全国推广，被科技部纳入国家"一带一路"科技行动计划人文交流项目。同时，还为在科技企业实习表现优秀的留学生，设立了"藤蔓奖学金"。2018年"藤蔓计划"已通过多场活动，走入高校和企业，为"一带一路"沿线的留学生服务，在文化交流和经济建设发展中做贡献。

（三）努力践行"一带一路"倡议，北京要当"一带一路"排头兵

现在，北京的经济发展正在加速转型，瞄准科技前沿和创新，已经从过去的"制造"到现在的"智造"，特别是在总部经济、金融业、科技创新、消费领域、公共服务等方面优势显著、资源丰富。《北京市推进共建"一带一路"三年行动计划（2018～2020年）》中明确提出：当好国家"一带一路"建设排头兵，推动共建"一带一路"高质量发展。这个目标的提出，依托北京的城市优势，对北京来说是机遇也是挑战。

第一，北京具有优质的企业资源。很多央企总部设在北京，雄厚的实力和丰富的资源会产生强大的影响力。而央企"走出去"的经验丰富，也会在参与国际项目竞争中表现出明显的优势；相比央企，京企发展也独具特色，与央企投资方向呈现错位发展的样态。央企在"一带一路"沿线国家的建设项目涉及基建、能源等重点投资领域较多。京企则更多地在商务服务业、制造业和建筑业领域发展。因此，北京也就具备了中央和地方携手开拓国际市场的能力。央企引领带动，京企主动出击，优势互补，抱团出海，可

[①] 范俊生：《中关村"藤蔓计划"为"一带一路"揽国际人才》，《北京日报》2017年8月8日。

以更好地"走出去"。比如，福田汽车是北京最早"走出去"的企业之一，目前在"一带一路"沿线国家正在跟进 32 个项目，布局在印度、俄罗斯、巴西、墨西哥、印尼 5 个国家的全球化工厂正在加快推进，将全部实现本地化生产。[①] 北京住总集团 2010 年进入白俄罗斯市场。作为第一家也是最早进入白俄罗斯的市属国企，历经 7 年耕耘，完成北京饭店、中白工业园等工程，成为当地有影响力的中资企业之一。[②] 这些北京企业不仅自身具有强大的发展能力，也在"一带一路"的建设中形成了一定国际影响，发展前景广阔。

第二，北京拥有众多顶级高校和科研院所，科技创新能力优势明显。在北京高科技聚集地的"三城一区"中，中关村科学城是全市科教资源最丰富的一个区域，这里有清华、北大、中科院等 200 多家高校和科研院所，有 580 多名两院院士，全市近 1.6 万家国家高新技术企业中的 7000 多家在中关村科学城，从世界角度看也是科技创新资源最丰富的区域之一。中关村科学城现有百亿级以上企业 20 余家、独角兽企业 30 余家，[③] 未来这里将会出现一大批通过自主创新、具有国际竞争力和影响力的创新型企业。

2018 年 12 月，中关村科学城推动中国（北京）知识产权保护中心落地建设，怀柔科学城 5 个首批开工的交叉研究平台完成上建工程，未来科学城的中俄知识产权交易中心已启动运营。北京市科学技术委员会公布的数据显示，北京市着力构建高精尖经济结构，基础研究经费全国占比超过 25%。科技服务、信息服务、金融发展对全市经济增长的贡献率达到 63%，新经济占全市地区生产总值比重近 1/3。[④]

第三，北京全方位优化服务营商环境，提高参与"一带一路"建设发展的能力。2015 年 5 月，国务院批复同意在北京市开展为期 3 年的服务业扩大开放综合试点。为推进北京市服务业扩大开放综合试点工作，进一步深

① 赵鹏：《北京制造拥抱"一带一路"》，《北京日报》2017 年 5 月 10 日。

② 邹雅婷：《明斯克郊外的中国身影》，《人民日报》（海外版）2017 年 2 月 23 日。

③ 《北京市科委主任许强谈全力抓好"三城一区"建设》，北京市科学技术委员会网站，http：//kw. beijing. gov. cn/art/2017/7/26/art_ 202_ 1628. html2017 - 07 - 26。

④ 《北京市科委主任许强谈全力抓好"三城一区"建设》，北京市科学技术委员会网站，http：//kw. beijing. gov. cn/art/2017/7/26/art_ 202_ 1628. html2017 - 07 - 26。

化改革制定方案，2017 年 6 月国务院批复同意《深化改革推进北京市服务业扩大开放综合试点工作方案》。北京经过两轮服务业扩大开放综合试点政策实施，效果明显。2018 年上半年，北京服务业增加值占 GDP 比重达82.4%，利用外资达 106.2 亿美元，实现服务贸易进出口总额 5174.5 亿元，与试点前相比均有较大提升。①

为把北京打造成为国际一流的营商环境高地，推动北京经济的高质量发展，2017 年北京出台了《关于率先行动改革优化营商环境实施方案》，包括26 项措施以及 136 条政策清单，初步优化了营商环境。2018 年 3 月北京市又出台"9 + N"营商优化政策，② 再次为企业和社会办事减少了环节，节省了时间，节约了成本。特别是针对"一带一路"建设，北京的电子商务服务企业在"一带一路"的投资中，通过在沿线各国建设电子商务园区，与当地物流、通信等行业企业合作，将各国的本土产品放上网购平台。同时，北京进一步加大对跨境电商的政策支持，连续出台多项促进跨境电商发展的利好政策。2018 年 7 月，北京市获批成为第三批跨境电子商务综合试验区；11 月，国务院常务会议决定，从 2019 年 1 月 1 日起，将跨境电商零售进口监管政策适用范围再扩大到北京等 22 个新设跨境电商综试区城市，包括北京在内的 22 个新设跨境电子商务综试区城市将享受跨境电商零售进口监管新政，包括对跨境电商零售进口清单内商品实行限额内零关税、新增民众需求量大的 63 个税目商品、将年度交易限值由目前的每人每年 2 万元提高至2.6 万元等等。③ 而根据《北京市推进共建"一带一路"三年行动计划（2018～2020 年）》，未来三年，北京还将提高行政审批效率和服务，这也势必会让北京的营商服务优势越来越明显。

第四，北京抓住机遇，扩大交流途径，文化产业大有可为。2019 年第

---

① 《北京市：积极谋划新一轮服务业扩大开放综合试点，着力打造对外开放新优势》，千龙网，http://finance.qianlong.com/2018/1115/2945278.shtml。

② 林艳：《北京出台优化营商环境措施，形成"9 + N"政策体系》，《北京青年报》2018 年 3月 19 日。

③ 《跨境电商零售进口政策将扩大适用范围》，新华网，http://www.xinhuanet.com//2018 - 11/22/c_ 1123749608.htm。

二届"一带一路"国际合作高峰论坛将在北京继续召开，同时，世界园林博览会也将召开，此外，2020年北京将举办世界休闲大会，2022年将举办冬奥会和冬残奥会。这一系列的重大国际会议、活动和体育赛事，将会为北京的文化产业领域提供更多的机会，也会增强北京作为国际化大都市的世界影响力。

此外，北京拥有同仁堂、全聚德等一批本土老字号，也在精心打造"长城文化带"、"永定河文化带"以及"大运河文化带"这样的文化品牌。未来，北京的这些独具特色的文化符号不仅可以通过"文化外交"的途径促进"一带一路"沿线各国的文化经济交流和融合，形成高度的互信，建立"一带一路"利益共同体、责任共同体和命运共同体。同时，文化交流的畅通和影响力也可以为企业"走出去"的国际化发展创造良好的外部环境。

第五，北京具有独特的区位优势，为"一带一路"互联互通提供支撑。目前，我国"一带一路"建设包括六大经济走廊（中蒙俄、新亚欧大陆桥、中国—中亚—西亚、中国—中南半岛、中巴、孟中印缅），北京正好处于中蒙俄经济走廊的起点。根据《建设中蒙俄经济走廊规划纲要》，中蒙俄三国的合作领域包括交通基础设施发展及互联互通、口岸建设和海关、产能与投资合作、经贸合作、人文交流合作、生态环保合作、地方及边境地区合作共七大方面。① 北京不仅地位重要，而且作用关键。在进出口的通关方面，北京海关正探索为总部企业提供一揽子通关监管服务的总体方案，包括总部企业可在京直接办理全国各口岸的通关手续、可在京集中汇总纳税，总部企业的保税监管货物可在各海关特殊监管区域、场所和口岸间实现便捷流转等，推进大通关建设，提升贸易便利化水平。

正在建设的北京大兴国际机场与现有的首都国际机场，未来将在搭建北京"一带一路"空中走廊中形成合力。位于河北的曹妃甸是首钢新区，同

---

① 《中蒙俄经济走廊：合作深化共赢共进》，搜狐网，http：//www.sohu.com/a/168783294_160337。

时也是蒙冀铁路的终点,通过铁路运输,实现了海上与陆地的联通。在京津冀协同发展以及北京城市副中心的建设进程中,曹妃甸是联通"21 世纪海上丝绸之路"的重要节点,为北京、内蒙古、新疆乃至中亚和蒙古国等地区找到了新的出海口。北京将通过海陆空立体的交通优势地位,进一步服务"一带一路"建设。

B.14
江苏省参与"一带一路"建设的规划与实施

黎 峰*

摘 要： 近年来，江苏省围绕"一带一路"交会点建设，着力推进设施互联互通，加强江海联动、陆海统筹；着力推进国际产能合作，促进"走出去"与"引进来"有效结合；着力拓展经贸及人文交流，搭建新平台、开辟新渠道；着力加强战略节点城市建设，增强支点作用；着力拓展金融领域合作、促进金融互联；着力打造亮点示范工程，推进民心互通。为保障"一带一路"建设规划的顺利实施，江苏省进一步建立了包括加强组织领导、加大财政扶持力度、提高金融服务水平、健全服务保障、加快人才队伍建设、强化风险防控等方面的政策推进体系。

关键词： 江苏省 扩大开放 "一带一路"

推进"一带一路"建设是中国新时期对外开放的重大举措。以此为指导，江苏省在"十三五"规划中明确提出"一带一路"的建设内容和重点任务，除先后制定《江苏省参与建设丝绸之路经济带和21世纪海上丝绸之路的实施方案》（苏发〔2015〕23号）和《落实"一带一路"战略部署、

＊ 黎峰，江苏省社会科学院世界经济研究所研究员。

建设沿东陇海线经济带的若干意见》（苏发〔2015〕85 号）之外，还先后出台了《关于抢抓"一带一路"建设机遇进一步做好境外投资工作的意见》（苏政发〔2014〕131 号）等一系列文件，对交通、产业、科技、文化等各领域的"一带一路"建设做出总体规划。

一 江苏省参与"一带一路"建设的总体思路和战略定位

江苏位处"丝绸之路经济带"和"21 世纪海上丝绸之路"的交会点，具有独特的地缘优势、良好的发展基础、深厚的人文底蕴和很高的对外开放度等有利条件。以"一带一路"合作倡议为指导，江苏省委、省政府迅速行动，全面布局，把积极打造"一带一路"交会点作为江苏省在"一带一路"建设中的定位，提出在八大领域与"一带一路"建设对接，具体包括：第一，依托新亚欧大陆桥经济走廊节点城市打造国际产业和物流合作基地；第二，强化互联互通基础设施建设；第三，提升经贸产业合作层次和水平；第四，深化能源资源领域合作；第五，加强海上合作，发展海洋经济；第六，拓展金融业务合作；第七，密切重点领域人文交流合作；第八，深化生态环境保护合作，在推进机制和保障措施上创新。[1]

在以上总体思路引导下，江苏省提出打造沿江城市群、沿海城镇轴、沿东陇海城镇轴和沿运河城镇轴的"一群三轴"对接战略新布局，全面对接"丝绸之路经济带"和"21 世纪海上丝绸之路"，推进东西双向开放新格局。

二 江苏省参与"一带一路"建设的主要举措及实施成效

近年来，江苏省认真落实习近平总书记重要指示精神和省委十三届三次全会精神，积极推进"一带一路"交会点建设，努力放大向东开放优势，

---

[1] 郑焱、沈和、金世斌、吴国玖、古晶：《"十三五"期间江苏建设"一带一路"交汇点的战略思路和关键举措》，《江苏师范大学学报》（哲学社会科学版）2016 年第 1 期。

做好向西开放文章，拓展对内对外开放新空间，并取得较大成效，集中表现为以下几个方面。

（一）着力推进设施互联互通，加强江海联动、陆海统筹

在基础设施互联互通方面，江苏省重点加强新亚欧大陆桥铁路通道建设，统筹推动能源、通信、物流基础设施建设，加快完善与亚太、欧洲联系的海陆联运网络和国际航空运输网络，提升与沿线国家基础设施互联互通水平，积极开展铁海等多式联运，构建亚欧国际陆桥物流大通道。

2013 年以来，江苏着眼长远，系统谋划，与"一带一路"沿线各国携手打造陆海空网"四位一体"的互联互通体系，建设高效畅达的海陆空立体化国际运输大通道。以中欧班列为例，除了"宁满俄"外，还有"苏满欧"、"连新亚"、"宁新亚"、徐州至塔什干等，2017 年发送量就突破 880 列，其中"连新亚"运量高居全国首位。同时，法国葡萄酒、意大利橄榄油、德国汽车零部件，通过中欧班列，出口到中国以及周边国家，2017 年从连云港出发的中欧班列回程货物运输量同比增长了 69.9%。中欧班列打开了江苏通往欧洲的陆上之门，同时也使江苏作为"一带一路"交会点的作用更明显。①

（二）着力推进国际产能合作，促进"走出去"与"引进来"有效结合

作为中国对外开放大省，江苏结合自身产能优势、园区经验，与"一带一路"沿线国家资源禀赋、市场要素相结合，探索实施可复制的"一带一路"建设江苏新模式。

1. 务实加快境外园区建设

近年来，江苏积极推动境外园区建设，在"一带一路"沿线国家输出两种不同的合作模式，一是重资产投资运营，二是轻资产管理输出，为参与

---

① 宋晓华：《拓展开放新空间，江苏交出满意答卷》，《新华日报》2018 年 9 月 7 日。

"一带一路"建设打造有力的载体支撑。

如重点推动柬埔寨西港特区和埃塞俄比亚东方工业园区建设,加快形成规模产出效应。柬埔寨西哈努克港经济特区被誉为"中柬务实合作的样板",截至 2018 年,入园企业 125 家,提供就业岗位 2.1 万个。昆山开发区输出管理经验合作得到埃塞俄比亚政府高度认可,埃塞俄比亚东方工业园累计投资 3.8 亿美元,解决当地就业超过 1.5 万人。

大力支持印尼双马加里曼丹岛农工贸经济合作区、坦桑尼亚中坦现代农业产业示范园区建设,积极筹集"霍尔果斯—东门"产业合作园。深化中国与新加坡合作机制,建设中新南京生态科技岛、苏通科技产业园,打造中新合作升级版。加快推动中阿(联酋)产能合作示范园建设,截至 2018 年 9 月,已有 16 家企业签署投资框架协议,预计投资额近 10 亿美元,将为当地创造约 2500 个工作岗位,2017 年 9 月被国家发改委确认为全国首家"一带一路"产能合作园区。

2. 重点打造跨境产业链

近年来,江苏积极抢抓"一带一路"建设机遇,加快企业国际化步伐,鼓励支持有实力、有意愿的企业有效整合利用全球要素资源,推进跨境产业链和价值链供应链协同布局。主要举措包括如下。

(1)积极稳妥推进境外农业合作。支持有实力的企业到农业资源丰富的国家开展粮食、棉花、油料、林业、海洋生物等作物及资源的投资合作,建立海外农产品生产、收购、仓储、加工、运输体系,推动江苏农业境外投资合作加快发展,有序开展远洋渔业合作。

(2)深化境外能源资源互利合作。继续鼓励和支持企业加大对国外能源资源投资力度,重点推动铁矿石、煤炭、木材、有色金属等领域的投资合作,在有条件的地方稳步开展能源资源产品初加工、深加工和研发,建设一批境外能源资源合作基地,形成稳定的供应渠道。

(3)支持省内优势产业扩大境外生产经营。认真落实《江苏省鼓励发展的非金融类对外投资产业指导意见》,进一步指导和推动江苏纺织、化工、水泥等传统优势产业和光伏、造船等新兴优势产业转移至境外。不断优化海外产能布局，积极推进与埃塞俄比亚、坦桑尼亚、肯尼亚、尼日利亚等国家或地区开展产能合作试点，着力打造产业转移与对接合作示范区。

（4）鼓励境外高新技术和先进制造业投资。充分利用江苏与境外相关机构签署的各类科技合作双边协议，完善合作机制，拓展合作领域，丰富合作层次。例如，深化与新加坡合作机制，建设中新南京生态科技岛、苏通科技产业园，打造中新合作升级版；推动中以（常州）国际创新园等探索产业技术创新国际合作新模式。支持企业通过多种方式收购境外具有自主知识产权的科技成果和先进制造业企业，鼓励企业在境外设立研发中心。

（5）支持开展境外基础设施投资。推动江苏有比较优势的房屋建筑、交通建设、矿山建设、水泥加工和装备制造等行业企业与金融机构合作。鼓励江苏企业积极参与"一带一路"及周边国家互联互通、非洲"三大网络"（高速铁路网络、高速公路网络、区域航空网络）等重大基础设施投资建设。

（6）积极拓展服务业境外投资。鼓励企业大力开展境外技术、品牌、营销网络等资源的并购整合，提升开拓国际市场能力。发挥江苏服务外包产业优势，通过境外投资拓宽接包渠道，提高接包能力。

截至2018年6月，江苏赴"一带一路"沿线国家投资项目1596个，协议投资额141.1亿美元。江苏省与"一带一路"沿线国家进出口贸易总额从1164.0亿美元上升到1290.1亿美元。①

（三）着力拓展经贸及人文交流，搭建新平台、开辟新渠道

近年来，江苏聚焦"五通五路"建设，抢抓机遇、务实创新、主动作为、重点突破，着力搭建合作新平台。

在人文交流合作方面，江苏围绕教育文化、体育旅游、医卫侨务等重点领域，进一步拓展与"一带一路"沿线国家的人文交流空间，"留学江苏""精彩江苏""水韵江苏"等品牌影响力不断增强，有效促进了"一带一路"民心相通。其中：教育方面，在"茉莉花留学江苏政府奖学金"下增

---

① 周常青：《立足自身优势 积极融入"一带一路"建设》，《群众》2018年第6期。

设"一带一路"专项奖学金共 1000 万元，无锡商业职业技术学院正在加紧筹建柬埔寨西哈努克大学；文化方面，着力打造"精彩江苏"品牌，赴泰国等 10 多个国家举办"感知江苏""同乐江苏"等文化交流演出活动；体育方面，以东南亚、中亚为重点，拓展与沿线国家和地区的体育交流，积极举办"一带一路"国际青少年足球邀请赛等各类国际重大赛事；旅游方面，在印度、俄罗斯、哈萨克斯坦举办"水韵江苏"旅游推介会；医卫方面，成功举办中国—中东欧国家医院联盟专科合作论坛，在坦桑尼亚、马耳他、柬埔寨等国开展卫生发展援助工作；侨务方面，着力打造"江苏南京侨梦苑"品牌，20 余家涉侨企业落户；在新加坡等 14 个国家建立"一带一路"区域联络中心；宣传方面，组织开展"一带一路江苏风"系列全媒体大型跨国新闻行动，引起热烈反响，获得"中国彩虹奖"和"亚洲金熊猫奖"提名。

（四）着力加强战略节点城市建设，增强支点作用

为更好地参与"一带一路"建设，放大向东开放优势，做好向西开放文章，拓展对内对外开放新空间，江苏省政府制定《关于落实国家"一带一路"战略部署、建设沿东陇海线经济带的若干意见》，指出要把连云港、徐州建设成为"一带一路"合作倡议规划的重要节点城市，打造沿东陇海线城镇轴。

1. 连云港：新亚欧大陆桥经济走廊东方起点

连云港市是实施江苏沿海开发和沿东陇海线产业带开发战略的重要支点，是中国首批沿海开放城市、中国优秀旅游城市和新亚欧大陆桥东桥头堡。

在畅通新亚欧大陆桥运输方面，截至 2018 年连云港每年承担全国 50%以上的海铁联运任务，辐射国家和地区超过 20 个，运输货物超过 10 大类（主要有二手汽车、汽车零配件、电子电器、工程机械、日用品等）400 个品种，过境货物中有 80% 发往哈萨克斯坦，已成为亚欧大陆间国际集装箱国际联运第一港。在连接海上丝绸之路方面，连云港与巴西淡水河谷公司、图巴朗港，新加坡 PSA 国际港务等知名航运企业建立战略合作关系。

在构建物流贸易平台方面，规划总面积近 45 平方公里的上合组织（连云港）国际物流园，建成后将成为上合组织国家过境运输、仓储物流、往来贸易的重要国际经济平台。截至 2018 年已建成货物堆存场地 146 万平方米，形成 450 万吨堆存能力，监管货值近 6 亿美元。

在扩大对外合作方面，围绕物流合作、项目建设、会展论坛、经贸合作、互访交流等方面深入开展合作，民航新增至乌鲁木齐、西安、兰州航线，与韩国平泽、群山、木浦，日本佐贺、堺市，吉尔吉斯斯坦比什凯克，西班牙萨瓦德尔等城市建立了国际友城关系。

2. 徐州：东陇海产业带中心城市

徐州以加快建设新亚欧大陆桥经济走廊重要节点城市、淮海经济区中心城市、全国重要综合交通枢纽城市，作为对接"一带一路"倡议的关键举措，大力推动"东进西出"双向开放，拓展对内对外开放新空间。其中，围绕对接"21 世纪海上丝绸之路"实施"东进"，以大城市对接大港口，推动"徐连一体化"发展；围绕接轨"丝绸之路经济带"推动"西出"，深度发掘与陆桥沿线国家地区的合作潜力，大力拓展新兴市场，推动开放型经济迈上新台阶。具体体现为如下三点。

一是完善对外综合交通运输网络。包括构建铁路网络体系。加快徐州到菏泽城际铁路，实现江海联动，加快形成中西部货物通过徐州向东进入沿海，向西通过欧亚大陆桥进入中西亚的交通运输通道。进一步优化提升公路网络。完善徐州高速公路的布局，使外部高速网快速连接起来；加大徐州快速道路建设，完成北三环的快速通道工程。推动航空提档升级。围绕机场规划建设新城，建设国际货物货源基地，提升一类口岸保障，形成口岸对徐州周边地区的辐射带动，为走向世界提供保障。建设一体化综合交通枢纽。围绕徐州物流大通道做文章，加快完善城市换乘体系、枢纽集疏运体系。以重要公路、铁路为支持，以农村站点为补充，通过物流体系建设，适应"一带一路"建设新要求。

二是更高水平"引进来"。围绕延伸产业链、价值链、创新链，深入推进"四招四引"和企业增资扩股，特别对代表产业发展方向、有利于推动转型升级的外资大项目、好项目盯住不放、全力争取。

三是更快步伐"走出去"。以徐工集团为例，从 2014 年开始，徐工集团在"一带一路"沿线国家新设区域营销中心和一级经销商，在波兰、乌兹别克斯坦、伊朗、马来西亚建立海外工厂，在德国建立欧洲研发中心，同时积极实施跨国并购，实现在关键零部件领域的突破。[①]

（五）着力拓展金融领域合作、促进金融互联

"一带一路"倡议提出的五年里，金融大省江苏也不断深化金融改革，扩大金融开放，加强金融创新，完善金融服务，大力推动金融对外开放合作。如 2016 年启动筹建的中阿（联酋）产能合作示范园，截至 2018 年已有 16 家企业签署投资框架协议，预计投资额近 10 亿美元。中阿两国央行续签了双边本币互换协议，加紧在阿联酋设立人民币清算中心，中国四大银行以及国家开发银行等多家金融机构设立分支机构，有些已经与园区建立了战略合作关系，它们将为园区的开发建设、招商引资和后续运营提供强大的金融支持。

随着中阿两国在商品贸易、产能等多领域合作全面展开，更高层次、更宽领域的金融合作也不断深化。2018 年 5 月 11 日，阿布扎比国际金融中心及金融服务监管局中国办公室成立，并与中阿产能合作示范园签署了合作备忘录。7 月 20 日，中阿正式交换《中阿产能合作示范园金融平台框架合作协议》，并向示范园发放首批金融牌照，今后落户示范园的企业可以享受更多样、更便捷的金融服务，通过利用中阿两国的产能和金融资源，定向提供定制化服务，企业短期在这里会得到直接融资，从长期看可以利用本地的资本市场，充分地进行间接融资，因而融资成本要远远低于国内。截至 2017 年底，江苏省境外上市公司累计 146 家，首发融资额折合人民币 1118.53 亿元。2013～2017 年，江苏企业累计开展跨境并购 1853 起，涉及金额 7358 亿元，金额位居全国第四。

---

① 工信部产业政策司、国家工业信息安全发展研究中心编《中国产业转移年度报告（2016～2017）》，电子工业出版社，2017，第 134 页。

在更大步伐"走出去"的同时，江苏大力推动外资银行更高质量地引进来。截至 2017 年底，江苏共有外资银行总行 2 家、分支行 74 家，总资产 1493 亿元。中外资银行各有侧重、互为补充，形成层次清晰、初具规模的"一带一路"金融合作网。

（六）着力打造亮点示范工程，推进民心互通

近年来，围绕服务创新之路建设，江苏加快推动连云港打造新亚欧陆海联运通道标杆示范。加快连云港"一带一路"倡议支点建设，港口重要基础设施建设加快推进，中哈物流合作基地稳定运营，与霍尔果斯口岸共建"无水港"，上合组织（连云港）国际物流园获批国家级示范物流园区，新亚欧大陆桥安全走廊国际执法合作论坛影响力不断提升。加快重要节点城市建设。徐州、南京、苏州等重要节点城市发挥自身优势，联动融合、协同发展，参与"一带一路"建设成效明显，沿海地区、苏北地区对"一带一路"交会点建设支撑作用不断增强。

加快科技创新合作。深化拓展产业研发合作机制，与英国、以色列等国家建立并实施产业研发合作共同资助计划，一批重点企业在境外设立研发中心。搭建创新合作载体，中德、中以江苏创新园等合作平台建设取得新进展。

加快金融服务创新。设立"一带一路"投资基金、上合组织（连云港）国际物流园发展基金等，加大对企业"走出去"的支持力度；强化融资服务，创新金融产品和融资服务模式，重点解决中小企业"走出去"发展过程中的融资难、融资贵问题。

三 江苏省参与"一带一路"建设的推进机制和保障措施

近年来，江苏省紧密结合自身特色优势和发展实际，从加强组织领导、加大财政扶持力度、提高金融服务水平、健全服务保障、加快人才队伍建设、强化风险防控等方面，有效推动了"一带一路"交会点建设，具体而言，其主要政策保障可以概括为以下几点。

（一）进一步完善政策促进体系建设

首先，加强组织领导。根据国家和省经济社会发展规划及对外开放总体战略，制定并实施江苏参与的"一带一路"建设中长期发展规划。成立省沿东陇海线经济带发展工作小组，加强对相关重大事项的组织协调。完善政府工作考评体系，树立 GNP 核算理念，更加全面反映江苏经济社会发展成果。鼓励现有投资促进机构增加对外投资促进职能，形成双向投资促进格局。

其次，提高境外投资便利化程度。大幅度下放境外投资项目管理权限，省级境外投资开办企业（金融企业除外）管理权限全部下放到各省辖市、部分县（市）和国家级开发区。探索实行境外投资企业备案和项目备案工作"单一窗口"模式，即"企业一次申请，同一窗口受理，部门同步办理"，切实解决多头管理和职能交叉问题，最大限度地便利企业。进一步简化境外投资项下外汇登记、对外担保等外汇管理手续，加快推进跨国公司外汇资金集中运营管理改革，鼓励使用人民币开展境外投资。组织开展好苏州、无锡、南通三市对外投资管理体制和"走出去"综合支持服务体系改革试点工作，总结推广成功经验，稳步推进各项改革措施。

再次，加大财政扶持力度。充分发挥"一带一路"基金、国家外经贸发展专项资金、省商务发展专项资金以及新兴产业、文化等领域专项资金对"一带一路"重大项目及重点国际货运班列的支持作用，聚焦支持重点，优化支持方式。

积极发挥国家政策性保险机构的专业优势，支持企业防范海外投资风险。创新出口信用保险产品，大力发展海外投资险，合理降低保险费率，扩大政策性保险覆盖面。探索运用财政资金建立政策性海外投资保险支持服务平台，以及针对重点国别、境外经贸合作区和境外产业集聚区的海外投资风险统一保障机制。继续支持国家级境外经贸合作区和省级境外产业集聚区建设。

建设江苏省企业国际化信息服务、江苏商务云公共服务、江苏省海外投资发展服务网等"一带一路"综合信息服务平台。支持企业通过参加国内外相关贸易投资会展活动寻求更多投资合作机遇。鼓励企业更多培养、引进跨国经营管理和高技能人才。发挥江苏企业国际化基金作用，放大财政资金杠杆效应，积极引导社会资本参与，共同支持江苏企业投资"一带一路"建设项目。

最后，提高金融服务水平。建立"一带一路"重大项目金融信贷5年专项扶持计划，将有关项目列入省重大项目规划，设立专项贷款风险补偿基金，积极开展银企对接，推动符合条件的项目通过银行间债券市场直接债务融资工具筹集资金，支持省内金融机构与境外金融机构合作，多方引导金融机构加大对"一带一路"重大项目的融资力度。

鼓励社会资本参与"一带一路"建设，引导民间资本与丝路基金合作，积极支持地方性其他类型基金的设立和发展。鼓励商业银行加大对重大装备设计、制造等全产业链的金融支持。鼓励商业银行推广风险管理、现金管理、信息管理全球化方面的创新业务，为企业境外投资提供各类综合金融业务方案。

（二）建立健全服务保障体系

首先，做好引导服务工作。及时制定、发布并适时修订江苏境外投资产业导向政策，引导企业更好地选准国别、产业、时机和方式。密切配合高层互访，发挥友好省州、友好城市等合作机制作用，健全地方多双边投资合作促进机制，共同开拓第三方市场。加强江苏境外经贸等代表机构的建设，积极探索省市共建、政企共建、省部共建和部门联建等新模式，加强与"一带一路"沿线国家经贸促进机构合作，优化布局，完善网络，充实力量，增加投入，提高境外代表机构网络服务企业境外投资的能力和水平。

其次，提高综合服务水平。加快构建江苏支持"一带一路"重大项目的综合服务体系。依托省企业国际化信息服务平台和江苏商务云公共服务平台，建成有关部门和地方共同参与的企业国际化综合支持服务体系，以政府管理、投资信息、政策咨询、融资支持、风险预警和紧急事件应对等平台为支撑,充分利用信息化手段,为境外投资企业提供全方位、全流程服务。

创新口岸服务机制。推广关检合作"三个一",深化江苏与"一带一路"沿线国家海关、检验检疫等方面的合作和交流,简化通关程序,提高通关效率,降低通关成本。探索建立中欧班列沿线区域检验检疫一体化机制,制定"海铁联运"检验检疫措施。支持江苏口岸申报建设进境返程农产品国家指定口岸。

简化出国(境)审批手续,对企业因项目需要拟派出国(境)人员,可以办理"一次审批、多次有效"的出国(境)任务批件,支持"走出去"企业申办"一次审批、三年多次"的 APEC 商务旅行卡。进一步提升境外投资企业检验检疫和通关便利化水平。

加强省贸促会、省国际投资促进中心和省国际贸易促进中心的建设与相互合作。支持江苏省海外发展协会建设,推进政府与行业协会的合作。在江苏境外企业集聚的国家和地区鼓励企业按照所在地法律法规要求建立商会、协会等组织,加强信息共享,加强与所在国家和地区政府联系,共同维护企业合法利益。

最后,加快人才队伍建设。在"双创"计划、"333"高层次人才培养工程、科技企业间培育工程、"六大人才高峰"高层次人才选拔计划等方面对"一带一路"建设适当倾斜。

通过合作办学、专业培训、实岗锻炼等多种方式,加快培养跨国经营管理人才和专业技术人才。组织"走出去"国际人才交流活动,加大对境外专门人才的引进力度。充分发挥省引进高层次人才和留学回国人员"一站式"服务平台作用,开通引进境外专门人才绿色通道。加大吸引"一带一路"沿线国家来江苏留学工作力度。加快中高等职业教育发展,给予职业技术教育基本建设专项资金支持,形成一批专业技术骨干和熟练技术工人培训基地。

(三)最大程度强化风险防控体系

首先,建立健全"一带一路"投资企业管理机制。加强对境外企业或机构的监督和管理，健全内部风险防控机制，在资金调拨、融资、股权和其他权益转让、再投资、担保、税务等方面加强约束和监督，防范境外经营风险。搭建企业沟通交流平台，加强企业间风险管理经验交流，分享先行企业和成功企业的管理经验。建立江苏国有企业“一带一路”项目建设动态监测体系，掌握境外企业资产质量、经营效益和人员状况，实施动态监测，确保国有资产保值增值，防止国有资产流失。

其次，强化境外人员和财产安全保障。建立健全境外安全责任制度，做好境外安全生产。加大境外企业安保设施投入和安保力量配备，加强外派人员安保知识和技能培训，提高安全防范和保障能力。鼓励有条件的企业为出国外派职工购买人身意外伤害保险。加强领事保护，完善江苏企业“走出去”突发事件应对处置工作机制。

B.15

福建省参与"一带一路"建设的
规划与实施

李鸿阶　廖萌*

摘　要： 福建省充分发挥优势，积极参与"一带一路"规划，主动融入"一带一路"建设，坚持经贸合作与人文交流并重，"走出去""引进来"并举，全方位开展与"一带一路"沿线国家和地区多领域合作，加快促进互联互通、海洋合作和体制机制创新，实现互利共赢、共同发展。

关键词： 福建省　"一带一路"建设　对外投资

作为"21世纪海上丝绸之路"核心区，福建省主动融入"一带一路"建设，充分发挥各地优势，坚持主动作为，坚持"走出去""引进来"并举，经贸合作与人文交流并重，着力在互联互通、海洋合作和体制机制等方面先行先试，与"一带一路"沿线国家和地区开展全方位、多领域合作，实现互利共赢、共同发展。

一　福建省参与"一带一路"建设的规划

2015年11月，福建省发改委、省人民政府外事办公室、省商务厅联合

---

* 李鸿阶，福建社会科学院副院长，研究员；廖萌，福建社会科学院副研究员。

发布的《福建省 21 世纪海上丝绸之路核心区建设方案》中提出，"海上丝绸之路"核心区的建设将以泉州市为"21 世纪海上丝绸之路"先行区，以福州、厦门、平潭等港口城市为海上合作战略支点，以三明、南平、龙岩等市为"海上丝绸之路"腹地拓展重要支撑，充分发挥福建各地的地缘、人缘、历史文化及对外开放、产业发展等优势，强化沿海港口城市的支撑引领作用和山区城市的承接拓展作用，合理确定重点合作领域和区域，形成整体参与和引领国际合作的新优势。①

2016 年 1 月，泉州作为"21 世纪海上丝绸之路"先行区率先制定了《泉州市建设 21 世纪海上丝绸之路先行区行动方案》，提出近、中、远期发展目标，布局实施"六个努力方向"和"十个行动计划"，致力在福建"21 世纪海上丝绸之路"核心区建设中发挥先行作用和重要支撑作用，建成"21 世纪海上丝绸之路"基点城市和开放门户。② 2016 年 11 月，福州市在发布的《对接国家战略建设海上福州工作方案》（简称《方案》）中提出，在 3 年内集中实施十大重点任务和一批重点海洋经济项目，确保到 2020 年全市海洋经济总产值达 7000 亿元，到 2025 年，全市海洋经济总产值超过 1 万亿元，海洋经济增加值占全市 GDP 的 1/3。《方案》确定了七大发展定位和十大重点任务。③

2018 年 6 月 5 日，福建省政府发布《福建省开展 21 世纪海上丝绸之路核心区创新驱动发展试验实施方案》，提出要发挥科技创新在全面创新中的引领作用，努力把福建"21 世纪海上丝绸之路"核心区建成全面创新改革先行区、创新引领示范区、开放合作示范区和海峡两岸协同创新先行区，并就这一目标提出了深化科技体制机制改革、推进"21 世纪海上丝绸之路"核心区创新发展试验、构建"21 世纪海上丝绸之路"协同创新网络、打造科技成果转化特区和深化两岸科技交流合作等五大重点任务。④

---

① 福建省发改委、省人民政府外事办公室、省商务厅：《福建省 21 世纪海上丝绸之路核心区建设方案》，《福建日报》2015 年 11 月 17 日，第 2 版。
② 《泉州市建设 21 世纪海上丝绸之路先行区行动方案》，《泉州晚报》2016 年 1 月 20 日。
③ 柯竞：《福州出台对接国家战略建设海上福州工作方案》，《福州日报》2016 年 11 月 14 日。
④ 吴妍：《福建省推出 21 世纪海上丝绸之路核心区创新驱动发展试验实施方案》，《福建轻纺》2018 年第 7 期。

二 福建省参与"一带一路"建设的实施

近年来，福建省着力提升对外开放水平，进一步拓展发展空间，加快建设"21世纪海上丝绸之路"核心区，在互联互通、经贸合作、海洋合作、人文交流和体制机制创新等方面先行先试，对接"一带一路"建设取得了明显成效，为古代海上丝绸之路赋予了新的时代内涵。

（一）互联互通显著提速

1. 海上通道加快拓展

通过整合优化沿海岸线资源，集中力量打造集约化、专业化、规模化的核心港区，加快形成福州、湄洲湾和厦门三大港口群，全面推进海上通道建设。截至2018年9月，福建省已经建成万吨级以上泊位171个，具备停靠世界集装箱船和散货船最大主流船型条件。2017年，福建省港口货物吞吐量达到5.2亿吨，超过天津市；集装箱1565万标箱，超过台湾；集装箱外贸航线121条，友好港口数量达到14个。①

2. 空中通道不断加密

福建省积极拓展空中通道，重点开通和加密至"一带一路"沿线国家和地区的空中航线。截至2017年底，福建省共开辟了空中国际航线53条、港澳台航线17条、国内航线275条，旅客吞吐量突破4300万人次。②

3. 联运通道逐步完善

截至2018年底，福建省铁路运营里程达到3300公里，高速公路里程突破5200公里，已提前实现"市市通动车、县县通高速"的目标。福建省鼓励发展海铁联运，已经开通厦门—罗兹、厦门—阿拉木图、厦门—莫斯科以

---

① 胡美东：《福建全面融入"一带一路"推进"海丝"核心区建设》，《中国日报》2018年8月13日。

② 《福建五方面推进"21世纪海上丝绸之路"核心区建设》，中国新闻网，http://www.chinanews.com/cj/2018/05–22/8519751.shtml。

及以平潭、福州为起点的中欧、中亚国际货运班列，开始承揽台湾地区货源，实现"海丝"与"陆丝"的有效对接，不断扩大经贸合作空间。

（二）经贸合作持续推进

1. 经贸平台加快构建

福建省充分利用"6·18海交会""5·18海交会"等各种展会，加快打造一批具有区域特色的"21世纪海上丝绸之路"交流合作平台。相继举办了"21世纪海上丝绸之路"建设暨国际产能合作研讨会、中国（泉州）海上丝绸之路国际品牌博览会、亚洲合作对话（ACD）工商大会、中国福建周以及福建品牌海丝行等各类研讨会、展览会等。通过这些经贸合作的载体平台，积极推进国际产能合作，支持企业"走出去"发展，积极参与"海丝"沿线国家和地区的基础设施和产业等重大项目建设。

2. 对外投资不断升温

截至2017年底，福建在商务部门备案的对外直接投资企业和境外分支机构达到2533家，中方协议投资额266.4亿美元。其中，对"一带一路"沿线国家地区投资项目256个，协议投资额61.5亿美元。① 2018年上半年，福建省新增对"一带一路"沿线国家投资项目33个，投资额1.2亿美元，投资行业以制造业和批发零售业为主。② 福建省投资港澳地区的热度不减，2018年1~8月投资香港备案项目41个，同比增长86.4%，其中新批30项、增资11项。截至2018年8月，福建经备案（核准）在香港设立的境外企业与分支机构共1102个，中方协议投资额合计100.9亿美元。③

3. 双向贸易有效拓展

福建省在推进与"海丝"相关国家和地区的经贸合作方面，实现了双

---

① 陈煜：《福建5年来对"一带一路"沿线国家地区投资项目256个》，《经济日报》2018年8月26日。

② 郑璜：《福建上半年实际对外投资额增长近1.5倍》，《福建日报》2018年7月25日。

③ 《港澳投资热度不减，福建借势推进新一轮改革开放》，中国新闻网，http：//www.fj.chinanews.com/news/fj_zxyc/2018/2018-10-08/422684.html。

向贸易有效拓展。加快转变贸易方式，鼓励省内企业到"海丝"相关国家和地区投资设立仓储基地、商贸物流基地、展销中心、营运中心和跨境电商配送中心，拓展建材、轻纺、机电产品与资源性产品的互换贸易，促进建材、纺织、机械等工业产品出口快速增长。2017 年福建省与"一带一路"沿线国家和地区进出口总额达到 3665.4 亿元，同比增长 14%。① 2018 年前三季度福建省对"一带一路"沿线国家进出口额达到 3006.5 亿元人民币，同比增长 15.1%。其中，印尼、菲律宾和沙特阿拉伯成为福建省"一带一路"沿线国家主要进出口伙伴。②

（三）海洋合作迈开大步

1. 远洋渔业加快发展

福建省是我国第四个海洋经济试点省份，远洋渔业发展早，呈现速度快、规模大、产值高、装备强等特点，占据全国多个"第一"，包括船队规模增量、远洋渔业企业自有渔船平均拥有量、平均单船产值等均居全国第一。截至 2016 年，福建远洋渔业企业达到 29 家，外派远洋渔船 540 艘，已经建立 9 个境外远洋渔业综合基地，境外渔业养殖面积超过 12 万亩，数量与规模均居全国前列。③

2. 合作平台得到加强

福建省通过举办海峡（福州）渔业周暨中国（福州）国际渔业博览会、厦门国际海洋周、平潭国际海岛论坛等一系列活动，不断强化与"海丝"沿线国家和地区的海洋交流合作。

（四）人文交流渐入佳境

1. 文化精品"走出去"

福建省着力打造的两张"海丝"文化主题名片——大型舞剧《丝海梦

---

① 《2017 年福建对"一带一路"沿线国家进出口同比增长 14%》，《福建日报》2018 年 2 月 11 日。
② 林茂阳：《"一带一路"已成福建经济增长新引擎》，《中国商报》2018 年 11 月 14 日。
③ 廖萌：《21 世纪海上丝绸之路核心区的发展现状、问题和对策研究》，《经济视角》2018 年第 2 期。

寻》和"丝路帆远——海上丝绸之路文物精品图片展"频繁应邀赴"一带一路"沿线国家和地区演展。实施"福建菜海外推广计划"等惠侨工程，建设了一批福建文化海外驿站、闽侨书屋。

2. 友城友港合作不断强化

深化国际友城合作，与泰国孔敬府、马来西亚沙捞越州、越南广宁省等正式结为省级友城关系，福建省的省、市、县三级国际友城超过100对。港口服务"一带一路"建设能力持续提升，福建省已开通130条集装箱外贸航线，并与世界上14个重点港口建立友好关系。其中，新加坡、印尼等地企业在福建建设经营码头，已经建成并投入运营33个泊位，在建及拟建的码头项目达到20个。

3. 教育交流交往持续加强

在加强教育和青年交流方面，福建省积极用好省政府奖学金、省长奖学金和国际友城奖学金等平台，设立外国政党干部培训基地，成立中国—东盟教育培训中心，举办"福建省国际友城联络员培训班"。截至2018年，福建省与海外和港澳地区600多个华侨华人社团保持常态化联系，开展海外华裔青少年夏（冬）令营400多期。①

（五）体制机制不断创新

1. 自贸区辐射作用显现

充分发挥福建自贸试验区的改革先行优势，积极开展对"海丝"沿线国家和地区的开放合作，实行投资贸易便利化政策，增强"多区叠加"政策效应。自挂牌以来至2018年6月底，福建自贸试验区新增内、外资企业达到70347户，注册资本15962.39亿元人民币，分别是挂牌前的4.56倍和7.18倍。其中，新增外资企业3415家，合同外资额248.1亿美元，分别占全省同期的50.4%、48.4%；新增台资企业2068家，合同台资额58.92亿

---

① 《深耕"海丝"市场，福建经贸文化"走出去"寻共赢》，人民网，http：//fj.people.com.
cn/n2/2018/0912/c181466－32044066.html。

美元,分别占全省同期的 55.1%、59.8%。[①]

2. 金融服务创新加强

福建省已与国家开发银行、中国出口信用保险公司等机构签署合作协议,创新发行全国银行间市场首单"一带一路"债券,创新推出国内首单服务"一带一路"的"债券通"债务融资工具,为海外投资项目提供融资、保险等全方位支持。大幅度放宽市场准入,扩大服务业特别是金融业对外开放,加强同国际经贸规则对接,强化知识产权保护,创造更有吸引力的投资环境,从更高层面上吸引更多的世界 500 强、全球行业龙头企业和知名跨国公司投资福建。

3. 鼓励台企参与"一带一路"建设

按照《福建省 21 世纪海上丝绸之路核心区建设方案》,加快推进福州、泉州、厦门、平潭海上合作战略支点城市建设,支持台资企业参与福建省港口设施建设,密切闽台海上运输合作。鼓励"走出去"发展的福建省企业,在"一带一路"沿线国家和地区加强与台资企业合作,共同携手拓展东盟、中东国家等国际市场。积极推进祖地文化、民间文化载体平台建设,进一步讲好"海丝"故事,增进台湾同胞对"一带一路"建设的认同感,增强他们参与"一带一路"建设的积极性和信心。

三 福建省参与"一带一路"建设面临的问题

(一)平台功能建设有待提升

1. 通道设施建设需要加强

福建省港口设施建设相对滞后,现有的集装箱码头泊位比较紧张、堆场面积不足,影响了集装箱装卸作业的正常开展;集疏运体系不够完善,集装

---

① 《福建自贸试验区 2018 年上半年新增企业情况》,中国(福建)自由贸易试验区门户网站,http://www.china-fjftz.gov.cn/article/index/aid/9511.html。

箱压港现象时有发生。环厦门湾港区的大型深水航道及锚地等公共基础设施有待完善,环东山湾的古雷港区公共配套码头、东山对台客货码头、滚装码头港区等建设需加快推进。

2. 办展条件和经验仍显不足

福建省的一些地方举办国际性展会的软硬件设施跟进不够,展会策划运作水平不高,品牌规模影响力不大,招展招商质量有待提升。企业参展积极性下降,导致部分展会组展规模较小,无法凸显抱团优势;企业申请中小企业国际市场开拓资金补贴周期较长,需要缩短参展补贴兑现时间,进一步减轻参展企业负担。

3. 侨力资源优势发挥有局限

近年来,华侨华人社会结构和心态都发生了很大变化,从"华侨社会"变成"华人社会",从"落叶归根"到"落地生根"再到"世界公民",从注重感情联系转向以经济、文化、学术等综合因素为纽带的联系。但福建省各地与华侨华人交流交往主要通过寻根谒祖平台,局限于传统的宗乡会、商会和文化类社团,与新华裔、新生代群体的交流交往较为缺失,交流交往的广度、精度、深度不够,已跟不上海外侨团多样化发展趋势要求。

(二)企业"走出去"仍困难重重

福建省境外投资大多是民营企业,以设立贸易公司、铺设营销网络、服务外贸出口为主,普遍存在境外投资项目体量小、分布散、抗风险能力较弱等问题,真正有实力参与甚至主导国际分工和要素分配的很少,企业"走出去"缺乏带动性强、示范作用明显的龙头项目。与此同时,福建省"走出去"企业以东南亚国家为主,对当地的营商环境、法律政策、文化宗教等情况了解不多、研究不够,在海外投资失败的案例时有发生,"走出去"遇到了不少困难和问题。

1. 融资较为困难

主要体现为境内银行对投资境外的民企审批程序复杂、贷款比例较低,民企融资成本偏高。福建省主要银行机构将纺织鞋服、陶瓷建材等传统产业列入高风险信贷行业，省级分行集中控制信贷规模和审批权，授信放款手续烦琐、时间长、效率低，导致多数"走出去"企业的资金链趋紧。

2. 扶持力度不大

与广东、浙江、江苏等地相比，福建省在"海丝"沿线国家的项目推介力度还有差距，很多东南亚国家及欧洲、中东国家对福建"21世纪海上丝绸之路"核心区建设、福建自贸试验区建设知之不多，合作项目偏少。政府每年用于"走出去"的促进资金总量不大，政策促进作用相对有限。

3. 协调机制欠缺

目前，福建省境外自然人投资比例较大，政府职能部门无法实时有效地了解和掌握"走出去"企业情况，尤其是对在外建设项目了解不多，只能依靠企业自身单向报送，缺乏有效的监管和核查机制。与此同时，受目前的外汇管制等原因影响，民营企业有些只能通过非正式渠道，自行在国外注册或绕道香港等地"走出去"。

4. 人才较为短缺

福建省缺少通晓外语、熟悉国际经贸知识和专业技术知识以及了解当地文化、法律背景的国际复合型的经营管理人才，制约着企业境外投资发展，导致企业管理水平相对低下，甚至遭遇商机错失、商务谈判失败等挫折。省级国有企业负责人出访交流受到一定限制，外派技术人员普遍存在签证时间较短等问题，给企业"走出去"洽谈投资和经营项目带来了阻碍。

（三）城市国际化水平偏低

据《中国城市竞争力报告（2018）》，福建省主要城市厦门、泉州、福州的城市综合竞争力在全国各大城市中分列第19位、28位、34位，[1] 从全球资源配置利用能力看，福建省对资金、人才、信息等优质资源的配置能力相对较弱；从社会人文国际交流看，福建省城市除宜居的生活环境外，在外籍常住人口数量、人文国际影响力、科技文教艺术水平以及国际化的语言氛

---

[1] 杜汶昊：《中国城市竞争力第16次报告》，《中国城市报》2018年6月22日。

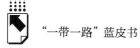

围和生活环境方面，与北京、上海、广州、深圳等一线城市及武汉、重庆、成都等中西部城市相比，仍有很大差距，与建设"21 世纪海上丝绸之路"核心区目标还有差距。福建省城市建设与管理水平有待提升，存在着路牌、路标标识不够规范，酒店、机场、出租车等窗口服务行业外语交流沟通水平不高，外事机构及国际商会、协会、区域性总部等组织在闽数量较少，国际交流互动、国际赛事举办等较为欠缺，外国人在闽生活、经商、办事的便利程度不高，与国际友好城市互派访问学者和留学生力度不够，国际化人才不足等问题。一些企业反映，外籍商务人士、友好人士、游客特别是引进人才，较难在福建当地形成国际化的生活圈，增加了扩大对外交流的难度和引进人才的成本。

（四）体制机制创新有待深化

福建省"21 世纪海上丝绸之路"核心区建设，要求实行协同开放的经济体制和管理模式，但因"海丝"核心区内的各个城市在享有政策、管理权限等方面并不一致，导致资源要素不能得到合理、高效配置，一些地方为留住企业和推动当地发展，市场保护行为时有发生，影响了共同市场拓展，还有一些企业投资跟着地方的优惠政策走，使地方经济发展受到了一些管理体制的约束。

四 进一步推动福建省对接"一带一路"建设的政策建议

（一）强化合作平台功能建设

1. 加强通道设施建设

加快港口基础设施建设，加快推进核心港区、集装箱码头建设，着力完善港区航道、锚地等港口公共基础设施；调整优化港区功能定位，进一步明确管理体制，深化同港同策，加快港口整合转型升级，实现各大港区特色发展。借鉴和学习其他省市做法，对港口资源开发利用和资金安排予以政策支持，如在港口用地上，进一步研究出台更加优惠政策；在海域使用上，实施先征后返的政策并加大返还力度；在资金安排上，研究打造费改税后港航建设项目融资平台等。要加快完善对外区域陆路大通道建设，尽快打通以泉州、西安、昆明为等边三角形的陆路大通道，推动闽粤经济合作区交通一体化发展。要加快推进信息化基础设施建设，争取工信部在福建增设互联网国际业务出入口，大力推动泉州国际业务出入口局的设立和国家级互联网骨干直联点的开通。

2. 加强平台载体建设

善用国家和福建省已搭建的经贸合作平台，进一步吸引更多国家和地区客商参会，大力增强引资引智实效；充分利用亚投行与丝路基金的融资便利，积极争取基础设施合作项目。积极推动高新区、产业园区、涉台园区、出口加工区、综合保税区、陆地港以及跨境电商公共服务平台等载体平台建设，促进功能提升，吸引更多的"海丝"沿线国家和地区企业投资。深化中国—东盟海洋合作中心、中国—东盟海产品交易市场等海洋经济合作平台建设，推动在境外和中国沿海地区设立分中心或办事处。

3. 巧用政府外事平台

根据对外交流合作的实际需要，强化制度建设，实施导向明确的区别管理，进一步优化审批程序，优化经费项目管理，妥善处理好因公出访、对外交流受限问题，更好地发挥"政府搭桥，企业唱戏"模式的作用。借助联合国海陆丝绸之路城市联盟这一国际性平台，加强与联合国各组织机构的紧密联系，当前要充分发挥由泉州工商界发起成立的联合国海陆丝绸之路城市联盟工商理事会的功能和作用，积极开展与东盟、中东城市的物流和农业等项目的互利合作。

（二）扶持引导企业"走出去"

1. 加大政策扶持力度

研究出台鼓励企业"走出去"投资办企业和建营销网络的政策措施，提高外经贸发展资金支持民营企业特别是中小企业"走出去"比例。推动银行业同步"走出去",鼓励地方金融机构在投资项目较多的"海丝"沿线国家和地区设立分支机构,满足企业"走出去"发展的融资需求。完善出口信用保险制度支持政策,对企业拓展"海丝"沿线国家和地区的出口信用保险保费给予一定程度的财政补贴,鼓励企业"走出去"投资兴业。

2. 完善协调服务机制

建议在国家层面建立类似"国际开发合作署"的机构,协调金融、财政、外交等部门,提供相关国家对外产业合作的政策保障,人文、自然环境、金融和基础设施等方面资料,统筹指导企业"走出去"发展,为资本与技术输出保驾护航。在省级层面构建"海丝"沿线国家投资商贸资讯服务平台,建立企业"走出去"项目统筹协调和监管服务机制,由商务、外事部门牵头组织法律、金融、外经、营销等领域专家组成"走出去"专业咨询服务团队,帮助"走出去"企业了解并充分利用政府出台的扶持政策。加强对"海丝"沿线国家的地区安全、政局变动、投资风险和文化宗教等方面的研究,做好风险发布和预警防范。在外向型企业中开展"走出去"情况问卷调查,收集汇总其投资经营的困难与问题,为企业"走出去"提供更多更好的服务。

3. 实施"走出去"本土化战略

着力推进境外经济合作园区和生产加工基地建设,开展优势产能国际合作,探索创建集群式"走出去"国际合作平台,引导企业境外投资从单纯出口贸易向投资贸易相互融合方向转变,从单一项目向园区化转变。借用海外华商力量,合理运用华侨华人开设的会计师事务所、律师事务所、咨询机构等专业中介机构的评估与应对能力,通过合作入股等形式,推动海外园区及企业发展,包括积极策划侨商与民商联合创业区、建立海外华侨华人杰出青年联络平台。要积极宣传福建峰亿轻纺有限公司在柬埔寨投建服装生产基地,通过"走出去"成功地实现转型升级等典型事例,引导电子信息、海洋工程装备、新能源发电设备、环保设备、物联网等先进制造业"走出去",积极开拓海外市场,推动福建省产业向全球价值链高端转型。

（三）着力打造国际化城市

1. 打造开放包容的人文环境

完善营商环境，加快满足外国人的生活需求，包括信息、环境、人文等方面。例如，增设街区路标、功能指示牌，实行"双语双牌"标识；在旅游景区提供不同语种的无线电导游解说，在搜索引擎上上传福建省城市及旅游景点的英文介绍和英文地图；依据外国人的生活习惯，按照国际惯例提供公共服务，打造国际化生活小区，营造国际化生活氛围；等等。要以国际化视野培育城市人文精神，广泛开展对外窗口单位的国际化文化教育和培训，增强市民国际交流交往能力，营造开放包容友好的氛围及人文环境。

2. 塑造福建特色的城市品牌

借鉴新加坡、韩国首尔和深圳等国际化城市建设的成功经验，找出城市形象核心亮点，加强市徽、市歌、城市口号、城市标志人物、城市碑、城市吉祥物、市花、市树、市鸟、城市标准色等城市国际形象整体设计，塑造特色城市品牌。推动推广城市国际形象工程，支持实施"海丝历史文化新名城""古城文化复兴""古港转型升级"行动计划，建设"一馆多区"的中国海上丝绸之路国际文化交流展示中心，积极在国际舞台上发"声"，展现"影""形"。开展更广泛的国际交流合作，吸引更多的领事馆、国际商会、国际行业协会等入驻福建，争取承办更多的国际知名展会、高端论坛和国际赛事，不断打造具有国际影响力的经济、文化品牌活动。

3. 建立互动的引智引资体系

近年来，广东省通过开设首个国家级留学报国基地、首个国家级海归创业学院，创建海归创投联盟（深港），举办广东"众创杯"创业创新大赛科技（海归）人员领航赛等活动，整合政策支持、创客基地、创投机构和专家导师等各方面资源，为海内外优质创新创业项目搭建国际性、多元化、高效率的投融资服务平台，有效激发海归创新创业热情。武汉通过举办华侨华人创业发展洽谈会、高层次人才创新创业交流会，推动武汉及长江中游城市

群知名企事业单位与人才、人才与科技项目的有效对接，促进更多的海内外高层次人才到中部地区创新创业。要借鉴广东、武汉经验，发挥好福建省及各地留学生同学会（或归国创业人员联谊会）平台交流作用，提升发展成为集高端论坛、创业大赛、创业学院、创业基金会、创新创业园区等于一体的引智引资体系。要加大海外高层次人才联络工作力度，依托在英国、美国、加拿大、新加坡等发达国家的闽籍社团挂牌成立的"福建海外人才工作联络点"，推动海外人才与福建省产业人才需求、海外高新技术项目与福建省资本和产业有效对接。

（四）持续推进体制机制创新

1. 进一步深化改革开放

坚持以改革促开放，以开放促发展，加强顶层设计，着力清理各地政策措施，进一步建立健全商务、金融、财政、海关、国检、税务等多部门联动发展的外经贸促进体系，不断提升出口退税、检验检疫、口岸通关等方面服务水平，加快构建更加开放的经济新体制，形成"21世纪海上丝绸之路"核心区统一开放的政策环境和市场坏境。

2. 进一步下放管理权限

拥有国家级台商投资区、国家级经济技术开发区、国家级高新技术开发区三块"国"字号招牌的泉州台商投资区，目前仅有部分市级经济管理权限，建议参照福州新区享有部分省级管理权限，加快开放开发步伐。漳州市是福建省唯一入选构建开放型经济新体制综合试点试验地区的城市，建议下放相关管理权限，以利拓展对外开放的广度和深度，更好地探索与"海丝"沿线国家投资合作新模式，实施先行先试政策，如积极探索漳州产业园区和新加坡裕廊工业园的交流合作，探索在常山开发区设立福建—东盟经贸合作产业园区，与有关国家合作建设境外经贸合作园区等。

3. 进一步推动金融创新

泉州市是"国家级民营经济综合改革试点地区""国家级金融综合改革试验区"，现有民营工业企业10万多家、上市企业近100家。要加快推进海陆丝绸之路城市基础设施建设基金、中银—泉州丝路基金、兴业—海丝文化旅游基金、海陆丝绸之路工商企业发展基金落地工作,积极发挥"一带一路"建设的金融支撑作用。要加快复制推广自贸试验区的金融创新经验,积极探索金融资本、产业资本对接民间资本,促进实体经济发展的经验做法。外资私募基金是未来融资的重要渠道,也是缓解民营企业融资难的重要途径,建议学习重庆的做法,抓紧申请外资私募股权基金结汇投资便利化试点,有效吸引庞大的华侨华人资本,助推"21世纪海上丝绸之路"核心区建设。

B.16
内蒙古参与"一带一路"建设的
规划与实施

张永军 康磊 祁婧*

摘 要： 内蒙古位于祖国北部边疆，外接俄蒙，在向北开放战略中具
有特殊的优势与地位。在国家"一带一路"倡议全局中，内
蒙古也被赋予"发挥联通俄蒙的区位优势"的时代任务。本
报告系统梳理了内蒙古与"一带一路"沿线国家合作的进展
情况与主要成就，并就目前推进进程中存在的问题做了简要
阐述，最后就未来的内蒙古参与"一带一路"建设、构建全
方位对外开放新格局提出了具有针对性的建议。

关键词： 内蒙古 经济发展 基础设施 经济走廊

内蒙古位于祖国北部边疆，外接俄蒙，内邻八省份。在国家"一带一
路"倡议全局中，内蒙古被赋予"发挥联通俄蒙的区位优势"的时代任务。
依据《推动共建丝绸之路经济带和 21 世纪海上丝绸之路的愿景与行动》
《中华人民共和国、俄罗斯联邦、蒙古国发展三方合作中期路线图》《建设
中蒙俄经济走廊规划纲要》，坚持互利共赢，打造命运共同体的宗旨，全面
分析内蒙古与"一带一路"沿线国家合作的进展情况与主要成就，明确未
来的发展方向与重点，对于构建全方位开放新格局具有重大战略意义。

---

* 张永军，内蒙古发展研究中心副主任；康磊，内蒙古发展研究中心中级经济师；祁婧，内蒙
古发展研究中心助理研究员。

一　内蒙古参与"一带一路"建设的主要做法

（一）强化规划引导

结合内蒙古实际，制定出台了《关于进一步加强同俄罗斯和蒙古国交往合作的意见》《内蒙古自治区关于进一步提升对俄罗斯、蒙古国开放水平的意见》《内蒙古自治区深化同蒙古国全面合作规划纲要》《内蒙古自治区推进"丝绸之路经济带"建设实施方案》《内蒙古自治区党委政府关于深入实施开放带动战略全面提升开放发展水平的决定》等系列文件，明确了战略走向、重点任务和近中远期目标，进一步理清了内蒙古参与"一带一路"建设的思路。

（二）加大资金投入

成立了"丝绸之路经济带"建设工作领导小组以及推进向北开放、重点开发开放试验区建设等专项工作领导小组，建立了督促机制，推动相关部门、各盟市把与俄罗斯、蒙古国合作事宜列入工作议程，逐项跟踪落实。不断加大财政支持力度，2015～2016年，新增5亿元地方政府债券资金，专门用于口岸基础设施建设；满洲里、二连浩特国家重点开发开放试验区专项补助资金由2亿元增至3亿元。不断加大降成本优环境力度，印发了《内蒙古自治区关于压缩货物通关时间的实施方案（试行）》，压缩1/3的货物通关时间；联合7部门下发《内蒙古自治区关于免除查验没有问题外贸企业吊装移位仓储费用全面试点工作的实施方案》，自治区财政拨付资金310万元，进一步降低了外贸企业的经营成本；开展集装箱进出口环节合规成本专项治理行动，集装箱进出口环节合规成本同比下降5%以上。

（三）拓宽合作领域

按照"对方有需求、我区有优势"的原则，优先选择与内蒙古产业契合度高、有合作条件和基础且合作愿望强烈的俄罗斯、蒙古国等东北亚国家作为重点合作国别,积极开拓柬埔寨、越南等东南亚国家市场,马达加斯加、赞比亚等非洲国家市场,新西兰、澳大利亚等大洋洲以及美国、加拿大等北美洲发达国家市场。重点推动钢铁、有色、建材、电力、轻纺、农牧业开发、乳品加工等七大领域开展国际产能和装备制造合作,在俄罗斯、蒙古国合作建设一批园区。逐步加强与沿线国家在基础设施建设、新能源、节能环保、高端装备制造业、生物科技、蒙中医药、农业等领域的合作。锡林郭勒盟畜牧产业跨境合作首开先河,中方与蒙方共同积极支持和推动中方企业在蒙古国东部三省开展相关领域技术服务、生产加工、小型设施设备推广等方面合作,共同提高牲畜改良、疫病防治、牧草进口等合作水平,共同推动争取二连浩特、珠恩嘎达布其口岸成为活畜进出口指定口岸,就地加工转化率达到50%以上。

(四)创新贸易方式

2016年9月,中蒙俄跨境电商在内蒙古达成"国际物流合作备忘录",三方将加强跨境电子商务和国际物流合作,共同将中蒙俄跨境电商这条"网上丝绸之路"发展成为重要经济增长点。[①] 内蒙古把跨境电商作为提高贸易便利化水平的重要抓手,推动区内跨境电商发展主动对接"一带一路",目前开展对俄、蒙进出口业务的跨境电子商务平台共有17个。积极复制推广跨境电子商务综合试验区探索形成的成熟经验,大力推动呼和浩特市跨境电子商务综合试验区在跨境电子商务交易、支付、物流、通关、退税、结汇等环节的技术标准、业务流程、监管模式和信息化建设等方面先行先试。促进跨境电子商务公共服务平台建设,推动跨境电子商务网购保税进口业务开展,加快跨境电商与园区融合发展。做大做强一批本土电商平台,鼓励企业利用阿里巴巴、天猫国际、亚马逊等知名跨境电商平台开展

---

① 《中蒙俄跨境电商在内蒙古达成"国际物流合作备忘录"》,搜狐网,http://www.sohu.com/a/113501796_326097。

业务。通过赤峰跨境电子商务分拨中心、跨境商品展示中心、呼和浩特国际快件监管库、鄂尔多斯 O2O 体验店、创客空间等项目建设,[①] 依托保税区、园区发展跨境电商管理服务体系,积极改善跨境电子商务基础设施和公共服务软环境。

（五）创新体制机制

（1）深化多层次协商会晤。内蒙古与蒙古国、俄罗斯有关部门和毗邻地区政府间逐步建立高层会晤机制。与蒙古国经济发展部常设工作组会议机制运转顺利。"中国内蒙古自治区人民政府与蒙古国经济发展部常设协商工作组会议"每年举办一次。与俄联邦布里亚特、卡尔梅克、图瓦三个佛教共和国及后贝加尔边疆区、伊尔库茨克州建立地方政府间定期会晤机制。与蒙古国戈壁阿尔泰、南戈壁、东方、肯特、后杭爱等省政府办公厅,俄罗斯后贝加尔边疆区（原赤塔州）,图瓦共和国,布里亚特共和国签署了关于建立工作联络机制的会谈纪要。

（2）推动建立友好地区关系。内蒙古分别与俄罗斯后贝加尔边疆区（原赤塔州）等 10 个地区、与蒙古国乌兰巴托等 17 个地区建立了友好地区（城市）关系。友好地区（城市）关系为扩大和深化内蒙古同俄罗斯和蒙古国的友好交往,拓展深层次经贸人文合作,提供了稳定的交流平台。

（3）加快"三互"大通关改革。一是拓展改革范围。中蒙海关联合监管改革不断深化,中蒙两国口岸实行统一"载货清单"试点,中俄两国将满洲里—后贝加尔斯克公路口岸确定为海关监管互认试点。海关区域通关一体化改革全面推进,区内报关企业实现"一地注册、全国通关"。协调联检部门间通过优化通关流程、减少监管环节、简化通关手续和建立联系配合机制等措施,加快通关速度。二是加强电子口岸建设。积极开展国际贸易"单一窗口"建设工作,为进一步提升口岸通关效率,在全区 10 个公路口

---

① 《内蒙古电子商务发展情况新闻发布会》,内蒙古自治区政府门户网站,http：//www.nmg. gov.cn/art/2017/6/20/art_ 1101_ 184428. html。

岸启动运输工具“单一窗口”系统（智能卡口）建设。开展国际贸易“单一窗口”标准版推广应用，实现国家标准版与内蒙古电子口岸平台的对接。三是提升中欧班列通关效率。满洲里海关密切与地方政府、检验检疫及铁路部门加强合作，创新班列货物查验、换装等运作模式，优化过境货物监管流程，为班列常态化运营创造更好更便利的通关环境。二连浩特检验检疫依托中国电子检验检疫主干系统和全国检验检疫无纸化系统，积极创新检验检疫模式，减少单证传递和审核时限，设立专人专窗办理中欧班列业务，班列在口岸检验检疫时间缩短到 20 分钟左右。

（4）密切智库交流合作机制。积极搭建多层次高端智库交流合作平台。在中国外交部倡议支持下，由内蒙古自治区发展研究中心联合国务院发展研究中心国际合作局、俄罗斯科学院远东研究所、蒙古国科学院和蒙古国国立大学等国内外智库，共同形成的国家级、国际性的重要学术交流和智库合作平台，已成功举办了三届，为三国政府做政策研究、智慧支持，促进三国政府和民众间的相互理解和信任。

（六）积极搭建开放合作平台

推进满洲里、二连浩特国家重点开发开放试验区建设，2012 年和 2014 年，国务院先后批复满洲里、二连浩特为国家重点开发开放试验区，在行政管理体制改革、商事制度改革、大通关改革、金融服务创新等领域实现率先发展。率先在全国开展卢布现钞使用试点，设立工行融 e 购“满洲里跨境专区”；与蒙古国银行建立双边结算关系，签署图格里克现钞直接调动、受托代付、账户清算等业务合作备忘录。推进满洲里综合保税区和中蒙二连浩特—扎门乌德跨境经济合作区建设。2016 年 12 月 20 日，满洲里综合保税区正式实现封关运营。《中蒙二连浩特—扎门乌德跨境经济合作区共同总体方案》已经签署，内蒙古将推动中蒙两国签订政府间协议。推动互市贸易区建设，2016 年 6 月 20 日，满洲里互市贸易区试运营，2017 年该互市贸易区成交额已实现 2 亿元。2016 年 9 月 3 日，二连浩特互市贸易区试运营，截至 2017 年底，中蒙两国公民累计入区交易 2 万人次，互市商品销售总额约

2000 万元。积极搭建会展平台。内蒙古策划的中蒙博览会得到国家相关部委的大力支持，并于 2015 年 10 月在呼和浩特市成功举办，此外成功举办了 6 届二连浩特中蒙俄经贸合作洽谈会、11 届海拉尔中俄蒙经贸合作洽谈会、12 届中国（满洲里）北方国际科技博览会。同时积极组织企业赴蒙古国参加投资贸易合作洽谈会。

二 内蒙古参与"一带一路"建设取得的主要成就

（一）对外经贸合作迈上新台阶

内蒙古在"一带一路"经济贸易通道中处于重要节点，对俄边境口岸和对蒙边境口岸分别承担中俄陆路运输货物总量的 65% 和中蒙货运总量的 95%。2014～2017 年，内蒙古与 62 个"一带一路"沿线国家有贸易往来，货物贸易额累计超过 2169 亿元。[1] 2017 年内蒙古与蒙古国贸易额达到 264.51 亿元；与俄罗斯贸易额达到 205.88 亿元；与伊朗、越南、印度等其他"一带一路"沿线国家贸易增长明显，增速分别达到 60.4%、27.5%、37.2%。贸易结构不断优化，2017 年机电、高新技术产品出口增长迅速，机电、高新技术产品出口增长较快，增速分别达到 75.5%、52.8%，占全区出口总额比重达到 29.6%，为近年来最高水平。经满洲里铁路口岸进出境中欧班列运营潜力持续释放，涵盖西南、华南、华东、东北等多个地区，到达欧洲 11 个国家的 28 座城市，形成全方位辐射互联全中国的高效物流通道，为"一带一路"沿线国家贸易畅通提供了有力保障。2018 年 1～8 月，内蒙古开行中欧（中亚）班列 144 列，同比增长 234.9%，发运标箱 7942 箱，同比增长 98.6%，货值 23563.5 万美元，其中去程 53 列，回程 91 列。

---

[1] 丁晓龙：《深化"一带一路"经贸合作开创内蒙古对外贸易新局面》，《北方经济》2018 年第 5 期。

（二）互联互通水平实现新突破

《推动共建丝绸之路经济带和21世纪海上丝绸之路的愿景与行动》明确提出，基础设施互联互通是"一带一路"建设的优先领域。内蒙古作为"一带一路"陆路通道上"中蒙俄经济走廊"的重要支点，围绕国家推进"一带一路"建设的总体部署，近年来重点加快了自治区境内与俄蒙口岸连接的互联互通公路建设。

（1）口岸交通运输网络初步形成。截至2018年，内蒙古与俄、蒙开放的12个公路口岸，满洲里、二连浩特、策克已通一级公路，室韦、甘其毛都、阿尔山已通一级一幅公路，满都拉、珠恩嘎达布其、黑山头、阿日哈沙特、额布都格已通二级公路，通乌力吉口岸二级公路正在建设，年底可通车。策克—西伯库伦、珠恩嘎达布其—毕齐格图铁路口岸过境点已确定，蒙古国首次同意采用标准轨距修建中蒙跨境铁路。满都拉公路口岸实现常年开放，乌力吉公路口岸和鄂尔多斯市航空口岸正式获批开放。二连浩特、包头、阿尔山航空口岸实现了临时开放。呼和浩特、包头、巴彦淖尔、乌海等地陆港建设实现新突破，开通了白塔机场国际空港快件和满洲里国际邮件互换局交换站业务，为跨境电子商务发展奠定了坚实基础。

（2）国际道路运输合作进展顺利。内蒙古国际道路运输已经进入了基础设施不断完善，客货运量稳定增长，管理服务持续提升，部门协同更加顺畅的稳定发展时期。目前与蒙古国、俄罗斯达成开通协议的国际道路运输线路共计57条，初步统计线路总长超过1万公里，基本形成了以口岸地区重点城市为中心、以边境口岸为节点、覆盖蒙俄边境地区重点城市、重点矿区并向其腹地不断延伸的道路运输网络。2017年内蒙古国际道路运输完成货运量为3543.1万吨，较上年同比增加了14.1%，创历史新高，客运量延续上升趋势，全年国际道路运输完成客运量为355.6万人次，同比上升35.5%。

（3）对外航线逐步增加。经与蒙古国对接，北京—满洲里、呼和浩特—满洲里航线途经蒙古国领空飞行至目的地，开创了中国民航国内航线跨国飞行的先例。鄂尔多斯等4个国际航空口岸开放；开通了多条通往俄蒙主要城市的国际航线。呼和浩特、海拉尔、满洲里开通赴蒙古国乌兰巴托、乔巴山，俄罗斯赤塔、伊尔库茨克、乌兰乌德等地区的国际航线，客源继续保持稳定增长。鄂尔多斯等 4 个国际航空口岸开放；开通了多条通往俄蒙主要城市的国际航线。呼和浩特机场新增呼和浩特—乌兰巴托定期航线，旅客运送量为 4778 人次；包头机场开通包头—乌兰巴托临时航线，旅客运送量为 2255 人次；二连浩特机场恢复开通二连浩特—乌兰巴托航线，旅客运送量为 2355 人次。

（三）资金融通取得新进展

围绕"一带一路"倡议，内蒙古积极推动人民币跨境使用，持续扩大资金融通，对俄蒙双边本币结算规模不断扩大，中蒙双边本币现钞跨境调运高效顺畅，人民币与蒙图银行间市场区域交易顺利开展，与俄罗斯双边本币合作平稳发展。积极引导辖区商业银行依托代理行关系创新跨境人民币业务产品和服务，建设银行内蒙古分行面向蒙古企业和个人的跨境融资产品"蒙商通"、中国银行内蒙古分行对蒙跨境人民币直贷等相关创新服务相继推出，拓展跨境融资方式，有效缓解在蒙中资企业融资难、融资贵的问题。截至 2018 年 6 月，内蒙古共有 2400 余家企业参与跨境人民币结算，境外结算拓展到 77 个国家和地区；与俄蒙商业银行建立代理行关系的商业银行 62 家，开立金融同业往来账户 157 个，其中人民币账户 91 个，美元账户 52 个，卢布账户 6 个，人民币境外参加行已覆盖蒙古国所有商业银行；对蒙人民币跨境收支 744.83 亿元，年均增长率为 19.82%，占全国对蒙人民币跨境收支的 84.48%；对俄人民币跨境收支 75.59 亿元，年均增长率为 33.22%。

（四）人文交流取得新成果

中蒙俄三国山水相连，在自然环境、民俗、文化等方面有许多相似和相同之处，接壤的边界地区居民大多语言相通、习俗相近，文化相似、关系和睦，存在明显的人文优势，为合作创造了良好的氛围。在科技合作方面，内蒙古自治区实施了资源高效利用、生物技术孵化器建设、农牧业信息化等

50 余个联合项目，中蒙生物高分子应用研究联合实验室建成运行。满洲里打造东北亚区域经济技术合作平台，连续举办了十三届中国（满洲里）北方国际科技博览会。在人才引进方面，2016 年至今，内蒙古在第十四、十五、十六届中国国际人才交流大会，中日大学展暨论坛等国际交流合作，组织 149 家用人单位现场提供 1538 个冶金、稀土、节能环保、"制造业＋互联网"应用等自治区重点产业的高端岗位，与数千位与会高层次国际化人才进行了面对面洽谈，达成引才意向 1153 人。引进境外促进内蒙古产业或产品转型升级的技术、管理人才项目 82 项 178 人，其中涉及"一带一路"沿线国家的项目和人才均占 16％以上。在教育合作方面，与蒙古国文化科学部签订了蒙古国学生来华学习协议，中小学留学补助标准提高到每人每年近 10000 元。截至 2016 年底，内蒙古在校国际学生 3666 人，其中蒙古国留学生 2703 人，占 73.73％，俄罗斯留学生 274 人，占 7.4％，蒙古国和俄罗斯已经成为内蒙古留学生的重要生源国。在医疗合作方面，充分发挥本地医院优势，每年派出医疗机构赴蒙古国进行义诊，同时加大各级医院收治力度，每年收治蒙古国、俄罗斯患者近 3 万人次。在旅游合作方面，建立中俄蒙三国五地旅游联席会议机制，2016 年 7 月 23 日内蒙古承办了首届中俄蒙三国旅游部长会议。跨境旅游快速发展，举办了中蒙俄"茶叶之路"和平之旅、环线自驾游等系列活动，开通了"满洲里—西伯利亚号"中俄跨境旅游专列。此外，在非物质文化遗产保护、地质遗迹保护、图书研究、文物考古等领域与俄蒙积极展开合作，推进"茶叶之路"沿线国家和地区联合申遗。

三 存在的问题

（一）对外经济规模偏小

内蒙古对外贸易一直处于贸易逆差状态，经济外向程度相对较低。2000 年内蒙古对外贸易依存度为 10.95％，2005 年为 10.83％，2010 年下降到

5.06%，2015 年持续下降为 4.47%，尽管 2017 年（5.8%）有所提升，但是相较于新疆（12%）和黑龙江（7.6%）对外贸易依存度仍然存在不小的差距。

2017 年，内蒙古海关进出口总额 942.4 亿元，其中，出口总额 334.8 亿元，进口总额 607.7 亿元。从主要贸易方式看，一般贸易进出口额达 535.3 亿元，占进出口总额的 56.8%；边境小额贸易进出口额达 302.9 亿元；加工贸易进出口额达 22.7 亿元。即使与几个国内沿边省份相比，对外经济规模也偏小。进出口总额仅相当于广西的 24.4%，约相当于黑龙江的 71.2%、云南的 57.5%、新疆的 65.2%。2000 年以来，虽然内蒙古进出口贸易总额持续上升，但是与新疆和黑龙江相比增长速度较慢。2016 年，对蒙古国和俄罗斯进出口总额仅占全国对蒙古国和俄罗斯进出口比重的 7%，低于黑龙江 16.6 个百分点，说明没有发挥好自治区口岸众多边境贸易的优势，在规模和速度上都有待进一步提升。此外，作为沿边经济发展的主要载体之一，各类园区总体建设规模偏小，多数尚处在起步阶段，承载能力不足，产业集聚度较低。

（二）经贸结构比较单一

从经贸合作看，以资源进口为主，"走出去"力度不够。2016 年，内蒙古对俄蒙贸易额仅为 55.8 亿美元，占全区外贸进出口总额的 47.7%。进出口产品结构不合理：出口产品单一、档次较低，内蒙古主要出口产品包括服装、化工原料及纺织原料等，处于原料和初加工产品阶段，高附加值产品比例低，缺乏拥有自主知识产权的产品，对整个区域外向型经济的带动性较弱；内蒙古从蒙古国和俄罗斯等邻邦国家进口的商品主要以煤炭、矿石等资源原材料为主。双向相互投资规模小，合作领域主要局限于矿产资源开发、粮食、果蔬种植栽培、森林采伐、木材加工等，与其他省区存在一定差距。

一般贸易比重大、加工贸易比重小。2017 年，内蒙古加工贸易在进出口贸易中的比重为 4.1%，而且依赖外资企业实现部分贸易规模的扩张，并没有得到技术上的自立。另外，从自治区开放结构看，重经贸合作，轻社会

人文交流。尽管内蒙古与蒙古国、俄罗斯在社会人文交流方面做了很多努力，取得了不少成效，但离目标仍有较大距离。①

（三）基础设施建设滞后

内蒙古地处我国西北内陆，由于政策、地理和历史原因，地理环境比较恶劣，全区向北开放的交通、通信等硬件和配套基础设施比较薄弱，不仅相对沿海地区比较落后，也滞后于对外开放形势发展的需要。一是中蒙俄三国在边境建设国际大通道过程中存在亟待解决的跨境断头路（桥）问题。俄蒙两国边境基础设施也比较薄弱，进一步导致了内蒙古与蒙古国和俄罗斯基础设施的互联互通水平不高。例如，珠恩嘎达布其口岸至乔巴山公路至今还未连通，同时一些历史遗留的基础设施合作问题尚未解决。中俄合作兴建的黑河大桥建设项目20多年还未完工，中蒙之间的"两山"铁路的建设问题悬而未决，这些基础设施合作项目不能落实，给双边或多边合作带来负面效应。二是蒙俄基础设施建设滞后并且相关标准同中国不一致。三是口岸基础设施建设滞后。三国相邻口岸设施不完善、不配套，口岸现代化、信息化程度较低，配套性较差，管理服务还较为粗放，影响了口岸功能的整体发挥。

（四）口岸竞争"无序化"和企业创新能力不足

内蒙古现有19个对外开放口岸，其中边境铁路口岸2个、边境公路口岸10个、水路口岸4个、国际航空口岸3个，形成了铁路、公路、航空等多种通关方式并存的口岸开放格局，也跨入了全国多口岸省区的行列。但是，长久以来，区内口岸整体发展水平还偏低，口岸经济效应尚未形成，各口岸中除满洲里和二连浩特外，部分边境地区对口岸开放的目的和作用缺乏深入细致的研究，有的口岸开放多年仍然停留在较低发展水平上，甚至还停

---

① 张永军、赵秀清、康磊、祁婧：《内蒙古推进"中蒙俄经济走廊"建设的难点、重点及对策》，《北方经济》2015年第9期。

留在过货通道的发展阶段，具有口岸特色的产业体系还没有构筑起来，口岸拉动地方经济发展的能力和潜力明显不足，口岸与内陆地区良好结合互动的发展局面没有形成。

企业创新能力不足也是制约口岸发展的主要因素之一。内蒙古由于经济发展较落后，企业创新程度低、研发投入相对较少。[1] 2016年，内蒙古研究与试验发展经费达147.5亿元，在全国排名第20位；研究与试验发展经费投入强度只有0.79%，全国排名第25位，与其他省份相比差距明显。"一带一路"背景下，中蒙俄经济走廊的建设势必涉及与蒙古国和俄罗斯企业的合作，而作为北部边疆的内蒙古企业在研发投入和相关政策实施方面需要加快企业创新力度，深入实施知识产权战略，打击知识产权侵权和产销假冒伪劣产品等违法行为，[2] 否则面对的将是蒙古国和俄罗斯一系列严厉的贸易壁垒等进出口限制，严重影响内蒙古建设中蒙俄经济走廊和国家向北开放桥头堡的进程。

四　对策建议

（一）构建全方位开放开发格局

（1）畅通欧亚大通道。充分发挥内蒙古的口岸优势，推动中蒙俄跨境铁路和公路建设，打通陆地短缺路段和瓶颈路段，构建联通俄蒙主要城市、重点矿区、产业园区的立体交通运输网络，建设贯通沿边旗县的高等级公路，加快构筑新的欧亚大通道。

（2）建立能源输送网络。推进跨境输电通道建设，大力开展区域电网升级改造合作。推进建设中蒙输电通道，与蒙古国南部电网实现多点联

---

① 薄惠敏：《大力发展内蒙古自治区体育经济的对策初探》，《内蒙古科技与经济》2010年第1期。
② 布仁门德、张萨日娜：《"一带一路"视角下内蒙古外向型经济发展对策研究》，《内蒙古民族大学学报》2018年第4期。

网。建设信息沟通网络，加强信息交流与合作，合作推进跨境光缆等通信干线网络建设，扩容完善满洲里—后贝加尔斯克中俄跨境光缆和二连浩特—乌兰巴托跨境光缆，全面提升通信互联互通水平，构建畅通便捷的信息丝绸之路。

（3）加强产业合作区建设。促进直接投资，发展配套产业，带动就业，形成跨境旅游、服务贸易、商品贸易、进出口加工、新兴产业、金融、科技、电子商务、对外投资等相互促进的合作新格局。

（4）拓宽贸易和产业合作领域。在能源和资源贸易基础上推进更多领域的合作，提升中蒙俄贸易深度与广度，促进贸易结构合理化发展。鼓励和支持内蒙古企业同俄罗斯、蒙古国能矿企业合作，提高资源就地加工转化比重。支持内蒙古企业参与蒙古国电厂现代化改造、电源点和输电线路建设，拓展在风能、太阳能等清洁能源领域合作。推动能矿和加工制造业合作，实现由以贸易为主向贸易加工并重转变。延长产业链，对原材料及粗加工产品进行深加工、精加工，提高产品附加值及国际竞争力。支持满洲里与二连浩特两个国家重点开发开放试验区与珠恩嘎达布其口岸、满都拉、甘其毛都等铁路与公路口岸地区发展加工贸易，扩大具有较高技术含量和与俄蒙互补性强的内蒙古有色金属产品和机械设备产品、兆瓦级风机、能矿开采设备等出口到中蒙俄经济走廊沿线国家与地区。进一步提高二三产业产品出口的规模和比重，全面优化出口产品结构，增加出口产品附加值，使内蒙古的外向型经济发展建立在高新技术上。

（二）推动沿边与腹地互动

一是推动沿边地区发展，继续完善口岸基本建设，学习和借鉴国内其他地区开放口岸的成功建设经验，建设能够更好地发挥过货通关、加工制造、商贸流通三大枢纽功能的现代化口岸，提高口岸通过能力、加快口岸园区建设步伐、发展口岸现代服务业。整合全部开放口岸资源，实施分区、分功能管理，完善信息网络，实现数据共享，建立现代化物流信息平台和电子商务平台，实现集人流、物流、信息流于一体，扩大和发挥口岸的开放潜力。在发展战略性新兴产业和产业结构调整过程中统筹谋划，优势互补，推动"大而全""小而全"的口岸发展模式向错位发展转变。二是加强国内东西部的沟通联系，建立"联疆达海"出区通道及口岸运输国际通道，辐射中国东北、西北及华北地区的交通干线，密切与周边省市、沿海发达省市及其他国家的互动与往来。三是抓住京津冀协同发展上升为国家战略这一重大契机，把协同发展互动机制扩展至京津冀、大陆桥沿线省区的协同整合，加强内蒙古口岸与环渤海地区港口群的通道建设。四是健全物流网络布局，与腹地省市物流园区实现充分对接乃至一体化运营，增加货运的种类，更好地吸引腹地省市的货源。借助这些运行速度快、运输价格低、口岸服务优的中欧班列建起经济桥梁，为俄蒙与我国其他地区合作搭建信息、物流和服务平台，获得国内腹地强大的支持，实现由单纯的口岸经济向口岸与经济腹地协同发展转变，形成北上南下、东进西出、内外联动、八面来风的对外开放新格局。

（三）积极争取国家政策支持

内蒙古进行中蒙俄经济走廊建设需要国家给予大力支持和指导。需要在国家层面建立和完善统筹协调机制。在中蒙俄三方合作框架下，建议国家层面有关部门和地方政府建立协调机制，尽早形成中蒙俄双边长效性谈判机制，进一步与蒙古国、俄罗斯在贸易发展战略和重大项目、对策时机等相关工作内容方面统筹谋划，消除在法律法规、行业标准、海关体制等方面存在的障碍，建立更便利、高效的通关及贸易机制。加强基础设施、资源开采、制造业、金融等领域的交流对接，在充分协商下制定区域合作规划及措施，尽快签署中蒙俄三边鼓励合作和保护相互投资的协定以及中蒙俄过境费率优惠协议，在国家级有关资质相互认可、开设口岸绿色通道、放宽劳动配额限制等领域创建良好合作环境方面实现实质性进展。

（四）深化与俄蒙合作机制

本着适应国际化、市场化要求的原则，内蒙古要继续深化与俄蒙的合作机制。在国家层面的对接基础上，加强地方政府间沟通协作，构建政府间多层次联动机制和交流机制，推进政策对话和协商，深化经贸合作，增进互信，构建合作新渠道。考虑建立三国政府间合作共建中蒙俄经济走廊专门委员会，就各自发展战略、产业规划、法律法规进行对接；建立智库、媒体、社会组织、企业家等领域的"中蒙俄经济走廊支持联盟"，加强对合作共建的动员和支持。

四川省参与"一带一路"建设的规划与实施

达　捷　胡庆龙*

摘　要：　四川省是一个人口、人文、资源大省，从国内的区域特征来看，四川省位于中国的西南地区，但是从中国和欧洲的整个大区域来看，四川又是中国内地和欧洲的一个交通枢纽。国家"一带一路"合作倡议给四川的经济发展提供了一个良好的契机：不仅通过"一带一路"的交通建设使得四川成为内地与欧洲货物运输的一个通道，更加重要的是四川省通过实施"蓉欧+"战略，以建设完备的交通网络为基础，把自身的经济、文化资源和"一带一路"沿线国家有机地结合起来，充分利用市场机制对资源进行合理有效地配置，以文化交流为平台，充分利用中国（四川）自由贸易试验区的功能优势，实施四川省的"251"经济发展规划。在这五年的时间内，四川已经从原来的参与者，逐渐成为区域经济发展的助力者和"一带一路"建设的重要支点。"蓉欧+"战略、中国（四川）自由贸易试验区以及文化的国际交流以及成为实施"一带一路"的重要举措。

关键词：　"一带一路"　四川省　规划与实施

---

* 达捷，四川省社会科学院产业经济研究所所长；胡庆龙，安徽省黄山学院经济管理学院讲师，四川省社会科学院产业经济研究所特聘研究员。

为了充分利用国际、国内两个市场，由习近平和中央政府提出的"一带一路"建设已经取得了令世界瞩目的成绩。四川省作为中国的一个资源大省，从国内的区位来看位于西部地区，但是从欧洲和中国这样的一个大的市场来看，四川是欧洲与中国的交通枢纽，位于"丝绸之路"的海陆交会点。如果四川省能够充分利用"一带一路"这一交通要道，把省内丰富的资源与国际的技术、资本有机地结合起来，将会给四川省经济社会的发展创造良好的契机。在2013～2017年的五年时间内，四川为"一带一路"建设做出了积极的努力，同时也为国家"一带一路"的实施做出了贡献。这五年时间，如果说前四年是"一带一路"的准备时期，那么2017年便是收获的开始。

自2013年4月26日的"蓉欧"快铁从成都出发，沿着"丝绸之路"一直开往欧洲，标志着四川已经开始融入"一带一路"。融入"一带一路"建设，不仅是关系四川全局和长远发展的大事，同时也为国家的"一带一路"建设提供了基础条件。近年来，四川省委、省政府以及四川省各类企业具有敏锐的市场意识，在充分认识和理解"一带一路"建设对四川省乃至全国经济发展的战略意义的基础上，对于"一带一路"带动四川和全国经济发展形成了具有四川特色的建设思路：总体来说，四川为了对接和参与"一带一路"的建设，以国际大通道——"欧蓉"快铁为依托，以中国（四川）自由贸易试验区为先导，以重点项目为支撑，以投资促进为抓手，以民间交流为基石，积极推进经贸、投资、人文、金融等重点领域的交流合作，努力推动"一带一路"建设取得新进展。

一 四川省参与"一带一路"建设的主要举措

（一）制定"一带一路""251"三年行动计划

为了利用国家"一带一路"建设给四川经济发展带来的契机，四川省委、省政府率先提出了关于"一带一路"对于振兴四川经济的"251"三年行动计划,① 即：重点发展"一带一路"沿线的 20 多个国家,建立经济、文化等联系；优先抓好 50 个重大项目；通过 100 家优势企业发挥示范导向功能。2017 年,四川与沿线的国家贸易额增长近 80%,对外承包工程营业额 39.3 亿美元,四川逐渐成为我国实施"一带一路"、推进向西、向南开放的核心腹地。

另外,《四川省城镇体系规划 (2014～2030)》中明确提出"主动适应和引领经济发展新常态,积极对接'一带一路'和长江经济带发展战略,保持经济中高速增长,促进产业结构转型升级"。同时,努力在 2030 年成为国家"一带一路"和长江经济带的一个战略支点。

(二)提升内力,优化国有资本的布局和结构调整

根据《四川省属国有资本"十三五"布局与结构调整规划》的要求,四川省国有资本应该重点被引导或者配置到一些优势行业中,如电子信息产业、装备制造业、食品饮料行业、先进材料行业、能源化工行业等"5＋1"产业,在国际分工中要努力把国有资本配置到产业链的高端,聚焦主业,利用"一带一路"沿线国家的资源互补性和竞争性的特点,形成有四川特色的且有核心竞争力的优势企业集聚,全面推动四川省国有资本的高质量发展,进一步优化省属国有资本的产业布局和结构性调整,提升省属企业的国际竞争力和社会、经济效益。

以"一带一路"为导向,以国际产能合作为重点,深入实施"251"

---

① "251"三年行动计划的主要内容如下。"2",即深度拓展 20 个重点国家。立足四川产业、贸易、投资等竞争优势,结合沿线国家经济现状、资源禀赋和发展诉求,锁定俄罗斯、新加坡、印度、捷克、沙特等 20 个国家集中开拓、精耕细作。"5",即优先抓好 50 个重大项目。在"走出去"和"引进来"项目中,加强与沿线国家在四川优势产业、新兴产业、过剩产业中的合作,选择 50 个投资额 1000 万美元以上、工程承包合同额 1 亿美元以上的重大产业化和基础设施项目,实施重点跟踪、强力促进。"1",即实行 100 家优势企业示范引领。选择长虹、成达、宏华、东方电气等 100 家与沿线国家具有较好贸易投资基础、具备较强竞争实力的骨干龙头企业,实施重点引导、形成示范。参见《四川省人民政府办公厅关于印发四川外贸促进三年行动方案 (2018～2020 年)的通知》(川办发〔2017〕100 号),四川省人民政府网, http://www.sc.gov.cn。

行动计划，通过开展对外直接投资、对外基础设施建设、探索海外投资并购等方式，加快"走出去"步伐，提升国际化经营水平。支持省属企业、中央在川企业、民营企业开展多种形式合作，协同拓展国际市场。在基础性产业领域，引导省属企业向"一带一路"沿线国家和地区投资布局，重点参与交通、能源、建筑等基础设施建设工程总承包与战略性资源开发；在现代服务业与战略性新兴产业等领域，鼓励省属企业联合民企、外企等搭建海外投资并购平台，推动与发达经济体和新兴经济体的高端合作；在优势产业领域，鼓励和引导省属企业加强国际产能合作，打造跨境产业链。

为了进一步推动四川省经济发展，优化四川的产业资本结构，四川还启动了省级以及地市一级的"一带一路"重大项目储备库。目前，仅省级实施项目就有140多个，总投资额超过1.2万亿元，涵盖基础设施建设、经贸产能合作、能源资源开发、人文交流等领域。

（三）文化先行战略

四川具有丰富的历史文化资源，四川的地域文化与"一带一路"沿线国家在文化交流方面具有很强的互补性。通过文化的相互融通，不仅可以推进四川省和"一带一路"国家的文化融合，而且可以通过"文化出口"进一步带动四川和"一带一路"国家的区域合作。为了推动文化交流、文化传播、文化贸易创新发展，四川省文化厅拟定了《四川文化融入"一带一路"战略实施意见（2017~2020年)》（以下简称《实施意见》）。以川剧、木偶皮影、藏羌彝民族歌舞等舞台艺术形式，以蜀锦蜀绣、川茶川盐、古币交子等丝路历史文化，创作"丝路"艺术主题；实施文化遗产文明对话；加强对外文化贸易合作；搭建文化交流推广平台；积极引进优秀文化成果。

根据《实施意见》的要求，四川省把四川的历史文化遗产，通过文化"出口"到"一带一路"沿线国家，同时邀请这些沿线国家的知名博物馆来四川举办展览。四川在历史上也是古丝绸之路的重要节点之一。如今，开放、包容的四川在新的国际市场环境下和新的国内政策环境下将沿着"一带一路"再出发,通过文化交流搭起四川与国际、中国与国际交流互鉴的友谊桥梁和经济建设的桥梁。

(四)制定交通规划,构建"蓉欧+"战略

四川省由于其地理位置的局限性,为了实现经济、文化参与"一带一路"快速融合,四川省正在全方位构建铁路、公路、水路和空运交通运输体系。为了进一步提高四川融入"一带一路"建设的便捷性,四川省陆续出台了《成都国际铁路港建设三年行动计划(2016~2018年)》、《成都国际铁路港临港产业发展规划(2016~2025年)》以及《成都国际铁路港贸易区战略规划》等一系列政策文件和交通规划来打造四川与国际、中国与国际的交通走廊。

1. "蓉欧"快铁

中欧班列是连接中国与欧洲及"一带一路"沿线各国的集装箱国际铁路联运班列,属于"一带一路"重大国际合作项目。作为中欧班列的一个部分,中欧班列(成都)(成都至波兰罗兹,简称"蓉欧"快铁),从四川始发,经由阿拉山口出境,中途经过哈萨克斯坦、俄罗斯、白俄罗斯,全程9965公里,运行时间约14天(目前已经缩短为11天)。目前"蓉欧"快铁已经开通三条至欧洲的线路。

中欧班列(成都)已经成为连接中国内地和欧洲的重要纽带,成为四川参与"一带一路"建设的重要平台和抓手。四川省计划通过实施"蓉欧+"战略,构建内地和欧洲的交通网络,形成国内与欧洲货物运输的便捷的通道。

"四向拓展、全域开放"是四川未来发展的必然格局和趋势,四川省打算以成都为基点,进行四面发展:扩大北向,主动参与中俄蒙经济走廊建设;西向深化,进一步释放"蓉欧"快铁、"空中丝绸之路"的运输能力;向东以长江经济带为依托,把内陆的东部沿海地区连接起来;南向与新加坡、广东、港澳、东南亚等地区展开深度合作。

2. 成都机场

四川已经着手建设继双流机场之后的第二个国际机场——成都天府国际机场。目的在于拓展提升成都双流国际机场功能,2017 年旅客吞吐量居全国第四位,目前国际航线已增至 107 条,成都航空第四城地位进一步巩固,进一步强化了国际航空枢纽的支撑作用。

通过建立"蓉欧 +"和四川自由贸易试验区等平台,加强四川省产业资本与国际经济的合作,集聚、盘活、整合各类资本,加快实施"引进来"和"走出去"战略,增强国有资本对社会资本的带动能力。推动资本与技术深度融合,围绕产业链部署创新链,加快科技创新、产业创新、模式创新、管理创新,加快培育新的发展动能,推动产业向高端化、信息化、绿色化发展。

(五)加强中国(四川)自由贸易试验区建设

国务院于 2017 年 3 月 15 日发布了《国务院关于印发中国(四川)自由贸易试验区总体方案的通知》(国发〔2017〕20 号),指出"积极培育内陆地区参与国际经济合作竞争新优势,全力打造区域协调发展新引擎,为全面深化改革和扩大开放探索新途径、积累新经验,发挥示范带动、服务全国的积极作用"。2017 年 4 月 1 日,中国(四川)自由贸易试验区正式挂牌。

目前,四川自贸区包括成都片区(成都高新区、天府新区、青白江区、双流区,总面积约 100 平方公里)、泸州川南临港片区(泸州龙马潭区,总面积约 20 平方公里)两个部分,总面积 120 平方公里。四川自贸区主要任务是"为了进一步落实中央关于加大西部地区城市开放力度以及建设内陆开放战略支撑带的要求,打造内陆开放型经济高地,实现内陆与沿海沿边沿江协同开放"。

立足内陆、承东启西,服务全国、面向世界,将自贸试验区建设成为西部门户城市开发开放引领区、内陆开放战略支撑带先导区、国际开放通道枢纽区、内陆开放型经济新高地、内陆与沿海沿边沿江协同开放示范区。计划经过三至五年改革探索,力争建成法治环境规范、投资贸易便利、创新要素集聚、监管高效便捷、协同开放效果显著的高水平、高标准自由贸易园区，在打造内陆开放型经济高地、深入推进西部大开发和长江经济带发展中发挥示范作用。

为了推动自贸区的建设，四川省出台了《关于推进中国（四川）自由贸易试验区引领性工程建设的指导意见》，充分利用自贸区的平台唱出四川改革开放大戏。通过布局"一干多支、五区协同"的整体发展思路，推动"3 区 + N 园"①的区域协同模式创新，建设一批自贸试验区协同改革先行区和内陆与沿海沿边沿江协同开放示范区。开展"魅力自贸·开放四川"链动全球活动。提升开放合作平台，推进中德、中法、中意、中韩、新川等国别园区建设，规划建设东盟产业园，探索建设"两国双园""多国多园"。

目前，自贸区主要锁定三大目标：建设贸易强省，实施外贸优进优出工程，提升市场拓展"三大活动"，力争到 2022 年对外贸易总额突破 1 万亿元。

二 五年来四川省参与"一带一路"所取得的成果

（一）对外贸易成果显著

如果说四川省在参与"一带一路"建设的过程中，2013～2016 年为准备期的话，那么从 2017 年开始则进入了收获期，尤其是 2018 年更是硕果累累：根据成都海关统计的数据，2018 年 1～9 月，四川省货物贸易进出口总值为 4221.2 亿元，外贸规模居中西部首位，与 2017 年相比增长了 28.7%（同期全国的整体水平是 9.9%）。其中，出口 2332.3 亿元，增长 31.2%（同期全国的整体平均数据为 6.5%）；进口 1888.9 亿元，增长 25.9%（同期全国数据为 14.1%）。前三季度四川进出口值逐季提升，分别为 1168.8

---

① "3 区 + N 园"即分别以成都天府新区、成都青白江铁路港区、川南临港区三区为依托，构建每个区的产业园和工业园等。

亿元、1329.4 亿元和 1723.0 亿元,分别增长 24.2%、25.4% 和 34.9%。

仅 2018 年 9 月,四川外贸进出口 599.7 亿元,继 7 月、8 月连续突破历史新高后再次刷新纪录,增长 37.3%。其中,出口 348.1 亿元,增长 47.4%;进口 251.6 亿元,增长 25.4%。

一般而言,加工贸易是一种级别水平较低的国际分工方式,而一般贸易有利于企业的产品价值链延伸和产品的附加值提高。2018 年 1~9 月的贸易数据显示,四川省出口贸易方式结构的变化为一般贸易的发展速度要明显快于加工贸易(见表 1)。出口贸易方式的变化反映了四川省产业结构的变化和技术的升级。

表 1　2018 年 1~9 月四川贸易方式结构变化

单位:亿元,%

贸易方式	进出口总额	增长率	拉动外贸增长	进出口总值占比
加工贸易	2338.6	26.3	15.1	55.4
一般贸易	1320.3	30.8	9.5	31.3
以保税方式	455	26.3	—	10.8

注:表中以 2017 年 1~9 月为基期。

资料来源:根据成都海关(2018 年)数据整理。

国家信息中心提供的数据显示:2017 年,四川与"一带一路"沿线国家贸易总值达到 1187.7 亿元,实现了 28.4% 的增长率,其中与越南、波兰、匈牙利、捷克贸易增长达到 50% 以上;与印度尼西亚、孟加拉国、乌兹别克斯坦贸易激增 1 倍以上;与沙特阿拉伯、阿曼贸易激增 2 倍以上;等等。[①] 这些数据的变化体现了四川省对外经济正处于良好的发展态势。

2018 年。"一带一路"拉动同期全省外贸增长了 11.1 个百分点,其中出口 84.8 亿元,增长 42.8%,进口 33.1 亿元,增长 40.5%。从四川与

---

① 程晓波主编《"一带一路"贸易合作大数据报告(2018)》,国家信息中心网站,http://www.sic.gov.cn/。

"一带一路"沿线国家进出口具体情况来看,对以色列(激增 1.1 倍)、印度(增长 61.6%)、巴基斯坦(增长 46.3%)、孟加拉国(激增 2.8 倍)、阿塞拜疆(激增 244.9 倍)等国实现快速增长。

(二)投资和国际产能合作富有成效

1. 国际和国内投资快速增加

截至 2016 年底,"四川在'一带一路'沿线国家和地区投资企业新增 65 家总数达 250 家,同比增长 35%。2016 年,四川省与'一带一路'沿线国家和地区货物进出口额达 111.4 亿美元,对沿线国家和地区工程承包新签合同额超过 48 亿美元,占全省总额的 69%,完成营业额 32.6 亿美元,占全省总额的 73.3%"。① 2016 年以来,四川引进到位的浙江企业投资 1991 亿元,吉利、浙江传化、娃哈哈、阿里巴巴等知名浙江企业在川发展态势良好。

截至 2017 年 5 月,"一带一路"沿线 33 个国家和地区在川设立外商投资企业达 935 家。

2018 年四川与北欧和波罗的海国家共建"一带一路"开展多领域交流合作;与新加坡正式签约 22 个合作项目,涉及科技与创新、交通与物流、医疗、教育等多个领域。

2018 年第十七届西部国际博览会确定了涉及经贸、交通、教育等领域共计 8 项活动。签约投资合作项目 808 个,总投资额 7883 亿元。签约项目中,涉及"5 + 1"现代产业体系的项目 357 个,投资额 2839.61 亿元,占签约总额近四成。川浙经贸合作推介会暨项目合作协议签署投资合作项目 10 个,总投资 468.21 亿元。签约项目中第一产业项目 1 个,投资额 30 亿元,第二产业项目 5 个,投资额 245.91 亿元,第三产业项目 4 个,投资额 192.3 亿元。涉及新能源汽车、电子商务、文化创意、科技服务、现代物流、大数据等新兴产业项目 8 个,投资金额 409.3 亿元,占总投资额的

---

① 资料由成都海关提供。

87.4%。民营企业是这次签约的主力军，签约项目9个，签约金额占总投资额的97.4%。

表2是四川省在2013～2017年利用外资情况，尤其是2017年，外商直接投资增长极其明显，2018年更是步入快速发展期。

表2 四川省2013～2017年利用外资情况对比

年份	实际利用外资（亿美元）	同比增加或者减少（%）	实际到位资金（亿美元）	同比增加或者减少（%）	新批外商直接投资企业（家）
2013	105.7	0.2	103.6	5.0	288
2014	106.5	0.7	102.9	—	280
2015	104.4	−2.0	100.7	—	319
2016	85.5	18.1	80.3	—	331
2017	586.0	5.6	561.0	7.5	579

资料来源：根据四川省统计局网站数据整理。

2018年1～6月，全省规模以上高技术产业增加值增长11.1%，规模以上工业企业增速提升3.1个百分点，高技术产业投资1122.5亿元，增长43.2%。

2. 国际产能合作

把建设国际产能合作示范省作为重要目标，通过建立重大合作项目的协同机制为进一步落实《国务院关于推进国际产能和装备制造合作的指导意见》，四川省政府与国家发改委签署合作协议，建立推进国际产能和装备制造合作委托协同机制。四川省已经确定"一带一路"沿线20个国家和部分非洲国家作为产能合作重点区域，聚焦重点领域，分类实施、有序推进，四川省启动了国际产能合作"111"工程。①

2016年中国与东盟建立了多双边产能合作框架机制；2017年四川依托中国和白俄罗斯的"中白工业园"加强产能合作；2018年四川和塞内加尔

① 四川省商务厅印发《四川省国际产能合作"111"工程方案》显示："111"工程，即优选10个有发展优势和较好市场前景行业，瞄准10个重点境外合作领域，带动100亿美元的投资贸易合作。参见四川省人民政府网站，http://www.sc.gov.cn/。

举行产能合作接洽会；等等。目前四川省在"一带一路"沿线国家和地区谋划、储备、在建的经贸产能合作项目 70 余个，金额近 3000 亿元。

（三）四川省产业结构不断优化

通过积极引入台资、港资、外资助力"一带一路"建设，四川省产业结构不断得以优化，外资和技术的注入无论是数量还是资本的结构，对于四川产业结构的调整都具有重大的意义。

四川省引进外资特别强调外资的质量，尤其是对于能够改善四川省产业资本结构的投资，如第十七届中国西部国际博览会签约项目 808 个，涉及四川省"5 + 1"现代产业体系的 357 个，占签约总额近四成。2018 年 9 月，新川创新科技园新加坡创新中心在会议上揭牌，四川省与新加坡同时签约 22 个合作项目，涉及科技与创新、交通与物流、医疗、教育等多个领域。在台商投资方面，截至 2018 年 6 月底，四川省累计登记注册台资企业 1922家，项目投资总额 182.25 亿美元，利用台资 159.9 亿美元，各项指标均位居西部地区首位。

与此同时，四川的省内企业也不断整合全球资源，2017 年英特尔骏马项目在四川投产，四川与马来西亚的集成电路进出口贸易规模继续扩大。通过进口上游产品在成都加工，为下游企业配套，然后再出口终端产品。这样的产业国际分工表明，有利于四川的电子信息产业向高端发展，天府新区、绵阳科技城、成都国家自主创新示范区等逐步成为聚合高端要素和创新要素的开放高地。吸引中法成都生态园聚集了东风神龙整车等 30 余家汽车零部件企业，中德中小企业园落户德国博世集团等 162 家企业，中韩创新创业园入驻 52 个韩资项目，新川创新科技园引进产业项目 30 个。

随着四川省"一带一路"建设的不断深入以及四川制造业逐渐向产业链高端发展，四川省产品贸易结构逐渐发生了变化：先进设备的进口和对外承包工程出口货物快速增长，成都海关数据显示，仅 2018 年 1 ~ 9 月，贸易总值分别达到了 44.6 亿元和 42.7 亿元，增速分别为 60.6% 和 55.9%。此外，租赁贸易爆发式增长，进口金额达 13.9 亿元，上年同期仅为 782 万元。

从贸易数据来看，2018 年 1~9 月，四川民营企业和国有企业与"一带一路"沿线国家进出口贸易额增长 42.3%，明显快于全省对"一带一路"沿线国家 28.4% 的进出口整体增速。

上述的投资结构和规模的逐渐变化也对四川的经济总量和结构产生了积极的影响，表 3 是四川省 2013~2017 年经济总量和产业结构的对比，可以看出，二三产业的比重不断增加。

表 3　2013~2017 年四川省 GDP、人均 GDP 及产业结构对比

年份	地区 GDP 总量 （亿元）	同比增加或者 减少（%）	人均 GDP （元）	同比增加或者 减少（%）	三次产业 结构比
2013	26260.8	10.0	32454	9.6	13.0:51.7:35.3
2014	29536.7	8.5	35128	8.1	12.4:50.9:36.7
2015	30103.1	—	36836	7.2	12.2:47.5:40.3
2016	32680.5	7.7	39695	7.0	12.0:38.7:45.4
2017	36980.2	8.1	44651	7.5	11.6:38.7:49.7

（四）"蓉欧 +"战略已然成型

为了把成都打造成国家"一带一路"和长江经济带的一个战略支点，"蓉欧 +"把成都的对外通道全部打通，目前已经有南线（成都至阿拉木图、德黑兰、伊斯坦布尔）、中线（成都至罗兹、纽伦堡、蒂尔堡、布拉格、米兰）和北线（成都至莫斯科、托木斯克）三条线路连接泛欧和泛亚地区。截至目前，四川已经拥有 9 条铁路线、18 条高速公路线、1 条水运航道的 28 条进出四川的交通运输大通道。

中欧班列的欧洲端布局三级网点：以波兰马拉舍维奇为一级主要节点，辐射整个欧洲；以铁—铁联运、铁—公联运两种方式为主设置二级节点，主要包括波兰的罗兹、波兹南，比利时的根特，荷兰的蒂尔堡，法国里昂，德国的纽伦堡，汉堡，杜伊斯堡，意大利的米兰，英国的伦敦等城市；以铁—公联运为主设置三级节点，覆盖英国、西班牙、法国、意大利、捷克、匈牙利、瑞典、挪威、罗马尼亚等，将欧洲服务网络延伸至末端货源集散点。

在国内，"蓉欧＋"通道拓展至 12 条，构建起成都至深圳、广州、上海、武汉、宁波、厦门、天津、日照、青岛、南宁、昆明、泸州等城市的班列通道，覆盖主要沿海港口，衔接内陆江运港口和沿边城市。依托国内通道建设，将货源辐射范围拓展至长三角、珠三角、环渤海等经济发达区域，辐射日韩、中国、港澳台地区，使"蓉欧"国际通道成为唯一有稳定国内通道支持的中欧班列，形成国际国内两张网。

自 2013 年 4 月 26 日从青白江出发，蓉欧快铁运输就快速发展。2016 年、2017 年连续两年开行量国内排名第一，截至 2018 年 6 月 28 日蓉欧快铁开行量已达到 2000 列，2018 年计划开行 1500 列。2013 ~ 2017 年蓉欧快铁开行情况见图 1。

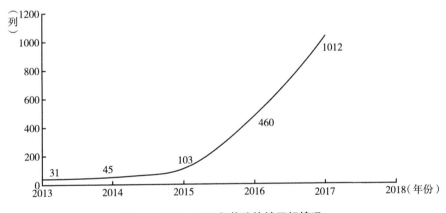

图 1　2013 ~ 2017 年蓉欧快铁开行情况

（五）自贸区平台功能逐渐得以体现

截至 2018 年 6 月，中国（四川）自由贸易试验区共推出 159 项改革措施，累计新增企业 3.4 万家，注册资本突破 4000 亿元。天府新区、绵阳科技城、成都国家自主创新示范区等逐步成为聚合高端要素和创新要素的开放高地。吸引中法成都生态园聚集了东风神龙整车及 30 余家汽车零部件企业，中德中小企业园落户德国博世集团等 162 家企业，中韩创新创业园入驻 52 个韩资项目，新川创新科技园引进产业项目 30 个。此外，中国—欧洲中心建成运营，设立"一带一路"经济联络基地，约 150 家国际组织、机构和企业已确定入驻。

在投资贸易便利化方面，四川着力做好开放口岸和海关特殊监管区域建设。成都空港、成都铁路、泸州港、宜宾港等保税物流中心（B型）正式运营，天府新区成都片区保税物流中心也已经获批，全省各类进境指定口岸达到 9 个。四川被纳入国家"单一窗口"标准版第三批试点省份，全国海关通关一体化在四川实现全覆盖。

（六）文化交流取得丰硕成果

（1）为了把四川推向国际，四川省举办了"行南丝绸之路·游大熊猫家乡——欧洲熊猫粉丝四川探亲之旅"、"一带一路"四川省重点项目——大型情景舞台演艺秀《吴哥王朝》等活动和演出。2017 年《吴哥王朝》在柬埔寨首演，展现柬埔寨王国的古老历史、灿烂文化和绚丽风情。

（2）饮食文化：舌尖上的"一带一路"走向国际

四川海底捞餐饮公司在新加坡已经开设了 4 家店面，生意非常火爆；2018 年 2 月，"中华川菜世界品味"走进波兰的罗兹省。

（3）自贡彩灯赴国外举办灯展

被誉为"天下第一灯"的自贡彩灯起源于唐朝，距今有近千年的历史。四川省把自贡彩灯作为"一带一路"沿线国家人文、自然宣传主题，融合四川的文化、旅游、服务贸易等，搭建起了传播中国传统文化、促进中外文化交流的桥梁和平台，生动形象地讲述"一带一路"故事，展示四川文化开放包容的亲和力，加强四川与沿线国家之间的文化交流，推动四川文化走向世界，实现文化交流与贸易双赢。自贡彩灯已在世界五大洲 60 多个国家展出，累计观灯人数 4 亿多人次。2017 年，在美国、英国、爱尔兰、新加坡、印度尼西亚等 21 个国家（地区）47 个城市举办了灯展 53 场，自贡灯会沿着全新的"丝路地图"，点亮"一带一路"沿线国家和地区。

此外，举办了各种主题活动，如"2018 捷克文化周"在成都举行；"2018 世界文化名城论坛天府论坛"22 个城市中有 9 个"一带一路"沿线城市的代表；举办"一带一路·相约泸州"活动；四川启动世界知名博物馆交流展览计划，在未来 5～10 年内邀请 30～50 个"一带一路"沿线的知名博物馆来川举办展览。这些活动都助推了"一带一路"文化交流。

三　进一步完善"一带一路"建设的对策建议

随着四川省融入"一带一路"建设的程度不断提高，我们看到了四川省在参与"一带一路"建设中获得的可喜成绩，同时我们也发现其中存在的一些问题。通过发现和完善"一带一路"建设中存在的问题，可以更加有效地发挥"一带一路"在推动四川经济社会的发展和国际"一带一路"建设方面的平台和桥梁功能。

（一）加工贸易需要寻找新的思路

从某种意义上来说，四川省依然处于国际分工的低端，加工贸易一直是主要的国际合作和分工方式，承接加工贸易产业转移仍然是四川外贸快速增长的"稳定器"。但是，近年来，加工贸易进出口增速放缓，本地在资金、技术和人才等方面的配套不足制约承接产业转移步伐。自 2018 年 6 月起，加工贸易月度进出口增速显著低于同期四川外贸整体增速，其中 6 月加工贸易进口下降 7.2%，8 月、9 月加工贸易进口仅分别增长 2% 和 3.7%，预示着未来几个月加工贸易出口增速也会出现回落。同时，加工贸易本地配套率依然不高，本地民营企业和国有企业参与加工贸易的程度依然不足。2018年前三季度，四川民营企业和国有企业参与加工贸易的进出口额仅占同期四川加工贸易进出口额的 8.1%。如何提高加工贸易企业的国际市场竞争力，已经成为四川进一步加快"一带一路"建设的重要课题。

（二）传统产业需要技术支撑

传统优势产业对外贸支撑不足，茶叶等特色产业出口下滑，仅 2018 年前三季度，四川出口茶叶下降 44.9%。四川虽然拥有较齐全的工业门类，但工业产业对外贸的支撑并不显著。装备制造、生物医药、航空制造和维修等传统优势产业由于自主创新能力不足，缺乏核心竞争力，在外贸领域建树甚少；白酒、茶叶等本地特色产品受专业外贸人才缺乏、产品差异化不够、市场开拓不足等因素影响，国内品牌优势并未转化为外贸出口优势。四川省传统产业在国际市场竞争中不利态势要求四川的传统产业部门和企业必须从成本和技术、管理方面，通过技术创新、管理创新，实现四川省传统产业的转型升级。

（三）四川省的优势资源急需开发和利用

四川省具有丰富的能源优势，水电、核电、风电、太阳能等电力设备制造与电站电厂工程建设均具有较强国际市场竞争优势。"一带一路"沿线大多数国家电力缺乏，急需发展电站电厂和输电网络，但这些国家由于资金紧缺，无力开展大规模基础设施建设。如果能够获得亚投行、丝路基金等国际金融机构的资金支持，对电力发展的潜在需求就可以转化为现实需求。因此，在"一带一路"沿线国家的电力建设方面，四川企业具有较大的国际合作空间。

此外，四川还存在一些富余的产能，主要集中在钢铁、焦炭、铁合金、电解铝、电石、铜冶炼、水泥、平板玻璃、造纸、制革、印染、化纤、铅蓄电池、稀土等行业。这些行业在东南亚、中亚、南亚、非洲等多数地区，是有较大需求的。在"一带一路"沿线40多个国家中，钢铁净进口的国家占70%以上，随着大规模基础建设的展开，钢铁的需求将进一步攀升。其中，一些国家拥有丰富的铁矿石和煤炭储量，但其国内钢铁产量已远远不能满足需要，同时这些国家为了发展国内钢铁产业又限制大量进口钢铁产品。四川省需要更多地展开与亚洲地区的经济和能源合作，[1] 若钢铁和煤炭企业赴这类国家合资、合作或独资设厂，产品供应其国内市场或出口到其他"一带一路"沿

---

① 李向阳：《亚洲区域经济一体化的"缺位"与"一带一路"的发展导向》，《中国社会科学》2018年第8期。

线国家，既可转移利用富余钢铁产能，又可降低产品成本，增强国际市场竞争力。

（四）制定"一带一路"的人才战略

随着四川省参与国家"一带一路"的深度和广度的不断推进，人才的问题可能会成为四川省"一带一路"进一步发展的瓶颈。四川省产业发展中的专业技术人才缺乏，随着"蓉欧+"战略的不断深入，成为不同区域的资源配置和交通规划的一个重要问题，同时中国（四川）自由贸易试验区的深度发展更加需要人才的支撑。但是，基于四川的区域特征，目前对于人才的吸引力依然是一个挑战。因此，四川省应该制定一个有效的人才引进机制来吸引国内外的各种人才来参与四川的"一带一路"建设。

B.18
广西参与"一带一路"的规划与实施

曹剑飞 葛红亮*

摘　要：　"一带一路"国际合作倡议实施五年以来，广西作为"一带一路"的重要有机衔接门户，积极参与建设进程。五年来，广西在推动国际陆海贸易新通道、中国—东盟信息港、国际产能合作、培育对外贸易竞争新优势、金融合作以及人文交流等方面取得了积极的成效，也积累了成功的经验。不过，广西在参与的进程中也面临不少挑战与问题，例如基础设施建设短板、平台亟须转型升级、交流合作层次有待提高、资金短缺等。接下来，广西应以陆海贸易新通道建设为重要抓手，全力推进设施联通建设、平台转型升级和提升合作质量等，努力服务好"一带一路"建设，进而竭力为"中国—东盟命运共同体"的打造添砖加瓦。

关键词：　"一带一路"　陆海贸易新通道　国际产能合作　设施联通

　　"一带一路"国际合作倡议实施五周年来，广西秉持开放发展的经济社会发展战略，通过有机衔接"陆上丝绸之路经济带"和"21世纪海上丝绸之路"，积极服务于"一带一路"的建设，同时也在其中践行使命和

＊　曹剑飞，广西社会科学院区域经济研究所副研究员；葛红亮，博士，广西民族大学中国—东盟海上安全研究中心主任，副研究员。

抓住机遇。2016 年以来，广西积极贯彻落实习近平总书记赋予的"三大定位"① 新使命以及视察广西重要讲话精神，特别是按照党的十九大报告提出的"形成陆海内外联动、东西双向互济的开放格局"的要求，积极参与"一带一路"建设，在"四维支撑、四沿联动"② 的基础上，提出构建"南向、北联、东融、西合"的全方位开放合作新格局。这使广西在参与"一带一路"建设中有着十分明确的方向与任务。

一　广西参与"一带一路"建设的主要成效

（一）国际陆海贸易新通道初步成形

1. 基础设施建设成绩显著

面向东盟构筑国际大通道是广西拓展陆海贸易新通道的根本，也是广西加强基础设施建设的最重要方向。截至 2018 年 6 月底，规划建设的"三铁四高速三桥"，③ 已建成"一铁两高速一桥"，即已建成南宁经凭祥至河内铁路、南宁至友谊关高速公路、防城至东兴高速公路和中越北仑河二桥；正在加快推进靖西至龙邦高速公路、崇左至水口高速公路、防城港至东兴铁路、

① 2015 年 3 月，习近平总书记在参加全国人大会议广西代表团审议时赋予广西"三大定位"的新使命。从内容上来看，"三大定位"主要包括：构建面向东盟的国际大通道、打造西南中南地区开放发展新的战略支点、形成"一带一路"有机衔接重要门户。
② "四维支撑"重点是突出对外开放的重点方向，第一个是强化向南的开放合作，就是要深化同以东盟为重点的"一带一路"沿线国家的合作。第二个是要加强向东的开放，重点是加强对粤港澳台的合作，香港和广东是我们产业转移的重要来源地。第三个是向北和向西的开放合资。西南、中南地区是合作开发的重要腹地，我国西南要发挥战略支点的作用，为西南地区对外开展合作提供通道、搭建平台。第四个是加强对发达国家的开放合作，对接欧盟、日韩等发达国家和地区的先进生产力，进一步提升广西的国际化水平。"四沿联动"指的是广西内部的开放布局，广西沿海、沿江、沿边，要进一步扩大开放合作，提升港口能力，建设南宁综合交通枢纽，打造北湾经济区的升级版。
③ "三铁四高速三桥"指的是：南宁经凭祥至河内铁路、防城港至东兴铁路、靖西至龙邦铁路；南宁至友谊关高速公路、防城至东兴高速公路和靖西至龙邦高速公路、崇左至水口高速公路；中越北仑河二桥、峒中至横模大桥、水口至驮隆二桥。

靖西至龙邦铁路、峒中至横模大桥、水口至驮隆二桥等项目。截至 2017 年底，广西港口生产性泊位达到 787 个，其中万吨级以上泊位 86 个，综合货物吞吐能力达到 3.55 亿吨；① 全区 7 个运输机场，年旅客吞吐能力已接近 3000 万人次，年旅客吞吐量超过 2000 万人次，近 40 家客货运航空公司开通了 200 多条航线，通航城市近 100 个，航线网络可通达内地除西藏外所有省份和港澳台、韩国及东南亚。其中，共开通东盟航线 21 条（南宁 18 条、桂林 3 条），通达东盟除菲律宾外其他 9 个国家的 17 个城市；南宁机场东盟航线总量仅次于北京、上海、广州、昆明，居全国第 5 位，2017 年东盟国际航线旅客吞吐量达 109 万人次。②

同时，广西还通过铁路、高速公路和内水运输等途径逐步构筑起"北通、南达、东融、西联"的物资流通开放格局。截至 2018 年 6 月底，湘桂、黔桂、南昆、益湛、焦柳、黎湛、河茂等 14 条普速铁路干线和 8 条支线，以及衡柳、邕北、钦防线和柳南城际、南昆客专、南广客专、贵广客专等 7 条高铁，跨越广西、广东、湖南、贵州、云南 5 省区。同时，广西已建成连接周边省份的高速公路 15 条，其中连接广东省 5 条、湖南省 5 条、云南省 2 条、贵州省 3 条，同时还有 5 条联通周边的高速公路在建或拟在"十三五"期内开工建设，初步形成了"东联西靠、南下北上"的高速公路网络，构建起东部沿海省区"西进"和云南、贵州、四川、重庆等西南省市"东进"的高速公路大通道。而在内河水运方面，广西同期已建成右江鱼梁航运枢纽、那吉航运枢纽、桂平二线 3000 吨级船闸等项目，航道条件显著改善，内河通航里程 5873 公里，高等级航道达 1570 公里，西江干线南宁至梧州段已全面升级为 2000 吨级航道，水运主通道上的 9 座船闸等级均达 1000 吨级以上，其中长洲枢纽船闸总的年通过能力达 1.3 亿吨，2000 吨级船舶从南宁可直航粤港澳。③

---

① 《广西奋力建设"大交通"对接"一带一路"》，新华社南宁 2018 年 11 月 17 日电。
② 李宇、肖本源：《建设大通道做强区域枢纽》，《中国交通报》2015 年 9 月 15 日。
③ 刘杏、郑燕：《激发江海活力 做大广西水运》，《中国水运报》2018 年 2 月 28 日。

2. 物流商贸

2017 年 9 月，北部湾港至重庆海铁联运班列常态化运营，并通过渝新欧班列连接中亚、欧洲大陆。2017 年 11 月，北部湾港至新加坡、北部湾港至香港集装箱班轮航线开行，连通两大国际航运中心。同时，滇桂、黔桂、蓉桂、兰桂等海铁联运班列开通或加密，钦州至波兰马拉舍维奇中欧班列成功开行。

首先，稳定开行"渝桂""滇桂""蓉桂""陇桂""黔桂"等多个集装箱班列，促使海铁联运和跨境运输实现常态化运营。[①] 2017 年 9 月 28 日北部湾港—重庆班列实现双向常态化运营，当前每周上行 3 列、下行 4~5 列，截至 2018 年 4 月末累计开行 162 列，累计发运集装箱 8824 标箱。2017 年 11 月至 2018 年 1 月，先后开通北部湾港—成都班列、北部湾港—兰州班列、北部湾港—贵阳班列，北部湾港—昆明班列稳定运营多年。在中越汽车运输协定框架下，广西与越南已开通国际道路运输线路 15 条（其中，客运线路 10 条货运线路 5 条），跨境运输由转运换装升级为直达运输。2017 年 9 月 11 日，开通中南半岛跨境公路运输以及南宁（凭祥）—越南河内集装箱直通班列。2017 年 11 月 28 日，中欧班列（中国南宁—越南河内）跨境集装箱直通运输首发。2018 年 1 月 1 日至 6 月 8 日，南宁（凭祥）—越南河内班列累计开行 27 列。

其次，国际贸易陆海新通道推动广西、西部省份与沿线各国经贸发展，物流与贸易联动发展效应因此初步显现。2017 年，广西货物进出口额 3866.3 亿元人民币，同比增长 22.6%，比全国高 8.4 个百分点，其中，加工贸易进出口额同比增长 25.5%，比全国高 15.8 个百分点。[②] 2018 年 1~3 月，广西新设外商投资企业 40 家，实际利用外资 2.13 亿美元，同比增长 145.7%。国际贸易陆海新通道推动西部地区与东南亚的产业合作和

---

① 海铁联运流程为：集装箱货物从船舶装卸到平板运输车→根据流向卸箱到堆场→收货人申请车皮→装（卸）火车。可参阅胡铁军、钟小启、樊成甫《海铁联运让 1+1>2》，《广西日报》2018 年 5 月 31 日。

② 《广西 2017 年外贸进出口增长 22.6%》，新华社南宁 2018 年 1 月 17 日电。

市场对接，有力促进了农副产品、汽车摩托车、电子信息等领域的投资和贸易。

（二）中国—东盟信息港建设全面铺开

1.基础设施建设

（1）重点项目建设。2016 年，广西出台《中国—东盟信息港建设推进工作方案（2016～2017 年）》，提出 106 个重点项目。截至 2018 年 6 月底，已建成或投入运营 48 个，正在推进建设 39 个。其中，广西电子口岸公共服务平台、中国—东盟信息港展示中心、中国—东盟信息港南宁核心基地文化展示基地、中国—东盟信息港南宁核心基地档案交流共享平台、南宁市跨境贸易电子商务综合服务平台相继竣工。① 三个云计算中心（广西东盟信息交流中心一期、广西电子政务外网云计算中心、中国移动五象信息交流中心）建成，中国联通南宁国际局落户新区。面向东盟的北斗导航与位置公共服务平台完成一期建设。中国—东盟技术转移协作网络建成，成员已超过 2000 家，覆盖国内主要省市和东盟各国，成为我国各领域先进技术和产品向东盟输出的重要渠道。

（2）通信设施建设。"13444"国际信息通信枢纽初具雏形。② 中越国际光缆完成扩容，亚非欧 1 号国际海缆（AAE1）、南亚中东欧洲 5 号国际海缆（SMW5）、亚太国际直达国际海底光缆（APG）等投入使用，进一步提升了中国—东盟信息港辐射和服务东盟的能力。从南宁国际局经东兴到越南、经

---

① 农腾告：《广西构建开放发展新格局》，《国际商报》2018 年 8 月 1 日。
② "13444"系列工程含义如下。"1"是未来将在北部湾规划建设一个国际海缆登陆站。"3"是围绕东盟国家建设三条国际通信海缆：亚欧 5 号、亚太直达及亚非欧 1 号，前面两条已经建成，第三条正在建设中。第一个"4"是四条国际陆路光缆，分别是从南宁国际局经东兴到越南、经凭祥到越南、经勐腊到老挝以及经瑞丽到缅甸，已经全部建成。第二个"4"是四重要通信节点，分别是中国联通南宁国际局、北海国家域名顶级节点、南宁国家级互联网骨干直联点、未来网络南宁骨干节点，前两个已经建成，后两个正在规划。第三个"4"是四个云计算中心，分别是中国—东盟信息港云计算中心、广西电子政务云计算中心、马来西亚和新加坡云计算中心，前两个已经建成，后两个正在规划。

凭祥到越南、经勐腊到老挝以及经瑞丽到缅甸四条陆路光缆，已经全部建成。中国联通南宁国际局、北海国家域名顶级节点建成使用，南宁国家级互联网骨干直联点、未来网络南宁骨干节点正在规划。[①] 中国—东盟信息港云计算中心、广西电子政务云计算中心建成，中马、中新与中柬云计算中心提上规建议程。以软交换、4G、基于光纤的多种接入方式（FTTx）等为代表的下一代网络技术得到规模应用。

2. 产业平台支撑

（1）创新创业平台。2016 年以来，南宁市借力借智搭建凝聚信息港建设要素的"双创"平台，对外以"南宁·中关村创新示范基地"、东盟硅谷科技园、南宁启迪东盟科技城等平台为载体，形成了凝聚全球金融资本、科创资源、创新型企业等优质资源的有效机制。截至 2018 年 5 月底，"南宁·中关村创新示范基地"入驻"互联网＋"重点企业 23 家，入驻孵化创新团队 26 个。中厚电商产业园入驻中国—东盟电子商务产业园先导区，总部基地电商小镇正式开园运营，地理信息小镇一期工程 2018 年下半年开工建设，中国—东盟智慧城市示范产业园已确定选址。

（2）信息产业发展。南宁启迪东盟科技城、广西—东盟地理信息与卫星应用产业园（地理信息小镇一期）、远洋金象 IDC 大数据产业园等项目按计划加紧建设；中国—东盟信息港小镇、中国—东盟信息港大数据中心、中国电信东盟国际信息园、广西东盟国际电商科技园、卫星遥感与地理信息生产与研发基地、无车承运信息数据产业园、中国—东盟智能制造产业园（3D 打印）等项目正在推进开工前期工作。积极引进云计算、大数据等新一代信息技术产业及信息服务企业，2018 年无车承运信息数据产业园、中国移动广西公司新型绿色数据中心拿地入驻，中国—东盟智慧城市示范产业园、广西智能电网技术研究基地、中国—东盟农资农产品交易中心等项目已完成选址。

---

① 韦静：《中国—东盟信息港南宁核心基地初露峥嵘》，《南宁日报》2017 年 7 月 3 日。

（三）交流平台与合作载体日益丰富

1. 初步形成以两会为核心的交流平台

广西连续成功举办了15届中国—东盟博览会（见表1）和中国—东盟投资峰会，建立了中国与东盟在商务、交通、海关等领域的30多项部长级磋商机制以及中国与越南、菲律宾、柬埔寨等国的双边投资与产能合作机制，形成了公认的"南宁渠道"。连续成功举办了10届泛北部湾经济合作论坛、两届中国—中南半岛经济走廊发展论坛，所取得的成果纳入我国对外发布的《共建"一带一路"：理念、实践与中国的贡献》。

表1　历届中国—东盟博览会

项目	总展位数（个）	展览面积（万平方米）	东盟展位数（个）	参展企业总数（家）	参展参会客商人数（人）
第1届	2506	5.0	626	1505	18000
第2届	3300	7.6	696	2000	25000
第3届	3663	8.0	837	2000	30000
第4届	3400	8.0	1124	1908	33480
第5届	3300	8.0	1154	2100	36538
第6届	4000	8.9	1168	2450	48619
第7届	4600	8.9	1178	2200	49125
第8届	4700	9.5	1161	2300	50600
第9届	4600	9.5	1264	2280	52000
第10届	4600	8.0	1294	2361	55000
第11届	4600	11.0	1223	2330	55700
第12届	4600	10.0	1247	2207	65000
第13届	5800	11.0	1459	2670	65000
第14届	6600	12.4	1523	2709	77255
第15届	6600	12.4	1446	2780	85352
合计	66869	138.2	17400	33800	746669

资料来源：中国—东盟博览会网站。

2. 中国—东盟港口城市合作网络发展壮大

中国—东盟港口城市合作网络由初创期逐步转向发展期。与东盟47个港口城市成立了中国—东盟港口城市合作网络，其中已有24个港口、城市及有关港航机构加入合作网络，与东盟之间定期集装箱班轮航线35条（其中内贸 18 条、外贸 17 条），与东盟的马来西亚、印尼、文莱等 7 个国家建立了海上运输往来，并逐步建立起了工作机制。目前，城市合作网络已经多次成功举办了合作网络论坛及工作会议，共同讨论了中国—东盟港口城市合作网络《愿景与行动》和《合作办法》两个指导性文件，明确了合作目的、合作原则及重点合作领域、目标任务等。① 此外，中国—东盟港口城市合作网络还成立了中方秘书处，积极为合作网络提供服务保障。

3. 重点开发开放试验区建设卓有成效

东兴、凭祥两个试验区创造了多个"全国第一、全国率先"：在全国率先启用边民互市"一指通"系统；在全国率先开展中越跨境劳务合作试点、人民币与越南盾特许兑换业务试点；建成全国第一个国检试验区、跨境保险服务中心、东盟货币服务平台；等等。② 广西还力推"互市产品 + 落地加工"模式，全区沿边市县有互市产品加工企业 49 家。截至 2018 年 6 月底，崇左、防城港市共办理越南入境务工、停留手续约 36.8 万人次，其中 2018 年上半年办理 14.2 万人次。2018 年 1~6 月，广西边境小额贸易出口 506.51 亿元，同比增长 36.2%，互市贸易占全国的 70%，总量和增速均居全国第一（见图 1）。

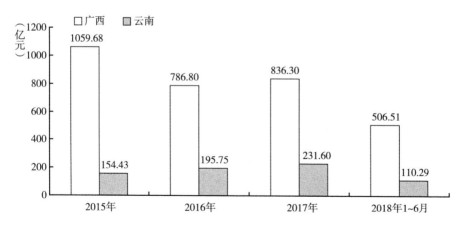

图1 广西与云南边境小额贸易发展情况比较

① 简文湘：《共享海上丝绸之路繁荣发展》，《广西日报》2017 年 9 月 27 日。
② 杨秋、彭中胜：《广西绘制"一带一路""工笔画"》，《广西日报》2018 年 9 月 4 日。

（四）多点推进产能合作重点基地建设

以中马"两国双园"为示范，广西近些年还大力推动企业"走出去"和"引进来"，建设和推进20多个国际合作园区，有效促进了广西与东盟国家在价值链上深度融合对接，深入推进国际产能合作。

1. 中马"两国双园"合作示范作用凸显

马中关丹产业园中，陶瓷、铝型材、轮胎、化肥、造纸、炼油等10多个项目入园并陆续开工建设。马来西亚最大钢铁项目——年产350万吨的联合钢铁厂进入试生产阶段。截至2018年6月底，广西北部湾港务集团投资830万美元，雇佣外国劳工2055人，2018年1~6月为东道国缴纳税款259.3万美元。中马钦州产业园已从"三年打基础"进入"五年见成效"新时期，截至2018年6月底，园区共引进产城项目90余项，总投资约900亿元。

2. 中—印尼经贸合作区建设成效显著

中—印尼经贸合作区2016年升格为国家级境外合作园区，项目一期205公顷基础设施及配套设施建设基本完成，行政办公楼和标准厂房投入使用。上汽通用五菱印尼制造基地建成投产15万辆整车生产能力，是迄今我国在印尼投资最大的制造业项目。截至2018年6月底，广西农垦集团投资2.11亿美元，雇佣外国劳工2076人，2018年1~6月为东道国缴纳税款8531.9万美元。

3. 文莱—广西经济走廊建设取得进展

广西北部湾国际港务集团与文莱成立合资公司改造升级摩拉港，2017年2月完成摩拉港集装箱码头管理和运营的交接。清真香料加工项目取得积极进展，河池市正在建设符合文莱清真认证标准的原材料生产加工基地，在玉林市的中国—东盟香料交易市场一期已建成并投入营运。防城港海世通公司在文莱的深海网箱养殖项目2018年半年养殖产量达540吨，投资的文莱水产发展研究中心正式运营。

（五）积极培育对外贸易竞争新优势

1. 贯彻落实加工贸易倍增计划

深入贯彻落实第二轮"加工贸易倍增计划"。[①] 按照"强龙头、补链条、集聚群"产业发展思路，在深圳、上海、德国、法国等国内外加工贸易发达地区开展加工贸易产业主题招商引资活动，成功引进加工贸易产业新项目，南宁蓝水星智能通信、北海力友显示技术等大型品牌项目相继签约落户，富士康千亿元南宁电子信息产业园、北海惠科千亿元移动智能终端生产基地加快建设，进一步夯实了加工贸易产业发展根基。2018 年 1~7 月，广西机电、高新技术产品加工贸易出口额分别达 199.3 亿元和 162.3 亿元，同比分别增长 20.1% 和 32.7%，占加工贸易出口比重分别为 83.8%、68.3%，比上年同期分别提高 10.6 个、14.4 个百分点。2015~2018 年上半年广西对外贸易发展情况见表 2。

表 2　2015~2018 年上半年广西对外贸易发展情况

单位：亿元，%

项目	2015 年		2016 年		2017 年		2018 年 1~6 月	
	总量	同比增长	总量	同比增长	总量	同比增长	总量	同比增长
进出口总额	3190.31	28.1	3170.42	-0.5	3866.34	22.6	1815.88	4.7
一般贸易	885.44	-1.7	828.43	-6.1	1423.59	70.4	583.41	-5.4
加工贸易	657.72	27.8	652.99	-0.7	804.25	23.2	370.29	
边境小额贸易	1059.68	17.1	786.80	-25.7	836.30	5.8	506.51	36.2
出口总额	1739.86	16.4	1523.83	-12.4	1855.20	22.3	890.15	15.2
一般贸易	313.24	2.4	307.91	-1.5	539.37	73.0	185.82	7.2
加工贸易	354.39	28.7	340.45	-3.9	428.03	25.7	199.34	
边境小额贸易	1015.12	17.9	752.58	-25.9	799.02	5.8	480.59	26.8

资料来源：广西统计信息网，http：//www. gxtj. gov. cn/；南宁海关，http：//nanning. customs. gov. cn/。

[①] 2013~2017 年，广西进出口贸易从 2035.9 亿元增长到 3866.3 亿元，年均增长 17.4%，超过全国平均 14.7 个百分点，总额接近翻番。因此，广西第一轮"加工贸易倍增计划"提前一年实现，高技术含量、高附加值产品出口稳步增长，助推全区电子信息制造业工业总产值增长 2.6 倍。可参阅许锋利、李东阳《广西：融入"一带一路"服务开放大局》，《国际商报》2018 年 8 月 1 日。

2.跨境电商发展迈入"快车道"

广西通过深入实施"电商广西·电商东盟"工程，打造面向东盟的中国跨境电子商务基地。2018年7月，南宁市获得国务院批准，成为新一批跨境电子商务综合试验区。借此，广西着力构建面向东盟的跨境电子商务线下综合园区体系，包括南宁市的中国—东盟（南宁）跨境电子商务产业园、五象新区电商小镇、吴圩空港经济区，钦州市的保税港区跨境贸易电子商务产业园，凭祥市的凭祥综合保税区跨境电商产业园均已接入广西（南宁）跨境电商综合服务平台，实现了"信息互换、监管互认、执法互助"。广西商品依托这一体系，已经实现对东盟及"一带一路"等34个国家的跨境电商进出口。根据统计，2017年广西跨境电商交易额达到425亿元，约占广西进出口总额的11%，同比增长28.8%。①

3.探索开展新型通关模式试点

广西友谊关、平孟、爱店、水口、峒中、硕龙等边境口岸升级，钦州港、北海港、梧州港、友谊关、东兴、防城港等口岸扩大开放相继获得国家批复，实现国家一类口岸在广西边境县全面覆盖。广西拥有进口农产品指定口岸达19个，排全国前列。凭祥、友谊关成为全国最大东盟进口口岸。同时，广西积极探索"两国一检"通关模式，中越两国口岸主管部门同意支持有关部门在友谊关口岸开展海关监管查验结果互认试点进行可行性研究。不仅如此，广西还以中马"两国（两港）双园"为平台，不断推进与马来西亚海关通关便利化的沟通和磋商。中国—东盟（凭祥）边境贸易国检试验区的建成运行，使广西在通关探索方面走在全国前列。

（六）大力建设中国—东盟金融合作中心

1.积极实施"引金入桂"战略

"引金入桂"战略深入实施，中国进出口银行、广东发展银行等一批金

---

① 《广西电商新跨越　经济增长新引擎》，广西新闻网，http：//news.gxnews.com.cn/staticpages/20180903/newgx5b8ccd9b－17613967－1.shtml。

融机构在广西设立分支机构，渤海银行南宁分行设立规划获中国保监会批准。同时，广西还积极开展金融招商工作，争取泰国开泰银行（中国）有限公司在南宁市设立分支机构，加快推动香港金融机构到南宁市设立面向东盟的后台运营中心，21家金融机构入驻五象新区总部基地金融街。广西同时还寻求提高跨境金融信息服务水平，与新华社中国经济信息社广西中心共建中国—东盟（南宁）金融服务平台。

2. 推进人民币在东盟国家流通

全区24家银行的324个分支机构开办了跨境人民币业务，3059家企业办理人民币跨境结算，与107个国家和地区发生跨境人民币收付。农业银行、建设银行、中国银行、工商银行、交通银行、北部湾银行等6家银行联合成立"广西银行间市场区域交易自律小组"，在全国统一的银行间外汇市场框架下，共同组织确定交易参与行和报价行。[①] 2018年2月，中国银行广西区分行在凭祥友谊关举办了中越人民币现钞跨境调运启动仪式，顺利完成了800万元人民币现钞从越南通关调回国内，打通广西第一条人民币现钞跨境调运线路。截至2018年6月底，广西跨境人民币结算总量达8868.24亿元，人民币结算占同期本外币收支比例最高时达55%，在全国8个边境省（区）中排名第1位；人民币对柬埔寨瑞尔共成交18笔，成交金额258万元人民币，折合16亿柬埔寨瑞尔；人民币对越南盾累计交易31笔，成交金额3089万元人民币，折合1070亿越南盾；各家银行累计调入25477万泰铢和377.16亿越南盾等东盟国家货币现钞。

3. 推进全口径跨境融资和保险

推进全口径跨境融资业务。截至2018年6月末，广西成功办理76笔全口径跨境融资业务，签约金额累计26.94亿美元，提款金额累计23.81亿美元。提升跨境保险服务水平。2014年以来，广西开展跨境机动车辆保险、跨境务工人员意外伤害保险、出境旅游保险等创新型保险，将境外医疗救援、境外旅行综合

---

① 徐友仁、谭卓雯：《广西沿边金融改革向"深水区"迈进》，《金融时报》2018年7月14日。

救助加入保险服务范畴。在东兴设立全国首个跨境保险支公司和跨境保险服务中心，简化跨境车险承保流程并将其嵌入通关办证流程，出单效率压缩至30秒左右。在凭祥境外边民务工管理服务中心设立保险服务窗口，跨境劳务人员人身意外保险试点在崇左市启动。引导保险资金参与"一带一路"项目建设。2014~2017年，保险资金在广西新增投资规模近1200亿元。①

（七）积极打造中国—东盟人文交流基地

1. 科学技术合作日益拓展

连续三年成功举办中国—东盟技术转移与创新合作大会，形成并发布了《共同推进"一带一路"背景下桂港澳与东盟中医药大健康产业国际创新合作圈建设南宁倡议》，启动"百名东盟杰出青年科学家来华入桂工作计划"，制定《广西参与"一带一路"科技创新行动计划实施方案（2018~2020年)》。华大基因、中关村双创基地、国家海洋局第四研究所等国内外一流创新资源进入广西，以色列纳安丹吉公司、美国农业部甘蔗研究所的一大批先进适用技术向广西转移转化，广西海世通、广西吉顺能源、广西赫阳能源等一批企业在东盟国家开展示范应用。广西与东盟科技合作情况见表3。

表3 广西与东盟科技合作情况

主要内容	取得成效
技术转移机制建设	与东盟8个国家分别建立"双边技术转移中心"工作机制，与越南广宁省建立了首个省际国际区域性技术转移中心，中国—东盟技术转移协作网络成员已达2326家
举办技术转移活动	策划组织举办科技创新与技术转移活动54场，对接项目超过1600项，涉及企业超过3000家，促成中国与东盟国家企业签署合作协议457项，意向金额50多亿元
研发合作	在东盟8个国家建立12个农业科技园区，在东盟9个国家建立了15个联合实验室或创新中心
人员培训	举办5届中国—东盟技术经理人国际培训班和14个专项技术培训班，为东盟国家培训科研骨干和科技管理人才370多名

注：表中数据截至2018年6月底。

---

① 崔瑜：《2017年广西金融业发展回顾及2018年展望》，《区域金融研究》2018年第1期。

2. 医疗卫生合作持续加强

连续三年成功举办中国—东盟卫生合作论坛,向马尔代夫、尼日尔和科摩罗派遣援外医疗队、援助医疗设备。通过签署合作备忘录、合作框架协议等形式与老挝、柬埔寨和新加坡等国家开展传统医药卫生交流合作。中国—东盟传统医药交流合作中心（广西）和南宁市第七人民医院共同举办第四期广西—东盟传统医药保护与发展培训班暨"朱链针灸"东盟培训班。"一带一路"柬埔寨磅湛省消除白内障致盲行动项目广西医疗专家组共完成白内障手术 441 例。医疗卫生领域重点项目建设进展情况见表 4。

表 4   医疗卫生领域重点项目建设进展情况

重点项目	建设进展
中国—东盟医疗保健合作中心(广西)	2018 年 4 月 2 日已开工建设。目前正在进行基础施工,完成投资 0.6 亿元
广西国际壮医医院项目	完成投资 11.85 亿元,2018 年 8 月试运营,9 月 15 日正式对外开业
广西海上紧急医学救援中心项目	项目已获自治区发改委批复立项,项目建设用地已取得规划许可证,项目总平面规划设计方案、可行性研究报告、环境影响报告、土地置换方案、节能报告等已取得相关部门的审核和批复,项目初步设计编制工作已初步完成
中国—东盟传统医药交流合作中心(广西)	2017 年,自治区财政安排 200 万元支持中心依托单位建设。支持南宁市中西医结合医院建设"朱琏针灸"学术国际研究海外基地;依托培力(南宁)药业有限公司对夏枯草等 5 个中药配方颗粒品种开展了国家标准的研究

注:表中数据截至 2018 年 6 月底。

3. 文化体育交往更加密切

连续成功举办三届中国—东盟文化论坛,积极推进广西与文化部共建越南中国文化中心、斯里兰卡中国文化中心,充分利用文化部海外"欢乐春节"等成熟品牌和海外中国文化中心等重要平台推动广西与东盟国家文化交流。通过参加庆典及重大外事活动演出、搭建产业论坛平台及展览、挖掘培育出口文化企业等方式推动"一带一路"文化产业合作。在东盟国家电台和电视台开设固定栏目或建立译制站，译配并在境外播出影视节目 80 多部 2100 多集，对外输出图书 1309 种。积极推进“海上丝绸之路·北海史迹”申遗基础工作和“广西中越边境非物质文化遗产惠民富民示范带”建设。中国—东盟国际马拉松赛、中国—东盟汽车拉力赛等多个国际体育赛事在广西举行，在中国和东盟国家引起了不错的反响。

4. 教育领域合作不断深化

“留学广西计划”的实施促使来桂留学人数逐步增长。通过该计划，广西设立政府东盟国家留学生奖学金，32 所学校招收外国留学生，2013 ~ 2017 年来广西留学的外国学生超过 5.7 万人，其中东盟国家 4.2 万人。此外，中国—东盟职业教育联展暨论坛等定期举行，中国—东盟联合大学等项目扎实推进，借此广西牵头成立了中国边境职业教育联盟、中国—东盟艺术高校联盟、中国—东盟旅游教育联盟等。同时，广西还建成了 9 个面向东盟的人才培训中心或基地，先后为东盟国家培训各类人才 7000 多人次。广西高校在海外建设的 7 所孔子学院注册人数达到 5.5 万人，共开设或新增汉语教学点 50 多个。

二 广西参与“一带一路”建设面临的制约因素

第一，相关机制性的障碍和壁垒依旧制约广西平台优势形成凝聚合力。目前，广西获得了“中国—东盟博览会”等一系列平台的支持，但如何在机制之间形成凝聚力优势，则始终面临着不少制约。以国际陆海贸易新通道为例，国际陆海贸易新通道如今沿线省份参与面和协调度还不够，沿线跨国通关便利化合作还存在诸多机制障碍，而这则需要国家的统筹规划，推动国内外各方的积极参与，及将这一机制形成中国—东盟之间的国家级机制。再如，《中国—东盟信息港建设总体规划（2017 ~ 2025）》一直未获批复，缺乏国家层面的整体谋划和政策、项目、资金等方面的系统支持。部门间、行业间仍然存在数据壁垒，保障信息安全开放的标准规范和数据资源保护的相关法律法规仍然缺位。与东盟国家在数据共建共享方面存在较多障碍，真正连接中国与东盟的互联网企业、大数据企业较少，终端类数据信息获取渠道尚待开掘。

第二，交通基础设施水平有待提升，物流运输能力急需增强。铁路方面，连接越南的铁路为单线非电气化铁路，技术标准低且轨距不同，运输能力不足。川黔、黔桂铁路能力已经接近饱和，川黔、黔桂铁路二线需尽快建设；重庆经泸州、毕节、百色到南宁的铁路，叙永—毕节段需加快建设，黄桶—百色段需尽快启动前期工作。东线的涪陵至柳州铁路货运通道已纳入国家中长网规划，但未纳入国家铁路发展"十三五"规划。西线的南昆铁路百色—威舍段运力不足，增建二线需尽快启动。公路方面，越南与广西边境口岸连接的公路等级较低、路况差、通行能力不足。各省高速公路通道规划建设存在不同步问题，造成省际部分高速公路通道形成断头路。

第三，跨境运输政策尚未落地，严重制约了跨境贸易的发展。由于国家与国家之间、地方和中央垂直部门之间缺乏有效的沟通协调机制，一些促进通关便利化的政策措施仍难以落地。如 GMS 五国共同签署的《关于实施〈大湄公河次区域（GMS）便利货物及人员跨境运输协定（BTA）〉"早期收获"的谅解备忘录》没能如期于 2018 年 6 月 1 日实施，自治区交通厅提出的《规范国际道路运输车辆通关查验和填报表格整合共享的意见建议》在地方、海关、边防层面难以取得共识。越南财政部专门出台的《关于依据中华人民共和国政府与越南社会主义共和国政府汽车运输协定的规定，试点实施代理海关监管的通知》到期，越方仍未明确中越直达货运车辆开行的办理手续和要求。

第四，国际陆海贸易新通道建设依旧需要持续推进，多式联运体系尚需要继续健全。国际贸易陆海新通多式联运线路正在不断拓展，重庆至北部湾的海铁联运迅速发展，兰桂、蓉桂、滇桂、黔桂等海铁联运班列开通或加密，跨境公路、铁路运输蓬勃发展。参与的企业主体正在增加，急需强有力的运营平台统筹多式联运体系的建设。但各类运输方式的硬件和服务标准化体系尚未建立，多式联运综合物流信息平台需要加快建设。

第五，项目建设资金筹措也还面临一些困难。航道、港口、口岸、多式联运物流基地等公共基础设施还比较薄弱，北部湾港航道及码头、钦州港东站铁路集装箱办理站等项目在建设资金、用海用地指标等方面都需要国家大力支持。通往口岸的崇左至水口、隆安至硕龙等高速公路未列入国家补助范围，交通建设项目仍面临资金缺口大、筹资困难问题。广西属西部经济后发展地区，地方财力困难，项目配套资金难以及时到位。

第六，跨境园区、境外园区建设涉及两国事权，因此推动难度颇大。如中越跨境经济合作区建设共同总体方案尚未批复，中越跨境经济合作区历经十几年尚未正式设立。如马中关丹产业园受马来西亚政局变动影响，园区招商引资、入园项目建设等受到较大影响；中柬农业促进中心由于柬方在土地移交、配套资金、物资免税等方面配合不紧密，导致核心区田间工程建设滞后。

第七，平台优势升级发展刻不容缓。广西现有的"一带一路"交流平台大多以博览会、论坛、峰会为主，需要在此基础上成立一种类似合作委员会的机构，推进国与国之间的基础设施、制度政策、技术标准的对接协调，制订跨境的区域开发规划，并进一步搭建推进区域合作的市场化平台。同时，原来国家给予沿边开发开放试验区的许多先行先试政策已经在更多地区或全国实施，试验区"政策高地"的优势已逐渐减弱，特别是中越跨境合作区缺乏政策支持，中越双方均尚未出台中越跨境合作区配套政策，跨境合作、先行先试缺乏政策支撑点。[1] 受此影响，相关平台优势式微，出现了发展瓶颈，因而制约广西更为有力地服务"一带一路"发展。

第八，跨境交流和合作的水平还不高。跨境人民币业务仍停留在结算、兑换等较低层次，双向贷款等深层次业务尚未落地。中越、中马、中新通关模式创新还处于探索阶段。由于涉及国家主权、国家外交、国家法律和国家安全等方面的内容，存在跨境执法的法律支持不够等问题，地方层面推进难度大。在与"一带一路"国家开展人文交流合作方面，合作范围还不够广，

① 刘建文：《沿边开放型经济新体制的发展路径及政策体系研究——以广西沿边地区为例》，《亚太经济》2015年第5期。

合作规模还不够大，合作层次还不够高，需要进一步深化拓展。在科技、环保、扶贫、医疗卫生等领域的合作中，还存在政策缺乏、人才不足、资金短缺等问题，需要国家和自治区层面给予大力支持。

三 广西持续参与"一带一路"建设的路径与规划建议

总体来看，广西参与"一带一路"建设进展顺利，但是仍然面临不少制约性因素。相关因素既有基础环境的原因，例如广西自身经济实力弱，又有机制性的因素，例如缺乏类似自由贸易试验区、自由贸易港等高水平开放平台，还受到观念意识影响。虽然如此，按照目前发展态势，广西依旧能够基本完成参与"一带一路"建设的阶段性任务。不过，为了克服前述相关制约性因素，广西依然需要从以下几个方面做出相应的调整或采取相应的措施。

（一）搭建高水平平台，突破体制性障碍

国际陆海贸易新通道北连丝绸之路经济带，南接21世纪海上丝绸之路和中国—中南半岛经济走廊，东连长江经济带，对我国区域经济的协调发展和形成陆海内外联动、东西双向互济的开放格局具有重要的战略意义。因此，广西要利用好这张牌，做足国际陆海贸易新通道文章，争取国家支持在钦州保税港区、中马钦州产业园、北海出口加工区的基础上设立北部湾自由贸易港，在国际贸易、物流中转、金融创新、投资合作、税收政策等领域给予先行先试，突破开放发展的机制性障碍。

（二）找准平台突破口，注入实质性内容

以建设国际陆海贸易新通道多式联运综合物流信息平台和数据库为突破口，推动国际陆海贸易新通道和中国—东盟信息港互动发展、相互支撑。要树立互联网的流量思维，借助外部力量促进"物流、航线、效率"之间的良性循环，以物流带动信息流、资金流、技术流、人才流，为北部湾自由贸

易港注入现代服务经济的实质性内容。其中，做大物流量是关键，要在国际陆海贸易新通道框架内，按照利益的共享原则，通过市场机制积极拓展与重庆、四川、陕西等省份的双边合作机制，加快形成一定规模的常态化物流量。同时，积极向中央争取资金、政策和先行先试的权限，形成一个新通道培育的"保护期"，在保护期内培育新通道的核心竞争力，把航线、通关服务和航运服务业逐步发展起来，使成本、效率和服务水平达到或接近发达地区的水平。

（三）突破瓶颈环节，提升设施互联互通

按照"南向、北联、东融、西合"的全方位开放合作新思路，大力推进基础设施互联互通。①"北联、西合"。加快建成贵阳至南宁铁路客运专线，联合西南各省积极推动黔桂铁路二线、川黔铁路二线、南昆铁路百色—威舍段二线、涪陵至柳州铁路货运通道、黄桶—百色段铁路的前期工作，尽快启动建设。加快建设重庆经泸州、毕节、百色到南宁铁路，叙永—毕节段铁路。加快与贵州、云南、湖南的高速公路网连接。②"南向、东融"。重点建设柳州经梧州至广州铁路、柳州经贺州至韶关铁路、合浦至湛江高铁、南宁至深圳深高铁、玉林至湛江高速公路、贺州至广东连山高速公路等。提升友谊关口岸的通关能力，加快东兴北仑河二桥口岸的建设进度，积极推动南宁（铁路）口岸增补纳入国家口岸建设"十三五"规划。同时，广西还需积极争取建设资金、用海用地指标，大力推进钦州港东站铁路集装箱办理站项目、北部湾港航道及码头项目。推进中新南宁国际物流园项目加快建设。

（四）扩展海陆线路，奠定多式联运格局

积极推进与西南、西北、中南、华南地区合作，由口岸、海关、商务、交通、铁路等部门联合组成工作组，开辟"铁海联运"线路，加快形成连通西部地区及"一带一路"沿线国家的海铁联运干线和中国—中南半岛跨境陆路干线。①"北联、西合"重点建设铁海联运干线。充分发挥铁海成

本低廉、速度较快的优势，通过提升铁海联运基础设施，拓展运营线路、降本优服提效，增强干线的竞争力、吸引力和辐射力。②"南向、东融"重点建设跨境陆路干线。运用公铁联运等方式，接驳"苏满欧""郑新欧""渝新欧""蓉新欧""汉新欧"国际班列，开通越南至欧洲国家的跨境公铁联运物流线路，积极开辟长沙—南宁/凭祥—河内、广州—南宁/凭祥—河内、郑州—南宁/凭祥—河内的跨境运输新线路。

（五）推动数据共享，刺激商业模式创新

积极推动国家层面加快推进中国—东盟数据交换共享的标准和规则建设，建立中国—东盟统一的数字资源共享交换体系。将"数据开放"作为数字经济发展的切入点，启动"数字广西"系统平台建设，实现政府部门、企事业单位数据的整合管理和互通共享。通过政府自身数据开放，运用政府数据孵化政府应用，以政府应用带动企业应用，从而最终带动产业发展。建设统筹自治区级政府数据"聚、通、用"的"数字广西"系统平台，强力推动电子政务、智能交通、智慧物流、智慧旅游、电子商务、食品安全等领域的业务系统迁移上云。

大力发展大数据的三大业态：①大数据核心业态，包括数据存储、采集、加工、交易、安全等大数据关键技术和核心业务；②大数据关联业态，包括与核心业态紧密联系的智能终端、呼叫中心、电子商务与服务外包等；③大数据衍生业态，包括与传统产业紧密融合、协同发展的智能制造、智慧健康、智慧旅游、智慧物流、智慧农业等。

（六）补齐市场短板，打好开放发展根基

按照"南向、北联、东融、西合"的全方位开放合作思路，以"高水平引进来"促"大规模走出去"，推动国际陆海贸易新通道、长江经济带沿线省区市、粤港澳大湾区以及海南自由贸易港与广西合作共建产业园区，推动产业集聚发展。

（1）"北联、西合"。规划建设川桂、渝桂、黔桂、湘桂、滇桂合作产

业园，加快推进湘桂经济走廊、南昆高铁经济带、贵南高铁经济带等平台建设。推动重庆、四川自贸试验区、国别合作园区与广西钦州保税港区等开放平台合作，发展适铁、适海产业和现代物流业。

（2）"南向、东融"。加快推进珠江—西江经济带、北部湾城市群等平台建设，推动海南自由贸易港、广东自贸试验区、国别合作园区与广西钦州保税港区等开放平台合作，发展适铁、适海产业和现代物流业。①

（3）依托中国—东盟信息港和国际陆海贸易新通道两大抓手，抓住世界经济结构调整和国际服务业向新兴市场国家转移的契机，引导外资投向物流、金融、航运、信息等现代服务业。

（七）争取中央支持，突破关键瓶颈问题

要充分认识国际陆海贸易新通道在国家战略中的地位，积极向中央争取资金、政策、项目和先行先试的权限。联合西部各省推动国际陆海贸易新通道上升为国家战略，争取国家加大对国际陆海贸易新通道重大基础设施项目的支持、加大对中国—东盟信息港建设的支持，支持国际陆海贸易新通道打造国际多式联运示范项目、北部湾区域性国际航运中心等的建设，争取国家协调地方与部委共同推进跨境道路运输的发展。

---

① 刘华新、庞革平、李纵：《广西做好"东融"大文章》，《人民日报》2018年12月11日。

B.19
陕西省参与"一带一路"建设的
规划与实施

王嘉楠[*]

摘　要： 陕西是古丝绸之路的起点，与"一带一路"有着极为深厚的历史渊源。新时代，"一带一路"倡议的提出让陕西"由内陆变成开放的前沿"。围绕国家"一带一路"总体规划部署，陕西每年出台《"一带一路"建设行动计划》，通过积极践行"五通"，建设"一带一路"五大中心，打造内陆型改革开放新高地，陕西在"陆海内外联动，东西双向互济"的开放新格局中发挥着越来越重要的作用。

关键词： 陕西省　"一带一路"建设　开放经济

　　"我的家乡中国陕西省，就位于古丝绸之路的起点。"2013 年 9 月 7 日习近平在纳扎尔巴耶夫大学发表题为《弘扬人民友谊　共创美好未来》的重要演讲。[①] 在这次演讲中，习近平回望丝路历史，提出了"共同建设丝绸之路经济带"的构想。

一　陕西与"一带一路"的历史渊源

　　古丝绸之路由陕西人张骞开拓，也因盛唐对亚欧大陆经济地理的影响而

---

* 王嘉楠，《国际商报》记者，西安市开元开放型经济发展研究中心主任。

① 《弘扬人民友谊　共创美好未来——在纳扎尔巴耶夫大学的演讲》，新华网，http://www.xinhuanet.com/world/2013-09/08/c_117273079.htm。

繁荣。陕西地理位置极为特殊，处在中国地理几何中心，既是古丝绸之路的起点又是各国商品汇聚的终点，在1000多年前，陕西与"一带一路"沿线国家进行了丰富的经贸合作和广泛的人文交流。

直到今天，"丝绸之路"仍然容易唤起亚欧大陆人民的历史情感，唐长安（今陕西西安）与丝绸、瓷器一起，成为沿路人民共同的记忆。美国学者薛爱华曾研究唐朝社会的"进口商品"消费，在唐朝统治三个世纪中，亚洲每个国家大都有人进入唐朝。盛唐时期良好的陆路和水运体系和"天下无贵货"富庶的社会经济，使得"哪怕是普普通通的唐朝市民，也完全有可能享用到来自遥远地方的珍稀货物"。①

"通往唐朝有两条道路，一条是商队走的陆路通道，另一条是航船航行的海上通道。"② 当时的长安城，汇聚了各国商品也聚集了数以万计的外国人，是著名的"国际化大都市"。当时的长安城有东、西两个大市场。在今天陕西省西安市城西，有一个占地500亩的仿唐建筑群大唐西市，这是西安市政府"皇城复兴计划"项目之一，现在这里是充满丝路风情的综合商业街区，也是许多"一带一路"活动会议的举办地。而一千多年前，许多来西安的外国商人会到西市进行交易。③ 当今西安市东北的"广运潭"，是从唐代流传下来的地名，唐天宝二年在这里建成人工湖，用作货物转运，这里是从广州开始通往长安的水路终点。④《旧唐书》描绘了天宝二年，唐玄宗亲临广运潭的望春楼检阅漕运船队的盛况，⑤ 其中"南海郡船"载到长安广

---

① 〔美〕薛爱华：《撒马尔罕的金桃：唐代舶来品研究》，吴玉贵译，社会科学文献出版社，2016，第83页。
② 〔美〕薛爱华：《撒马尔罕的金桃：唐代舶来品研究》，吴玉贵译，社会科学文献出版社，2016，第51页。
③ 〔美〕薛爱华：《撒马尔罕的金桃：唐代舶来品研究》，吴玉贵译，社会科学文献出版社，2016，第75页。
④ 〔美〕薛爱华：《撒马尔罕的金桃：唐代舶来品研究》，吴玉贵译，社会科学文献出版社，2016，第74页。
⑤《旧唐书》卷五十五："拥渭水作兴成堰，截灞、浐水傍渭东注，至关西永丰仓下与渭合。于长安东九里长乐坡下、浐水之上架苑墙，东面有望春楼，楼下穿广运潭以通舟楫，二年而成。"

运潭的玳瑁、珍珠、象牙、沉香等都是"进口货",这些大都来自当时"挤满了中国沿海港口,远涉重洋而来的航海商船"。①

二 "一带一路"让陕西再次成为开放前沿

"一带一路"掀起一场中国与世界经济地理革命,对于陕西而言,"一带一路"迅速把它"从内陆变成开放前沿"。2015 年 3 月 28 日,国家发改委、外交部、商务部联合发布了《推动共建丝绸之路经济带和 21 世纪海上丝绸之路的愿景与行动》(以下简称《愿景与行动》),提出发挥陕西综合经济文化优势,打造西安内陆型改革开放新高地。

(一)陕西在"一带一路"中的重要地位

中国古代的经济中心多在内陆,重要的陆路和水路通道也都通往国家中央地带。陕西区划位置处于东经 105°29′~111°15′,北纬 31°42′~39°35′,在自然地理格局上,陕西拥秦岭而跨南北,黄河与长江均流经陕西,大地原点、中国经纬度基准点就在陕西省泾阳县。在陆路贸易主导的时代,中心的聚合辐射独特而重要,因此不难理解陕西曾经是古代中国经济地理中心。

进入 21 世纪,随着交通与信息技术发展,全球广泛互联,内陆地区被重新赋能,内陆不仅可以通过航空与世界各地进行直接点对点的连接,还可以通过便利、高效、密集的铁路网和公路网与更多内陆节点进行紧密互动,进而促进经济发展,成为新的经济增长极。承东启西、连接南北,陕西是重要枢纽,2018 年 12 月国家发改委、交通运输部会同相关部门共同制定的《国家物流枢纽布局和建设规划》② 中陕西省西安、宝鸡、延安三市均入选

---

① 〔美〕薛爱华:《撒马尔罕的金桃:唐代舶来品研究》,吴玉贵译,社会科学文献出版社,2016,第 55 页。
② 《国家发展改革委、交通运输部关于印发〈国家物流枢纽布局和建设规划〉的通知》,国家发展和改革委员会,http://www.ndrc.gov.cn/zcfb/zcfbtz/201812/t20181224_ 923400.html。

了国家物流枢纽承载城市名单，其中，西安是陆港型、空港型、生产服务型、商贸服务型四位一体的枢纽城市。

近年来，陕西不断强化新亚欧大陆桥重要战略支点地位，畅通铁路、公路与亚欧大陆主要国家的陆路连接。在"陆海内外联动、东西双向互济"的开放新格局中，向西，陕西面对的不再只是内陆边疆，而是充满机遇的广阔大陆，直达海洋；向北对接中蒙俄经济走廊，畅通能源大通道；面向东南，陕西拥汉江之利，融入"长江经济带"参与"21世纪海上丝绸之路"。中国地理几何中心的位置让陕西向天空开放更加容易，从西安咸阳国际机场出发，2小时航程半径，覆盖中国70%的领土以及85%的经济资源。①

（二）自贸区成为陕西"一带一路"建设核心平台

"一带一路"与自贸区建设"双轮驱动"，共同构建中国对外开放新格局。"一带一路"侧重以基础设施的互联互通促进沿线经济体融合发展，而自贸区建设则以制度创新为核心，强化"放、管、服"，建立国际化、便利化、法治化的营商环境，促进投资、贸易便利化。

2017年3月15日国务院印发《中国（陕西）自由贸易试验区总体方案》②（以下简称《方案》）明确指出，建立中国（陕西）自由贸易试验区（以下简称陕西自贸区）是党中央、国务院做出的重大决策，是新形势下全面深化改革、扩大开放和加快推进"一带一路"建设、深入推进西部大开发的重大举措。《方案》明确了陕西自贸区"一带一路"经济合作和人文交流重要支点③地位。建立伊始陕西自贸区就与"一带一路"倡议深度融合，促进内陆地区与"一带一路"互联互通。并持续推动政府职能转变、推动投资贸易领域改革、推动金融领域开放、扩大人文交流，从体制、机制以及

---

① 《西安咸阳机场航空货运》，航盟物流网，http：//www.hm5656.com/wlwl_ show.asp？id = 82。
② 《中国（陕西）自由贸易试验区总体方案》，中华人民共和国中央人民政府网，http：// www.gov.cn/zhengce/content/2017 - 03/31/content_ 5182306.htm。
③ 《中国（陕西）自由贸易试验区总体方案》，中华人民共和国中央人民政府网，http：// www.gov.cn/zhengce/content/2017 - 03/31/content_ 5182306.htm。

支持政策方面，推动了"一带一路"的实施。

根据《方案》，陕西自贸区成立以来，用一系列创新机制"加快推进一带一路""带动西部大开发"探索内陆与"一带一路"沿线国家经济合作和人文交流新模式。这些创新机制有宏观的互联互通，如航空港、内陆港联动发展；有丰富的模式创新，鼓励政府间科技创新合作，以及跨国教育、国际产能与现代农业交流合作模式创新；有具体的产业政策，包括减少文化出口的行政审批、支持开展文化产品跨境电子商务试点以及推动陕西文物国际展示和国际交流等等。自贸区建设盘活陕西优势资源，全方位塑造陕西开放型经济，推动陕西"统筹海陆、东西互济"融入"一带一路"。

三 陕西省"一带一路"建设行动计划

从 2015 年陕西省政府第一次发布《陕西省"一带一路"建设 2015 年行动计划》（以下简称《行动计划》）以来，陕西已连续 4 年发布行动计划文件。

2015 年，《行动计划》由促进互联互通、密切人文交流、加强科技教育合作、深化经贸领域合作、搭建对外平台、加强生态环保合作、创新金融合作方式以及持续唱响丝路新起点八部分组成。具体内容里多数项目是陕西已开展的国际性项目，境外合作领域主要是丝绸之路经济带，重点是中亚地区。从 2016 年开始，陕西加强了参与"一带一路"建设的顶层设计，明确提出要着力构建"一带一路"五大中心——交通商贸物流中心、国际产能合作中心、科技教育中心、国际旅游中心、区域金融中心。从 2016 年开始，行动计划有了详细的任务分工。2017 年，经过两年的"一带一路"建设实践，再加上国家层面"统筹海陆""双向开放"的赋能，陕西站位提高，格局视野扩大。在 2016 年"行动计划""五大中心"的基础上延伸、突破，在区域金融中心建设方面，提出"创新国际化融资模式，与世界银行、亚洲开发银行、亚投行等国际金融机构和丝路基金、中非基金等开展境外重大项目投资方面展开合作"。2017 年 11 月，陕西省政府"一带一路"领导小

组会议，对五大中心的概念和内涵进行调整。正式将文化命题融入国际旅游中心建设，弘扬丝路精神，促进文化交流，建设国际文化旅游中心。不再局限于区域、西部等概念，着眼于增强金融在服务国际经贸合作的能力，将区域金融中心扩展为丝绸之路金融中心。

随着"一带一路"的深入实施，陕西的实践越丰富，发展自信就越强。围绕党的十九大提出的构建"陆海内外联动，东西双向开放"新格局，陕西进一步提出了符合地理中心定位的"枢纽经济、门户经济、流动经济"发展目标。《陕西省"一带一路"建设2018年行动计划》明确提出，围绕加快推动枢纽经济、门户经济、流动经济发展，打造内陆改革开放新高地，并再次强调持续推进"一带一路"五大中心建设。2018年的行动计划中"高水平打造自贸区""建设国际物流枢纽""打造国际航空物流枢纽"这些表述充满自信，同时将"讲好陕西故事""展示陕西新形象"列入了行动计划，并第一次提出"利用社交媒体平台宣传陕西""构建陕西旅游海外宣传推介网络"。

陕西参与"一带一路"建设的纲领性文件的文本变化，清楚显示，在参与"一带一路"建设过程中，陕西由积极参与、积极融入，到主动引领，站位逐渐提高，格局视野相应扩大，陕西自身优势（如历史文化、地理区位、科技教育、优势产业）与"一带一路"的建设发展结合越来越紧密。随着陕西参与"一带一路"实践的深入，行动计划越来越周详，行动目标越来越清晰，任务分工越来越明确。

四 陕西"一带一路"建设成果梳理

（一）五通成果

1.政策沟通

陕西认真贯彻落实国家"一带一路"总体部署，加强顶层设计，创新与"一带一路"沿线国家沟通、交流、磋商新机制。2013年9月27日参加第五届欧亚经济论坛的欧亚9国以及丝路沿线的13个中外城市共同签署了《共建丝绸之路经济带西安宣言》[①]，倡议欧亚各国共同建立面向未来的友好关系，携手共建"丝绸之路经济带"。2015 年 6 月 19 日丝绸之路旅游部长会议形成了《丝绸之路旅游部长会议西安倡议》[②] 提出不断扩大人员交流规模，努力提升旅游便利化水平。第二届丝绸之路商务合作（西安）圆桌会，24 个国家和地区的驻华使领馆商务参赞、领事及官方机构代表在西安达成"丝路跨境电商合作西安共识"，拓展了丝路国际经贸合作的新空间。

2. 设施联通

陕西积极构建立体丝路，五年来，陕西新增高速公路通车里程 916 公里，高速铁路里程超过 850 公里，连接全国的铁路、高速公路、"米"字形高铁陆运交通网络日趋完善，服务辐射范围不断扩大。截至 2018 年末，空港新城和西部机场集团已开通国内外客货运航线 347 条，西安咸阳国际机场国际（地区）航线增至 65 条，全货运航线 18 条，联通全球 29 个国家的 53 个城市。

3. 贸易畅通

五年来，陕西依托空港、陆港、沿海口岸，构建陆海空立体国际贸易物流网络，畅通了陕西进出口货物东进西出和南下北上的通道。五年来，中欧班列（长安号）完成了月均开行 1 列到日均 4 列的转变。争取多年的"第五航权"在 2018 年 11 月获批，并获得了国家对西安航空物流发展大力支持。随着陕西国际贸易口岸、通道、平台建设不断完善，管理服务模式不断创新，贸易便利化的物理载体和机制运行越来越顺畅。

4. 资金融通

截至 2018 年上半年，陕西省金融机构本外币各项存款余额超过 4 万亿元，本外币各项贷款余额接近 3 万亿元，较 2013 年末分别增长 55% 和

---

① 《共建丝绸之路经济带西安宣言》，国务院新闻办公室网站，http://www.scio.gov.cn/ztk/wh/slxy/htws/Document/1375647/1375647.htm.
② 《丝绸之路旅游部长会议西安倡议》，陕西省人民政府网，http://www.shaanxi.gov.cn/info/iList.jsp? tm_id=166&cat_id=10001&info_id=4243.

77%。目前金融支持陕西自贸区建设36条措施出台，跨国企业集团跨境双向人民币资金池业务已在陕西自贸区内开展。中国工商银行、中国建设银行等多家机构与陕西达成金融战略合作协议，多只丝路主题基金在陕西设立。由中国人民银行指导的"通丝路"陕西跨境电子商务人民币结算服务成功上线，服务中小企业"走出去"。

5. 民心相通

弘扬丝绸之路精神，激发"一带一路"人民对于丝路的历史情感，是历史和时代赋予陕西的重要使命。历史上，陕西曾与许多沿线国家在商贸、教育、技术、宗教、文化、医疗卫生等领域开展广泛交流合作。"一带一路"倡议提出以来，陕西与"一带一路"沿线国家人文合作项目呈现出爆发式增长，陕西通过举办各类官方民间的论坛节庆活动以及对话研讨会，激活历史情感，传播丝路故事，凝聚发展共识，增进了"一带一路"沿线人民对彼此的了解。

（二）五大中心建设成果

2015年以来，陕西以"一带一路"建设总体方案和年度行动计划为指引，建立健全体制机制、探索创新发展模式、搭建合作服务平台，政策措施落实到位，市场主体热情高涨，"一带一路"五大中心建设明显实效。

1. 交通商贸物流中心

（1）完善综合立体交通网络　建设国际贸易枢纽

"一带一路"将陕西变成向西开放的前沿，也给陕西带来再次成为双向开放的动力中心机遇。地理中心的天然优势、长期历史发展形成的通道以及新中国成立以来铁路、公路路网的建设在陕西形成的"超级枢纽"，还有航空时代为陕西带来直接连接全球城市的机遇。陕西的多重优势在"一带一路"的催化下，形成强大的发展动能。陕西融入大局，找准定位、紧抓机遇，提出大力发展"枢纽经济、流动经济、门户经济"。

五年来，陕西通江达海、联通内外的综合立体交通网不断完善。现在，陕西全省公路总里程达到17.5万公里，路网密度达到85.03公里/百平方公里。5 年来，陕西建成 24 个高速公路项目共 1214 公里，全省高速公路通车总里程达到 5279 公里，位居全国前列。五年里，陕西全省铁路营业里程达到 5300 公里，形成"两纵五横三枢纽"骨架网，"米"字形高铁网络也日趋完善。西安咸阳国际机场迅速发展，形成了"一主四辅"民用机场体系，2018 年，西安咸阳国际机场全年起降航班超过 32 万架次，旅客吞吐量超过 4460 万人次，在全国机场排名上升至第 7 位，货邮吞吐量超过 31 万吨增速为全国第 1 位。[1]

2013 年 10 月 28 日陕西开出第一趟国际货运班列，2018 年全年开行超过 1200 列，国际货运班列"长安号"已经成为全国开行频次最稳定、线路最密集、重载率最高的班列。目前，"长安号"运行西安至中亚、欧洲等 11 条干线，建立了一批海外仓，再加上与东部重点港口开通的五定班列，"长安号"已初步构建了联通欧亚、陆海联运、辐射全球的丝路商贸物流体系。

五年来，陕西的综合立体交通网络和国际贸易枢纽建设为陕西三个经济——枢纽经济、流动经济、门户经济的发展奠定物理基础，也为"陆海内外联动，东西双向互济"的开放新格局的形成提供重要推动力。

（2）现代商贸业飞速发展　营商环境全面提升

货物贸易流的顺畅性的重要程度超过关税。[2] 五年来，陕西不断完善综合立体交通网络，创新对外合作机制，为国际经贸合作便利化打下基础，使"在陕西做全球的生意"成为可能。

五年来，中国（陕西）自由贸易试验区由申报规划成为现实。2017 年 4 月 1 日陕西自贸区正式挂牌，释放出巨大的制度红利，推动营商环境全面提升，根据国务院第五次大督查反馈，陕西开办企业指标全国第一，工程建设项目报建、房产交易登记 2 项指标分别位居全国第二位和第五位。

技术赋能服务创新，到 2018 年上半年，陕西外贸企业 80% 以上的业务

---

[1]《我省举办"陕西'一带一路'建设五年成就"主题系列发布会第一场》，陕西省人民政府新闻办公室，http：//www.shaanxi.gov.cn/jbyw/xwfbh/122058.htm。

[2]〔美〕帕拉格·康纳：《超级版图：全球供应链、超级城市与新商业文明的崛起》，崔佳刚、周大昕译，中信出版社，2016，第 172 页。

都可以通过国际贸易"单一窗口"完成，国际贸易整体通关时间不到以前的 2/3，单项业务平均通关时间在 40 分钟以内完成。贯彻口岸提效降费措施，陕西还将每个集装箱进出口环节合规成本降低 100 美元以上，国际物流成本降低了将近 30%。为促进投资便利化改革，陕西全面落实外资准入负面清单管理模式，外商投资企业商务备案与工商登记只需要在一个窗口填一份表格就可以办理，外商投资企业设立及变更时间缩短至 3 个工作日内。

"一带一路"的深入实施，为陕西对外贸易的发展带来广阔空间和强劲动力，2013～2017 年，陕西进出口总值从 1227.75 亿元增长到 2714.9 亿元，年均增长 20%左右。2013～2017 年，陕西对"一带一路"沿线国家和地区进出口总值累计达 1283 亿元，年均增长 10%。2013～2017 年，陕西省对外直接投资从的 2.9 亿美元增长到 6.6 亿美元，对外承包工程完成营业额从 17.87 亿美元增长到 39.1 亿美元，"一带一路"沿线国家和地区成为陕西对外承包工程的主要市场。①

2. 国际产能合作中心

"国际产能合作"是"一带一路"重要抓手，陕西省工业门类齐全、科技人才丰富，在"一带一路"推动下，陕西企业"走出去"步伐加快。陕西在农业、能源化工和重大装备制造领域的国际产能合作取得了明显成效。爱菊集团在哈萨克斯坦投资的中哈爱菊农产品加工园区被列入"中哈产能与投资 52 个合作项目清单"；法士特集团泰国公司产品将辐射整个东盟市场；陕鼓集团收购捷克 EKOL 汽轮机公司；陕煤化控股建设的中大石油炼油项目在吉尔吉斯投产运行，实现了该国石油工业突破。

建设国际产能合作中心，陕西"走出去"与"引进来"并重。俄罗斯国家主权基金中俄投资基金、启迪控股股份有限公司在陕西渭南签约建设国际技术转移与军民融合示范项目——中俄国际产业园。"两国双园"有效配置资源，发挥各国家的资源、产业、区位和市场优势。"一带一路"倡议提

---

① 《我省举办"陕西'一带一路'建设五年成就"主题系列发布会第一场》，陕西省人民政府新闻办公室，http://www.shaanxi.gov.cn/jbyw/xwfbh/122058.htm。

出以来，陕西重点建设了中俄丝路创新园和中哈元首苹果友谊园两个"两国双园"项目，均取得良好成效。

为了进一步推动国际产能合作中心建设，陕西省还通过简政放权、优化服务为企业"走出去"创造更多的便利。设立企业"走出去""一站式"服务平台，提供从目的国政策法律、风险评估到融资信贷、会计审计等全方位解决方案。抱团出海打造海外产业集群可以有效帮助企业减少"走出去"的风险。在先前企业"走出去"成功的基础上，陕西着力推动"海外陕西"企业聚集区的规划和建设。

3. 科技教育中心

（1）创新国际科技合作模式聚集发展要素

"一带一路"倡议提出以来，陕西省内各类科技创新主体充分发挥主观能动性，积极对接全球科技创新资源，通过国际技术转移、共建联合实验室、科技园区全方位推进科技人文交流，打造丝路国际科技合作基地。陕西西安提出打造"全球硬科技之都"，在新科技、新产业、尖端领域主动作为，对接全球硬科技创新资源，聚集高端价值链和产业集群，打造面向未来的硬科技产、学、研发展共同体。五年来，陕西省企业、高校和研发机构等各类创新主体与国外签订技术合同300多项，合同总金额超过60亿元。[①]同时积极实施科技部国际科技合作项目，在现代农业、信息通信、装备制造、能源化工等重点领域陕西的100余家产学研单位实施省级国际科技合作项目350余项。陕西已经与40多个国家和地区建立了全方位、多层次、宽领域的国际科技交流合作关系。

截至2018年，陕西已建和在建的国际创新合作园区超过15个，其中海外园区超过7个。杨凌示范区通过建设"国家现代农业国际创新园"以及美国、哈萨克斯坦、吉尔吉斯斯坦等国建设国际科技合作园区和技术培训基地，打造国际农业合作范本。

---

① 《我省发布"陕西'一带一路'建设五年成就"主题系列发布会第三场"科技教育中心"建设情况》，http://www.shaanxi.gov.cn/jbyw/xwfbh/122678.htm。

（2）发挥教育人文优势促进多元文化交流

陕西连续举办五届"一带一路"教育合作交流会，与"一带一路"沿线31个国家（地区）128所大学组成新丝绸之路大学联盟、"一带一路"职教联盟等相关联盟和教育研究机构19个，发布丝绸之路经济带年度发展报告，持续开展"丝绸之路经济带建设千人培训计划"，西安石油大学为中塔天然气管道有限公司订单培养60名来陕"百人计划"留学生，西安交通大学的联合国教科文组织国际工程科技知识中心丝路培训基地，已为"一带一路"105个国家培养了2682名专业技术人才。

近年来，陕西累计在办的中外合作办学项目和机构近40个，高职以上非独立法人机构5个、硕士项目6个、本科项目11个、高职项目8个。① 西北工业大学与英国伦敦玛丽女王大学合作举办的联合工程学院列入中英高级别人文交流机制项目，高校与企业合作共建海外培训机构——西北大学中亚学院吉尔吉斯中大石油分院顺利落成，以西安外国语大学为主，陕西积极推进"一带一路"沿线国家非通用语种新专业和复语教育，形成覆盖"一带一路"沿线国家的语言专业群。②

陕西2015年接收留学生8944人，2016年9834人，2017年共有来自156个国家和地区的近12000名国际学生来陕学习，其中"一带一路"国家留学生6000余名，占陕西留学生总数的54%，巴基斯坦、哈萨克斯坦、俄罗斯等国家成为主要生源国。

4. 国际文化旅游中心

陕西是中华文明的发祥地，打造"一带一路"国际文化旅游中心，陕西"以历史情感激活'一带一路'，以现代文明凝聚发展共识"。五年来，陕西各类文化交流项目立足于讲好陕西故事、传播中华文明，在不同的国际旅游交流活动中展示陕西形象，打造文化软实力。

---

① 《我省发布"陕西'一带一路'建设五年成就"主题系列发布会第三场"科技教育中心"建设情况》，http：//www.shaanxi.gov.cn/jbyw/xwfbh/122678.htm。
② 《我省发布"陕西'一带一路'建设五年成就"主题系列发布会第三场"科技教育中心"建设情况》，http：//www.shaanxi.gov.cn/jbyw/xwfbh/122678.htm。

（1）文明文化文物文艺融合发展共促民心相通

"领导人家乡外交"是陕西省独有的重要外事活动。2013 年 9 月 7 日，习近平于哈萨克斯坦纳扎尔巴耶夫大学第一次在国际舞台讲述家乡陕西，2014 年 9 月 17 日习近平在访印首站——莫迪总理的家乡古吉拉特邦，邀请莫迪访问其家乡陕西西安。[①] 五年来，印度、法国、柬埔寨等 18 个国家的元首和政府首脑到访陕西，也有越来越多的外国使节、政党、媒体以及企业家代表团来到陕西，它们不但关注兵马俑等传统人文景点，而且关注现代陕西的经济社会发展，"一带一路"经贸合作平台——陕西自贸区、西安国际港务区、杨凌农科城等地成为关注热点。

陕西"文物名片"在推动"一带一路"倡议中发挥重要作用。5 年来，陕西省组织赴 11 个"一带一路"国家和港澳台地区举办文物展览 24 场，引进展览 21 场，共举办出入境展览 45 场。2014 年 6 月 22 日，由中国、哈萨克斯坦、吉尔吉斯斯坦联合，成功申报"丝绸之路：长安—天山廊道路网"世界文化遗产，陕西的汉长安城未央宫遗址、唐长安城大明宫遗址以及大雁塔、小雁塔、兴教寺塔、张骞墓、彬县大佛寺石窟等遗迹成功进入世界遗产名录。

陕西成功举办五届的"丝绸之路国际艺术节"，现已成为国家"一带一路"文化工作的重要抓手和推动对外文化工作的重要平台。从 2013 年开始，陕西推出"今日丝绸之路美术创作工程"和"从长安到罗马文化交流演展工程"等一批以"一带一路"为题材的活动项目。通过精心打造的"国风·秦韵"对外文化交流品牌，陕西将中国民乐、陕西皮影、秦腔、剪纸、西安鼓乐等一批非遗精品项目在澳大利亚、丹麦、德国、意大利等 20 多个国家和地区进行展演推广，传统文化和文艺精品项目在弘扬丝路精神，促进丝路沿线国家和地区的文化交流和民心相通方面发挥着越来越重要的作用。

（2）旅游业国际化发展脚步加快品质提升

旅游业是促进国际人文交流，促进文化传播、文明互鉴的重要产业。

---

① 赵萌：《习近平今在西安接待印度总理 去年到访印总理家乡》，《北京青年报》2015 年 5 月 14 日。

2013~2017 年，陕西省累计接待境内外游客 19.7 亿人次，旅游总收入 16289.22 亿元；2017 年陕西旅游接待人数比 2013 年增长了 83.5%，旅游收入增长了 125.46%，其中国际旅游收入增长了 61.36%。

五年来，陕西旅游以"文化陕西"和"了解中国从陕西开始"为核心，精准营销、专业营销，深耕国际旅游市场，不断提高"丝绸之路起点、兵马俑的故乡"的世界级品牌影响力。2018 年，陕西全省在建续建"一带一路"旅游项目约 120 个，总投资约 700 亿元。

5. 丝路金融中心建设

金融是经济发展的血液。经历了从区域性金融中心和"一带一路"区域性金融中心到丝绸之路金融中心定位的变化，陕西在金融支持"一带一路"建设方面发展思路越来越清晰。

"丝路国际金融中心"核心区启动建设，确立了"一带一港一中心"金融业战略布局和打造千亿级金融业产业集群的战略目标。[①] 陕西出台金融支持自贸区建设 36 条措施，为丝绸之路金融中心建设带来持续动力。截至 2018 年 6 月底，陕西全省地方金融业已涵盖银行、证券、保险、信托等多个门类，拥有法人银行 138 家、信托公司 3 家、财务公司 4 家、汽车金融公司 1 家、消费金融公司 1 家、法人证券公司 3 家、期货公司 3 家、法人保险公司 2 家、融资性担保公司 170 家、小额贷款公司 289 家。2018 年 9 月 15 日中国证监会核准在西安市设立朱雀基金管理有限公司，实现了陕西省公募基金管理公司零的突破，填补了陕西地方法人金融牌照的空白。

截至 2018 年 9 月底，陕西外商投资融资租赁企业 107 家，注册资本 61.8 亿美元；内资融资租赁试点企业 20 家，注册资本 102.2 亿元。200 余家基金企业入驻灞柳基金小镇，基金审批管理规模超 2000 亿元。

---

① 《我省发布"陕西'一带一路'建设五年成就"主题系列发布会第五场"丝绸之路金融中心"建设情况》，陕西人民政府门户网站，http://www.shaanxi.gov.cn/jbyw/xwfbh/123620.htm。

B.20
宁夏参与"一带一路"建设的规划与实施

汪建敏　王晓涛　拓星星*

摘　要： 自2013年习近平提出"一带一路"倡议以来，宁夏回族自治区紧紧围绕"政策沟通、设施联通、贸易畅通、资金融通、民心相通"的要求，科学研判宁夏在"一带一路"建设中的优劣势，以打造丝绸之路经济带为目标，坚持"创新发展"、"国家所需、宁夏所能"以及"扬长补短"原则，通过多年努力，宁夏参与"一带一路"建设的成效显著，对外交流不断加强，务实合作进一步深化，充分体现了宁夏应有的担当。一是中阿博览会的国际影响不断提升，已成为国家对外交流合作的重要平台；二是建立了全国首个内陆开放型经济试验区，为内陆地区的对外开放开发提供经验借鉴；三是航空、铁路、公路、网络等对外通道建设全面发展，为我国对外开放特别是向西开放提供重要保障。今后，宁夏将不断创新和拓展中阿博览会的办会机制，进一步提升其国际影响力，将银川河东机场建成内陆开放型国际航空枢纽，力争使其成为服务"一带一路"特别是面向西亚、北非等地区空中丝绸之路的主通道，以全域旅游示范区建设为契机，着力建设特色鲜明的国际旅游目的地，将宁夏打造成为我国重要的国际旅游中转港。

---

* 汪建敏，宁夏大学中国阿拉伯国家研究院特聘教授、研究员；王晓涛，宁夏博源估价师事务所（有限公司）、工程师；拓星星，宁夏博源估价师事务所（有限公司）、工程师。

"一带一路"蓝皮书

关键词： 宁夏 "一带一路" 区域经济

自2013年"一带一路"倡议提出以来，宁夏回族自治区党委、政府高度重视，科学研判宁夏在"一带一路"建设中的优势和制约因素，紧紧围绕"政策沟通、设施联通、贸易畅通、资金融通、民心相通"要求，以宁夏内陆开放型经济试验区为契机，以中阿博览会为平台，不断加强与"一带一路"沿线国家的交流与合作，着力打造丝绸之路经济带，构建内陆型经济新格局。经过多年努力，宁夏主动融入"一带一路"建设成效显著，对外交流合作不断深化，务实合作领域不断拓展，基础设施建设逐步完善，在"一带一路"建设中充分体现了宁夏应有的担当。

一 宁夏在"一带一路"建设中的优势和定位

（一）宁夏在"一带一路"建设中的优势

宁夏参与"一带一路"建设，在以下方面具有显著优势。

1. 先行交往优势

早在20世纪80年代，时任自治区主席的黑伯理先后两次率领宁夏友好访问团出访巴基斯坦、埃及、也门、科威特、沙特阿拉伯、阿拉伯联合酋长国等国家，访问成果颇丰。黑伯理主席的率团出访是新中国成立后较早出访阿拉伯国家的访问团体，使阿拉伯国家对新中国有了新的认识与了解，增进了双方友谊，尤其为促进中国和沙特阿拉伯建交发挥了显著作用。同时，促进了阿拉伯国家援助建设宁夏伊斯兰经学院等项目落地。可以说，黑伯理主席率团出访阿拉伯国家，有力推动了中阿交流合作，更为以后的中阿合作打下了良好基础。

2. 中阿博览会优势

从2010年在宁夏举办首届中阿经贸论坛开始，至今在宁夏已成功举办

3届中阿经贸论坛和3届中阿博览会（2013年中阿经贸论坛更名为中阿博览会）。目前，中阿博览会已成为中阿经贸交流合作的重要平台。宁夏银川作为中阿博览会的永久举办地，在国内外（尤其是西亚、北非、中亚、东南亚和南亚）的影响力与知名度大为提高。可以说，宁夏与西亚、北非、中亚、东南亚和南亚等地区的国家交流合作的基础相对较好，优势明显。2014年中阿第六届部长级会议召开，宁夏是我国唯一参会的省区，表明国家肯定多年来宁夏在服务于"一带一路"建设，推动中阿交流合作方面所做出的努力与贡献，同时体现了国家对宁夏更好地发挥在中阿交流合作方面的作用有更高的期待。因此，宁夏可以借助举办中阿博览会的优势，发挥"牵线搭桥"的作用，更好地服务于"一带一路"建设，助推我国的内陆开放。

3. 内陆开放优势

宁夏是国家批准设立的全国首个内陆开放型经济试验区（2012年9月10日国务院正式批准）。根据国家批复的《宁夏内陆开放型经济试验区规划》，宁夏的发展定位是"国家向西开放的战略高地"，要求建成"特色鲜明的国际旅游目的地"，允许宁夏"先行先试，实行灵活的开放政策"。为有效发挥宁夏自身优势，近年来，国家还批准宁夏在阿曼杜库姆承担建设中阿产业园的任务，批准宁夏和广东共同在沙特建设中阿产业园。

4. 航空大区位优势

首先，从国内看，宁夏地处我国几何中心位置；其次，从全球看，宁夏地处新欧亚大陆桥国内段的中枢位置；最后，宁夏银川机场是距离雅布赖航线最近的省会机场，飞机起降成本低。航空大区位的突出优势有利于宁夏建成全国乃至具有全球意义的重要航空交通（物流与人流）集散中心，尤其适宜建设国际性的航空枢纽，构筑现代化空中新的丝绸之路。

5. 资源优势

宁夏能源丰富，矿产资源种类达20余种，尤其是煤炭资源储量丰富，煤炭探明储量全国第六，在全国能源供应中发挥重要作用；宁夏平原土地肥沃，耕地总面积达 1650 万亩，人均占有量全国第三，可为特色农业及深加工、工业建设用地提供土地支撑；宁夏地处黄河上中游，取用黄河水资源便利。宁夏地处国内资源富集区域和主要消费市场的中间地带，发挥这一区位优势和能源加工、储备、中转优势，布局承接中东、中亚油气加工转化和储备，可为我国能源安全提供保障。

（二）宁夏在"一带一路"建设中的定位

《国务院关于进一步促进宁夏经济社会发展的若干意见》（国发〔2008〕29 号）指出："全面提升对内对外开放水平，大力改善投资环境，加强国内外、区内外经济技术合作，主动承接国际和东部地区产业转移，构筑内陆开放型经济的新格局。"国家发改委、外交部、商务部联合发布的《推动共建丝绸之路经济带和 21 世纪海上丝绸之路的愿景与行动》指出："发挥陕西、甘肃综合经济文化和宁夏、青海民族人文优势，打造西安内陆型改革开放新高地，加快兰州、西宁开发开放，推进宁夏内陆开放型经济试验区建设，形成面向中亚、南亚、西亚国家的通道、商贸物流枢纽、重要产业和人文交流基地。"自治区党委、政府依据国家的战略布局与要求，明确宁夏的发展战略定位是"一带一路"建设的重要支点。因此，宁夏参与"一带一路"建设要着重在通道建设、经贸务实合作及人文交流合作等领域发挥重要作用，助推我国的内陆开放。

二 宁夏参与"一带一路"建设的主要成效

近年来，宁夏主动融入并积极参与"一带一路"建设，取得以下几方面的显著成效。

（一）中阿博览会已成为我国对外开放的重要平台

中阿博览会每两年举办一届，办会成效愈加明显。中阿博览会作为国家层面的会展和国际盛会,不仅推动了中国与阿拉伯国家间的交流与合作,更成为服务国家"一带一路"倡议的重要交流合作平台,在国际上产生了广泛而深刻的影响,得到了包括阿拉伯国家在内的"一带一路"沿线国家的广泛认同,为推进中阿务实合作做出了积极贡献。

1. 政策沟通机制不断完善

中阿博览会不仅作为中国与阿拉伯国家间商贸合作渠道,同时也是中国与阿拉伯国家政策沟通的渠道。从历次中阿博览会的主题可以看出,中阿博览会为推动中国与阿拉伯国家之间的务实合作发挥了重要作用。2013~2017年历次中阿博览会主题及出席人员见表1。

表1 2013~2017年历次中阿博览会主题及出席人员

会议	时间	主题	出席人员
中阿博览会	2013年9月15~19日	中阿携手,面向全球	来自14个国家的41个部长级官员、阿盟成员国以及其他地区共67个国家和地区国际组织、投资机构的代表出席开幕式
中阿博览会	2015年9月10~13日	弘扬丝路精神,深化中阿合作	来自摩洛哥、毛里塔尼亚、也门等国家的83位部长级官员,阿盟等86个国家和地区国际组织、投资机构的代表,24个国家部委、26个省市自治区及香港、澳门特别行政区的代表,17个国家和一个国际组织的30名驻华外交官,93家中外大型商协会,282位大型企业及金融机构的高管,22个国家的78名记者出席开幕大会
中阿博览会	2017年9月6~9日	务实、创新、联动、共赢	600余名中国和阿拉伯国家以及其他"一带一路"沿线国家政府部门、国际组织、商协会、企业界代表出席会议

通过国家之间高层对话,助力中阿双方的政策沟通。在举办的2013年、2015年和2017年三届中阿博览会中,国家主席习近平均发贺信,分别由全国政协主席俞正声、国务委员郭声琨、全国人大常委会副委员长张平出席并发表主旨演讲。先后有29位中外政要,414位中外部长级官员,169位外国驻华使节,80多个国家、地区和国际机构,139家中外大型商协会,近

7000家大中型企业和金融机构的代表以及4.7万多名参展商、采购商参会参展。各国高层领导人通过中阿博览会,增加相互了解,加强政治与政策沟通。

2.博览会内容不断创新

从历届中阿博览会的内容可以看出,中阿博览会办会思路和模式不断完善和改进,办会内容不断充实和创新,合作领域从"单一"合作走向"全方位"。经历了从服务于中国—阿拉伯国家战略伙伴关系的单纯经贸合作模式,进而扩展为服务"一带一路"的中国—阿拉伯国家多产业、多领域、多方位合作模式,论坛、合作已扩展到经贸、人文、科技、产业、旅游等多个领域。创新举办大学校长论坛、科技论坛、广播电视合作论坛、中阿旅行商大会等,并在国内首次对中国境外经贸合作区进行集中推介,首次设置国际综合展、基础设施及产能合作展,为博览会增添新动能(见表2)。

表2 中阿博览会涉及贸易投资、人文交流相关会议与活动梳理

会议活动	主要内容
中国—海合会国家经贸合作论坛	提出中国与海合会国家将继续加强相互投资,共同推进投资便利化,提升投资合作规模水平;深化基础设施合作,拓展双方在设计咨询、运营管理等方面的合作,继续提升能源合作水平;尽快启动自贸谈判,尽最大努力缩小双方的分歧
中国—阿拉伯国家联合会商会中方理事工作会议	中阿联合商会是中国贸促会与阿拉伯国家农工商会总联盟成立的中阿间多边经贸合作机制,中方理事会设在中国贸促会,由中国贸促会国际联络部负责管理。中阿联合商会中方理事会有6家副理事长单位和150多家理事单位,在理事会日常工作中发挥了积极作用
中国—阿拉伯国家贸易争端解决机制研讨会	由中国贸促会和相关阿拉伯国家商协会共同发起设立的"中国—阿拉伯国家贸易争端解决咨询委员会"成立。该委员会旨在促进中阿企业间的经贸交流,为双方在经贸交往中提供客观、权威的法律咨询、政策解读和业务指导,从而避免贸易纠纷或为贸易争端提供解决方案。委员会以"服务中阿经贸合作,解决国际贸易争端"为宗旨。主要职能是邀请政府外贸主管机构作为政策指导单位,提供政策咨询;设立专家委员会,为中阿贸易争端提供专业咨询;提供法律咨询、出证认证、知识产权、争端调解等服务,提供解决贸易争端的一揽子方案;建立畅通的信息交流渠道,提供便捷优质服务等

会议活动	主要内容
中国—阿拉伯国家青年企业家峰会	2013 年,该会议以"互信、互助、互利——从青年做起"为主题,共邀请来宾220 多人,其中,阿曼、埃及、科威特、沙特、也门、约旦等 20 多个国家的青年企业家和相关机构代表 90 多人,世界 500 强、中国企业 500 强、中国民企 500 强等高端企业家代表 100 余人。峰会集开幕大会、主题演讲、对话论坛、经贸考察于一体,是在中国—阿拉伯国家合作框架下针对青年企业家举行的国际性青春盛会,旨在为中阿青年企业家打造一个共商事业发展,共创美好未来的重要平台,引领中阿青年和企业家携起手来,共同开拓"新丝绸之路"的美好前景
中阿中小企业合作论坛	2013 年首次举办中阿中小企业合作论坛,来自中阿双方政府部门、部分阿拉伯国家驻华使节、外交官、区域贸易机构代表、企业家、商协会的 300 名领导、专家、学者、企业家参加了本次论坛。作为首届中阿博览会综合板块之一,本次中小企业合作论坛的举行为丰富中阿博览会内容,搭建中阿中小企业合作桥梁和平台做出了努力。论坛以"建立中阿中小企业合作机制,推动中阿经济健康快速发展"为主题
中阿大学校长论坛	中国与阿拉伯国家唯一的高校交流平台,使中阿高校可以直接对话与互动,进行高层次的文化与人文交流
中阿广播电视合作论坛	这是中国与阿拉伯国家媒体界的对话与合作平台,媒体作为文化沟通的重要载体,其合作将对中国与阿拉伯国家的文化沟通产生重要的作用
中国—阿拉伯国家工商峰会	2015 中阿工商峰会以"深化务实合作,共建一带一路"为主题,参会嘉宾就借助中阿工商峰会平台,促进中国与阿拉伯国家及其他"一带一路"国家工商界开展经贸交流、信息沟通、务实合作,服务国家"一带一路"等重要话题展开深入讨论。峰会期间,作为中国与阿拉伯商界重要联系机构的中阿联合商会联络办公室正式落户宁夏。同时,还挂牌成立了中国—阿拉伯国家商事调解中心秘书处。在签约及揭牌仪式中,宁夏自治区人民政府与中国贸促会、中国机械设备工程有限公司分别签署了战略合作协议
中约经贸论坛暨企业对接洽谈会	中约经贸论坛暨企业对接洽谈会在银川举办,中约双方有关企业在对接洽谈会上进行了推介,约旦向与会中外嘉宾展示多领域投资合作项目,并期待借助本届中阿博览会实现与宁夏在政府、企业、民间领域更加广泛深入的交流合作。签约仪式上,中约双方在农业、卫生、投资、金融、交通、能源等领域签署了 11 项协议。宁夏自治区人民政府与约旦农业部签署了农业合作谅解备忘录等。对接洽谈会上,来自中约两国的 130 多家企业进行了项目推介,并分产业领域进行对接
网上丝绸之路论坛	2015 中阿博览会网上丝绸之路论坛由国家互联网信息办公室、商务部、宁夏自治区人民政府主办,主题为"网上丝路互联互通"。论坛内容分为 2015 年中阿博览会网上丝绸之路论坛、电子商务暨卫星应用发展分论坛、新一代云计算分论坛三大部分

续表

会议活动	主要内容
中国—阿拉伯国家旅行商大会	中阿博览会的六大分会之一,并进一步将旅游合作扩大,从而促进文化沟通
中国—阿拉伯国家文化艺术展示周	通过文化艺术展示,使双方增强文艺方面的交流
中国—阿拉伯国家出版合作论坛暨版权贸易洽谈会	出版物是文化交流的重要载体,在中阿博览会中针对出版合作进行协商,为中阿文化沟通创造重要条件
中国—阿拉伯国家汽车论坛暨自主品牌展览会	展示中国自主品牌汽车,表现中国汽车制造技术,展现中国的汽车文化
"丝路金桥"文艺晚会等节目	将民族文艺节目与"丝绸之路经济带"历史文化结合,用文艺演出表现文化内涵

3. 务实合作水平提质升级

自中阿经贸论坛更名为中阿博览会以来,签约项目逐年增多,合作领域不断拓展,影响力也逐渐增大。2013 年,中阿博览会经贸活动共签订投资合作项目 138 个,金额共计 2599.0 亿元,这一年中阿双边贸易额达到 2389 亿美元,占中国进出口总额的 5.7%,相比 10 年前上升 2.7 个百分点。2015 年,中阿博览会经贸活动共签订投资合作项目 163 个,金额共计 1712 亿元。2017 年,中阿博览会签约项目 253 个,计划总投资 18605 亿元。其中,合同项目 81 个,投资额 915.8 亿元;协议项目 154 个,投资额 944.7 亿元;合作备忘录 17 个;友好城市协议 1 个。签约项目涉及农业及食品加工、新技术新材料、装备制造、生物制药、能源化工、生态纺织、产业园区建设、现代服务业等 8 个领域。同时,中国贸促会分别与埃及、约旦、巴勒斯坦等 6 个国家和地区签订了 8 个合作备忘录。

4. 宁夏对外开放水平不断提高

宁夏依托国家各部委在政策、资源、项目上的支持,凝聚宁夏全区方面面的力量,将中阿博览会打造成提升宁夏对外开放的重要平台。

(1)产业合作方面。通过举办中阿博览会,加快发展宁夏的现代物流、现代金融、电子商务、文化旅游、会展经济等现代服务业。深化与"一带一路"沿线国家在优势特色产业方面的交流合作,并且在毛里塔尼亚、阿曼、沙特三国建设了产业园区,带动了宁夏企业抱团"走出去"。仅 2017 年的中阿博览会,宁夏分别与埃及、沙特、毛里塔尼亚、吉尔吉斯斯坦、黎巴嫩、新加坡、泰国等 21 个国家和地区签订 66 个合作项目,投资额 207.05 亿元。宁夏与哈萨克斯坦、土库曼斯坦、伊朗 3 个国家的铁路部门合作,开通银川至德黑兰国际货运班列,打通了中国华北、西北、东北地区面向中亚、西亚的低成本便捷陆路通道。

(2)科技交流、人才培养方面。通过中阿博览会的交流平台,宁夏加强了与西亚北非国家间的科技合作,成立了中阿技术转移中心,实施中阿科技伙伴计划,搭建对阿科技合作的平台和渠道。除此,在人才培养方面,宁夏培养了一大批服务中阿经贸合作交流的高素质人才,特别是培养了一批以阿拉伯语为代表的专业外语人才,提升了宁夏与阿拉伯国家间的交流水平。另外,强化农业合作一直是宁夏与阿拉伯国家间技术交流的重要项目,先后签署了中国(宁夏)—毛里塔尼亚共建农业技术合作中心协议、中国(宁夏)—约旦共建农业技术合作中心协议等项目,加强了农业领域的科技交流和人才培养工作。在中阿科技合作框架下,推动华为和沙特共建联合创新实验室,推动沙特与中国开展卫星导航领域合作,推进中阿绿色智能控制节水技术平台建设、中阿(约旦)马铃薯科技试验示范基地建设以及推动椰枣病虫害综合防治、农业物联网、农业节水、马铃薯标准化种植等关键技术和装备在阿联酋、阿曼、约旦转移转化。

(3)文化沟通与交流方面。宁夏强化与相关国家间的文化沟通与交流。宁夏积极创造外派人员的培训和教育机制,为进一步深化文化沟通交流搭建平台。同时,加强与阿拉伯国家间的科研、学术交流,通过合作办学和人才联合培养的方式,深化了高层次人才间的科技、学术交流。中阿博览会中形成的中阿大学校长论坛,是中阿之间的高等教育合作平台,促进了中国与阿拉伯国家间的高等教育合作,有 20 多所阿拉伯国家高校和宁夏高校签署了合作协议,在宁夏大学成立阿拉伯学院和中国阿拉伯国家研究院,在阿联酋成立孔子学院,为双方的文化、教育交流合作提供了重要平台。

(二)大力发展内陆开放型经济

近些年来,宁夏以国务院批准国家首个内陆开放型经济试验区为契机,大力发展内陆开放型经济,不断拓展新的开放领域和空间,加快形成全方位、宽领域、多层次的对外开放格局,建设国家内陆向西开放的战略高地。为了更好地建设宁夏内陆开放型经济试验区,2018年5月,宁夏专门下发了《关于深入推进宁夏内陆开放型经济试验区建设的实施意见》,着重强调指出:"进一步解放思想、拓展思路,以深度参与'一带一路'建设为引领,协同推进'引进来'和'走出去',形成对内对外开放新格局;以培育精品化平台、集约型园区为重点,完善开放支撑条件,构建开放合作和产业升级新体系;以政策创新、制度创新为突破口,积极开展探索实践,营造开放型经济发展新环境;推动试验区建设取得新进展,打造丝绸之路经济带支点。"

1.银川综合保税区开放引领作用不断增强

银川综合保税区是发展外向型产业的载体,也是国内企业走向世界、世界先进生产力进入国内的快速通道和平台,充当丝绸之路上新"驿站"的角色。银川综合保税区设立6年来,坚持以"扩大开放功能、创新联动发展"为主线,着力提升商务配套服务、开放政策辐射和开放型经济服务三种能力,全力打造加工贸易产业聚集区、国际物流分拨中转区、现代服务业创新区,加快形成区域特色鲜明、内外开放联动、贸易便利高效的对外开放新平台。2017年实现进出口总额23.76亿美元,占宁夏进出口总额的47%,占银川市进出口总额的60%,进出口货运吞吐量达3.2万吨。2017年全年开工建设项目11个,完成固定资产投资6.81亿元,同比增长11.4%;完成工业总产值7.5亿元,同比增长54.3%;招商引资签约项目13个,签约总金额约52亿元,到位资金11亿元,同比增长10%。

在产业发展方面,以服务全区外向型产业为目标,打造产业集聚区。依托临空、口岸、资源、功能政策优势，积极招大引强，累计完成招商引资到位资金达 37.19 亿元，建设如意纺高档纱线、黄金珠宝文化产业园、国际裘皮集散贸易中心、国际快件中心、CMEC 丝路国际合作园、进口肉类（以及水果、种苗）指定口岸、葡萄酒产业园、澳洲福来贺牛羊肉加工等重点项目，逐步形成了以黄金珠宝、现代纺织、航空物流等为主的保税加工、保税物流产业格局。

在通道拓展方面，以集聚开放资源和要素为目标，打造国际物流分拨中转区。先后获批建设进口肉类、水果、种苗指定口岸，跨境贸易电子商务试点，国际快件中心等口岸资质，大力发展新经济新业态，让开放资源和要素在银川综保区内集聚，逐步形成面向国际国内"两个市场"，支撑航空、铁路、陆路开放通道的国际物流分拨、集散、中转区。2017 年 5 月运营的宁夏国际快件中心是西北地区第二个国际快件中心，借助银川—迪拜等国际航线，已经初具规模。2017 年进口和分拨国际快件 6 万件，2018 年上半年分拨国际快件超过 20 万件。

2. 承担建设中阿产业园

在"一带一路"引领和中阿博览会的推动下，宁夏积极"走出去"，在海湾地区承担中阿产业园，打造中阿产能合作的先行区、内陆对外开放的示范区、丝绸之路经济带的支撑点。承担建设的中国—阿曼（杜库姆）产业园、中国—沙特（吉赞）产业园被列入国家发改委 20 个产能合作示范区以及商务部 16 个重点推进境外经贸合作区，充分体现了"走出去"在阿拉伯国家建设中阿产业园的宁夏担当。

中阿杜库姆产业园位于阿曼中部沿海地区杜库姆经济特区内，规划占地1172 公顷，拟在 10 年内投资 700 亿元人民币，分三期实施开发建设，土地使用年限为 50 年。分为重工业区、轻工业区和五星级酒店旅游区，分别占地 809 公顷、353 公顷和 10 公顷。重点发展石化、钢铁、建筑建材、海洋、仓储物流等产业。2017 年 4 月 19 日，杜库姆产业园举行奠基典礼和签约仪式，宁夏水务投资集团、宁夏建工集团有限公司、宁夏中科嘉业新能源科技管理服务有限公司等国内 10 家企业签署了总额约 32 亿美元的投资意向书，成为单一国家入驻杜库姆经济特区的最大项目,也是中国在阿拉伯国家投资建设的最大产业园区,项目投资额在2022年有望超过100亿美元。2018年4月15日,综合商住楼项目开工,首期建筑面积1.5万平方米,投资约1亿元人民币;2018年4月23日,建材城项目股东协议正式签约,阿曼万方公司持股51%,阿曼养老基金和何曼杜库姆特区政府持股49%,首期建筑面积2万平方米,投资约1.5亿元人民币;2018年5月7日,阿曼万方以无形资产入股的方式,与当地公司合资注册成立杜库姆万方工程咨询公司和杜库姆万方物流公司,注册资本金分别为65.92万美元和13万美元;年产1200万条化纤毛毯的工厂项目已完成公司注册,预计2019年初开工,项目总投资6.5亿元人民币。

3. 外向型经济水平显著提高

2017年,宁夏实现进出口总额341.3亿元,同比增长58%,增幅位居全国第一。其中出口额达到247.7亿元,同比增长51.0%,相当于2012年的2.5倍(2012年为101.0亿元),进口额达93.6亿元,增长86.7%。宁夏对"一带一路"沿线国家出口增速加快,对阿拉伯国家、印度、马来西亚、泰国等"一带一路"沿线国家和地区分别出口10.6亿元、11.7亿元、5.5亿元和5.3亿元,分别增长10.6%、25.5%、19.2%和51.8%,新增境外投资企业17家,境外直接投资额7.4亿美元,境外直接投资企业数比2012年增长近4倍,投资目的地扩展到"一带一路"沿线28个国家和地区。

2017年,宁夏主要进出口产品量价齐升,拉动作用明显。国际大宗商品价格普遍上涨,有力拉动了宁夏外贸增长。主要进口产品中,黄金进口19.4亿元,是上年同期的4.83倍,进口量是上年同期的4.5倍,进口平均价格由上年的262元/克上升为275元/克;原油进口15.89亿元,增长54.5%,进口量57万吨,增长37%,进口平均价格由上年的2468元/吨上升为2790元/吨;硅材料进口12.1亿元,是上年同期的28.9倍,进口量是上年同期的27倍,进口平均价格由上年的103元/千克上升为109元/千克。主要出口产品中,金属锰出口9.79亿元,增长45.7%,出口量增长

31.5%，出口平均价格由上年的10000元/吨上升为11000元/吨；轮胎出口6.73亿元，增长181.6%，出口量4809万条，是上年同期的1.65倍，出口平均价格由上年的130元/条上升为139元/条；赖氨酸及盐出口3.97亿元，增长58.2%，出口量5.1万吨，同比增长48.6%，出口平均价格由上年的7246元/吨上升为7712元/吨。

4. 口岸建设取得新突破

近些年来，为积极融入"一带一路"建设，宁夏十分注重口岸建设，下发了《关于深入推进宁夏内陆开放型经济试验区的实施意见》，专门对口岸建设提出具体要求与工作部署，强调要"加强口岸建设，完善银川航空港口岸功能，建设银川国际公铁物流港，推动石嘴山保税物流中心和惠农陆港口岸联动发展，加快中卫迎水桥物流园建设，完善中宁陆路口岸多式联动、中转集散、分拨配送功能"。目前，银川国际机场航空口岸是国务院批复建设的一类口岸；惠农陆港、银川经济开发区陆港、中宁陆港是宁夏自治区人民政府批准建设的陆港；进口肉类指定口岸、进境水果、种苗指定口岸和整车进口口岸是国家质检总局、海关总署批复建设的专业口岸。宁夏各陆港基础设施和运营情况见表3。

表3　宁夏各陆港基础设施和运营情况

名称	惠农港	银川陆港	中宁陆港
规划面积（亩）	343	457.7	250
建成面积（万平方米）	23	14.67	1.1
铁路专用线长（米）	800	3394	1050
主要货源地	石嘴山周边及蒙西地区	宁东、青铜峡、银川开发区	—
主要货运方向	天津	连云港、满洲里、二连、阿拉山口、霍尔果斯、广州、成都、天津、河南	—
货物品类	增碳剂、锰硅合金、碳化硅、电极糊、腐殖酸钠、微硅粉、中碳锰铁、赖氨酸、粮食、双氰胺、蜂蜜	氧化铝、微硅粉、增碳剂、聚甲醛、硅锰合金、钕铜、石膏、纸浆、瓷砖、荞麦、胡麻籽、番茄酱、味精、果汁	—
建成时发运量（万吨）	142.35（2011年）	49.9（2010年）	—

银川航空口岸已具备口岸卫生检疫、疫情疫病防控等综合能力，目前已有口岸签证权。银川开发区陆路口岸具有陆路口岸、货物集散配送、出口加工、冷链仓储等功能。惠农陆路口岸已开通与天津港合作的集装箱铁水联运示范线，实现"属地申报，口岸验放"的内陆通关模式。银川开发区陆路口岸具有陆路口岸、货物集散配送、出口加工、冷链仓储等功能。中宁陆路口岸依托中宁物流园实现集装箱运输整列配车、整列始发、直达港口。

（三）对外通道建设不断加强

1. 公路建设

宁夏高速公路网由 9 条国家高速公路和 10 条省级高速公路组成，京藏高速 G6、青银高速 G20、福银高速 G70、定武高速 G2012 四条国家高速公路宁夏境内段已建成，青兰高速 G22、银昆高速 G85、乌玛高速 G1816、乌银高速 G1817 的部分路段也已建成。与国家高速公路网衔接后，已实现向西通达阿拉山口、霍尔果斯等沿边口岸，向东顺畅连接天津港、上海港等沿海港口；与周边的兰州、西安、包头、太原等经济中心城市均实现高速公路连通；普通干线公路网由 12 条普通国道和 22 条普通省道组成，规划总规模约 5160 公里，与周边省份相邻县市全部实现普通干线连接。

宁夏公路通道基本形成了以高速公路、国省道为主骨架的"三纵九横"干线公路网络，形成了连接周边省区的 8 个出口通道。公路网密度达到 51km／（100）km，高于全国平均水平［48km／（100）km］，高速公路通车里程达 1609 公里，人均高速公路里程位居全国第二，成为全国第 11 个，西部第 2 个实现"县县通高速"的省区。

2. 铁路建设

截至 2017 年底，宁夏有 9 条铁路纳入国家铁路网中长期规划，国家规划的"八纵八横"高速铁路网中有"两横一纵"经过宁夏，这为宁夏铁路项目的建设奠定了良好基础。宁夏境内主要有包兰铁路、宝中铁路、太中银铁路、干武铁路 4 条干线铁路和平汝、银新支线以及宁东铁路等地方铁路，与周边的兰州、包头、武成、宝鸡、太原等城市都有铁路连接；银川至西安高铁、中卫至兰州高铁、包头至银川高铁,高速铁路建成后,将实现银川至北京、西安、川渝、兰州等重点城市 2～5 小时到达,使宁夏真正融入全国高速铁路网;银川至德黑兰国际货运班列已经开通,打通了中国华北、西北、东北地区面向中亚、西亚的低成本便捷陆路通道。

3. 空中通道建设

"十二五"以来,银川国际机场实现了快速发展,初步形成了以银川国际机场为枢纽,连接全国大中城市的航空网络。

一是旅客吞吐量快速增长。2017 年,银川机场累计完成旅客吞吐量 793.64 万人次,同比增长 25.15%。其中,国际旅客吞吐量 19.16 万人次,同比增长 17.4%。

二是航线网络稳步扩大。截至 2018 年,银川机场共有 29 家航空公司运营 77 个国内外通航城市的 96 条航线,建成"银京""银西"2 条空中快线,日均航班量 10 班以上。初步建成银川至广州、上海、成都、重庆、长沙等城市的 5 条"准快线",成为全国第 5 个实现"省会通"的城市和第 9 个获得第五航权的机场;开通银川至阿联酋、泰国、韩国、日本、越南、马来西亚、新加坡等国家(地区)的 10 条国际航线,其中,迪拜—银川航线的成功开通,为中西部地区搭建了便捷的西向低成本空中通道,有力地提升了银川国际机场的地位,扩大了银川的国际影响力。

三是服务保障能力不断提升。银川国际机场 8 万平方米 T3 航站楼已投入使用,跑道已加长至 3600 米,拥有停机位 42 个,登机廊桥 22 座,驻场运力达到 10 架。配有先进的航行管制、航空气象、通信导航设备,属 4E 级国内干线机场,可起降 A380 以下各类机型,可满足年飞行起降 8.9 万架次、旅客吞吐量 1000 万人次、货邮吞吐量 10 万吨的发展需求。

四是航空货运增长平稳。"十二五"期间,银川国际机场累计完成货邮吞吐量 14.42 万吨,年均增速 10.44%。2016 年货邮吞吐量 3.71 万吨,同比增长 11.34%,高出全国机场平均增长率 4 个百分点。

4. 网上通道建设

2017 年,中阿技术转移综合信息平台系统上线开始运营,采集收录中阿技术供需数据 70 多万项，近 1700 家国内外企业或科研机构加盟成为中阿技术转移协作网络成员，相继在 5 个阿拉伯国家建立了技术转移分中心，并向阿联酋、阿曼、科威特、约旦、埃及、沙特等国家转移输出了一批先进适用技术和装备，建立了若干技术示范基地和联合创新实验室。此外，中国与沙特、埃及“网上丝绸之路”建设合作协议已经签署，宁夏跨境电子商务监管服务系统、中阿技术转移信息平台、中阿文化版权交流平台、中阿跨境电子商务交易平台上线运行，中阿旅游综合服务、中阿软件服务外包、中阿智能互译等项目正在洽谈。

三 宁夏“一带一路”建设的经验

从宁夏参与“一带一路”的实践过程看，可以得出以下四大基本经验。

（一）着眼于创新发展

宁夏是一个内陆省份，环境相对闭塞，距离国内发达地区（经济、人口和市场重心）较远，如何致力于内陆开放，做好内陆开放型经济这篇大文章，是摆在宁夏人民面前的重大课题。早在 2009 年初，自治区发改委向自治区政府提出，建议自治区创新发展新思路，大力实施内陆开放型经济发展战略，同时建议组织精干力量展开专门立题研究。2009 年底，自治区发改委完成了该项专题研究（成果获得自治区科技进步一等奖）。2010 年，自治区下发了《自治区人民政府关于加快发展内陆开放型经济的意见》，标志着宁夏正式开始实施内陆开放型经济发展战略。同年 9 月，宁夏创新举办中阿经贸论坛获得国务院批准，中阿经贸论坛（后更名为中阿博览会）正式落户宁夏，成为助推宁夏内陆开放型经济发展的关键性重大举措。之后，宁夏顺势而上，乘势而为，向国家提出在宁夏设立“内陆特区”（国家发改委牵头组织 10 个部委来宁调研后提出，将名称改为内陆开放型经济试验区）。2012 年 9 月，国务院正式批复设立宁夏内陆开放型经济试验区。该试验区的设立是全国首例，成为宁夏发展内陆开放型经济又一关键性重大举措。毫无疑问，宁夏参与"一带一路"建设的过程，是宁夏创新发展内陆开放型经济的过程，也是宁夏积极探索与开拓的过程。

（二）着眼于"国家所需"和"宁夏所能"

宁夏是我国向西开放的战略高地，是"一带一路"建设的重要支点。因此，宁夏在确定发展定位、发展重点以及主要措施时不应仅仅局限于自身需求，而是要充分考虑国家之所需，尤其是国家急需。只有充分考虑国家对外开放的战略需要，才能更好地融入"一带一路"建设，才能有效地找准宁夏担当的方向与使命。此外，宁夏参与"一带一路"建设必须充分考虑"宁夏所能"。宁夏在参与"一带一路"建设时，需要充分认识自我，全面地分析宁夏的优势条件和不足之处，扬长避短。就宁夏而言，最大的优势在于中阿交流合作的基础优势（中阿博览会举办地）和国家批复的首个内陆开放型经济试验区的内陆开放平台优势，而"短板"主要为地处内陆腹地、经济欠发达且为"袖珍"省区（面积、人口、经济规模都小）等刚性制约。

"一带一路"建设涉及一大批沿线国家。其中阿拉伯世界22个国家是"一带一路"沿线的重要板块，发展中阿交流合作既是"国家所需"，又是"宁夏所能"。近些年来，宁夏聚焦中阿交流合作，充分发挥自身优势，每两年举办一届中阿博览会，为中国和阿拉伯国家搭建对话合作平台，以加强双方的政策沟通和协调，增进政治互信和中阿之间的了解和友谊，助推中阿务实合作跃上新台阶。同时，宁夏借助中阿博览会，积极实施"走出去"战略，在位于阿拉伯海滨的重镇杜古姆经济特区建设大型工业园——中国阿曼杜古姆产业园，并作为建设开放宁夏、实施"走出去"战略的示范工程进行重点培育。目前，这一产业园已成为商务部重点推动建设的16个国际产能合作示范区之一。

（三）着眼于"扬长"

即着重发挥优势。从宁夏参与"一带一路"建设的实践看，只有充分发挥自身优势，才能有效地在"国家所需"中凸显宁夏担当，才能比较好地服务于"一带一路"建设。宁夏虽是小省区，又是欠发达地区，但与其他省份相比，在中阿交流合作和发展内陆开放型经济（宁夏为国家批准建设的全国首个内陆开放型经济试验区）两大方面具有显著优势。自2010年以来，宁夏紧紧抓住这两大优势，积极主动探索内陆开放型经济发展新路子，连续三年在银川成功举办中阿经贸论坛，有力推动中阿交流合作。之后，又不失时机地创办内陆开放型经济试验区，并提出将中阿经贸论坛更名为中阿博览会，均获国家批准并得到大力支持。可以说，纵观宁夏参与"一带一路"建设全过程，宁夏比较好地发挥了自身优势，找准了自己的定位，体现了宁夏担当。

（四）着眼于"补短"

即注重补齐短板。宁夏属于我国西部内陆省区，处于"三不沿"地区（不沿海、不沿边、不沿江），距离我国的政治中心（北京）、经济中心（上海）、最近的港口（天津）等重要城市都在1000公里以上，受其辐射带动作用非常有限。此外，铁路、公路、民航等交通运输线较长，对外交通运输很不便利，这都是宁夏的短板。这一短板不及时补齐，势必严重制约宁夏参与"一带一路"建设。为解决这一"先天不足"，宁夏必须大力发展对外通道建设。近些年来，宁夏注重在对外开放通道建设以及口岸与物流园区建设上下功夫，取得了显著成效。今后这方面的工作仍须加强，切实为参与"一带一路"建设提供保障。除了继续加强陆路通道建设外，还须注重航空枢纽建设，着力将银川河东机场打造成为面向中东、中亚、西亚、北非等国家的重要航空枢纽，构筑服务于"一带一路"建设的现代空中丝绸之路。同时，宁夏着力打造网上丝绸之路，制订"互联网＋"行动计划，加强与国内外大型互联网企业战略合作，打造国际网络通道和区域信息汇集中心，推动宁夏跨境电子商务、云服务等业务实现新突破。

四　宁夏深度融入"一带一路"建设的基本思路

（一）进一步强化中阿博览会的平台作用

中阿博览会是中阿人文交流与经贸合作的重要平台，在中阿双边及国际社会的影响越来越大，已经成为宁夏的品牌和名片。为更好地服务于"一带一路"建设，今后必须进一步办好中阿博览会，着力在更好发挥中阿博览会平台作用上下功夫。

一是突出会展。以往举办过的中阿博览会（包括中阿经贸论坛），其特点是论坛多、展览少，务虚多、务实少，今后办会应注重突出展览，展览主要包括中阿商品展和中阿设备技术展两大类。展览方式可分为综合展和行业（专业）展。展出时间可选择中阿博览会举办期间，也可分散在其他时间，展出地点既可在中国，也可在阿拉伯国家。同时，注重研究采取更加灵活的办会机制。

二是拓展务实交流合作领域。当前和今后一个时期，积极探索并开拓以下务实合作领域。其一，医疗卫生合作。主要包括：落实第八届中阿部长级会议确定的中国向阿拉伯国家派遣 500 名医护服务人员，在国内选择并确立一批定点服务于阿拉伯国家患者的医院，尝试中国医疗技术与服务向阿拉伯国家输出，即在阿拉伯国家试办中国医院，主要服务于阿拉伯人民（试办成功后再推广）。其二，旅游合作。中阿双方签订旅游合作协议，互送客源，经过几年努力，双方年互送游客超过 200 万人次。其三，中阿共建网上丝绸之路。重点是共建电商网、智慧旅游网、物流网和信息查询服务网四大网络平台，最终实现网上互联互通。

三是强化中阿博览会秘书处（与宁夏回族自治区博览局实行两块牌子一套人马）职能。从建设中阿交流合作的"宁夏平台"的高度认识该秘书处的地位，应重点抓好秘书处的建设。其一，强化秘书处班子建设，明确宁夏回族自治区博览局和宁夏大学共建秘书处，还可通过市场机制，面向社会聘任若干名得力人员加盟，最终形成 20～30 名人员班子；其二，明确秘书处职责，秘书处基本职责是外联（联系中阿有关机构与单位及个人）、研究（研究阿拉伯国家市场需求等）和信息（整理并发布）、秘书处相应设立外联、研究和信息三大部门；其三，加大经费支持，宁夏回族自治区财政适当增加秘书处专项工作经费。

（二）将银川河东机场建成内陆开放型国际航空枢纽

航空大区位优势（银川接近我国几何中心且机场邻近雅布赖航线）是宁夏突出优势，应按照"国家所需，宁夏所能"的基本原则，不失时机地将银川河东机场打造成为主要服务于"一带一路"沿线国家的内陆开放型国际航空枢纽。主要应具备两大功能。一个是大型航空客流集散中心。重点是构建服务于"一带一路"且面向西亚、北非等地区的空中丝绸之路主通道。目前，银川是继北上广之后的全国第四个具有直飞迪拜航班的城市。近期，宁夏与香港已就加强航空航线与旅游合作达成意向。推动香港—银川—迪拜这一现代空中新丝路主通道（银川成为国际航空枢纽港，主要承担找国与西亚、北非及南欧之间和我国西北、华北部分地区与港澳台及东南亚之间国际旅客的集散功能）的形成。2017 年，银川河东国际机场已完成三期扩建，年旅客吞吐量设计能力为 1000 万人次（实际能力可达1500 万人次）。应经不懈努力，争取年旅客吞吐量达到 2500 万人次及以上。应尽快着手开展四期扩建工程规划设计。另一个是大型航空物流集散中心。2018 年，机场货邮年吞吐量首次突破 5 万吨，同比增长 20%，应努力继续提升。重点建设主要面向西亚、北亚等地区的大型航空物流港。按照建设大型国际枢纽机场的要求，今后一个时期，应重点加强以下两方面工作。

一是机场硬件设施建设。主要是规划建设四期扩建工程，主要内容包括延伸跑道（起降大型客、货机），航站楼扩建（尤其是国际旅客接待服务设施），设立相应规模的免税服务商店，航油、维修等设施扩建，等等。

二是配套服务设施的提升。主要是提升口岸报关通关功能，银川综保区功能提升，适时组建宁夏航空公司，加密银川至迪拜航班，开辟银川至开罗、多哈、利雅得等地的新航线。

（三）打造特色鲜明的国际旅游目的地

宁夏是国家批准建设的全国第二个全域旅游示范区，国务院批复的《宁夏内陆开放型经济试验区规划》明确提出，将宁夏建成"特色鲜明的国际旅游目的地"。宁夏自治区党委、政府要求把旅游业融入宁夏经济社会发展全局，大力推进旅游业向"全景、全业、全时、全民"的全域旅游转变。2017 年宁夏年接待游客 3000 万人次，但入境游客仅为 20 万人次左右，国际旅游一直是宁夏旅游业发展的短板。为适应宁夏全域旅游示范区建设需要，应适时调整旅游发展战略方针，即将过去多年实行的"国内旅游为主、国际旅游为辅"的方针，转向实行"国内、国际旅游并重且以国际旅游带动国内旅游"的方针。当前和今后很长一个时期内，应下大力气开拓国际旅游客源市场，重点是开拓西亚、北非、中亚和东南亚等地区的旅游客源市场。先期应开展以下工作。

①由宁夏自治区文旅厅牵头组织旅游官方访问团遍访海湾六国、埃及、突尼斯、伊朗、土耳其、马来西亚、印尼和中亚国家等地，主要访问对方旅游管理部门，洽谈旅游合作事宜。

②鼓励并支持宁夏旅行社及其他旅行社"走出去"，与上述国家的知名旅行社实行直接对接，签订互送客源的合同。

③对旅行社从上述国家组织来宁的国际游客实行奖励政策（旅行社每组织 1 位上述国家来宁国际游客奖励 100 元）。

④逐步在迪拜、利亚得、开罗、德黑兰、吉隆坡、伊斯坦布尔以及中亚国家首都设立旅游联络处，主要职责是联络对接当地游客来宁旅游事项。

⑤加强对上述国家的旅游营销宣传。设立针对上述地区的旅游促销专项资金（由宁夏回族自治区旅发委管理使用）。每年两次邀请上述国家的一批知名人士来宁旅游采风（上、下半年各一次），联系衔接上述国家电视台播放宁夏旅游宣传片。

⑥积极开展与上述国家教育主管部门或中学及大学开展研学旅游合作，以夏（冬）令营形式来宁旅游休闲。

⑦积极探索并创造条件开通银川至中亚、德黑兰、伊斯坦布尔国际旅游专列。

⑧积极组织阿联酋及其他海湾国家家庭旅游团来宁旅游休闲。

专题篇

Monographic Studies

B.21

央企参与"一带一路"建设的业务协同模式

——中信集团案例分析

朱卫兵*

摘　要：　中信集团是我国改革开放后最早"走出去"开展境外投融资的
　　　　　国有企业之一，目前在全球60多个国家开展业务，积累了丰
　　　　　富的海外业务资源和经验。中信集团在参与"一带一路"建设
　　　　　过程中，充分利用自身的多产业协同优势和外部资源，积极拓
　　　　　展海外业务，取得的一些成效、一些经验值得总结和借鉴。

关键词：　中信集团　央企　"一带一路"　业务协同

---

* 朱卫兵，中信改革发展研究基金会研究员。

中信集团成立于改革开放之初的 1979 年，是在邓小平先生的倡导和支持下，由荣毅仁先生创办的。中信集团成立以来，率先按照市场规则和国际惯例运作，以前瞻性布局推动创新型业务发展，创造了改革开放以来的多个"第一"，包括最先到海外发债，最先到境外投资，最先在境外收购商业银行，在香港上市首家红筹公司，成立首家专业咨询公司、首家房地产公司等。历经 39 年的发展，中信集团已成为一家金融与实业并举的国有大型综合性跨国企业集团，其中，金融涉及银行、证券、信托、保险、基金、资产管理等行业和领域，具有较为明显的综合金融优势；实业涉及资源能源、工程承包、装备制造、房地产和其他。近年来，中信集团大力推进数字化转型战略，致力于把集团打造成一家科技驱动和数据驱动的平台型企业。中信集团连续十年入围《财富》杂志全球 500 强企业名单，2018 年居第 149 位。

中信集团是我国改革开放后最早"走出去"开展境外投融资的国有企业之一，目前在全球 60 多个国家开展业务，积累了丰富的海外业务资源和经验。中信集团在参与"一带一路"建设过程中，充分利用自身的多产业协同优势和外部资源，积极拓展海外业务，取得的一些成效和经验值得总结和借鉴。

一 中信集团海外业务简况

早在 1986 年，中信就投资了澳大利亚波特兰铝厂，这是当时中国第一个境外直接投资项目。1982 年，中信首次在日本发行武士债券，1993 年在美国发行了 2.5 亿美元的扬基债券，是第一家在国际市场发行债券的中国企业。在 1994 年之前，中信实业银行（中信银行前身）是中国唯一开展承销国外债券的金融机构。2011 年，中信证券（股票代码 600030.SH，06030.HK）收购法国里昂证券，是首单国内证券公司对国际金融机构的收购。经过 30 多年的耕耘和积累，目前中信集团已在全球设立了 100 多家海外机构开展业务，在"一带一路"沿线的 60 多个国家及地区中，中信集团已在其中的 30 多个国家开展了业务。

（一）海外主要投资项目

1986 年 4 月中信集团并购了香港嘉华银行，成为首家在境外收购商业银行的中国企业。从 2011 年 6 月开始，中信证券通过旗下全资子公司收购里昂证券，并购后，中信证券成为亚洲最大的证券公司。2018 年 4 月，中信银行（股票代码 6019983.SH，00998.HK）牵头国内金融企业收购了哈萨克斯坦人民银行旗下的阿尔金银行 60% 股权，这是首例中国金融企业对哈银行的并购。2018 年 9 月，中信银行总行营业部为哈萨克斯坦阿尔金银行股份公司成功开立人民币同业往来账户，进一步扩大了中信银行跨境人民币代理结算业务的服务范围和覆盖区域。

2014 年 7 月，中信金属股份有限公司（简称中信金属）斥资 16.55 亿美元联合五矿资源有限公司等组成中方联合体收购了秘鲁 Las Bambas 铜矿项目 15% 的股权，该项目已于 2016 年第一季度建成投产。2018 年 9 月，中信金属与加拿大上市公司艾芬豪矿业公司（简称"艾芬豪矿业"）顺利完成艾芬豪矿业向中信金属定向增发普通股的交割，交易总额 7.23 亿加元。交割后，中信金属通过其下属公司持有艾芬豪矿业 19.5% 的股权，成为艾芬豪矿业公司的单一最大股东。艾芬豪矿业是加拿大上市公司，在刚果（金）、南非拥有铜、锌、铂金等多个世界级矿山。

中信资源（股票代码 01205.HK）在哈萨克斯坦和印尼总计投资超过 23 亿美元，持有的石油区块均已投入生产，其中，2006 年底斥资 19.1 亿美元收购的哈萨克斯坦卡拉赞巴斯油田项目，2018 年产量达到 216 万吨，是项目收购后的最高水平。中信大锰（股票代码 01091.HK）斥资上亿美元并购了加蓬蒙贝利锰矿项目。

中信矿业国际购得西澳普雷斯敦（Preston）磁铁矿，该项目是中国企业迄今为止最大的海外"绿地投资"项目。目前该项目六条生产线现已全部投产，产量持续提升，产品受到欢迎。

2011 年中信戴卡收购了德国凯斯曼铸造集团 100% 的股权，完善了自身的汽车轻量化产业布局；2014 年 11 月中信环境出资近 40 亿元人民币收购了新加坡上市的领先水处理企业联合环境，并将其更名为中信环境技术；中信重工（股票代码 601608. SH）2011 年全资收购西班牙 GANDARA（甘达拉森萨）公司，2012 年独家买断澳大利亚 SMCC100% 的知识产权。

2018 年 11 月 8 日，中信集团董事长常振明代表中信联合体与缅甸皎漂特别经济区管理委员会主席吴塞昂签署了皎漂特别经济区深水港项目框架协议，深水港项目一期总投资约 13 亿美元，建设两个泊位。缅甸皎漂特别经济区深水港及工业园项目预计总投资近 100 亿美元，是"一带一路"倡议提出后，中国企业参与的沿线沿路最大项目之一，也是缅甸政府首次采用国际公开招标形式选择开发商进行投资、建设、运营的超大型基础设施项目。按照投标测算，当港口和工业园全部投入运营后，预计每年将为缅甸当地提供 10 万个工作岗位；在特许经营期内，港口和工业园将累计为缅甸政府带来约 150 亿美元的税收；工业园全部运营后，年产值预计将达到 32 亿美元，园区内人均年 GDP 预计可达到 3.2 万美元。

2018 年 10 月中信集团投资设立中信欧洲公司，进一步整合中信在欧洲的资源，拓展新的业务发展领域。同时，中信集团将通过中信欧洲公司接收中国华信在中东欧的资产。

（二）海外主要工程承包业务

中信建设是中信集团开展海外工程承包业务的主要子公司之一，在 2018 年美国《工程新闻纪录》（ENR）全球最大 250 家国际承包商排行中居第 56 位，在上榜的 69 家中国企业中居第 12 位。中信建设目前在英国、阿尔及利亚、安哥拉、委内瑞拉、巴西、阿根廷、乌兹别克斯坦、哈萨克斯坦、白俄罗斯、南非、肯尼亚、俄罗斯、缅甸、泰国、马来西亚、韩国、柬埔寨等国开展了业务。

中信建设与中国铁建联合体在阿尔及利亚实施的东西高速公路项目（中西标段），合同总金额 71 亿美元，于 2006 年 9 月开工建设，2012 年 4 月竣工通车，2018 年 8 月，三期履约保函获全额释放，项目风险全部解除。该项目在当时是中国公司有史以来在国际工程承包市场获得的各类工程中单项合同金额最大、同类工程中技术等级最高、工期最短的大型国际工程总承包项目。2017 年 11 月，阿方政府指定由中信建设承建东西高速公路中位于突尼斯边境的东标段 84 公里路段，该标段之前由他国企业历经 10 余年承建尚未完工，这是阿方对中信建设工程实施能力和履约水平的极大认可。

中信建设在安哥拉首都实施的凯兰巴·凯亚西一期项目（简称"K. K 项目"）和分布在安哥拉 4 个省的项目，共计建设 51000 套社会住房和与之配套的公共工程、市政工程设施，合同总额近 100 亿美元。上述项目在实施过程中共计从中国发运了 107 船 464 万计费吨的钢筋、水泥、门窗、洁具等建设物资，出口机械设备 4225 余台套，其中发运了 33184 个标准集装箱，有效带动了中国建材和机械装备的出口。

中信建设还在白俄罗斯实施了近 6.3 亿美元的水泥厂项目，在巴西实施了 5.27 亿美元的火电厂项目等；正在伦敦实施合同总金额 2 亿多英镑的英国伦敦皇家阿尔伯特码头项目一期工程；在哈萨克斯坦实施合同总金额 18 亿美元的两条公路项目；在缅甸实施合同总金额近 1.7 亿美元的两个电力项目；在白俄罗斯实施合同总金额 6 亿多美元的高科技全循环农工综合体项目，以及合同总金额超过 5 亿美元的其他项目。此外在马来西亚、韩国、泰国等国，中信建设正在实施多个住房及商业综合体建设项目等。

2018 年 11 月，中信建设与阿尔及利亚国家石油公司签署合作文件，双方将成立合资企业，共同开发阿尔及利亚磷酸盐一体化综合开发项目，项目投资额为 60 亿美元，2022 年投产后将年开采 1000 万吨磷矿石。该项目对中资企业适应经济全球化新形势，积极参与"一带一路"建设，突破国际贸易壁垒有重要意义。

中信重工在海外实施的工程总承包项目包括：菲律宾 AC 钢厂项目、印度阿托尼克日产 2500 吨水泥生产线和彼娜尼日产 6000 吨水泥生产线项目、柬埔寨贡布二线日产 5000 吨水泥生产线和集茂集团日产 5000 吨水泥生产线项目、缅甸毛淡棉日产 5000 吨水泥生产线项目，以及印尼古邦水泥生产线、多米尼加 CMD 公司水泥粉磨站、越南和发榕桔铁矿再磨系统项目等。

（三）海外相关金融业务

中信银行积极参与"一带一路"建设，除了通过子公司在香港、纽约、洛杉矶、澳门、新加坡等地设立机构、开展银行业务外，近年加快了海外业务布局，在伦敦设立分行，悉尼的分行正在筹建，还通过收购哈萨克斯坦阿尔金银行布局中亚地区业务。

2015年和2016年中信银行分别成立了国内国外两只平行的"一带一路"基金。在2017年和2018年两个年度内，国内基金投往相关省份共计56个项目，投放金额合计1251亿元；海外的平行基金目前已在香港完成注册，总规模5亿美元，首期已完成募资2亿美元，并实现1个项目投放。

中信证券目前在"一带一路"沿线的14个国家拥有分支机构，服务海外超过2000家机构，其研究范围覆盖1000家以上"一带一路"区域上市公司，销售网络和清算交收基础设施覆盖32个金融市场（交易所）的中资证券机构。目前中信证券是唯一一家覆盖印度洋国家的中资券商，在斯里兰卡和印度设有分支机构。

中信集团联合旗下中信资本（CITIC CAPITAL）与哈萨克斯坦主权基金共同组建了"中信卡森纳直接投资基金"，规模2亿美元，重点投资中亚地区的基础设施、物流运输、清洁能源等领域的项目。中信卡森纳直接投资基金成功投资了5个项目，其中2个项目已实现部分退出，取得了较好收益。在中信卡森纳直接投资基金取得成功经验的基础上，中信集团联合旗下中信资本成立了"丝绸之路基金"，预计募集规模约4亿美元，投资方向聚焦"一带一路"沿线国家的基础设施、物流运输、能源资源、农业及水安全等领域，目前已完成10个项目的投资，投资金额近1.4亿美元。中信"丝绸之路基金"已成长为具有代表性的、纯市场化商业运作的"一带一路"股权投资基金。

（四）制造业主要子公司的海外业务

中信戴卡是中信集团制造业的主要子公司之一，是以生产轮毂和铝铸零件为主的汽车零部件生产企业，2017 年度营收为 260 亿元人民币，2018 年荣膺国际汽车零部件百强企业第 65 位，中国汽车工业三十强第 19 位，中国汽车零部件百强企业第 6 位。目前其工程技术研究院已完成全球研发布局，实现 24 小时无间隙研发设计、试验，每天有 1 款新产品投入市场，每天产生 3 项自主知识产权。中信戴卡的海外客户基本涵盖了全球主要汽车制造商，为 F1 赛车威廉姆斯车队提供自主研发生产的高性能车轮，使中国制造首次以生产研发形式参与世界汽车顶级赛事。2015 年，其铝铸件产品成功打开美国市场，开发了美国福特和克莱斯勒等新客户。中信戴卡于 2014 年 10 月投资近 1.6 亿美元在美国建设了铝车轮工厂，2015 年完成铝车轮北美工厂布局，2017 年完成铝车轮欧洲工厂布局。

中信重工是中国领先的重型装备制造商，是中国低速重载齿轮加工基地、中国大型铸锻和热处理中心。目前在澳大利亚、巴西、南非、智利、加拿大、印度、柬埔寨、缅甸、秘鲁等国设立了海外机构，客户包括巴西淡水河谷、必和必拓等全球大型矿业公司，已经向智利、秘鲁、蒙古、老挝、柬埔寨、刚果（金）出口多台（套）大型矿山装备。

中信泰富特钢具备 1300 多万吨特殊钢的年生产能力，拥有全球最大规模的单体特种钢材制造工厂。2018 年出口总量达到 168 万吨，在国内特钢行业出口量排名第一，出口产品近 50% 销往欧美发达国家。其在新加坡、泰国、马来西亚、印尼、越南、印度、阿联酋、巴西、澳大利亚、日本、韩国、德国、美国、墨西哥等国设有销售及服务机构。

（五）海外电讯、通航及安保服务业务

中信国际电讯（股票代码 01883.HK）是亚太最大的国际电讯枢纽之一。近年来，中信国际电讯围绕"一带一路"沿线布局，收购了新加坡 Acclivis 公司，以新加坡为基地，覆盖泰国、马来西亚、印度尼西亚等周边国家，提供包括互联网接入、云端服务、容灾备份和系统及网络集成服务在内的一站式跨区域企业 ICT 服务，在新加坡、泰国、印度尼西亚设有数据中心和云计算中心。2017 年 2 月，中信国际电讯集团通过全资子公司中信国

际电讯 CPC 收购荷兰阿姆斯特丹电信服务提供商 Linx Telecommunications B. V. 旗下的电信业务，业务范围覆盖波罗的海、西欧、东欧和中亚的 14 个国家。中信国际电讯还持有澳门电讯有限公司 99% 的权益。澳门电讯是澳门唯一提供全面电信服务的供应商。

中信海直（股票代码 000099. SZ）运营着亚洲最大的民用直升机队，是国内领先、国际知名的通用航空综合服务提供商。2015 年 12 月，中信海直与韩国大宇石油公司缅甸国际公司签署了缅甸海上油气开发工程项下的长期飞行作业合同，成为国内首家开展海外业务的通用航空企业。目前中信海直已经在缅甸建立了基地，有两架直升机和 10 名中方人员、6 名缅籍雇员在当地开展作业。

先丰服务集团（股票代码：00500. HK）以海外安保服务为核心，为海外投资者提供物流、保险、应急救援、工程等方面的综合服务，目前已在全球四个区域 20 个国家设立机构及完成业务布局，在马耳他、南非等地设有多个航空及车辆服务基地，在北京、老挝等地设有培训中心。中信集团的主要业务平台中信股份（股票代码：00267. HK）是其最大的非公众股东。

（六）农业和文化产业相关海外业务

中信农业是中信集团开展农业产业相关业务的平台公司，中信农业也是隆平高科（股票代码 000998. SZ）的最大股东，隆平高科是国内最大的种业企业，是全球最大的稻种提供商。2017 年 11 月，隆平高科与中信农业产业基金共同投资陶氏益农在巴西的特定玉米种子业务，交易对价为 11 亿美元，为隆平高科拓展美洲等全球重要种业市场奠定了基础。2017 年 9 月，中信农业和首农股份联合收购英国樱桃谷农场（Cherry Valley）100% 股份，在此之前中信集团入股了首农股份，成为其重要股东。2018 年，中信农业和哈萨克斯坦合作伙伴在阿拉木图成立合资公司负责共建中哈友谊果园项目，10 月底，完成园区建设及当地品种种植，12 月达成树苗进口协议，预计2019 年 4 月开始种植中国品种。

中信出版集团积极参与"一带一路"文化建设，将"走出去"与"引进来"相结合，引导国际社会全面客观地认识和理解中国。成立 30 年来，已经与全球近 200 家知名出版机构建立了深度的合作关系，向全球 20 多个国家和地区输出图书版权近 1000 种。2018 年 1 月，中信出版集团与日本最具影响力的创意出版集团 CCC 集团合资成立了中信出版日本株式会社，打造中日文化交流新平台。

二 中信集团的协同及海外业务协同模式

中信集团是产融并举的多元化企业，发挥协同效应是中信集团商业模式的必然选择。因此，中信集团于 2010 年专门成立了业务协同部门，这也是国内少有的将协同工作部门设立为集团一级职能部门的央企。目前，中信集团内金融、实业各板块的协同已经形成了文化，建立了相应的体系机制，业务协同已经上升到集团层面的战略高度。2017 年 11 月，中信集团的"大协同"战略案例荣获首届拉姆·查兰管理实践奖中的最高奖——全场大奖。

中信集团众多子公司参与"一带一路"建设更是离不开协同。通过业务协同，不但促进了中信集团内部的专家、人才、业务与政府方面资源的共享，更有助于子公司之间在国别风险管控方面信息和经验的共享，降低了中信集团总体的海外业务风险。综合分析中信集团下属子公司海外业务协同的模式，可以归纳为"工程先导""投资拉动""融融联手""贸易拓展"四种模式。

（一）"工程先导"的海外业务协同模式

中信建设的国际工程承包业务发展迅速，在许多国家树立了良好的信誉和品牌。在"工程先导"的海外业务协同模式中，中信建设利用长期实践积累的资源、渠道和经验，在委内瑞拉、缅甸、安哥拉做出了有益尝试，并取得较为成功的经验。

中信建设在缅甸耕耘十多年，有比较好的业务基础。其在 2007 年建成交付的缅甸多功能柴油机厂是当时中国在海外机械加工工业领域中最大的

EPC 项目，项目合同总金额 1.26 亿美元，是中缅双方的经贸合作重点项目之一。之后，中信建设还承建完成了缅甸贝因依变电站扩建项目，与缅方签订了总金额超过 1.5 亿美元的大其力电力项目合同。中信建设在缅甸的良好业务开端提升了中信集团在缅甸的影响力，为中信其他子公司进入缅甸市场奠定了良好基础。目前，除了中信在缅甸运作的皎漂深水港和工业园项目，中信重工、中信海直、大昌行等子公司在缅甸设立了常驻机构并开展业务，中信泰富特钢、中信证券、中信银行等子公司也在向缅甸输出产品或服务。值得一提的是，2015 年 9 月，中信集团得知缅甸遭受 40 年不遇的洪灾后，立即协调中信建设和中信海直协同工作，代表中信集团参与救灾，中信建设捐赠 30 万美元救灾物资，中信海直派出一架直升机赴灾区进行救灾抢险工作。

中信建设进入白俄罗斯市场近 10 年，先后按期保质完成了多个工程承包项目，不但在当地积累了丰富的业务和公共关系资源，还为中信集团在当地树立了良好的品牌形象。中信建设积极支持中白工业园建设，与中信重工及白方合作伙伴共同投资设立中信阿姆智能装备公司，充分利用中信建设多年积累的业务资源和品牌信誉，以及中信重工在智能机器人尤其是消防机器人领域的技术和市场经验，通过业务协同共同开拓欧亚特别是欧洲国家市场。

通过工程承包开展海外业务，初期不需要企业进行实质性投资，重要的是通过工程承包项目实施，不但可以培养熟悉和适应当地环境的人才，还可以积累更加丰富的属地国政府和业务资源，而后以此为平台开展多领域业务，可以规避进入新国别市场的经营风险。

（二）"投资拉动"的海外业务协同模式

"投资拉动"的海外业务协同模式不但会比较快速、直接地体现协同效果，而且相比与外部机构合作更有利于降低投资、沟通、审查等多方面成本，从而实现集团利益最大化，更重要的是使中信集团产融结合的综合优势得以发挥。

2006 年底中信集团完成收购哈萨克斯坦卡拉赞巴斯油田。2007 年 2 月，卡拉赞巴斯油田所在的曼吉斯套州长在会见中信集团领导时表示，总统希望以卡拉赞巴斯油田原油为原料在哈建设一座沥青厂，以改变哈道路沥青全部依赖进口的局面。根据哈方的建议，中信与哈萨克斯坦石化股份公司合资成立里海沥青合资公司以作为项目的业主方，中信建设与外部公司组成联合体作为项目的总承包商，开始项目实施。中信建设在项目执行过程中体现了较强的施工管理和项目履约能力，使得沥青厂项目顺利竣工并达产。正是中信集团在哈萨克斯坦投资项目，才使中信建设得以进入哈工程承包市场，并以此为开端，中信建设先后在哈取得了公路、新能源电站等多个项目的工程总承包合同，总合同金额近20亿美元。借助中信集团在哈开展投资项目过程中积累的业务、政府和品牌资源，中信资本、中信农业、中信银行、中信环境等子公司也相继顺利进入哈萨克斯坦市场。

中信矿业国际投资的西澳铁矿项目是中国企业在海外投资建设的最大矿业项目，中信重工从中获得大型矿用磨机的设备供货订单，合同总金额超过2亿美元，双方按市场化原则协同实现了产业链的对接。该磨机设备规模超大，当时在全球没有制造过，该项目为中信重工此类超大型设备的研发、制造提供了宝贵的机会和平台，极大地提升了中信集团机械制造板块业务的国际影响力。

（三）"融融联手"的境外业务协同模式

中信集团在境外拥有中信银行国际、中信里昂等金融机构，通过境内外金融机构协同合作，可以为难度较大的业务提供创新性的解决方案。例如，在中信集团某子公司赴港上市的过程中，中信银行、中信证券等各方通力合作，按境外项目贷款一般的操作模式解决了现金作为押品的难题、股权作为押品的难题、申请人反担保难题以及关联交易和同业竞争问题，实现了"一方上市，六方得益"的多赢效果，体现了中信集团的境外金融综合实力。

中信里昂下属机构联合中信银行下属的信银投资，于2016年10月在香港正式设立以海外业务为主的"一带一路"私募股权美元基金。基金计划总募资规模 5 亿美元，首期完成募资 2 亿美元，主要用于投资中国及"一带一路"合作区域中的东盟国家的基建、能源、交通及伴随而来的大消费、大健康、大金融等行业中的优质企业，为沿线项目提供有力补充。

2012 年 6 月，西班牙对外银行（以下简称"BBVA"）QFII（合格境外机构投资者）资金托管项目正式上线运作，该项目由中信银行担任托管行，并代理 BBVA 向中国证监会申请 QFII 资格、向国家外汇管理局申请 QFII 投资额度，由中信证券担任证券交易经纪商。中信银行成为国内首家开展 QFII 托管业务的股份制商业银行，BBVA 亦成为获得我国 QFII 资格的首家西班牙机构，协同效果显著。

（四）"贸易拓展"的海外业务协同模式

中信集团内有一定规模的国际贸易企业具有比较广泛的、高质量的海外客户资源，它们在与海外客户开展合作的同时，还将这些客户的其他需求传递到集团内其他相关子公司，基于对内部兄弟公司和客户业务的深度了解，协调合作产生了很好的效果。

中信金属自 1994 年开始从事进口铁矿石业务，是目前中国主要的铁矿石进口商之一，在国内有较好的渠道和客户基础，经营量位居行业前列。中信澳大利亚有限公司位于澳大利亚，开展业务具有境外融资成本低、货源采购便捷的优势。中信金属和中信澳大利亚公司在双方同为中信系统内公司这种非同寻常的信任基础上开展合作，不但极大降低了沟通成本，更使交易成本大大降低。经过多年合作，双方业务都得到长足发展，取得了较好的经济效益。

此外，中信金属还将自己的业务伙伴巴西矿冶公司（简称"CBMM"）订购球磨机的需求传递到中信重工，帮助巴西矿冶公司从中信重工订购大型球磨机，同时中信金属将 CBMM 生产的铌产品供给其合作伙伴——国内的一家钢铁公司，由该钢铁公司生产出含铌特殊钢板再供应给设备制造方——中信重工。此项业务，实现了中信金属与中信重工以及中信金属的国内外伙伴的多方协同，取得了很好的多边协同成效。

企业参与"一带一路"建设，必须要面对沿线国家复杂的政治、经济环境,海外业务运作经验和海外业务人才的累积也都不是一朝一夕的事情。中信集团已有部分子公司多年耕耘海外,积累了丰富的经验、广泛的业务资源、国际化的人才队伍,使中信集团层面能够有机会和可能建立更加完善的机制和体系,组织海外业务资源、客户资源、政府资源、专家资源,实现风险管控经验的内部共享,以海外业务优势子公司为行业单元或地域单元的牵头单位,针对业务机会进行筛选,针对适合的业务机会组建"中信联合舰队",为海外客户提供优质的综合服务,这不但体现了中信集团的多产业综合优势、创造海外业务增量,还更好地树立了中信集团在全球的品牌形象。

三 构建更加开放的协同,实现互利共赢

中信集团的业务协同部门既是中信业务协同工作的组织和管理部门,也是建立和维护战略合作伙伴关系、推动重大协同项目落地的业务部门。截至目前,由业务协同部门牵头,已经落实中信集团与国内40家大型企业和24个政府(组织)签署了战略合作协议。在这些签署了战略合作协议的企业合作伙伴中,70%的企业有与中信集团合作开展海外业务的需求。

中信集团虽然涉足多个行业领域,但能够全面参与"一带一路"建设的子公司也只有其中的一部分,所以在海外业务拓展过程中,无法通过中信系统内部企业衔接业务链的部分,中信集团则通过与外部企业的协同,落实合作,实现与外部合作伙伴单位之间的互利共赢。迄今为止,中信集团已经与中车集团、上汽集团、中国信保、华泰保险等外部战略合作伙伴开展了合作,正在与华润集团、中船重工、中国能建、北京汽车等探讨合作。

中信建设在实施安哥拉"K. K项目"过程中,探索出"中信联合舰队"模式,参建的成员单位从2008年的17家,逐步扩展到39家相关行业的国内外优秀大中型企业,材料设备供应商上千家,形成了拓展海外事业的利益共同体、命运共同体。"中信联合舰队"模式得到了党和国家领导人的充分肯定和赞赏。

在中信股份赴港整体上市的过程中,中信还引入泰国正大、日本伊藤忠

商社等境外战略投资者,与这些境外合作伙伴共同在第三国开展多领域业务合作,不仅有利于中信集团拓展发达国家市场,从境外获得低成本资金和创新海外产能合作模式,也有利于降低政治风险和国别风险,更容易得到当地政府和民众的支持。目前中信集团牵头的缅甸皎漂深水港项目,泰国正大是项目联合体的成员之一。2017 年 3 月,中信集团下属中信泰富与日本伊藤忠商社按各 50% 的投资比例,共同收购了一个在德国已经运营的离岸风电项目 22.5% 的权益。中信股份持有 56.07% 股权的香港大昌行集团(股票代码 01828. HK),是港澳地区最主要的贸易行之一,目前已在缅甸设立了机构,与日本五十铃在当地合作开展车辆销售业务。2018 年 10 月,中信集团、中国信保与日本瑞穗金融集团在京签署了三方合作协议,探索中日第三方市场合作的新思路、新模式和新经验。

此外,中信集团还以总部对总部的方式搭建集团与国际多边金融机构、双边金融机构以及与国内相关部委和国际多边政府间组织的合作平台;搭建与国内外大型企业的合作平台等。通过搭建对外合作平台,探讨更加开放的业务协同合作机制,为子公司解决了经营中遇到的问题和困难,帮助子公司拓展"一带一路"相关业务。通过整合和调动外部资源,探索将外部资源进行转化来提升子公司的经营效果,将外部资源转化为内部生产力,促进海外业务发展,创造海外业务增量。

综上,中信集团协同理念的践行和发展路径为:集团内部协同→与国内的外部企业协同→与国外企业协同→与相关政府及国际机构合作。协同越来越开放,协同的成果也越来越多元化。

四 通过协同合作,规避中资企业间的恶性竞争

自从国家实施"走出去"战略以来,国内有越来越多的企业走出国门开展海外业务,"走出去"不易,"走进去"和"走回来"则更加不易,其中不乏众多的经验和教训,这是中国企业国际化进程中不可或缺的一课。

"一带一路"倡议的提出,给众多的中国企业带来了发展机遇,同时也

带来了更多挑战，众多企业走出国门之后，在一些热点国容易发生中资企业间恶性竞争的情况，有的甚至给国家和企业造成巨大损失。因此，国家非常有必要引导和要求企业牢固树立和践行"开放、共享"的理念，通过企业间的协同与合作，实现互利共赢，避免恶性竞争。

（一）企业层面

1. 要逐步建立开放的合作与协同文化

党的十八届五中全会提出了创新、协调、绿色、开放、共享的发展理念，党的十九大更是将"五大发展理念"写入了新党章，这些理念应该贯穿于企业经营过程，尤其在开展海外业务过程中，更要深刻理解和践行。国内一些企业由于管理层海外经验的欠缺和国际视野的局限，对外业务合作不够重视，这不但会丧失很多合作共赢的机会，也会失去很多向对手和合作伙伴学习的机会，使企业本身的国际化进程走得不稳、不扎实。中国改革开放40年，前半段是引进来为主，后来国家实施"走出去"战略，才开始有越来越多的企业走出国门。20多年的时间，对国内企业的国际经验积累、国际视野打造、国际化人才队伍培养等方面来说，是非常短暂的，还不足以游刃有余地应对纷繁复杂的国际业务风险，所以，通过中国企业间的协同合作，互相取长补短，通过协同合作共同成长，应当成为中国企业参与"一带一路"建设的必然选择。

2. 要在内部的海外业务管理模式上进行规范

目前，很多企业的海外项目考核将项目开发与执行分两段进行，这很容易导致项目开发人员在项目开发过程中，仅从自身利益出发，为了追求项目开发奖励和业绩，不顾本企业和国家利益，不惜低价中标，或做出严重损害其他企业利益的行为。海外项目开发有极大的特殊性，企业总部的业务审批部门和决策人员，在国内难以全面把握前方项目的真实情况，导致中资企业在海外项目低价中标的情况屡有发生。项目中标后，市场开发人员取得了项目开发奖金，但由于低价无法覆盖项目全部成本，导致项目搁浅，无法执行下去，最终导致企业面临巨大的损失和违约风险，损失不只是经济方面的，

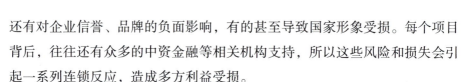

还有对企业信誉、品牌的负面影响，有的甚至导致国家形象受损。每个项目背后，往往还有众多的中资金融等相关机构支持，所以这些风险和损失会引起一系列连锁反应，造成多方利益受损。

（二）政府层面

（1）有必要建立统一协调的机制和规章，对那些通过不正当手段损害其他企业利益，甚至损害国家利益和形象的企业与个人，给予严厉的惩戒。2017年10月，国家发改委、商务部等28部委联合印发了《关于加强对外经济合作领域信用体系建设的指导意见》和《关于对对外经济合作领域严重失信主体开展联合惩戒的合作备忘录》，这些文件的落地执行，可在一定程度上遏制企业间的恶性竞争，但这些涉及多个政府部门的管理制度，确实为政府间的统筹协调工作带来了不小的挑战。建议这样的制度能够尽快形成具体的落地方案与实施办法，使中国企业更加高质量、高水准地参与"一带一路"建设。

（2）要引导和鼓励国有企业与民营企业协同合作。在国外众多政府和企业的认知中，中国的国有企业是国家所有的，是代表国家或政府的，而中国本身已经是全球第二大经济体，这往往会给国外的政府、合作企业带来"压迫感"，也有的国家为国有企业参与的项目设定更加苛刻的条件。据悉，中国目前有超过六成的海外投资来源于国内民营企业，除一些大型基础设施项目投资，民营企业在其他领域日渐成为中国企业参与"一带一路"建设的重要力量。民营企业决策效率高、业务运营更加市场化，可以和国有企业互补，甚至探讨更深入、多样化的协同合作模式。目前有的西方国家草木皆兵，对一些领域项目严禁中国国有企业参与，通过国企和民企的多层面合作，还可以回避一些国家对中国国有企业的不合理禁入约束。因此，在参与"一带一路"建设方面，建议政府相关部门及时总结国企与民企的合作经验、模式，梳理成功案例，甚至出台相关制度办法，引导和鼓励国有企业与民营企业各取所长、优势互补，携手应对风云变幻的国际市场。

B.22
"丝绸之路经济带"建设与
中亚地区积极变化

赵常庆*

摘　要：　2018 年是"丝绸之路经济带"倡议提出五周年。五年来该倡
议为中亚国家带来六大积极变化：一是密切了中亚国家与中
国的友好关系；二是有利于中亚国家参与经济全球化进程；
三是有助于中亚国家经济结构多元化；四是缓解了中亚国家
自有资金不足的问题；五是有助于中亚国家朝经济一体化方
向发展；六是助推构建"人类命运共同体"。习近平新时代
中国特色社会主义外交思想为中国发展与中亚国家友好关系指
明了方向，在中国与中亚国家共同努力下，"丝绸之路经济带"
建设已经并将继续为中国与中亚国家带来更为丰硕的成果。

关键词：　"丝绸之路经济带"　中亚国家　"五通"

　　2013 年 9 月 7 日，中国国家主席习近平在哈萨克斯坦纳扎尔巴耶夫大
学发表的演讲中提出了建设"丝绸之路经济带"的倡议，2018 年是该倡议
提出五周年。倡议提出后先是在哈萨克斯坦，随后在包括中亚其他国家在内
的世界各国引起热烈反响。该倡议遵循"共商、共建、共享"原则，不附
加任何政治条件，自愿参加，通过互利合作达到互利共赢、共同发展，因此

＊ 赵常庆，国务院发展研究中心欧亚社会发展研究所副所长。

受到世界各国普遍欢迎，迄今已经有 140 多个国家和国际组织签署了参与"一带一路"建设的文件。在这 140 多个国家和国际组织中，中亚国家是最积极的支持者和参与者，而且也是倡议的受惠者。五年来，倡议给中亚国家带来六大积极变化。

一　使中亚国家与中国的友好关系得到进一步提升

中亚国家与中国建交 27 年来关系一直很好，在 2013 年"丝绸之路经济带"倡议提出后的五年中，友好关系得到进一步提升。首先，国家关系定位再上新台阶。继中哈于 2011 年 6 月 13 日建立全面战略伙伴关系以后，中乌于 2016 年 6 月 22 日、中塔于 2017 年 9 月 1 日、中吉于 2018 年 6 月 6 日建立全面战略伙伴关系。中土于 2013 年 9 月 3 日建立战略伙伴关系。定位变化不仅是彼此关系提法的简单变化，而且标志着在政治、经济、安全、人文等领域的互信与合作进一步提升，具有指引意义。须知，这些定位变化基本是在中共十八大后实现的，是对习近平新时代中国特色社会主义外交思想的认同。"丝绸之路经济带"的提出对增进中国与中亚国家关系做出了贡献。正如哈萨克斯坦总统纳扎尔巴耶夫 2018 年 2 月 12 日对中国中央电视台所说的："'丝绸之路经济带'是个伟大的构想。2012 年全球还没有摆脱危机，世界各国经济仍处在水深火热之中，困难重重。在此背景下，'一带一路'倡议才更恰逢其时，很多国家积极响应欣然接受这一能够帮助它们摆脱危机的良策。也正是这一构想，促使哈提出'光明之路'新经济政策，牢牢把握这一发展契机。"总统强调，"'丝绸之路经济带'的提出符合时代要求，高瞻远瞩，并且惠及哈广大民众"。他在 2018 年 10 月 5 日发表的《国情咨文》中再次强调，"'一带一路'倡议为（中哈）两国合作关系的发展带来了新的动力"。2017 年，哈、乌、吉三国总统参加了在中国举行的"一带一路"国际合作高峰论坛，这次在"丝绸之路经济带"框架下开展的外交活动也为深化友好合作提供了新的契机。在 2018 年 5 月召开的上合组织青岛峰会上，中亚国家对"一带一路"倡议给予坚决的支持。

国家关系定位变化是重要表现，同时还要提到的另一个重要表现是，自"丝绸之路经济带"提出后，除各国高层会晤频繁外，地方和民间往来也空前活跃。地方政府、社会团体、企业、研究机构、大中专院校、文化部门、媒体等交往相当频繁。各类招商会、推介会、高端论坛、考察活动不断，中亚国家各界都希望更多地了解中国。大批中亚各阶层人士不断造访中国，反映了友好氛围已经从政府延伸到民间，深入社会生活的方方面面，这是友好关系深化的重要体现。

二　基础设施联通有助于中亚国家参与经济全球化进程，走向世界

习近平在提出"丝绸之路经济带"倡议的同时，还提出了实现该倡议的具体途径，这就是"五通"，即政策沟通、设施联通、贸易畅通、资金融通、民心相通。五年来在中亚，"五通"中最为耀眼的是基础设施联通，包括铁路、公路、航空、电信、网络、电力等的联通。这些基础设施担负人力、物力、能源、信息的输送任务，它们的联通如血管对人体的重要作用一样，将世界不同国家联系起来，对世界各国经济发展发挥重要作用，是推动经济全球化的重要手段。

如今由中国发往欧洲的货运班列，几乎每天都要经过哈萨克斯坦再驶往欧洲，有的到德国，有的到西班牙，最远到英国和荷兰。目前，这种运输已经常态化和制度化。铁路联通不仅有中欧班列，还有中国经哈萨克斯坦、土库曼斯坦两国通往伊朗的直达货运专列，还有由中国开往乌兹别克斯坦的货运专列。如果说最早开往中亚和欧洲的货物专列只涉及连云港和重庆等少数城市，那么现在已经有位于中国东中部的浙江义乌、江西赣州和鹰潭、湖北武汉、河北石家庄等城市。迄今参与中欧班列运输的中国城市有48个，联通欧洲15个国家的43个城市。2018年3月7日，从荷兰阿姆斯特丹前往中国义乌的首趟班列出发，以后每周开3班，主要运输荷兰的肥料、药品和科技产品。每趟班列有41节集装箱车厢。2018年3月28日哈铁路总公司副总

裁叶柳巴耶夫表示，2011～2017 年过境哈的集装箱运量增长了 200 倍。他认为过境运输潜力巨大，运量将成倍增长。另据哈有关方面透露，仅 2018 年 1～7 月初，过境哈的集装箱班列有 1861 列，其中，中国—欧洲方向班列同比增长 40%，返程班列增长 60%。

除铁路外，经哈萨克斯坦通往欧洲的公路运输也有良好表现。"中国西部—欧洲西部"公路（即"双西公路"）基本建成。这条公路长 8400 公里，在哈境内 2787 公里，是"丝绸之路经济带"的重要组成部分。2018 年 9 月 27 日，哈在与中国毗邻的阿拉木图州潘菲洛夫区建设的"光明之路"公路口岸和"双西公路"交通物流中心正式建成并投入使用，与中国的霍尔果斯公路口岸连接，至此"双西公路"贯通，这将大幅度提升欧亚国家公路运输能力。由中国新疆伊尔克什坦经吉尔吉斯斯坦南部重镇奥什抵达乌兹别克斯坦首都塔什干、全长 959 公里的中吉乌国际公路于 2018 年建成。这是构建中国—中亚—西亚经济走廊的重要通道，也是"丝绸之路经济带"建设的重要成果。连接中国与塔吉克斯坦的公路与塔国内公路相连，可以延伸到阿富汗。

这些铁路和公路不仅为中国所用，同时也为包括中亚国家在内的其他国家将本国货物运往中国，或将货物经过中国港口漂洋过海，远销世界各地。哈萨克斯坦通过中国铁路经连云港和睦南关将本国粮食运往越南，越南也准备通过中国铁路经哈萨克斯坦将货物运往中亚和欧洲。乌兹别克斯坦也在利用联通铁路将本国产品运往中国，或通过连云港口岸销往韩国和其他国家。

除铁路公路外，输油输气管道的联通也引人注目。中哈输油管道从 2006 年开始运营到 2018 年已经向中国输油 1.1 亿吨。中亚—中国天然气管道更是基础设施联通的杰作。这条西起土库曼斯坦东抵中国的输气管道共由 A、B、C、D 四条管道组成，经过中亚五个国家，输送土库曼斯坦以及乌兹别克斯坦和哈萨克斯坦的天然气。据报道，至 2018 年初，中亚输送到中国的天然气已经达到 2000 亿立方米。中亚—中国天然气管道项目使中亚五国，特别是缺乏天然气的吉尔吉斯斯坦和塔吉克斯坦都从中受益。什么是

"互联互通""合作共赢"？中亚—中国天然气管道项目就是最好的诠释和例证。

中国与中亚国家也通过光缆实现通信联通，并经过中亚延伸到欧洲。有的中亚国家电能过剩，可以通过正在恢复中的中亚电网输送到邻国。

基础设施联通还包括互联网和物流中心建设。中哈开始合作建设电子商务平台和物流运输中心。如哈萨克斯坦铁路公司所属快运公司与中国聚贸集团合作建立电子商务平台；北哈州将与北京建工国际建设工程有限公司合作建设规模宏大的物流联合企业；中国远洋运输集团公司将在阿勒腾阔勒（哈）—霍尔果斯铁路过境点建立大型物流中心等。大型国际物流中心的建立，推动了经济全球化，极大地方便了企业和居民，促进经济的发展。

铁路联通不仅使中亚国家参与经济全球化，还给过境国带来不小的红利。哈总统纳扎尔巴耶夫说，哈从过境运输中每年可得到50亿美元的收益。2018年在哈萨克斯坦的外贸中，欧盟、俄罗斯和中国共占65%，大量货物运输就是通过基础设施联通实现的。其他中亚国家看到"一带一路"过境运输带来的收益，都在基础设施联通方面加大投入，希望能使本国尽快成为过境国，从亚洲腹地走向世界，参与经济全球化进程。

三　优质产能转移有助于中亚国家经济结构多元化

"丝绸之路经济带"提出后一段时间内，中亚各国都制定了振兴本国经济社会的发展战略或规划。例如，2014年哈萨克斯坦制定《光明之路新经济政策》，2015年制定《百步计划》；2015年乌兹别克斯坦发布《2015～2019年深化改革、结构调整和经济多元化国家纲要》；2016年塔吉克斯坦发布《2030年前国家发展战略》；2016年土库曼斯坦发布《2017～2021年国家社会经济发展总体纲要》；2018年吉尔吉斯斯坦发布《2018～2040年可持续发展战略》；等等。这些中长期发展战略或规划都将本国的发展规划与"一带一路"对接。这些战略或规划有一个共同的特点,就是强调要大力发展基础设施建设,摆脱能源和原材料依赖型的经济模式,致力于发展加工工业,实现经济结构多元化。针对中亚国家的需要,在"丝绸之路经济带"框架下中国一些企业与中亚国家企业开展广泛的合作,将优质产能提供给中亚国家,为其经济结构改造助一臂之力。在这方面,中哈两国企业合作项目最多,成绩也最突出。例如,已经建成和在建项目有2017年3月竣工的哈最大铜选矿厂——东哈州阿克托盖铜选矿厂,巴甫洛达尔电解铝厂,阿克套里海沥青厂,阿特劳和奇姆肯特两大石油炼厂升级改造项目主体工程,亚洲大口径钢管厂,克孜勒奥尔达州特种水泥厂,混合动力汽车和江淮(JHC)电动车组装厂,克孜勒奥尔达玻璃厂,阿拉木图州肉类联合加工厂,中哈阿拉木图马铃薯研究示范基地等。上述项目有的属于中哈两国签署的总值达270亿美元的51个项目,有的属于弥补产业空白,有的属于民生项目。

中国与乌兹别克斯坦的合作项目也不少,如德赫卡拉巴德钾肥厂、昆格勒碱厂、安格连自由经济区内的轮胎厂、纳沃伊化工综合体以及在吉扎克自由经济区内的一些项目等。一座连接乌兹别克斯坦东西部的长达19公里的甘姆奇克铁路隧道已经竣工,这是中亚地区最长的铁路隧道,解决了该国东西部运输联系不畅的难题。

在塔吉克斯坦建设的杜尚别二号电站、输变电项目、公路项目以及多个水泥厂,不仅缓解了该国对电力和交通运输的需求,生产的水泥还能出口。

在吉建设有公路项目以及天山陶瓷厂等,陶瓷产品除本国用外,还出口到俄罗斯和其他中亚国家。酝酿已久的中吉乌铁路项目在"丝绸之路经济带"建设推动下有望启动。

中国优质产能转移对中亚国家实现经济多元化做出了一定的贡献。哈萨克斯坦矿产行业产值占国内生产总值份额出现下降,加工业和农业占比在上升。2018年哈加工类出口商品有49种,近几年每年都增加6~7种,这是经济结构优化的结果。哈、乌两国都在大力发展汽车制造业,生产的汽车除内销外还能出口。土库曼斯坦也在利用本国丰富的天然气资源大力发展石化工业,2018年有3家大型化工企业投产。

四 资金融通有助于中亚国家缓解本国自有资金不足

基础设施和大型加工类项目建设都需要大量资金支持，而自有资金短缺是中亚国家面临的难题。可以设想，人均国内生产总值仅1000多美元的国家（例如，2017年吉尔吉斯斯坦仅为1042美元）很难独自承受建设大项目的高额费用，就是在中亚经济实力最强的哈萨克斯坦，这些年为建设新项目也不得不大量举债，至2018年4月该国外债达1666亿美元，占全年国内生产总值的102.2%。乌、吉、塔等国一些建设项目也大多靠举债进行。在这方面资金融通就发挥了一定的作用。

中亚各国除从世界银行、亚洲开发银行、欧洲复兴开发银行、伊斯兰发展银行、欧亚发展银行等国际金融机构和一些国家得到贷款外，"一带一路"框架内的融资功能也对各国有所帮助。中亚国家均加入了由中国倡议并于2015年12月正式成立的亚投行。亚投行对外联络与发展局负责人欧若拉表示，中亚是该行投资业务重点地区之一，目前已经投入9000万美元用于塔—乌公路联通项目和塔吉克斯坦努列克水电站建设项目。由中国倡导和出资建立的"丝路基金"也在为中国与中亚国家合作项目提供资金支持。2018年6月"丝路基金"出资20亿美元建立中哈产能合作基金，重点支持中哈产能合作和其他项目建设。中亚国家从中国也得到很多贷款。中国驻哈使馆经济商务参赞王建透露，至2018年9月，中国对哈投资存量超过290亿美元，累计签订工程承包合同300亿美元，中国多家金融机构向哈提供各类贷款共500亿美元。2017年吉吸引外国直接投资5.9亿美元，其中中国为2.7亿美元，为第一大投资国。中国工商银行、中国银行、中国国家开发银行等机构在中亚国家开设分支机构，为企业提供融资服务。人民币国际化在中亚国家得到体现，中国银行哈萨克斯坦分行成为中亚地区人民币清算行，在哈、乌、塔等国开展了与本币的结算业务。中亚国家还充分利用各种融资渠道为国内分支筹资。例如，2018年7月3日举行"哈萨克斯坦全球投资圆桌会"期间就签署32份投资协议，投资额为47亿美元。2018年6

月 20 日，土库曼斯坦外经银行和联合国开发计划署在阿什哈巴德联合举行"丝绸之路中心金融发展合作"国际会议，为促进可持续发展国际融资合作服务。

这里还要提到 2018 年开始营业的哈萨克斯坦阿斯塔纳国际金融中心，这是中亚地区最大的金融企业，内设证交所，为哈发展筹集资金。哈萨克斯坦一些大型企业将在这里上市。首批上市的有阿斯塔纳航空、哈国家原子能工业、哈电信等，2020 年前哈铁、哈油气、萨姆鲁克能源、哈邮政等大型公司也将陆续安排 IPO（首次公开募股）。该中心主席可里姆别托夫表示，目前在该中心注册的企业有 55 家，除本国企业外，还有来自中国、英国、美国的企业，2018 年底注册企业达到 100 家，2020 年有望达到 500 家。该中心与中国上交所、港交所、聚贸集团、清华大学、国家开发银行等展开合作。该中心的重要任务之一是为"'光明之路'新经济政策"与"丝绸之路经济带"对接服务，在其组建和运营过程中得到中国的帮助。

中亚国家吸引外资工作虽然早已开展，但"丝绸之路经济带"倡议提出资金融通为中亚国家融资和发展与包括中国在内的世界各国金融合作，提供了新的融资平台，有助于缓解中亚国家自有资金的不足。

五 "五通"有助于中亚国家实现经济一体化，发展与域外国家的关系

2016 年乌兹别克斯坦米尔济约耶夫总统上台后，该国对外政策发生了很大的变化，加之其他中亚国家做出相向而行的回应，一度冰冷的中亚国家关系回暖，开始朝地区一体化和经济全球化的方向发展。"丝绸之路经济带"提出的"五通"为它们走向区域经济一体化和融入经济全球化提供了路径。

在中亚各国的共同努力下，暂停多年的交通运输、电力、油气管道运输等基础设施逐渐恢复使用。乌哈两国通过哈管道为乌输送俄罗斯原油，塔乌两国 2018 年恢复了空中运输，同年 4 月塔恢复了对乌送电。这是自 2009 年

11月塔退出中亚地区统一电网后首次对乌供电。两国决定重建统一供电系统。乌则开通了经乌到塔的铁路运输，并在过境费方面提供30%~50%的优惠。乌也恢复了对塔的天然气供应。吉恢复对乌的供电。关系变好，基础设施联通，有利于经济发展提速，外贸额出现较快增长，提振了彼此增强合作的信心。各国都调高了双边贸易额的目标，吉计划与乌双边贸易达到5亿美元；与哈达到10亿美元；哈乌计划为30亿美元；塔乌为10亿美元。2018年9月哈总统纳扎尔巴耶夫还建议哈乌两国在哈建立"国际经济合作区"，建立像中哈霍尔果斯边境合作中心一样的哈乌边境合作中心。针对中亚地区旅游业的发展，哈建议在独联体建立如欧盟申根区一样的旅游签证制度，乌哈两国表示愿率先实行。2018年9月27日，乌总统米尔济约耶夫建议成立"中亚国家交通运输理事会"，用于协调基础设施建设和运输合作事宜。中亚国家关系明显趋近。

同域外国家合作方面，2018年8月11日哈萨克斯坦位于里海之滨的阿克套库里克港多式联运枢纽正式启用，由中国霍尔果斯口岸开出的班列通过该联运枢纽可以经里海摆渡到阿塞拜疆的巴库，由巴库经过格鲁吉亚等国抵达欧洲，使中、哈、南高加索地区、欧洲实现运输一体化，有利于实现经济全球化。土库曼斯坦新近建成了同样位于里海之滨的土库曼巴什港。土库曼斯坦政府正在与罗马尼亚商谈建立由土库曼巴什港经巴库，再通过铁路经格鲁吉亚的巴统或波季跨黑海到罗马尼亚的康斯坦察港的"里海—黑海国际运输走廊"。土、乌、哈的商品可以通过上述国际运输走廊将本国商品运往欧洲。拟议建立的"里海—黑海国际运输走廊"方案，使中亚其他国家基础设施联通有了新的发展空间。乌兹别克斯坦、土库曼斯坦、伊朗、阿曼之间建立国际运输走廊，使中亚和西亚联系起来。将要建成的环里海铁路网使环里海五个国家——哈萨克斯坦、土库曼斯坦、伊朗、阿塞拜疆、俄罗斯铁路互联互通。中亚其他国家都可以通过中亚铁路网抵达这五个国家。

除运输设施联通外，其他基础设施联通也取得进展。2018年4月24日，乌兹别克斯坦总统米尔济约耶夫表示，乌将参加土库曼斯坦—阿富汗—巴基斯坦—印度天然气管道建设项目（TAPI），这将有助于阿富汗重建天然气管道并与土库曼斯坦开展大规模合作。土阿巴印天然气管道全线长 1840 公里，于 2015 年 12 月开始建设，输气能力 330 亿立方米，阿富汗段也在 2018 年动工。乌想通过参与该项目与南亚国家开展更广泛的经济合作。塔吉克斯坦和吉尔吉斯斯坦参加的中亚—南亚输变电网项目（CASA–1000）开工建设，这将是一条大型跨境基础设施项目。中亚国家都在发展数字经济，希望建立物流中心带动本国经济发展。2018 年土库曼斯坦成立物流协会，其任务是开发过境运输走廊，实现国际运输线路多元化，增加过境运输货物量，提升本国运输企业竞争力。哈萨克斯坦建议中亚国家基础设施联通的目标是向北通往俄罗斯，向东通往中国、东亚和东盟国家，向南通往阿富汗、伊朗、印度，向西通往西亚、土耳其、南高加索地区以及欧洲，各国都渴望突破位于亚洲腹地交通不便的困境，通过参与地区一体化和经济全球化，创造有利于本国经济和社会发展的环境。

中亚国家为使基础设施国内、国际联通，都加大了对基础设施建设的投资，哈萨克斯坦等国还将基础设施建设列为国家经济发展的重点领域。"丝绸之路经济带"带来的经济效益，使各国都希望成为"一带一路"过境国。2018 年 3 月举行的中亚国家峰会以及最近两年中亚国家领导人的频繁互访，极大地促进了政策沟通，为基础设施联通创造了有利的条件。

六　迅速发展的"一带一路"建设和人文合作助推构建"人类命运共同体"

"一带一路"建设在世界上受到广泛欢迎和赞誉，许多国家积极参与。如上所述，"一带一路"倡议的最重大意义在于进一步拉近了国家间和各国人民间的关系。除中国领导人与中亚国家领导人高层会晤频繁并对重大国际问题看法达成共识外，各国人文合作也进展顺利，这同样为民心相通和构建"人类命运共同体"助力。人们注意到，在"一带一路"倡议提出后，人文合作在原有基础上呈现井喷式的发展。这种合作的特点是不局限于高层，也深入地方层面。"丝绸之路经济带"建设推动中亚国家形成渴望了解中国的氛围。目前在中亚国家的孔子学院有 13 所，孔子课堂 22 个，中国文化很受欢迎。在吉尔吉斯斯坦发行的《丝路新观察报》由于以报道"一带一路"为主，颇受欢迎，已经跻身该国大报行列。中亚国家来华留学人数成倍增加，仅哈萨克斯坦就有 1.4 万人，塔吉克斯坦也有 2000 多人，留学的层次也在提高，有不少学生来华攻读硕士和博士学位。中国各部门和企业对到中亚国家投资兴业兴致很高，经常赴中亚考察和洽谈合作事宜。中国专业研究中亚的学术机构有十几家之多，仅哈萨克斯坦研究中心就有 5 个，一些外语院校还开设了教授中亚国家语言的科系。这些机构在宣传中亚国家和推动与中亚国家友好合作方面发挥重要作用。中亚国家媒体、文化、教育、科学、卫生、体育、考古等部门也在"丝绸之路经济带"建设中纷纷与中国相关部门展开合作。例如，哈广播电视总公司与中国中央广播电视总台、哈萨克斯坦国家通讯社与中国新华社签署了合作协议，高校间的合作则更多。

中国与中亚国家在缔造"人类命运共同体"上具备多个有利条件：中国与中亚国家有相似的历史记忆和命运；在维护国家独立和主权以及发展经济方面存在相当多的相同诉求和语言；中国与中亚国家互为邻国或近邻，很多问题例如水资源利用和环境保护方面需要共同应对；中国与中亚国家经济存在很强的互补性；中国与中亚国家关系很好，互为全面战略伙伴关系或战略伙伴关系，不存在尚未解决的影响彼此关系的重大问题，对地区和国际问题持相同或相似的立场；中国和四个中亚国家是上合组织的成员，土库曼斯坦也经常以客人身份参会，沟通渠道便利；中国与中亚国家都有使国家尽快发展的梦想，并将本国发展战略与中国提出的"丝绸之路经济带"倡议对接；中国与中亚国家都希望本地区成为和平安全与稳定的有利于发展经济和改善人民福祉的地区；都希望拥有清洁的生存环境和美丽的家园；等等。特别是中国与中亚国家领导人都大力支持"一带一路"和"人类命运共同体"建设。2018 年 6 月，习近平在北京与哈总统纳扎尔巴耶夫会谈时指出，中国愿同哈萨克斯坦在构建"人类命运共同体"道路上先行一步，为开创人类更加光明的未来凝聚智慧和力量，并愿意与哈总统一起为中哈友好事业这

艘巨轮掌舵领航。这一切说明中国与中亚国家在缔造"人类命运共同体"方面具备相当多的有利条件。

缔造"人类命运共同体"也得到哈专家的首肯。哈战略研究所所长扎列玛·沙乌克诺娃在2018年9月7日举行的哈中智库人文交流论坛上说，随着哈"光明之路"新经济政策与"一带一路"倡议深入对接，哈中贸易额不断增长，民间交往持续升温，两国关系也达到历史最高水平，"我们已经成为不可分割的命运共同体"。

由中国与俄罗斯等八国组成的上合组织，在包括青岛峰会在内的几次峰会发表的宣言中，都将缔造"人类命运共同体"写入其中，作为一起奋斗的目标。中国与中亚国家有理由结成"人类命运共同体"或"周边命运共同体"，并为实现这个目标先行一步，为世界做出榜样。

习近平新时代中国特色社会主义外交思想为中国发展与中亚国家友好关系指明了方向。"丝绸之路经济带"建设为中亚国家带来的积极变化，证明了这个为各国"共商共建共享"的倡议对各方有利，今后在中国与中亚国家共同努力下，各种层次、各种规格、各种方式的合作会进一步扩大，并结出更加丰硕的成果。

B.23
"丝绸之路经济带"建设与欧亚经济联盟建设对接合作

刘华芹 *

摘　要：　2013 年，习近平首次提出共建"一带一路"国际合作倡议，而欧亚经济联盟于 2015 年 1 月 1 日正式运行，二者对接既基于各自发展的内在需求，也具有良好的客观基础，可谓相辅相成。推进贸易便利化将降低贸易成本，为扩大中国与欧亚经济联盟成员国之间的贸易规模创造了有利条件。建立自由贸易试验区是互利共赢的合作，那么双方应将建立自由贸易试验区作为合作的长远目标，并以此为基础开展欧亚经济伙伴关系协定联合可行性研究并加速合作进程，为在欧亚地区建立全面、高水平的贸易投资自由化安排奠定基础。

关键词：　"带盟对接"　　"一带一路"　　贸易便利化

在共建"一带一路"框架下中方通过规划对接与各方积极进行政策沟通，以便实现设施联通、贸易畅通、资金融通和民心相通，打造国际合作新平台，增添共同发展新动力。2015 年 5 月 8 日，习近平与俄罗斯总统普京在莫斯科签署了《中华人民共和国与俄罗斯联邦关于丝绸之路经济带建设和欧亚经济联盟建设对接合作的联合声明》，宣布启动中国与欧亚经济联盟经贸合作协议谈判，

---

* 刘华芹，商务部国际贸易经济合作研究院研究员。

旨在构建欧亚大陆高水平经济伙伴关系，创造新型合作模式，发挥"一带一路"对接的示范效应，促进区域经济一体化，确保地区经济持续稳定增长。

一 "丝绸之路经济带"建设与欧亚经济联盟建设 对接合作契合双方发展诉求

2013 年，习近平首次提出共建"一带一路"国际合作倡议，而欧亚经济联盟于 2015 年 1 月 1 日正式运行，二者对接既基于各自发展的内在需求，也具有良好的客观基础，可谓相辅相成。

（一）对接合作有利于欧亚经济联盟摆脱发展困境

2010 年，由俄罗斯、白俄罗斯和哈萨克斯坦组成的关税同盟正式启动，2012 年过渡到统一经济空间，2015 年 1 月，在此基础上建立的欧亚经济联盟正式运行，成员国包括俄罗斯、白俄罗斯、哈萨克斯坦、吉尔吉斯斯坦和亚美尼亚五国。欧亚经济联盟的合作目标是实现区域内货物、服务、资本和劳动力的自由流动，在重点经济领域采取统一政策。

成立之初，成员国签署了《欧亚经济联盟条约》，商定统一货物贸易协调政策，实施强制性关税调节措施，在非关税调节领域成员国也制定了统一政策，但执行不具有强制性。在服务贸易和投资领域未制定统一规则，成员国可自主制定与第三国的合作政策。成员国遵循国民待遇原则开展经贸合作，相互投资遵守投资保护协定和避免双重征税协定。成员国可根据意愿分领域参与欧亚经济联盟服务市场一体化进程。2018 年，五国统一了 40% 的海关程序，建立了药品和医用产品统一市场，预计到 2019 年和 2024 年将分别建立统一能源市场和电力市场，拟于 2025 年在哈萨克斯坦建立欧亚经济联盟金融市场协调机构。

尽管欧亚经济联盟确立了发展目标并建立了合作机制，但从实际运行效果来看，受区域内外多重因素的综合影响，经济一体化进程缓慢，收效甚微。

1. 区域经济持续下滑

图 1 显示，2015 年欧亚经济联盟启动之时，其 GDP 较 2014 年下降了 3.1%，低于 2012 年 3.5% 的增速。此后，虽然经济增速缓慢回升，至 2018 年 8 月升至 1.9%，达到近年来的最高点，但仍未恢复到欧亚经济联盟成立之前的水平。

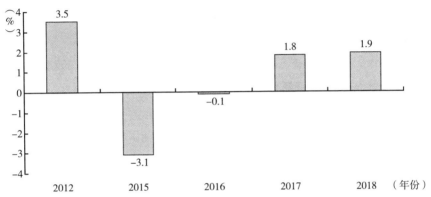

图 1 欧亚经济联盟成立前后部分年份经济发展对比

注：2018 年数据截至 8 月。

资料来源：www. eurasiancommission. org。

2. 区域贸易发展陷入困境

国际实证经验表明，无论关税同盟还是经济联盟，因取消关税和非关税壁垒，通常在成立之初贸易创造与贸易转移效应拉动贸易规模迅速扩大，但欧亚经济联盟并未验证这一论断。图 2 显示，2014～2015 年欧亚经济联盟启动后，无论是与非成员国贸易还是成员国之间的贸易均大幅度下滑，此后虽然回升，但仍未达到 2011 年关税同盟成立之初的水平。根据欧亚经济委员会的统计，① 2017 年，欧亚经济联盟与域外国家的贸易额为 6343 亿美元，比 2011 年的 9130 亿美元下降约 31%，而成员国之间贸易额为 547 亿美元，比 2011 年的 623 亿美元下降 12%，成员国未能享受到区域经济一体化带来的实际利益。

---

① 参见 www. eurasiancommission. org. Статистика внешней и взаимной торговли товарами，2017 年和 2011 年。

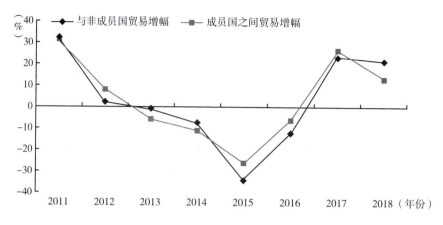

图2 欧亚经济联盟成立前后部分年份贸易发展对比

资料来源：www. eurasiancommission. org。

3. 贸易结构固化制约长远发展

欧亚经济联盟主要成员国之间贸易结构趋同，互补性较弱，合作潜力受限，不利于长远发展。图3显示，在欧亚经济联盟的国别贸易结构中俄罗斯一家独大，2018年8月占比高达83.6%。自2011年关税同盟运行以来这一结构未发生实质性变化。近7年来，哈萨克斯坦的占比保持在10.0%左右，白俄罗斯的比重维持在5.0%左右。

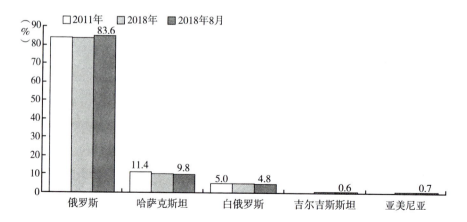

图3 欧亚经济联盟成员国对外贸易的国别结构

资料来源：www. eurasiancommission. org。

与此同时，成员国与域外国家的贸易额占了绝对主导地位。图4显示，自2015年以来，在欧亚经济联盟的贸易额中与非成员国贸易额占比高达85%以上，而成员国之间的贸易额占比仅为13%～15%，且这一比例呈固化态势。由此表明，与非成员国贸易是拉动欧亚经济联盟成员国经济增长的主要动力，远大于成员国之间的合作效果，进而不利于欧亚经济联盟的长远发展。

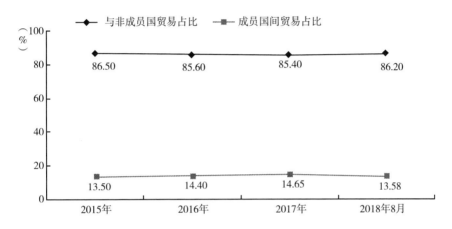

图4　欧亚经济联盟区域内外贸易

资料来源：www. eurasiancommission. org。

总之，自欧亚经济联盟运行以来，经济持续衰退导致成员国之间矛盾重重，离心倾向加重，元首们的政治意愿成为推动合作的唯一动力。欧亚经济委员会发布的《2015～2016年欧亚经济联盟成员国间贸易现状报告》[①] 指出，"进一步发展内部贸易要求成员国和一体化委员会坚定不移地落实联盟协议所规定的配套措施。从扩大欧亚经济联盟内部贸易的影响来看委员会所采纳的大部分决议被搁置了，其实际效果只有在中长期才能显现"。合作初期收效甚微，长期合作更难以期待。鉴于此，成员国将欧亚经济联盟更多视为政治一体化组织，而非经济一体化组织，其发展前景不容乐观。

---

① "Докладо состоянии взаимной торговлимежду государствами－членамиЕвразийского экономического союзав 2015－2016 годах，" "Статистика внешней и взаимной торговли товарами，" "Аналитические материалы，" www. eurasiancommission. org.

在内部发展动力不足的情况下，借助外力拉动发展便成为主要选择，为此，欧亚经济联盟积极构建以其为核心的自由贸易试验区网络。目前，欧亚经济联盟已同越南签署了自由贸易试验区协定，正在与以色列、塞尔维亚开展签订自由贸易协定谈判，与印度、伊朗、韩国、埃及和新加坡开展自由贸易试验区联合可行性研究。但是已签署自由贸易协定或正在谈判的国家普遍经济规模较小，自由贸易协定难以取得明显成效。与此同时，欧亚经济联盟明确表示未有与中国开展自由贸易协定谈判的意愿，而欧盟也未阐释与欧亚经济联盟建立自由贸易试验区的设想。中方正在此时提出了共建"丝绸之路经济带"的倡议，"一带一路"以基础设施互联互通和产能合作为重点恰好契合欧亚经济联盟发展的需求，弥补了其合作短板，于是与"丝绸之路经济带"建设的对接合作便成为欧亚经济联盟寻求发展新契机、摆脱困境的重要选择。

（二）对接合作有利于推动共建"丝绸之路经济带"

欧亚经济联盟的主要成员国——俄罗斯、哈萨克斯坦和吉尔吉斯斯坦均与中国毗邻，双边贸易源远流长，中国与欧亚经济联盟的经贸合作取得了令人瞩目的成就。

1. 欧亚经济联盟与"丝绸之路经济带"涵盖区域高度契合

欧亚经济联盟包含独联体主要国家，是连接欧洲与亚洲，贯穿中亚，构建"丝绸之路经济带"的必经之路，也是连接亚欧大陆的中心区。中方"一带一路"规划六条跨境经济走廊中的三条，即中蒙俄经济走廊、新亚欧大陆桥、中国—中亚—西亚经济走廊的部分地段均在该区域内，地缘经济地位非同一般。截至目前，已建成总长 3828 公里的中俄原油管道和中哈输油管线，年供油量为 3500 万吨。铺设了横跨 6 国、总长 1 万公里、年供气量为 300 亿立方米[①]的中国—中亚天然气管道。与此同时，三条亚欧大陆桥与上百条向北和向西延伸的跨境公路构建了四通八达的交通格局，就此"丝绸之路经济带"跨境能源网络和交通运输网络基本形成，使

---

① 《中亚天然气管道累计输气逾千亿方》，中国石油新闻中心，http：news.cnpc.com.cn。

互联互通具有了坚实基础。

2. 中国成为欧亚经济联盟的第一大贸易伙伴国

自欧亚经济联盟运行以来，尽管成员国之间贸易额下滑，但是中国与成员国之间的贸易却保持稳步增长态势。根据中国海关统计，2017年中国与成员国的贸易额达到1094.3亿美元，比2015年的887.9亿美元增长了23.2%（见图5）。

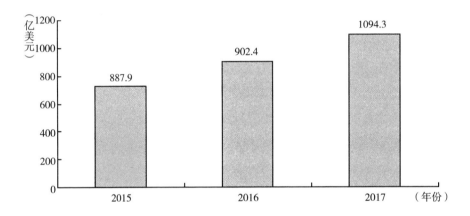

图5　2015～2017年中国与欧亚经济联盟贸易额

资料来源：中国海关统计。

图6显示，2015年至2018年8月，中国一直保持了欧亚经济联盟第一大贸易伙伴国的地位，且在欧亚经济联盟对外贸易中的比重由2015年的13.6%增至2018年8月的16.6%，提升了3个百分点。在欧亚经济联盟内外经济环境日趋严峻的背景下这一合作成就来之不易。

3. 中国对欧亚经济联盟的直接投资实现快速增长

得益于共建"一带一路"倡议，中国加大了对欧亚经济联盟成员国的直接投资，大力推动基础设施互联互通和产能合作。根据《2017年度中国对外直接投资统计公报》，[1] 2017年中国对欧亚经济联盟成员国非金融类直

---

[1]　中华人民共和国商务部、国家统计局、国家外汇管理局编《2017年度中国对外直接投资统计公报》，中国统计出版社，2018。

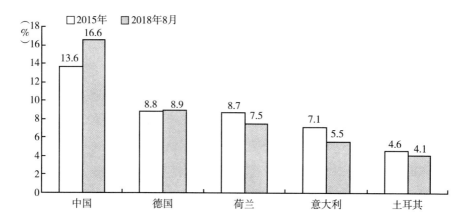

图6　欧亚经济联盟与主要贸易伙伴国贸易情况

资料来源：www. eurasiancommission. org。

接投资达到38.9亿美元，较2015年的6.7亿美元增长4.8倍。2017年，在中国对外直接投资流量前20位国家（地区）中哈萨克斯坦列第8位，俄罗斯列第12位。在中国对"一带一路"沿线国家直接投资中，哈萨克斯坦和俄罗斯分列第2位和第5位，欧亚经济联盟已成为中方对外投资的重点区域。

中国与欧亚经济联盟之间紧密的经贸合作关系为二者对接合作奠定了坚实基础。与此同时，因乌克兰事件俄罗斯遭受西方经济制裁，大力推进"向东看"战略，为陷入合作困境的欧亚经济联盟指出了新发展方向，中方共建"丝绸之路经济带"倡议力求扩大向西开放，二者高度契合，为实现对接提供了有利条件。

二　"丝绸之路经济带"建设与欧亚经济联盟建设对接现状与特点

2015年5月8日，中俄两国领导人发表了《中华人民共和国与俄罗斯联邦关于丝绸之路经济带建设和欧亚经济联盟建设对接合作的联合声明》

（以下简称《联合声明》），并将商谈中国与欧亚经济联盟经贸合作方面的协议作为对接的主要形式。

（一）对接合作的主要方向

1.对接合作倡议的基本内容

《联合声明》确定了双方对接合作的六大领域。

（1）扩大贸易往来。扩大投资贸易合作，优化贸易结构，为经济增长和扩大就业培育新的增长点。

（2）促进相互投资。促进相互投资便利化和产能合作，实施大型投资合作项目，共同打造产业园区和跨境经济合作区。发挥中小企业的作用，为其创造良好环境。

（3）加强区域基础设施互联互通。在物流、交通基础设施、多式联运等领域加强互联互通，共同开发基础设施项目，扩大并优化区域生产网络。

（4）推动贸易投资自由化与便利化。适时建立贸易便利化机制，在共同感兴趣的领域制定共同措施，协调并融合相关管理规定和标准以及经贸政策等。推动建立中国与欧亚经济联盟自贸区。

（5）创新金融合作。在贸易与投资领域大力推动本币结算与本币互换，在出口信贷、保险、项目与贸易融资、银行业等领域深化合作。通过丝路基金、亚投行、上合组织银联体等机构加强金融合作。

（6）积极参与多边合作和全球治理。推动区域合作及全球多边合作，以实现和谐发展，扩大国际贸易，在全球贸易与投资领域形成并推广符合时代要求的有效规则与实践。

2.推进贸易便利化成为双方对接合作的起点

尽管《联合声明》确定了六大合作方向，但是推进贸易便利化成为双方对接合作的起点，这既源于欧亚经济联盟一体化水平，也基于中国与欧亚经济联盟的合作现状。

从欧亚经济联盟一体化现状看，《欧亚经济联盟海关法典》规定成员国简化海关程序、推进"单一窗口"和电子报关等通关便利化措施，在非关税领域，成员国之间形成了一致的规则，为拓展中国与欧亚经济联盟对接合作提供了重要前提。但成员国之间迄今未形成统一的投资政策，在投资领域各国仍自我主导，因而在欧亚经济联盟层面中方难以开展统一的投资合作。欧亚经济联盟为区域经济一体化组织，中方与其对接的方向不同于双边合作，应集中于成员国达成一致性原则的合作领域。鉴于欧亚经济联盟短期内无意与中方开展自由贸易协定谈判，因此贸易便利化成为首选。

从中国与欧亚经济联盟合作的现状看，表1显示，通关程序效率和海关服务水平是目前制约双方合作的主要障碍。根据世界经济论坛2016年发布的数据，在全球136个经济体中，俄罗斯、吉尔吉斯斯坦和亚美尼亚的通关程序效率指标分别位列第124名、第135名、第129名，处于全球较低水平，而哈萨克斯坦处于中下水平，位列第83名，因此推进贸易便利化，简化通关程序，提高通关效率应成为双方未来合作的重点，加大合作力度，推动通关便利化，降低贸易成本，为实现互联互通消除制度性障碍。

表1　中国与欧亚经济联盟成员国贸易促进指数排名

国家	贸易促进指数	边境管理效率和透明度	海关服务水平指数	通关程序效率
中国	61	52	50	31
俄罗斯	111	104	42	124
哈萨克斯坦	88	88	114	83
吉尔吉斯斯坦	113	77	66	135
亚美尼亚	50	63	65	129

资料来源："The Global Enabling Trade Report 2016，"世界经济论坛。

（二）对接合作的谈判进展

中国与欧亚经济联盟经贸合作协议谈判从2016年正式启动，历经五轮谈判、三次工作组会和两次部长级磋商，于2018年5月，在阿斯坦纳经济论坛期间正式签署《中华人民共和国与欧亚经济联盟经贸合作协定》（以下简称协定），谈判历经以下五个阶段。

1. 首轮谈判

2016 年 10 月中旬，在莫斯科举行。

2. 第二轮谈判

2017 年 1 月 11 ~ 13 日，在北京举行。双方就海关程序和贸易便利化、技术性贸易壁垒、卫生与植物卫生措施、贸易救济、竞争、知识产权、政府采购、法律与机制条款以及部门合作议题进行了深入磋商，取得实质性进展。

3. 第三轮谈判

2017 年 4 月 19 ~ 21 日，在莫斯科举行。双方就贸易便利化和海关程序、技术性贸易壁垒和卫生与植物卫生措施、贸易救济、竞争、知识产权、电子商务、法律与机制条款、政府采购和部门合作等 9 个议题进行了深入磋商，进一步交换信息，并就部分条款达成共识，取得了阶段性成果。

4. 第四轮谈判

2017 年 7 月 17 ~ 19 日，在莫斯科举行。双方就海关部门信息交流协议的草案达成一致，并在纪要中规定在 2017 年底前完成该草案的协商工作。

5. 第五轮谈判

2017 年 9 月 26 日至 10 月 1 日，在中国杭州举行。中国商务部副部长王受文与欧亚经济委员会贸易委员尼基申娜就相关问题达成一致，决定就细节问题进行后续讨论并履行各自国内程序。

2017 年 10 月 1 日，中国商务部部长钟山与欧亚经济委员会贸易委员尼基申娜签署了《关于实质性结束中国与欧亚经济联盟经贸合作协议谈判的联合声明》，这是我国与欧亚经济联盟首次达成的重要经贸制度安排。协议旨在进一步减少非关税贸易壁垒，提高贸易便利化水平，营造产业发展的良好环境，推动"一带一路"建设与欧亚经济联盟建设对接合作，促进与欧亚经济联盟及其成员国经贸关系深入发展。

2018 年 5 月 17 日，哈萨克斯坦阿斯塔纳经济论坛期间，中国商务部国际贸易谈判代表兼副部长傅自应与欧亚经济委员会执委会主席萨尔基相及欧

亚经济联盟成员国代表共同签署了《中华人民共和国与欧亚经济联盟经贸合作协定》且该《协定》于 2018 年 12 月正式生效。

（三）《协定》的主要内容与特点

《协定》的范围涵盖了海关程序与贸易便利化、知识产权、部门合作和政府采购等 13 个章节，包含了电子商务和竞争等新议题。

1. 协定的主要内容

《协定》涉及诸多合作领域，主要内容如下。

（1）海关合作

《协定》规定，在进出口程序方面，双方不断加强贸易联通和便利方面的合作，在贸易便利化和海关程序方面，双方承诺将努力简化通关手续，提高法律法规透明度，实施预裁定制度，采用信息技术手段，便利低风险货物通关，加快合法货物放行，同时还将进一步实施"单一窗口"，协调边境管理。此外，双方海关将进一步开展合作，有效加快货物通关速度和提高贸易便利化水平。

（2）检验检疫合作

《协定》规定，双方交换检验检疫领域信息，加强食品安全、人身安全与健康以及动植物安全管理部门之间的合作。深化双方在食品安全和动物疾病及有害物质扩散防治部门之间的合作。加强相关管理部门之间的人员培训与经验交流。在动植物疾病监控领域加强合作。参照世界贸易组织规定加强双方检验检疫部门之间的合作等。

（3）知识产权

在知识产权领域充分考虑中国和欧亚经济联盟成员国知识产权规则的差异性和发展现状。《协定》涉及著作权集体管理、遗传资源、传统知识和民间文艺等新内容。

（4）政府采购

双方同意就各自法律法规和电子化采购开展信息交换，并就电子化采购进行经验分享。同时，双方要求彼此在政府采购中提高透明度，依据各自政府采购法律法规，在互联网上公布各自的法律法规、普遍适用的管理规定以及政府采购招投标信息，如采购招标公告、采购文件和采购结果，在切实可行的范围内确保公众可获取上述信息。此外，双方还同意通过设立联络点的方式开展合作。

（5）部门合作

部门合作旨在促进创新活动，提高双方经济的创新吸引力和竞争力。以信息交换、实业界论坛与对话、展览会等形式促进双方在农业、电力、交通、工业合作、信息和通信基础设施、技术与创新、金融和环保等领域的合作。

（6）竞争

在竞争执法领域采用信息交换、咨询、技术合作等形式，以及教育规划、研讨会、联合研究和其他形式提升双方在竞争领域的潜力和执法能力。

（7）电子商务

《协定》鼓励双方企业间的商务交流和合作，并鼓励共同开展电子商务项目，消除电子商务领域的各种壁垒，为企业开拓新市场提供便利，促进企业提质增效，促进双边贸易进一步发展。《协定》内容涉及电子文件使用、保护电子商务消费者权益及个人信息安全等内容。

2.《中华人民共和国与欧亚经济联盟经贸合作协定》的特点

对接规划是"一带一路"框架下政策沟通的主要形式，但是中国与欧亚经济联盟签署的《协定》有别于"一带一路"各类对接规划，主要体现在以下方面。

（1）《协定》是"一带一路"框架下首个区域组织对接合作文件

截至 2018 年 5 月，中国已与 88 个国家和国际组织签署了 103 份共建"一带一路"倡议合作文件，[1] 大多以双边合作为主，采用了 5 年期的合作谅解备忘录形式。《协定》则是中方首次与区域经济组织签署的诸边合作文

---

① 《大数据里看变化："一带一路"合作共赢成效显著》，中国社会科学网，http：www.cssn.cn。

件，具有多边性质。此外，相对于目前广泛采用的谅解备忘录，合作文件采用了《协定》文本形式，具有较强的国际法约束力。《协定》一经签署，各方需履行国内法律程序并严格执行相关规定，由此可以保障合作成效，为合作提供强有力的法律支撑。

（2）《协定》是基于多边贸易规则并具有制度安排的对接合作

在国际合作中"双边靠实力，多边讲道理"。讲道理的依据是各方共同约定并遵守的规则。目前"一带一路"合作重点集中在双边层面的项目建设中，突出硬实力，但在沿线国家之间基于规则的软实力明显不足，此《协定》在一定程度上弥补了短板。该《协定》依据世界贸易组织《贸易便利化协定》的主要条款，采用中方推进贸易便利化谈判的基本框架，使未来的合作具有较强的规范性和可操作性。

在"一带一路"框架下各方比较关注项目建设以及推进自由贸易试验区谈判，对于便利化领域的制度安排关注较少。《协定》恰恰填补了空白，实现了新突破，将"一带一路"框架下的对接合作提升到更高层级，不仅丰富了合作内容，而且提高了合作质量，对推进"一带一路"建设具有里程碑意义，为"一带一路"建设转向高质量、可持续发展开辟了新路径。

（3）《协定》积极探索了竞争和电子商务等新议题

2018年，由美国挑起的贸易战将WTO改革推到了风口浪尖上，改革迫在眉睫。启动WTO改革将是一个漫长过程。未来各方不仅要解决既有贸易体系与规则中存在的问题，还将拓展贸易谈判新议题，包括竞争、环保、电子商务等新领域。而《协定》在这些领域做了有益尝试，积累了经验。中国与俄罗斯同为新兴经济体，参与多边贸易规则的改革与全球治理是共同责任与义务，《协定》为此进行了积极探索。

三 "丝绸之路经济带"建设与欧亚经济联盟建设对接发展前景展望

推进贸易便利化将降低贸易成本，为扩大中国与欧亚经济联盟成员国之间的贸易规模创造了有利条件。根据世界贸易组织的测算，《贸易便利化协定》有效落实将使全球贸易成本下降 14.3%，到 2030 年可使全球出口额外增加 2.7%，推动全球经济额外增长 0.5%。①《中华人民共和国与欧亚经济联盟经贸合作协定》的落实也将取得类似效果。

（一）对接合作成效预测

商务部研究院课题组利用 GTAP 模型对中国与欧亚经济联盟推进贸易便利化的成效进行了初步预测。表 2 显示，若中国与欧亚经济联盟成员国在现有基础上将各自的通关时间缩短 25%，那么中国和欧亚经济联盟的GDP 将分别增加 90.3 亿美元和 176.4 亿美元，整体福利分别增加 77.7 亿美元和 161.2 亿美元，贸易额分别增加 76.0 亿美元和 122.4 亿美元，效果异常显著。若双方在现有基础上大幅度压缩通关时间，那么将产生更大的经济效益，且欧亚经济联盟所获收益大于中方，这对欧亚经济联盟一体化进程将产生积极影响。

表 2　中国与欧亚经济联盟贸易便利化效果预测

单位：亿美元

经济体	GDP	福利	贸易额
中国	90.3	77.7	76.0
欧亚经济联盟	176.4	161.2	122.4

资料来源：课题组预测。

（二）未来双方对接的发展方向

1. 尽快落实已签署的《协定》

《协定》包含 13 个章节，涉及诸多合作领域，各国应尽快完善国内法

---

① 《〈贸易便利化协定〉议定书生效，对世界经济具有哪些重要意义?》，商务部网站，
　　http://gpj.mofcom.gov.cn/article/zuixindt/201703/20170302525349.shtml。

律程序并启动合作进程，加强相关部门之间的沟通与协调，制定海关、知识产权、政府采购、电子商务和中小企业等领域的具体行动计划、合作路线与时间表，建立定期评估机制，及时制定、改进措施。与此同时，就中方推进自由贸易试验区"单一窗口"制的模式与经验进行交流，简化海关程序，提高通关效率，加强海关、质检等领域人员培训，为落实《协定》提供人力资源保障。

2. 在《协定》框架下探讨多领域规则对接

中俄两国领导人在对接合作的《联合声明》中提出了六大合作领域，而《协定》只包含了其中部分内容，未来在落实《协定》的基础上还应积极拓展其他领域的规则对接。

在投资领域，可参照中方实施准入前国民待遇和负面清单管理模式重新签署《双边鼓励和保护投资协定》，积极落实避免双重征税协定，以适应"一带一路"框架下拓展大规模投资合作的客观需要，也为深化"一带一路"国际合作探索新路径。

在基础设施互联互通领域，作为中欧班列主干线途经国，双方应共同推广国际铁路运输联合运单方式，探索中欧班列"一票到底"的运行模式，赋予陆运提单货权，采用现代科技手段推动运输网络相互联通，将货物运输与金融服务相结合，形成国际铁路运输的新规则与新标准，提升铁路运输的全球竞争力，为推动亚欧大陆互联互通做出实质性贡献。

在金融领域，双方可积极探讨构建新型国际结算支付体系，推进本币结算与本币互换，创新融资模式，为拓展双边经贸合作提供新的金融制度保障，也为全球金融体系改革做出有益尝试。

在参与多边合作和全球治理方面，双方应协调参与 WTO 改革的立场，积极参与相关规则及议题的磋商，在涉及自身权益以及拓展全球治理新领域方面进行积极探索，包括竞争议题、环保议题和电子商务议题等。

上述领域的规则对接有利于发挥欧亚经济联盟成员国连接亚欧大陆的过境运输优势，通过推进贸易便利化，挖掘双方合作的制度潜力，为促进双边贸易与投资奠定坚实的法律基础。

3. 探讨区域贸易自由化发展前景

中俄两国领导人在对接合作的《联合声明》中明确指出："研究推动建立中国与欧亚经济联盟自贸区这一长期目标。"尽管目前双方暂未就建立自由贸易试验区达成共识，但着眼于长远发展，这将是一条必经之路。

表3显示，根据2016年世界经济论坛发布的数据，中国与俄罗斯、哈萨克斯坦、吉尔吉斯斯坦在全球136个经济体"市场准入"指标排名中均位于100名之后，中国、俄罗斯和哈萨克斯坦三国甚至排在120位以后，处于较低水平，且这一指标的排名明显落后于"边境管理"指标的水平。由此表明，相对于简化海关程序的贸易便利化，市场开放度低是制约双方合作更为重要的因素。与"国内市场准入"指标相比，中国、俄罗斯和哈萨克斯坦三国在"国际市场准入"指标排名上则更为落后，分列第124位、第129位和第116位。

表3　中国与欧亚经济联盟部分成员国各项指数排名

国别	贸易促进指数	边境管理	市场准入	国内市场准入	国际市场准入
中国	61	52	126	101	124
俄罗斯	111	104	133	112	129
哈萨克斯坦	88	88	129	111	116
吉尔吉斯斯坦	113	77	110	122	91
亚美尼亚	68	63	77	99	40

资料来源："The Global Enabling Trade Report 2016,"世界经济论坛。

表4显示，进口关税是制约各国国际市场准入的主要因素，五个国家排名在90位之后，其中除亚美尼亚外，其他国家位列第110名之后，属于全球进口关税较高的国家。若双方采取措施降低以至取消进口关税，那么将带来明显成效。

表4   中国与欧亚经济联盟部分成员国市场开放状况

国别	国内市场准入			国际市场准入	
	关税税率	关税复杂度	免税进口份额	进口关税	对目标市场偏好度
中国	117	43	95	114	129
俄罗斯	73	105	102	133	120
哈萨克斯坦	75	106	101	127	98
吉尔吉斯斯坦	72	104	115	111	50
亚美尼亚	64	102	90	99	16

资料来源："The Global Enabling Trade Report 2016," 世界经济论坛。

　　商务部研究院课题组采用 GTAP 模型对中国与欧亚经济联盟建立自由贸易试验区的发展前景进行了预测。表5显示，建立自由贸易试验区将扩大贸易规模并拉动区域经济增长。尽管从绝对值看，中国的 GDP 和贸易额将分别增加285.7亿美元和301.0亿美元，欧亚经济联盟的 GDP 和贸易额将分别将增加164.2亿美元和223.3亿美元，似乎中方所获得的直接经济利益更大，但若与各自经济总量相比，欧亚经济联盟的经济效果更为突出，可获得更大的市场利益。既然建立自由贸易试验区是互利共赢的合作，那么双方应将建立自由贸易试验区作为合作的长远目标，并以此为基础践行欧亚经济伙伴关系协定，联合可行性研究并加速合作进程，为在欧亚地区实现全面、高水平的贸易投资自由化和便利化奠定基础。

表5   中国与欧亚经济联盟建立 FTA 经济效益预测

单位：亿美元

经济体	GDP	贸易额
中国	285.7	301.0
欧亚经济联盟	164.2	223.3

资料来源：商务部研究院课题组利用 GTAP 模型预测。

B.24
"一带一路"建设项目利益保护和
安保产业研究

郑 刚[*]

摘 要： 中国传统海外利益保护模式越来越难以满足"一带一路"建
设项目利益保护的需要。本报告全面阐述了"一带一路"建
设项目可能面临的风险挑战，并针对国内传统海外利益保护
模式的短板与不足，提出了在新形势下应以重点项目为核心
构建"一带一路"项目安全风险体系，并就海外安保产业的
发展提出了具有针对性的建议，对于"一带一路"项目安全
保护与国家海外利益保护机制的变革具有较强现实指导作用。

关键词： "一带一路" 项目风险 一体化应对 安保产业

一 "一带一路"项目所面临的主要风险挑战

(一)政治风险

1. 地缘政治矛盾与地区冲突

"一带一路"沿线地缘政治关系错综复杂，所面临的地缘政治博弈风险
首先来自美、俄、日、印等全球与地区性大国争相扩展影响的地缘政治争

---

[*] 郑刚，中信改革发展研究基金会研究员，东方锐眼风险管理公司执行董事。

夺，各大国对中国的"一带一路"建设，思想上高度警觉，行动上严密盯防。其次，地缘政治博弈风险来自中小国家和非国家行为体的地区性风险挑战。仅以陆上丝绸之路经济带为例，"一带一路"沿线既有叙利亚、阿富汗、伊拉克等战乱频仍的国家，也有伊朗、巴基斯坦这样次高风险国家，区域内极端主义、恐怖主义盛行，很多国家尚未建立成熟的市场法治秩序与营商环境，而且又多处在政治社会转型期，宗教民族问题对政治社会影响巨大。这些风险挑战虽处于地缘政治破碎地带，但均具有新旧交织、多元复合的特点，可能成为长期困扰、牵制和消耗中国的"战略溃疡"。如果战略处置失当，各类风险累积共振、相互激荡，将引发联动反应，形成"安全海啸"，给中国"一带一路"建设的顺利实施带来全局性挑战。①

2. 东道国国内政治转型与党派斗争带来的政治不确定性

"一带一路"沿线国家多属发展中国家或转轨国家，正处于新旧体制转轨期、"民主改造"探索期和社会局势动荡期。一些国家由于"民主"体制不健全、移植西方民主"水土不服"、旧体制惯性强大等问题突出，政权更替频繁。"一带一路"主要是"高层政治"之间的合作，看重的是与政府间的合作，政治选举本身就存在很大的不确定性，一旦政府发生权力交替，就会存在中止"一带一路"建设的风险。随着东南亚、南亚多个国家展开新一轮大选，一些国家政权更替和政局动荡，中国海外项目面临条款被重新审查、项目被搁置甚至协议被撕毁的风险。

以中巴经济走廊为例，2018年巴基斯坦大选期间，中国在巴基斯坦唯一的城市轨道交通项目——"拉合尔橙线"被宣布冻结。这一项目是由谢里夫家族的重要成员、曾经3次担任旁遮普省首席部长的夏巴兹·谢里夫主政时敲定的。项目融资大部分为中国贷款（13亿美元），其余小部分（3亿美元）由旁遮普省当地政府提供。但是因为项目夹杂无缘由更换承包商等问题，预算不透明且不断增加，引起贪腐调查，加之项目本身经过莫卧儿帝

---

① 王卫星：《全球视野下的"一带一路"风险与挑战》，《人民论坛·学术前沿》2015年5月上，http://www.cssn.cn/zzx/gjzzx_zzx/201506/t20150605_2024182.shtml。

国古迹，一度招致部分抗议。2018 年 7 月，正义运动党领袖伊姆兰·汗在大选中胜出，随即便成立了一个由九名成员组成的委员会重新评估中巴经济走廊项目。夏巴兹·谢里夫作为穆斯林联盟（谢里夫派）的候选人又紧接着在 8 月 5 日因为贪腐罪接受巴基斯坦国家问责局（National Accountability Bureau）的调查。① 所以，"拉合尔橙线"项目至今未见起色。

2018 年马来西亚大选也是一个典型案例。5 月 19 日的选举成为自马来西亚 1957 年独立以来，反对党首次对现政府取得胜利。新任总理马哈蒂尔·本·穆罕默德现年 92 岁，在当选后将成为世界上最年长的国家领导人。除给马来西亚政坛带来震荡外，马哈蒂尔的胜利还可能影响到中国"一带一路"倡议框架下涉及马来西亚的庞大基础设施项目。虽然马哈蒂尔表示他基本支持"一带一路"项目，但他也批评了价值 130 亿美元的"一带一路"铁路项目——东海岸铁路项目（the East Coast Rail Link），认为该项目是没有必要的，并担心马来西亚为支持大型基础设施项目将承担过多的债务。② 未来马哈蒂尔将至少就部分项目与中国展开重新谈判。

此外，沿线国家国内复杂的利益集团问题也是决定"一带一路"项目实施效果的重要影响因素。"一带一路"沿线一些地区尤其是有着"火药桶"之称的中东地区教派林立，民族、种族矛盾尖锐，甚至演化为政治矛盾，形成不同的政治利益集团。一些国家政治精英因权力内斗而无暇顾及经济可持续发展，也将严重制约"一带一路"建设的深入推进。一些国家为转嫁国内政治矛盾，也可能单方面宣布搁置在建项目。例如泰国政局动荡，导致中泰"高铁"计划流产；缅甸国内政治体制转型，加上国际 NGO 煽动，导致中缅密松大坝工程和中缅合资的莱比塘铜矿项目被叫停。"一带一路"项目如果不能很好地协调这些国家复杂的利益集团，那么就会存在一些利益集团为争夺利益而对"一带一路"建设进行破坏的问题，从而增加

① 《巴基斯坦反对党领导人夏巴兹·谢里夫因涉嫌腐败被羁押》，人民网，http：//world. people. com. cn/n1/2018/1008/c1002 - 30326851. html。
② 《马来西亚叫停中国参与的三个项目》，新浪财经，http：//finance. sina. com. cn/stock/ usstock/c/2018 - 07 - 05/doc - ihevauxk7256127. shtml。

"一带一路"实施的阻力。

3. 东道国政府违约或拖延

当前"一带一路"投资项目还面临东道国政府的违约风险。这种违约风险是指东道国政府单方面违反或不履行有法律约束效力的投资项目协议、合同，不履行法院或仲裁机构裁定的赔偿等。不同于一般的商业行为，政府违约可能涉及政治、经济、社会等多方面的原因，具有一定的偶发性，而一旦发生，对项目的打击也往往较大。

科伦坡港口城项目的停工是政党更迭导致政府违约的典型案例。2015年1月，斯里兰卡新任总统西里塞纳上任，在外交政策上声称要改变前政府"亲中轻印"的倾向，重新考虑科伦坡港口城开发项目。之后，港口城项目被新政府以"缺乏相关审批手续""重审环境评估"等为由叫停。2008年金融危机以后，由于世界经济低迷和贫富差距扩大，在政党选举中，强权政治越来越受到选民的欢迎，竞争的政党之间往往是针锋相对、剑拔弩张，有时并不完全从国家利益或者经济发展角度考虑问题。在这种情况下，一旦原本支持中方项目的政党下台，新任政党"新官不理旧账"的风险就会加大。

此外，2018年马来西亚新一届政府叫停了中国承建的东海岸铁路和两个综合油气管线项目。这种典型的政府违约行为再次提醒我们要重视"一带一路"建设中的政府违约风险。这次东海岸项目被叫停的直接原因是马哈蒂尔领导的新政党土著团结党上台，新任政党和新任执政者与前任政府在观点、认知上有分歧和矛盾。此外，马来西亚国内"债台高筑"，债务问题越来越多地成为政府违约的原因或借口。

从违约项目看，基建项目越来越多地受到政府违约的困扰。通常来说，交通类基础设施项目是东道国自身有需求的项目，也是当地社会能普遍接受的项目。被叫停的东海岸铁路项目，正是这样一个被认为既是发展工程也是民生工程的项目。这类"双赢"的项目被叫停，值得中国企业重新评估在某些国家开展交通基建项目的政治不确定性风险。

从违约结果看，重启谈判越来越多地成为争端解决途径。近年来比较重大的违约案例，涉及更多的是宏观环境相对稳定的国家，比如墨西哥、斯里兰卡、缅甸、马来西亚等。这些国家经济社会发展对外资的依赖较大，政府违约对本国的信誉也是极大的伤害，所以很多时候的违约是一种相对和平的"谈判桌上的违约"，叫停的项目并不意味着会被完全否定，而是有了新的利益诉求，希望通过谈判协商来解决问题。

4. 腐败与潜规则

"一带一路"沿线国家国内的腐败问题也是不可回避的现实性问题。发展中国家的政府内部贪污腐败现象普遍较发达国家严重，这些腐败现象无处不见，形成了官僚系统自上而下的庞大腐败体系并蔓延到各个阶层，包括行政、立法、司法机构甚至是私营部门。国家招标过程通常缺乏透明度，一旦预算庞大，承包商面临的诱惑巨大，极易出于自身利益而抬升价格。

以墨西哥高铁项目为例，墨西哥高铁项目曾被认为是中国高铁"走出去"真正意义上的第一单，但命运一波三折。中方企业中标后，墨西哥政府便被反对派指责涉嫌不公正交易。当时，与中方企业合作的四家公司Prodemex、Teya、GHP 和 GIA 在墨西哥的影响力都不算大，并且都与执政党"过分亲密"，国家行动党参议员哈维尔·科拉尔在质询中提出，Prodemex、Teya 和 GHP 都与革命制度党前总统卡洛斯·萨利纳斯有关，而另一家公司GIA 则是萨利纳斯小舅子的企业。墨西哥国内媒体也曾发布报道称，涅托在2005~2011 年担任墨西哥州州长期间，Higa 建筑集团曾获得约 80 亿比索，相当于 6 亿美元的工程合同。[①] 在涅托竞选总统期间，该公司无偿提供专机，并为其印刷竞选材料。而与中方合作的四家公司之一的 Teya 恰恰是Higa 建筑集团的子公司，2014 年 6 月还被指定为扩建墨西哥城国际机场的总统飞机库，工程金额为 100 万比索。鉴于反对党的腐败指控与公众的舆论压力，墨西哥政府最终做出决定停止高铁项目，即使付出 2000 万比索的赔偿也在所不惜。

中企与东道国政府的联系往往过于紧密，容易授人以口实，带来腐败的

---

① 《合作公司与政府过分亲密 墨西哥高铁夭折》，凤凰国际智库，https：//pit.ifeng.com/a/20160602/48900163_0.shtml。

嫌疑，还会引起部分民众的猜疑。"一带一路"沿线一些国家的腐败问题不仅会增加项目的投资成本，严重的话还会造成政治风险，使项目成为反对党攻击的对象或换届时的"定时炸弹"。

（二）安全风险

近年来，随着"走出去"战略的加快实施，我国对外投资合作规模不断扩大，面临的国际形势日趋复杂多变，各类国外安全风险事件时有发生，不仅对我国企业的国外经营造成影响，而且严重威胁我国在国外人员的生命财产安全。安全风险会对重大项目，如中国—中亚的能源管线、重大隧道工程等构成威胁，增加运营成本。据称，中石油的10%的成本来自安保。还会对投资者构成心理威慑，影响投资者的信心。

1. 恐怖主义袭击与极端宗教种族冲突

"一带一路"途经文明的冲突带，尤其是中东地区民族矛盾、教派冲突以及恐怖势力猖獗。所通过的地区有多年动荡的阿富汗，有正在激战的叙利亚和"伊斯兰国"。即使在"全天候"伙伴巴基斯坦，还有巴塔、俾路支省分离势力，对合作项目虎视眈眈。仅以巴基斯坦为例，2017年，巴基斯坦的民族主义、叛乱分子和暴力宗派团体一共在巴国内64个地区发起了370次恐怖主义袭击事件，其中包括24起自杀式袭击事件。这些袭击事件共夺走了815人的生命，另外还造成了1736人受伤。2017年发生的恐怖袭击事件比前一年下降了16%，这些袭击中遇难的人数也下降了10%，但受伤人数比上年增加了7%。[①] 2017年还发生了两名中国公民在巴基斯坦被"伊斯兰国"绑架并杀害的事件。高密度恐怖袭击与地区武装冲突的爆发，可能全面打乱"一带一路"进程，并威胁我国投资项目和人员安全。

2. 海盗、贩毒等有组织犯罪活动

一些国家经济萧条，政府控制力衰退，各种非法组织泛滥，犯罪活动猖獗，将对我国在这些国家或地区的海外投资、经商、旅游、留学、劳务和海

---

① 《巴基斯坦安全风险评估报告》，东方锐眼国别风险研究系列报告。

上运输等活动构成严重威胁，因此"一带一路"建设实施过程中的"财产安全、劳工安全"等也是一项重大挑战。2011年，缅甸糯康贩毒集团策划实施的"湄公河惨案"，致使13名中国籍船员被枪杀；2014年4~8月，发生5起劫持事件，9人遭绑架，其中1人被枪杀。有关资料介绍，2008年1~11月，中国通过索马里航线的1265艘船只中，约有20%遭海盗袭击；仅2012年，香港地区有13艘船舶遭海盗袭击。① 以索马里海盗为代表的国际犯罪活动的增多，对我国海上战略通道和商品集散港口构成现实威胁。

在"一带一路"的旗舰项目中巴经济走廊上，巴基斯坦最大的城市卡拉奇是有组织犯罪猖獗之地，巴基斯坦最主要的有组织犯罪团伙就分布在该地区。由于卡拉奇是巴基斯坦的经济中心，它与伊斯兰堡的关系大致相当于北京与上海的关系，而且卡拉奇港也是巴最大的港口，此地的有组织犯罪对民用经济、航运供应链的影响是巨大的。中巴经济走廊项目很多物资均要通过卡拉奇港中转联运，有组织犯罪对中国公司供应链物流的潜在影响不容小觑。卡拉奇的物流货运行业被普什图人垄断，不同武装派别纷纷把卡拉奇当成通过绑架、贩毒、收保护费募集资金的去处。最值得注意的有组织犯罪之地叫"Lyari Town"，这里曾是一个小渔村，后转型成为小镇，继而成为卡拉奇众多黑帮的滋生地，此地被称为"黑手党的战场"。② 这里的黑帮除了本地人，还有大量来自伊朗与巴俾路支省的移民。

（三）社会风险

1. 征地拆迁

征地拆迁是国外工程项目中常见的环节，很多国家的私人产权有其特殊性，有些房子经过几代继承，导致所有权人达几十人之多，大大增加了产权认定工作的复杂程度。拆迁过程中拆迁责任和费用承担的主体也需要明确。通常情况下，责任由业主承担，但也遇到过纠纷产生后拆迁户没有

---

① 《近年中企部分海外遇袭事件盘点》，中国青年报，http://www.xinhuanet.com/overseas/2016-05/27/c_129020031.htm。

② 《巴基斯坦投资与风险完全指南》，东方锐眼风险管理公司，2017。

走行政程序告政府,而是走民事程序直接将施工总承包人告上法庭的情形。中铁建承建的"沙特轻轨项目"创下了中国在海外建设项目的最大亏损纪录,原因就是沙特方面负责的地下管网和征地拆迁严重滞后,导致工程成本大大增加。印度尼西亚与中国共同推进的"雅万高速铁路"建设计划也曾因征地拆迁问题被迫停工。土地私有化以后,政府要从百姓手上拿地征收确实难度比较大,所以整个施工主要难点就是征地拆迁。印尼政府对此也高度重视,加大了征地拆迁的力度,成立专门的政府机构来办理征地拆迁的手续,个别难度较大的将通过法律途径来强拆强征。但问题一旦处理不当,将引发当地民众对项目的负面情绪,进而影响整个项目的进展。

2. 社区风险与非政府组织

由于国内固有思维方式的局限,国际化沟通经验的欠缺,我国企业往往不甚了解投资所在地的社区与利益相关方情况,处理不好与投资对象国和当地社区的关系。中国企业的"走出去"受国内固有思维方式影响,只重视与东道国政府、执政党、上层社会打交道,忽视民间社会的能量,包括反对派政党、非政府组织和媒体等。

非政府组织往往是最关注企业投资项目是否符合公民利益的群体,企业一旦无法与其达成共识,稍有处理不当的情况,在媒体舆论的煽动下,甚至会导致事件上升到国家层面。以缅甸密松水电站为例,水电站的坝址属于缅甸政府军管辖范围,但淹没区却在"克钦独立组织"的控制区域。军政府对"密松水电站"投资利益的独断分配,令我国投资企业被视为造成分配不公的共谋及不公行为的受益者,继而成为紧张局势和暴力事件的焦点。缅甸密松水电站被叫停前,遭到极端环保组织的抗议,维基解密披露的美国外交文件证实,美国驻仰光大使馆私下资助反对密松水电站的活动团体。由此可见,NGO 是导致社会风险的重大隐患。

3. 媒体舆论

舆论风险在很多情况下并不单独存在,往往只是作为诱因导致政治、法律以及汇兑等国家风险的发生。跨国投资企业一旦在东道国陷入不利的舆论环境，一般意味着未来在东道国的正常运营和业务拓展将面临较大的不确定性。部分中国企业在海外经营过程中存在的各种失误和不足之处，会带来不必要的法律纠纷，有的企业不尊重当地的饮食风俗，遭到当地居民的抗议。2011年，中坤集团董事长黄怒波计划购买冰岛土地，受到了冰岛总理、外交部长等多名政要的欢迎。然而，黄怒波有在中宣部和住建部任职的背景，其土地收购行为被媒体打上了官方色彩，"中国威胁论"一度甚嚣尘上。西方媒体称，这一投资计划显露了中国的战略考虑和政治兴趣。2014年，黄怒波宣布放弃购买冰岛土地计划，这一有利于中冰两国经济发展的项目就被长期搁置了。究其根本原因，就是多数中国企业是在"先天不足"的情况下开始域外投资的，再加上对相关国际章程、公约和东道国的法律法规、政策体系、文化背景等知识储备不足，难免会产生一些不当行为。上述情况的不断积累、聚少成多，经常成为引发负面舆论的导火索。

4. 劳工问题

中国企业"走出去"往往缺乏应对劳工问题的经验，更缺乏处理国际劳工权利纠纷的经验。印尼爆发了多次关于中国劳工的争议，几乎每次都与"一带一路"倡议的落地与推进密切相关。2015年8月底，当时中国和日本竞标雅加达—万隆高铁项目，印尼《时代》（Tempo）杂志刊登了中国劳工涌入印尼的报道，① 引起社会的广泛关注。工会向政府施压要求禁止没有职业技能的中国工人进入印尼，雅加达、万隆和三宝垄等市出现工人游行示威。伊斯兰传播委员会（DDI）还呼吁印尼政府拒绝与中国开展任何形式的合作。各种关于中国劳工涌入印尼的谣言不断发酵，引起了全社会的广泛关注。

印尼的技术工人较少，工作和生活节奏较慢，时间观念淡薄，工作效率低下，导致工程进展缓慢，于是中企雇佣非法入境的中国劳工，以加快工程进度。然后在劳工部、移民局的搜查中，中国劳工被捕，经媒体曝光，印尼全国哗然，中国形象受损。此举引起印尼社会的不满，认为中国企业没有社会责任

---

① 《"一带一路"背景下印尼的中国劳工问题》，国际日报，http://www.guojiribao.com/shtml/gjrb/20170614/321551.shtml。

感，违反合同，未能为当地创造足够的工作机会，侵犯了他们的就业权，使劳工部不得不一再收紧中国工人的工作签证。中国式的工作速度与印尼的工作节奏不匹配，印尼缺少熟练的技术工人与中国技术工人难以获得工作签证，成为用工问题中的两个重要矛盾。此外，罢工产生的影响会波及社会的各个层面，最终对我国整体的海外经济利益造成损失，甚至影响两国外交关系。

5. 文化冲突风险

"一带一路"国家民族、宗教众多，文化差异极大，中国企业项目人员由于不了解项目所在国的风俗习惯、宗教禁忌等，导致有效沟通变得更加困难，相互产生误解，增加了对其花费的人力、物力、财力和时间等的管理成本。如果没有对宗教与风俗习惯风险进行妥善应对，将增加项目活动的变数，很可能导致项目运作的效率低下，影响项目的进度。某些宗教本身不是风险，但在一定条件下可能会与政治、经济、社会等因素相互交织，成为各种矛盾冲突的爆发点。这些因社会文化差异产生的冲突往往会给中国企业的投资运营活动带来风险，甚至影响国家整体形象。

6. 反华势力及反华活动

在社会层面，全球范围内蔓延的民粹思潮、各国长期以来对中国的不信任情绪同时影响着中国与各国民心相通。"一带一路"沿线不乏拥有"排华黑历史"的国家，且反华情绪从过去延续至今，并不因中国为国际社会与地区提供了更多的公共产品、为各国发展做出贡献就有所消退，甚至中国付出越多，它们就越戒备，"一带一路"倡议被别有用心的势力打上"中国威胁论"的标签，使某些对华负面社会舆论泛滥，这也会严重阻碍中国项目的推行。例如，吉尔吉斯斯坦是"一带一路"向西的必经之路，但相关项目执行过程中严重的腐败和环境破坏等问题，导致近年来发生多起民众反华抗议事件。2016年8月30日，吉尔吉斯斯坦首都比什凯克的中国大使馆遭到汽车炸弹攻击，受损严重。印度尼西亚、马来西亚和越南等东南亚国家，还有包括蒙古国等在内的一些国家，本就有排华历史，"一带一路"的推行有时会在当地诱发固有的排华倾向。

二 目前"一带一路"项目利益保护存在的短板

（一）传统海外利益保护机制缺乏对企业及项目层级的保护和支持

我国传统海外利益的保护机制注重国家层面的外交手段以及领事馆对海外公民的保护，对企业和项目的支持则基本处于空缺状态。很多中资企业都会在进行海外投资前，向当地的大使馆或领事馆寻求商务支持，当企业遇到安保问题时也会向使领馆求助。但领事馆的职能是有限的，领事保护需求与资源能力之间也存在巨大的落差。一是领事馆面向的是所有到当地投资的个人和企业，处理的主要是两国关心的国际问题和交涉两国关系上存在的问题，将单个企业保护的事情上升到国家层面并不合适。二是领事保护并非保姆式保护，它无法向企业提供 24 小时贴身、定制化服务，另外，领事馆并不参与，也不熟悉具体的企业项目，对中国企业普遍关心但又缺少了解的项目任务区政商环境、具体项目投资风险、安全风险，领事馆也无法给予有针对性的建议，更难提供实质意义上的支持。

（二）偏重上层路线，民间力量参与度不够，缺少对项目周边环境开展主动塑造的能力

我国驻外使领馆工作人员数量有限，海外项目分布又非常广泛，仅凭寥寥十几个或几十个外交官不可能面面俱到地处理所有问题，所以海外利益保护也要走群众路线，尽量提高民间力量的参与度。我国高校和智库的国际问题研究大都侧重宏观，对微观问题的关注度不够。因此，有必要动员企业、高校、智库、媒体、非政府组织及出境旅游或经商的公民，扩大国际基础调研和海外利益保护的参与主体范围，建立健全信息收集机制、风险评估机制和突发事件处理机制。

一些中国企业过分重视高层路线，甚至与威权体制紧密捆绑，同时轻视软实力的构建，缺少对社区与舆论环境的积极影响塑造能力，成为漠视当地民众利益、破坏环境、无视社会责任、只顾经济利益的不受欢迎者。有些国

家正在进行民主转型，社会民意对政府的影响越来越大，缅甸密松水电站因为大坝所在地社区与 NGO 抵制最终被缅政府叫停就是一个典型的例子。

其实，到海外投资的企业也并非不重视社区公共关系，也做了很多社会公益项目。但是，中国企业在开展社会公益项目前往往忽视对项目任务区的政治、经济、社会结构的调研，导致援助对象与援助方式不接地气，缺乏针对性。某些中国社会公益项目，重建设轻运营，建好就不管了，加上当地主流媒体的宣传报道跟不上，难以发挥持续的影响力。比如有些对外援建的医院，当地居民大多只在意"是谁把我的病治好的"，如果中国不注意宣传，很少有人去考证这座医院是谁建的。这样花了钱，但没有起到民心相通的实际效果，归根结底就是缺少精细化调研和对项目环境开展主动塑造的意识与能力不够。

（三）对项目层面的风险认知不足，缺少实时动态监测

中国企业"走出去"所面临的风险首先是信息不对称，面对东道国与项目任务区错综复杂的政治社会结构，不了解博弈各利益相关方的立场、利益纠葛与脉络，对各种现实与隐性的风险与威胁源"无感"，就如同"抱着黄金在丛林世界中裸奔"。国家层面的风险预防机制欠缺对具体项目任务区风险的实时跟踪，风险预警内容相对简单，指导性不强。虽然国内学术界早已掀起"一带一路"研究热潮，但大部分立足于宏观研究，缺乏针对国别与企业项目层面具体实操可行的研究，如进入一个国家前的整体政商环境研究、进入特定区域后的项目利益相关方调研等。此外，中国企业层面也缺乏整体的外部政治安全风险管理体系和风险管理工具，缺乏对项目风险持续实时监测。这些缺陷，使得无论是政府还是企业，在面对具体海外项目层面风险时，往往是"心中无数"，应对失当。

（四）专业海外安全机构的数量和质量均有差距

目前，中国的海外安保类企业总体上还处于起步阶段，数量偏少，服务产品单一，海外实际安全能力有限，与国际安保机构的水准相差很大。目前号称能开展海外安保的中国安保企业有数十家，其中部分已在海外建立了分

公司或办事处，但其业务同质化特征明显，大量安保公司的服务集中在低水平的人员守护与物理防范层面，真正能提供整体安全风险评估与安全体系设计的高端安全咨询公司稀缺。国内部分安保机构对海外安全风险评估的理解认知过于狭隘，往往局限在物理安全层面，只看项目营地的摄像头多寡，是否有出入口控制，殊不知深入了解项目所在地周边的社情民情、历史地理，评估可能出现的恐怖组织的战术手法以及建立在此基础上的沙盘模拟才是深度动态评估风险不可或缺的，而这些又建立在对项目任务区的情报获取能力基础之上。现场安全事件处置往往只是安全保护的最后一个环节。前期了解当地政治社会结构，与当地酋长、部族长老沟通，在基层社区交朋友建立社区情报网可能比遭到袭击后紧急应对作用更显著。目前国内安保机构在此领域的理念、认知与实际能力缺失都比较大。此外，赴海外投资企业的安全风险意识不强，往往不愿意为安全保障支付费用。这一点区别于全球 500 强企业在高风险地区会在项目预算中为安保专门预留一定比例的成熟做法。

三　以项目为重心构建海外项目安全风险管理的一体化应对模式

传统上我国对外使领馆更加关注的是政治、安全问题，但在新形势下，随着越来越多的中国企业与公民走向海外，中国海外政治、经济、文化利益与各种风险相互交织，相互影响，海外经济利益与项目利益很容易上升为海外政治、安全利益。因此，中国海外利益保护的重心需要下沉，落到中国企业与海外项目层面，这对中国海外利益保护以及国内海外安保产业来说，无疑是一个巨大的挑战。

（一）应以项目为重心构建重大项目安全风险的一体化应对机制

我国大型工程能源企业在"走出去"的过程中遇到最多的问题往往是信息不对称、反对党的政治打压、社区风险以及由此而引发的社会舆论风险，而且中国大型国企往往采取与项目所在国家执政党政府层面沟通的方式，使这种情况更加明显。国内各部委层面在没有深入认识把握安保力量"走出去"的限制条件、海外项目面临的各种风险和管控手段如何组合发生作用的前提下，就海外利益保护机制贸然实施所谓的"顶层设计"往往容易流于宽泛，在宏观层面实现海外利益保护机制的变革存在众多不确定性。海外利益保护与风险应对既是一个高度实战化的工作，也是一个专业化复杂的系统工程，决定了其不可能是凭空设计出来的，过早提出某些高、大、全的方案未必真正能落地。海外风险应对包括前期调研、实时监测（情报）、行动与影响等多个层面，需要各种力量手段综合发挥作用。但目前受限于国内行政体制，各个部委的风险应对资源、手段条块分隔，决策周期长，链条多，在具体事件中很难形成合力。因此，基于以上考虑，中国海外利益保护机制破局的方向应首先聚焦到具体项目层面——将风险应对的主体与手段重心下沉，以海外典型项目为抓手，以企业与项目为重心尝试构建项目级的风险应对一体化的模式，以此为蓝本探索前期风险评估、情报监测、社区治理、舆论引导、安保安防各种手段力量配置的规律，进而以市场化等更能融入当地的方式设计和构建关键地区的海外利益保护平台，组合各种资源能力对项目所面临的风险实现整体监测，综合应对，成熟后再铺开复制。这将是中国海外利益保护机制变革更为扎实的一种方向与思路。大型企业重点项目所面临的主要风险类别见图1。

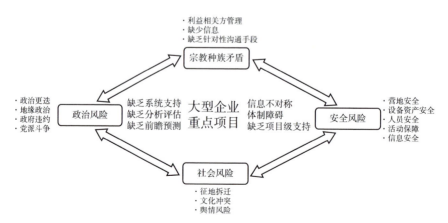

图1　大型企业重点项目所面临的主要风险类别

（二）为项目建立风险管理团队，由专业风险咨询机构全程提供策划支持

有条件的大型企业内部可设立综合性的政治安全风险管理（区别于一般性的内部风控与生产安全）部门，建立适合本企业的风险监测评估应对体系。自身缺乏此种人力和专业资源的企业，可以将相关业务外包给外部专业风险咨询公司，由其协助建立或直接代管专业风险部门。将企业与项目面临的各种海外具体风险以商业合约转包的方式，交给在复杂地缘政治环境下具备相应专业能力的风险管理公司、安保公司去具体应对处理。这是一种让"专业的人做专业的事"的有效模式。

（三）由安保公司应对具体安全风险

专业安保公司及风险咨询机构针对重点项目的整体安全形势、恐怖袭击的特点趋势变化以及其他威胁进行深入分析，定期检测，并结合项目安全管理存在的漏洞进行专项评估检查，从而提出有针对性的整改建议。针对项目实施物防、技防与人防措施，如出入口控制、CCTV监视、无人机、人力守护、紧急情况下安全撤离的方案拟定等。不只是单纯的"VIP要人保护"业务，还包括安全风险培训、安防设备体系、应急演练等。

覆盖重大项目风险的一体化应对方式见图2。

此种由专业风险智库提供前期风险调研评估、整体风险框架设计、实时舆情监测，安保公司与企业内部安全管理部门相结合的应对方式，不但能够有效识别、监测和应对目前中资企业海外项目所面临的各类常见风险，如果能进一步获得东道国政府与民众的认可，还可以此为基点逐步影响塑造当地政商舆论态势，进而在中资企业与项目周边营造一个有利于我国的政商安全生态圈。

欧美国家企业的大量实践证明，此种方式一方面可以在市场与法治框架下有效运用各类专业资源，消除本国大企业在海外所面对的各种常规威胁，满足企业海外信息支持、风险管控的个性化需求；另一方面，也能使我国的

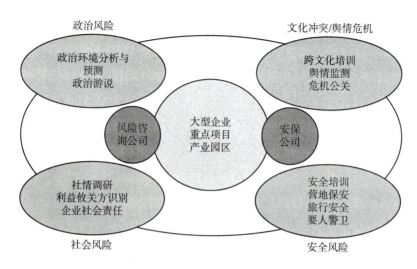

图 2   覆盖重大项目风险的一体化应对方式

外交与强力部门将其精力与资源集中在更能体现国家整体战略利益的领域，从而使国家海外利益的保护更具有弹性与层次感。

此类典型项目的一体化风险管控模式如果能获得成功，可以对我国海外利益保护体系的顶层设计起借鉴与启发的作用，并由此复制到更多的地区和项目中。

四　对我国发展海外安保产业的启示

（一）以"市场＋政府"的原则指导海外安保行业的有序发展

中国安保企业在海外应当集群式发展，同时需要政府在资金、税收等方面加大支持力度，扶持建立一批大型跨国安保企业。海外安保事业涉及在特定情况下境外安全手段的运用，一旦带上政府尤其是军方色彩，将不可避免地引起东道国政府的警惕。海外安保的特殊性决定了政府不能完全包办海外安保力量的建设或以简单行政手段扶持其发展。多数美国安保公司大多依靠政府合同获得快速发展，但是无论从中国的国情还是这个行业长期的竞争力来看，这种模式不应该成为唯一的选择。

政府应该在尊重市场规律的前提下规范支持安保产业的发展。安保力量本身带有一定的特殊性，其从业人员都有特殊的专业背景，很容易与特权或强力部门纠缠在一起，一旦形成特殊垄断，对国家海外利益与这个行业的健康发展未必有益。当前，在市场未获得充分竞争和发展的状态下，如果政府出台强制性规范政策，就极其容易形成"寻租"现象，扭曲整个行业的健康发展。因此，政府应该更多通过安保投资基金、行业能力建设指引、安保供应商白名单等公正透明的扶持与规范手段，激发安保企业良性竞争进而促进整个行业的健康发展。同时，政府监管部门也需要未雨绸缪，为安保力量的海外运用加强指导和规范，尤其是一旦具备海外使用武器的资质，必须严格规范非战斗性武力使用的规则，避免出现类似黑水公司的负面案例。此外，在安保公司运营管理层面，政府也应认真研究企业面临的切实困难，从国家立法和政策便利性层面向安保企业倾斜，比如争取为安保公司外派人员的签证办理提供便利，对安保企业提供开放射击训练的渠道，鼓励部队和安保公司建立接受优秀退役官兵的绿色通道，等等。

（二）调研先行，支持风险调研咨询机构的发展

俗话说，"知己知彼，百战不殆""知天知地，胜乃不穷"。"一带一路"项目利益保护首先要加强沿线安全形势研判，建立战略评估体系。在这个层面上，应大力鼓励支持风险调研咨询机构的发展，开展深入系统的情报调研与专业风险评估。目前国资委与商务部已经开始推行《境外项目安全风险评估》，但存在明显的"走过场"应付的情况。据笔者了解，某央企在伊拉克的十几亿美元炼油厂项目的安全风险评估就纯属走过场，愿意支付的预算连承担一个项目课题组到伊拉克的差旅费都不够，且该央企负责该项目风评的高管明确说只需要通过网上开源信息分析，出具一个风险评估报告应付商务部的境外项目审批流程即可。因此，如果不从根本上加强"走出去"企业的海外安全与信息情报意识，国家出台再多再全的规定都只会流于形式。因此，要解决这个问题，从根本上还是要强化政府与企业各级领导

人的信息情报意识与科学决策思维习惯，要把"调查研究后才有发言权"意识浸入各级决策管理部门的骨髓。在新时代背景下，除了企业内部开展调查研究以外，还要大力重视使用"第三方调研"的意识，借助第三方风险调研机构更专业的信息收集与分析能力，才有可能在这个时代真正"知己知彼，知天知地"。提升情报意识的具体措施建议是，在央企和广大"走出去"企业层面，广泛开展海外信息情报调研与海外风险管控的培训，通过培训发现问题与不足，再进行更深入的情报体系建设等工作。

（三）企业层面的海外安保体系建设

企业要把境外安保体系建设，作为中长期发展战略的重要内容来考虑，做好长远打算。

1. 有条件的大型企业内部可设立政治安全风险管理（区别于一般性的内部风控与生产安全）部门，建立适合本企业的安全风险监测评估应对体系

安全风险管理需要专业性，因此，在这个问题上，国有企业应下决心设立安全风险专职部门或专职岗位，下拨专项经费用于海外安全管理。可借鉴参考欧美的"旋转门"制度，由外交、安全、情报机关的离退休人员经过市场化的转换，逐步成为国企内此类部门的负责人和业务骨干。这样，一方面可以把国家的战略需求、考虑更好地传到企业，另一方面也可以把企业面临的问题和困难更好地传递到国家机关。对民营企业而言，更多依靠企业自愿，但政府也应出台指导意见，以帮助"走出去"民营企业建立安全部门，设立专职部门专业化开展信息调研与安全管理工作的科学运行机制。也唯如此，中国的第三方调研与风险咨询产业才能在企业层面找到自己同频的接口。

2. 应建立企业内部安全部门与外部风险咨询公司的协同机制

多数国内企业往往自身缺乏安全管理的专业人才和专业资源，参考国外成功经验，可以将相关业务外包给外部专业风险咨询公司，早期由其协助建立或直接代管专业风险部门。将企业与项目面临的各种海外具体风险以商业合约转包的方式，交给在复杂地缘政治环境下具备相应专业能力的风险管理

公司、安保公司去具体应对处理。这是一种让"专业的人做专业的事"的有效模式。

3. 针对所在国家和地区的安全风险形势，定期开展安全风险评估

根据评估结果，动态调整应对策略；根据实际需求，对购买第三方安保服务、安保操作管理及人防、物防、技防内容进行合理规划；要保证安保计划实施所需的资金、设备等资源的支持。应强化安保意识，加强安保培训，从源头控制境外安保风险。尤其要强化员工的境外安保意识，多层次、多手段开展外派人员安保培训，将安全教育和安保知识、技能作为必修课，营造人人关注安保、重视安全的良好氛围。增强防范突发安保事件的主动性，尤其是增强一线员工防范风险、应急处置、自救逃生的能力。此外，还应加大境外安保经费投入。遵照国际经验和行业一般规律，按照所要求的占比，合理计划安保投入，尤其是针对极高风险和高风险地区的项目，安保预算应适当增加。

（四）海外项目安全保护应以预防与融入为主，"巧实力"应先于"硬实力"

海外项目安全保护应以预防和融入为主，安保企业应了解当地情况，了解项目利益相关方的想法与能力，多给当地做好事，软化对抗缓解风险，而不是一味深沟高垒，以硬实力制胜有时候甚至可能会起到反作用。日本就有在应对海外风险时以预防为主的典型案例，二战以后，日本为尽快摆脱"侵略者"的不良形象，以援助为先导，以期获取被援助国的好感，通过经济援助、技术援助等项目，深入调查项目国家各方面的信息，完成企业海外扩张的前期布局。日本一直唯美国马首是瞻，重视融入以美欧为主的国际规则，不直接挑战国际规则与既有强权。通过欧美强国的政治背书，日本不但得到项目国家的大力配合，打开与其政府官方层面沟通交流的大门，获取高端的政商人脉，而且当项目遭遇风险时，日本因为重视与欧美国家的关系与协同，往往能避免东道国明显的"政府违约"。有时东道国为了避免同时触犯多国利益，甚至会选择加强对国内企业的管束，尽量不触及日本企业和项

目的利益，因此，这种"加强国际合作"的做法也间接地预防了风险和保护了日本企业海外项目的利益。

中国在某种意义上跟日本的处境有类似之处——属于"全球化的后来者"，因此更应借鉴日本的经验，树立"海外项目安全保护"以预防与融入为主、"巧实力"先于"硬实力"的指导思想，逐步培养形成以专业风险咨询公司为代表的"软实力""巧实力"以及以安保公司为代表的"硬实力"的组合。在项目已有企业社会责任计划的基础上，应在专业风险咨询机构的培训指导下使之更具针对性，一方面更好地改善提升公司形象，有针对性地影响当地政治经济各利益攸关方，营造对中资公司与项目的外部有利态势；另一方面，可以此建立在项目地周围重要目标、节点的基层信息网，以获得潜在恐怖袭击的民事情报预警。

（五）安保公司与风险咨询公司应组合出海，为企业提供系统性支持

说起海外安全保护，很多人认为只要能向海外派驻安保力量就能有效保护中国企业与中国公民的安全。殊不知，安保力量甚至包括联合国维和力量更多是冲突发生以后不得已才使用的威慑力量，而且囿于东道国主权与国际法的约束，国际安保公司在使用武力保护己方人员与财产事实上会受到很多制约。在海外安全保护实践中，项目与人员派出前的安全风险评估与安全咨询往往是整个安全风险管理流程的第一环节，只有全面深入地了解项目东道国与项目任务区的安全形势，了解各利益相关方对我方项目的立场、意图，才能制订一个充分考虑相关安全风险因素的项目投资运营方案。

中国海外安保公司应避免孤军独进，没有系统性的支持，在法律合规、信息保障、商业可持续性上会面对一系列问题。2018年10月，肯尼亚移民局接到举报，称有多名中国人在某别墅区内进行可疑活动，肯尼亚执法官员在该别墅区查获五名疑似中国安保公司雇员，并在嫌疑人身上找到了无线电话、迷彩服、金属探测器、对讲机、催泪瓦斯、美国军队制服、烟雾探测器

和笔记本电脑等。① 五名被拘留中国公民声称他们打算开一个安保公司，但检查后却发现他们都没有工作许可证，所有人都只有旅行签证。随后该公司澄清这是一起别有用心的人误导肯尼亚警方判断的新闻事件，但事件的缘由确实是该公司在不了解当地法律的基础上行事，该走的公司注册程序和必需的工作签证都没拿到就企图从事安保业务。

因此，寻求与专业风险咨询公司合作，组合出海，一方面可以为中国企业提供系统性的安全支持——专业风险咨询机构引入大数据与舆情监测等科技手段，实时监测威胁源的动向，实现安全、社会与舆论风险预警，针对重点项目的整体安全形势、恐怖袭击的特点趋势变化以及其他威胁进行深入分析，定期检测，并结合项目安全管理存在的漏洞进行专项评估检查，从而提出有针对性的整改建议。专业安保公司则根据咨询公司提供的风险评估与预警信息和建议实施针对性物防、技防与人防措施，如出入口控制、CCTV 监视、无人机、人力守护、紧急情况下安全撤离的方案拟定等。另一方面，专业风险咨询机构往往对一个国家的政策法律监管因素更为了解，能够帮助安保企业更为合法合规地开展工作。

五 "一带一路"项目的参与者当有"四心"

作为"中巴经济走廊"与"一带一路"的研究者与践行者，笔者谨以以下几句感言与关心"一带一路"和"中巴经济走廊"的朋友们共勉。面对如此宏大的历史性课题，我们首先需要的是虚心，以一种少年般的热情与单纯来看待我们自身，汲取外部世界值得学习的东西，因为"一带一路"与"中巴经济走廊"充满艰险，必须承认面对"一带一路"沿线的国家和地区错综复杂的民族、宗教问题，我们还很无知，对如何帮助其他国家实现经济社会的有效治理，我们更是缺乏经验。其次，我们需要耐心，因为"中巴经济走廊"与"一带一路"建设需要数代人的殚精竭虑，需要有"功

---

① 《肯尼亚抓捕五名疑似中国安保公司雇员》，《环球时报》2018 年 10 月 7 日。

不必由我成"的胸怀与气度。再次,我们更需要谨慎,因为民族宗教问题的复杂性,某些政策措施一旦没有谋划成熟就贸然推行会给新疆乃至中国西部的地缘安全态势造成不可逆的重大风险。最后,我们最需要的当然还是雄心,因为"一带一路"是亘古未有的伟大事业,是中华民族近代以来主动提出和构建世界秩序的一次伟大尝试。它的前景最终是光明的,而且还将十分广阔和荣耀,这一点将通过我们几代中国人在"走出去"过程中所蕴含的不平凡事迹与力量,通过我们的努力与牺牲,在这个伟大的时代彰显。

B.25
"一带一路"建设与国际舆情反应

张久安*

摘　要：　共建"一带一路"倡议提出五年来，境外媒体（包括华文媒体）、智库、图书予以高度关注。本报告以国际主流媒体、沿线国家媒体及海外华文媒体的报道评论，全球智库专家的学术观点及图书出版视域中的"一带一路"主题图书为样本，旨在全景式展现境外舆论对于推进"一带一路"建设的评论观点，全方位分析国际舆情反应的趋势特点，探究"一带一路"倡议提出五年来获得了什么样的世界回响和积极共鸣，有着怎样的变化趋势，以期更为全面地理解共建"一带一路"的历史地位和世界意义，为进一步推动"一带一路"向高质量发展转变提供舆论参照。

关键词：　"一带一路"倡议　主流媒体　国际舆情　图书出版

共建"一带一路"倡议是中国扩大对外开放与合作的一项具体而重要的举措，是中国为世界谋福祉而做出的力所能及的贡献。共建"一带一路"倡议提出五年来，已经从理念转化为行动，从愿景转变为现实，一大批重大合作项目落地，形成全球共建"一带一路"的强劲势头。国际社会纷纷通过新闻媒体、图书出版、智库研究关注解读"一带一路"，形成了积极热烈的舆论反响，凝聚起日渐增强的全球共识。

---

* 张久安，中国外文局当代中国与世界研究院副研究员。

一 国际主流媒体"多元深入",关注
"一带一路"倡议

五年来,国外媒体对"一带一路"建设的关注度日益提升,报道内容上愈加积极和深入,观察视角持续向纵深拓展。谷歌趋势(Google Trends)的统计发现,2015 年以来"One Belt One Road"以及"Belt and Road"这两个词条在谷歌中的搜索热度不断攀升,说明伴随着"一带一路"倡议的不断推进,"一带一路"被国际社会广为认识,引发国际舆论讨论热潮。[①] 据不完全统计,仅 2017 年一年,海外媒体有关"一带一路"的报道就有近 10 万篇;而据现有数据推测,2018 年将远远超出这一数量。[②] 境外媒体涉及"一带一路"报道的议题分布较为均衡,涉及综合、文化、社会等方面信息。[③] 国际主流媒体(特别是西方知名新闻媒体)的报道偏重于宏观角度,主题多聚焦于倡议的全球影响、地缘政治考量、对当前国际格局的挑战等,认知视角多元、观点各异。

英国主流舆论对倡议理念和框架表示认同,希望本国抓住"一带一路"带来的发展机遇。共建"一带一路"倡议提出伊始,英国《金融时报》的一篇报道认为,"一带一路"倡议是中亚国家"经济增长的重要驱动"。在首届"一带一路"国际合作高峰论坛期间,《金融时报》发表多篇文章,异常活跃,认为英国企业将有实实在在的机会与中国伙伴在第三国进行合作。英国《卫报》同期发表了题为《西方沉迷软开发的同时,中国在大胆尝试硬建设》的文章,肯定了中国"一带一路"倡议在规模和理念上的大胆创

---

① 《"一带一路"倡议提出四年来海外媒体怎么看?》,中国社会科学网,http://ex.cssn.cn/xwcbx/xwcbx_rdjj/201709/t20170905_3630071.shtml。

② 《"债务陷阱论"等负面标签层出不穷,推进"一带一路"亟需解决"话语赤字"问题》,上观网,https://www.jfdaily.com/news/detail?id=92678;周亭:《"一带一路"建设的传播对策研究》,中共中央网络安全和信息化委员会办公室网站,http://www.cac.gov.cn/2018-11/12/c_1123701000.htm。

③ 刘鹏飞、朱丽娜:《"一带一路"背景下的对外传播体系构建》,《新闻战线》2017 年第 5 期。

新，指出"一带一路"倡议将经济利益与政治分离开来，不以意识形态为对外开放借贷的指标和目的，而是专注于修路造桥的"硬"建设，具有积极的意义。① 《金融时报》2018 年 9 月发表题为《西方银行分食"一带一路"好处》，文章称，中国"一带一路"倡议的好处明显可见。

美国《纽约时报》《华盛顿邮报》等综合媒体的新闻报道中较少回顾"一带一路"历史背景及概念缘起，而是着眼于可能的政策举措及未来影响。围绕首届"一带一路"国际合作高峰论坛，《华盛顿邮报》刊载 2 篇长篇深度评论，关注的焦点均为"一带一路"倡议的国际影响力，内容多体现了对中国崛起的"危机感"。②

法国媒体对"一带一路"的报道主要聚焦中国与非洲、欧洲的合作项目，态度较为谨慎，对"一带一路"向中东欧、中东地区和非洲的推进十分敏感。法国《费加罗报》2017 年 8 月连续刊发 5 篇文章，分别以霍尔果斯、东南亚高铁老挝段、中巴经济走廊、吉布提港和希腊比雷埃夫斯港为主题切入，关注"一带一路"倡议下中国的重要作用及影响。同期，法国《世界报》也从全球影响以及巴基斯坦、埃塞俄比亚、希腊和意大利在"一带一路"倡议影响下的发展状况和典型项目入手，就这些国家的近况与中国扮演的角色展开系列报道。

德国媒体高度关注推进"一带一路"建设的发展进程。德世界报网站 2015 年发表该报驻华记者埃林的文章，认为丝绸之路曾将中国与世界其他地方连接起来，中国希望沿着新路线将这些国家联结成一个现代经济区。2018 年 7 月，德南德意志报网站以《南方的好运》为题，评述了中国与非洲借助"一带一路"加强合作并深化战略关系的举措及影响。德国新闻电视频道网站随后发表德国《经济周刊》前主编斯特凡·巴龙的文章，呼吁欧洲应抓住"一带一路"带来的历史机遇。同期，德国《世界报》刊文称

---

① 王莉丽、蒋贝、曹洋红：《2017 年美欧非媒体对华报道特点及应对策略——以"一带一路"国际合作高峰论坛和中共十九大报道为例》，《对外传播》2018 年第 2 期。

② 沙涛：《西方主流媒体高度关注"一带一路"国际合作高峰论坛》，《当代世界》2017 年第 7 期。

"一带一路"开辟了一整套新的亚欧贸易路线网络，同时也为中小型企业创造了机遇。

以《日本经济新闻》《读卖新闻》为代表的日本主流报刊对"一带一路"报道的态度经历了初期消极抵触、中期犹疑观望、近期积极合作的转变，反映了日本对参与"一带一路"的认知变化。2018年10月，日本首相安倍晋三时隔7年再次对中国进行正式访问，日本舆论对"一带一路"的积极评价不断增多，日本时报网站报道，日本企业近期纷纷加紧行动，赶乘"一带一路"快车。有的借助中欧班列数量的增加，开始提供自日本经中国通往欧洲的运输服务，帮助日企将更多产品销往欧洲。① 日本《外交学者》杂志写道，"一带一路"倡议提出五年来，日本对此项目不断改变自己的立场，东京逐渐加快自己舒缓与华关系的节奏。②

二 沿线国家媒体"细微着眼"，紧跟
"一带一路"脚步

沿线国家媒体涉"一带一路"报道更偏重于微观视角、问题导向，主要聚焦推进"一带一路"建设进程中的政策沟通、项目落地、经济效益、社会责任、安全环保等具体问题。周亭在研究中发现，"一带一路"落地项目在对象国媒体中报道量较大，如"帕德玛大桥"项目的对象国孟加拉国的英文媒体《每日星报》《独立报》一直在对该项目的进展情况进行持续、大量的报道。③ 中巴经济走廊、蒙内铁路、瓜达尔港等重点项目吸引了所在国家媒体的普遍关注。

2015年，俄罗斯连塔网就发表文章《打造欧亚中部——丝绸之路经济

① 《"一带一路"倡议潜力巨大，日本不应错过》，中国日报网站，http://world.chinadaily.com.cn/wykzg/2018-10/24/content_37130352.htm。
② 《日本在"一带一路"项目中寻找自己的位置》，新浪网，http://finance.sina.com.cn/stock/usstock/c/2018-09-13/doc-ihkahyhw7217410.shtml。
③ 周亭：《"一带一路"建设的传播对策研究》，中共中央网络安全和信息化委员会办公室网站，http://www.cac.gov.cn/2018-11/12/c_1123701000.htm。

带以及欧亚国家共同发展的重点》，认为欧亚经济联盟与"一带一路"对接有助于区域发展。在首届"一带一路"国际合作高峰论坛期间，俄罗斯媒体涉"一带一路"报道的数量和报道势头都达到了新的高度，情感偏向大部分趋于积极正面，正面与中性报道的比例随着报道总量的增加而持续走高。俄罗斯第一副总理舒瓦洛夫在全俄国家广播电视公司新闻频道的访谈中表示"中国与俄罗斯正在为 73 个合作项目做准备"。① 2018 年 9 月，俄《消息报》认为借助"一带一路"向东走，将成为俄罗斯经济发展的新路径，而中俄经济合作将首先聚焦俄公路铁路建设。

以哈萨克斯坦为代表的中亚媒体积极欢迎"一带一路"倡议，普遍看好"一带一路"与哈"光明之路"的对接前景，认为这将为本国创造与丝路沿线国家发展合作伙伴关系的新空间。巴基斯坦媒体《俾路支时报》将"一带一路"称为"连接人和地区的十字路口"，并呼吁未加入的国家"搭上中国支持下的繁荣之车"。②

在阿拉伯世界，阿联酋阿拉伯电视台新闻网 2014 年 12 月发表题为《为什么阿拉伯应该拥抱中国的丝绸之路》的文章。该文章指出，主动接受丝绸之路，并加速与中国达成自贸协议，对阿拉伯国家，尤其是海湾合作委员会国家而言至关重要。它们将继续为中资企业提供物流设施，充当通往非洲、中东和印度次大陆的投资门户。

在中东欧，乌克兰媒体较为关注中国对本国的经贸投资；波兰媒体通常聚焦本国的"负责任发展计划"同"一带一路"倡议对接；立陶宛和拉脱维亚媒体重点关注与中国在货运运输领域的合作；塞尔维亚媒体关注中塞涉及基础设施和钢铁产业的合作。有报道显示，2018 年初，格鲁吉亚政府举办了大型的"一带一路"论坛，用两天的时间讨论了中国能给该国带来什么机遇，乌克兰和萨尔瓦多总理也受邀参加。

---

① "Шувалов: РФ и Китай готовят 73 совместных проекта," 转引自谢飞《俄罗斯主流媒体"一带一路"报道研究》，《国际传播》2017 年第 5 期。
② 辛静、单波：《海外英文媒体对"一带一路"倡议的隐喻建构——基于语料库的跨文化比较研究》，《现代传播》2018 年第 6 期。

非洲媒体特别是东部沿海国家的媒体，高度关注"一带一路"对非洲的意义，认为它是"世界经济新范式"，将"助推非洲国家经济快速增长"，呼吁西方积极支持中国为全球治理做出的努力，同时关注项目在非洲及其他地区的开展与落实情况。坦桑尼亚、苏丹、乌干达、肯尼亚、纳米比亚等多个非洲国家媒体对中国官方与"一带一路"倡议有关的内政外交动向密切关注，高度重视中国国内政策走向。

在21世纪海上丝绸之路沿线，东南亚媒体对"一带一路"倡议看法不一，但正面报道占主流。以新加坡、马来西亚为代表的东盟国家媒体密切关注"一带一路"建设最新进展，舆论反响较为积极，普遍认为"一带一路"有助于东盟之间互联互通，并促进中国与东盟国家关系的可持续发展。2016年初，新加坡《海峡时报》以《展望未来：中国的世界舞台》为题发表文章，分析中国将加快"'一带一路'实施"。同期，马来西亚国家新闻社刊文称，"一带一路"将利好区域资本市场。印尼媒体希望本国从"一带一路"倡议中获益；泰国媒体重点关注中泰两国在高铁、口岸建设领域的务实合作，《曼谷邮报》刊文称中国经济发展模式出口"一带一路"沿线国家，《经理人日报》认为在"一带一路"驱动下，湄公河大有可为。菲律宾媒体与政府的看法有较大反差，始终保持积极开放的态度，《菲律宾星报》以《中国的"一带一路"倡议》为题刊发专题文章，态度积极。越南媒体与政府的态度高度契合，对"一带一路"倡议的态度受中越双边关系态势影响较大。值得注意的是，马来西亚、缅甸、柬埔寨等国部分倡议项目受国内领导人更迭及区域内政治氛围影响出现一定反复。

在"一带一路"倡议的重要合作对象地区——拉丁美洲，古巴《格拉玛报》社长佩拉约·库埃尔乌在2016年表示，"一带一路"倡议为沿线国家提供了一个可以相互讨论和学习的平台，有助于推进地区内各国的合作关系。① 墨西

---

① 《国际媒体人寄语"一带一路"搭交流平台让思想激荡》，人民网，http：//media.people.cn/n1/2016/0728/c40606-28590783.html。

哥媒体普遍认为这项倡议会促进墨西哥基础设施建设，加强区域互联互通，为促进经济全球化和贸易自由化做出积极贡献。[①] 秘鲁官方媒体《秘鲁人报》政治版整版报道了"一带一路"与秘鲁发展座谈会，看好"一带一路"倡议发展的趋势以及给秘鲁带来的前景。而巴西媒体对"一带一路"倡议的报道并不客观也不全面，报道数量也相对较少，重点集中于该倡议对巴西经济的潜在影响与短期实际意义，而对其在政治、国际关系等方面的深远影响缺乏关注。[②]

三　海外华文媒体"融通中外"，
传播"一带一路"声音

海外华文媒体是华语声音与世界交流对话、展示中华文化的一支独具特色的舆论力量。遍布世界近 200 个国家和地区的 1000 多家华文媒体，对推进"一带一路"建设高度关注，且报道频度、舆论热度逐年攀升，向驻在国政府和民众、华侨华人生动传播"一带一路"声音。数据显示，自 2013 年"一带一路"倡议正式提出至 2018 年 7 月，海外华文媒体涉"一带一路"报道的总量（以"一带一路"为关键词）超过 80000 篇。华文媒体报道量排名前五位的国家依次为马来西亚、美国、英国、新加坡、日本。海外华文媒体报道量增速明显且热度稳定，国别报道量排名与共建"一带一路"倡议的相关程度及华侨华人的集聚规模相匹配，反映出华侨华人对倡议接受程度逐年升高，保持持续的高度认可。

法国《欧洲时报》2015 年就刊文介绍称"一带一路"的建设不是口号和形式，而是包含资金融通、基础建设、投资贸易、产业合作、科技合作、人文交流、旅游合作等多层次、多形式的务实合作；"一带一路"来了，华

---

① 徐四海、张海波：《墨西哥媒体"一带一路"报道特征研究》，《国际传播》2018 年第 2 期。

② 钟点：《巴西主流媒体"一带一路"报道倾向分析》，《国际传播》2018 年第 2 期。

侨华人大有可为。①《欧洲时报》文化传媒集团总裁、欧洲时报社社长张晓贝表示，"一带一路"是中国首次提出的一个具有全球战略意义的新政策，它为中国企业进入欧洲、在欧洲发展带来了机遇和挑战，同时也提出了"一带一路"加深拓展海外市场、加速国际化发展的课题。新加坡《联合早报》更加重视对共建"一带一路"倡议的多角度传播，为推动新加坡企业深入了解"一带一路"，《联合早报》与新加坡工商联合总会联手推出"一带一路"专网，并为全球华文读者观察"一带一路"提供新加坡和东南亚视角。上线一年多该网站的浏览量就已超过1100万次。"一带一路"专题专栏，以政治经济新闻为主要内容，由新闻、专栏、评论等板块构成，从文化旅游、企业家见证、相关商机等经济视角出发追踪报道"一带一路"倡议进展，刊发中国与其他国家建立合作关系的声明文件，致力为社会公众解释"一带一路"概念，提供相关背景信息。其中，有代表性的专栏文章就认为，在实施丝绸之路计划方面，中国所具备的一些特殊优势可以协助新兴市场国家有效突破其经济发展的瓶颈，激发其潜在成长动力。2017年8月，《联合早报》为了服务更多受众，上线了"一带一路"英文专网。

海外华文媒体高层纷纷看好推进"一带一路"建设给华文媒体带来的新机遇，认为有责任将"一带一路"的中国理念传递给华侨华人。《俄罗斯龙报》社长李双杰表示，随着"一带一路"的推进，中俄两国的互动增加，华文媒体也将是参与者和受益者，作为海外华文媒体，也有责任将之传递给华侨华人。纽约中国广播网台长程蕙表示，华文媒体可以在助推"一带一路"民心相通方面扮演文化性的角色。迪拜中华网创始人应震中表示，"一带一路"让更多中国企业"走出去"，丰富华文媒体的新闻内容，也带来文化产业商机，华文媒体应因地制宜、结合优势创新转型。德国华侨华人公共外交协会会长、欧洲华商会秘书长杨强华在接受《欧洲时报》记者采访时

① 《欧洲时报："一带一路"来了，华侨华人大有可为》，中国新闻网，http://www.chinanews.com/hb/2015/06-01/7314150.shtml。

就表示，德国华侨华人可成为"一带一路"倡议在德国实施的先驱者，同时"一带一路"建设也将为在德华商进出口贸易带来极大的方便和选择余地。

四　海外出版图书"圈地深耕"，讲述"一带一路"故事

据相关统计，海外出版的"一带一路"主题图书在 2013 年有 118 种、2014 年有 145 种、2015 年有 192 种、2016 年有 210 种、2017 年有 240 种，累计已达 905 种。这些图书的语种覆盖面也渐趋广泛，2013～2015 年，相关图书语种以英语居多，约占 90%。自 2016 年起，语种逐渐扩大到法、德、俄、阿、西、葡、韩、日、泰、土耳其语等十多个语种。[①]

海外中国问题研究专家是"一带一路"主题图书的主要作者群。他们以当代中国的政治、经济、军事、外交、历史文化等领域为研究对象，依托自身丰富的学缘结构与坚实的学术积累，陆续推出了一批具有国际影响力的著作。美国资深研究员娜戴热·罗兰在《中国的欧亚世纪？"一带一路"倡议的政治和战略影响》中认为，"一带一路"不仅罗列出大批基建改造项目，而且它还是一个宏大的战略，服务于中国的愿景，即中国成为欧亚大陆的一大主导力量和世界上首屈一指的国家力量。[②] 英籍学者、香港《南华早报》前驻京记者汤姆·米勒在《中国的亚洲梦：沿新丝绸之路建立帝国》一书中称，"一带一路"倡议、建立亚投行等一系列举措给亚洲乃至世界带来了巨大影响，通过大力投资贫困国家、扩大彼此贸易往来、帮助兴建基础设施等方式，给广大发展中国家带来了福利，亚洲国家大都愿意搭上中国的

[①] 袁鲁霞、王丹：《国际社会对"一带一路"倡议的认知与评价——以海外出版的相关图书为例》，《国际传播》2018 年第 5 期。

[②] 袁鲁霞、王丹：《国际社会对"一带一路"倡议的认知与评价——以海外出版的相关图书为例》，《国际传播》2018 年第 5 期。

发展快车，抓住机遇使本国经济发展呈现生机与活力。① 德国汉学家马可在《丝绸之路的复兴：中国通往欧洲中心》一书表示，如果德国和欧洲其他国家不想在新的时代建设中扮演被动的角色，就需要找寻应对丝绸之路的突破口。因此，有些事情必须改变，即这条路还应该从欧洲的中心返回中国的中心。②

伴随着"一带一路"建设从注重架构布局的"大写意"向强调精耕细作的"工笔画"转变，海外读者群对"一带一路"的兴趣越来越浓厚，关注点也日趋深入，在这一背景下，中外作者联合编撰或中国学者面向外国受众撰写的"一带一路"主题图书陆续推出，系统梳理了"一带一路"理论与实践的初步成果，有效回应了外界的疑虑。中国社会科学院副院长、学部委员、国家全球战略智库理事长蔡昉与英国知名学者彼得·诺兰联合主编了《"一带一路"手册》，成为全球首部关于"一带一路"倡议的百科读本，反映了与"一带一路"理念和实务相关的初衷与原则、历史与现状、基本知识以及最新研究成果。中国人民大学经济学院教授程大为撰写的专著《"一带一路"贸易治理：经济逻辑、价值选择与制度安排》已经于2018年5月由英国罗德里奇出版社面向全球发行，以融通中外的方式，向知识界宣介共建"一带一路"的伟大倡议。

五　全球智库专家"著书立说"，凝聚"一带一路"智慧

智库同媒体一样，都是公共舆论空间的建构者，都被赋予了塑造和引导舆论的基本功能。全球智库通过发布、出版关于"一带一路"的各类研究报告和出版物，为推进"一带一路"建设出招、解惑、指路。尽管智库报

---

①　袁鲁霞、王丹：《国际社会对"一带一路"倡议的认知与评价——以海外出版的相关图书为例》，《国际传播》2018年第5期。

②　袁鲁霞、王丹：《国际社会对"一带一路"倡议的认知与评价——以海外出版的相关图书为例》，《国际传播》2018年第5期。

告的数量较少，发布周期相对较长，但由于其指向精英群体，具有相当的政策影响力；知名智库发布的报告经媒体转载、传播、发酵后，能够在社会公众中产生较大的舆论影响。

共建"一带一路"倡议提出伊始，就成为全球智库涉华研究的重要议题。知名海外中国问题专家，如美国战略与国际问题研究中心的克里斯托弗·约翰逊、俄罗斯远东研究所副所长谢尔盖·卢贾宁、印度尼赫鲁大学东亚研究中心中国研究教授谢钢、新加坡国立大学知名华裔学者郑永年等将"一带一路"作为其研究新方向，频繁撰写文章、接受采访、参加研讨、发表观点。①

2016 年底，荷兰格林根达尔国际关系研究所组织 10 多位欧洲知名中国问题专家共同撰写了报告《欧洲与中国的"新丝绸之路"》，逐一分析比较了英、法、德、意等欧盟 14 个成员国对"一带一路"倡议的态度及立场，掀起了欧洲智库密集研究"一带一路"的高潮。2018 年以来，海外智库对"一带一路"的关注重点逐渐从宏观层面的战略目标，转向"一带一路"如何与本国发展倡议实现对接以及如何进一步推进互联互通项目落地实施等具体问题。2018 年 9 月，美国布鲁金斯学会发布报告呼吁客观理性看待"一带一路"。新西兰战略研究中心发布报告，肯定新政府参与"一带一路"的做法，认为参与推进"一带一路"建设为新西兰提供了增进双边利益、实现既定经济社会发展目标的机会。瑞士世界经济论坛发布报告，探讨"数字丝绸之路"为新兴市场国家的基础设施建设和经济模式转型带来的机遇。

近年来，美俄智库"一带一路"研究态度明显转变。"一带一路"倡议提出伊始，美国智库总体的负面思考多于正面评价，非理性思考多于理性思考，挑拨离间的成分多于建设性因素。但随着"一带一路"的稳步推进，美国智库的积极声音显著增加。智库专家盖尔·拉夫特曾在美国《外交事务》杂志发表长篇评论，从维护美国国家和全球利益角度，建议美国政府以更开放的心态看待"一带一路"倡议，与中国合作，有选择地支持倡议

---

① 孙敬鑫：《"一带一路"建设面临的国际舆论环境》，《当代世界》2015 年 4 月刊。

中的部分项目。美国亚洲基金会新近发表报告，认为长期以来人们忽视了发展中国家对基础设施建设资本的迫切渴求，直言当下对"一带一路"的批评态度几乎建立在不完整和扭曲的刻板印象之上。

俄罗斯智库最初对"一带一路"的反应较为复杂，自 2015 年 5 月习近平访俄，中俄发表联合声明后，俄智库的兴趣和态度转变明显。2015 年 8 月，俄罗斯战略研究所发布报告《太阳在东方升起》，称"一带一路"将为俄罗斯和中亚各国提供发展机遇。2016 年底，俄罗斯危机社会研究中心的专家们撰写了一篇关于"丝绸之路经济带"前景及俄罗斯在其中地位的全面分析报告，态度积极客观。

智库专家在分析"一带一路"倡议的推行和影响的同时，也积极对中国和他国提出应对建议和解决措施。美国卡内基国际和平基金会认为，印度不应阻止中国在南亚地区发展"丝绸之路经济带"项目，而应加入该项目并参与设置相关议程。美国伍德罗·威尔逊中心 2018 年 2 月 6 日发表《中国——新的"近北极国家"》，认为建设"极地丝绸之路"应着力提升科研能力、保护北极环境、参与北极治理并合理利用极地资源。据此建议美国政府应以合作的方式与中国进行接触，支持北极地区负责任地发展。此外，英国查达姆研究所、德国柏林全球公共政策研究所、美国企业公共政策研究所等智库的报告，均对中国提出了加强"一带一路"项目的风险管理、提高投资的透明度和可持续性、增加对沿线国家绿地投资等较为中肯的建议。

随着"一带一路"建设的深入推进，国际智库积极行动起来，整合资源，搭建知识服务平台，为各个领域的研究人员以及国内外企业提供智力支持，引发舆论关注。英国剑桥大学 2017 年 9 月 29 日还成立了"一带一路"国际研究中心，此为英国首个专门从事"一带一路"学术研究的国际智库，英国皇家国际事务研究所、英国国际战略问题研究院、法国国际研究中心、欧洲政策研究中心等 10 多个知名智库成为该研究中心的第一批成员。全球智库还以"一带一路"为主题，举办了多场研讨活动，既涉及宏观层面的政策辩论和形势研判，也针对具体议题进行深入研讨。但是，西方的智库机构、专家由于具有较强的政治影响力和舆论关注度，易受政界操纵，也提出了一些干扰"一带一路"倡议顺利实施的威胁论调。近期仍有智库报告臆测"一带一路"本质，妄称"一带一路"建设充满漏洞，不负责任地抹黑"一带一路"成绩。

值得注意的是，除了传统的媒体、图书、智库等舆论场域以外，互联网时代的社交新媒体平台也早已成为"一带一路"思想和见解迅速展示和传播的平台。周亭等在研究中发现，"一带一路"相关议题在社交媒体中能见度明显提高，YouTube、Twitter 和日本社交媒体 Ameba 都成为"一带一路"重要的新闻来源网站，推进"一带一路"建设的相关议题逐渐渗透到公共和社会领域。[①] 社交平台涉及"一带一路"的发文趋势和媒体发文趋势基本一致。

六 结语

五年来，国际社会对"一带一路"倡议正面肯定的声音不断增多，平衡性报道有所增加，负面质疑有所减少。[②] 随着倡议推广宣介、具体项目落实，以及国际局势受难民危机、英国脱欧、美国大选、极右势力抬头等事件影响而复杂动荡，不确定性急剧上升，外媒对"一带一路"倡议的反应大体经历了担忧质疑、谨慎观望、共识增多、谋求积极转向四大阶段。一千个人心中有一千个哈姆雷特，国际舆论围绕"一带一路"会有些许不同意见，也难免出现杂音噪声。更有少数西方媒体戴着有色眼镜、奉行双重标准，把共建"一带一路"倡议曲解为地缘政治工具、中国版的"马歇尔计划"、经济殖民扩张等，混淆视听，误导公众，增加了"一带一路"沿线国家的疑虑和误解。

如今，站在新的历史起点上，国际舆论普遍希望中国所提倡的互联互

---

① 周亭、程南昌：《全球多语种媒体视野中的"一带一路"传播研究》，《国际传播》2017 年第 5 期，第 15 页。

② 付贺宾：《美英主流媒体涉"一带一路"平衡性报道有所增加》，观察者网，https：//www.guancha.cn/FuHeBin/2018_ 10_ 28_ 477214.shtml。

通、共商共建共享等理念能在全球治理中发挥重要作用,深切期待"一带一路"这条通往人类命运共同体的必由之路,能够将人类发展引向更光明的未来。2019 年,我国将举办第二届"一带一路"国际合作高峰论坛,梳理共建"一带一路"倡议提出五年来的国际舆论反响,更为全面地理解共建"一带一路"的历史地位和世界意义,更加自信昂扬地投入推进"一带一路"建设新征程的伟大实践,为人类发展做出更大的贡献。

附　件

Appendix

B.26

2016年至2019年"'一带一路'蓝皮书"目录

Ⅰ　总报告

Ⅱ　分报告

Ⅲ　国际合作篇

Ⅳ　国内区域篇

IV 专题篇

"一带一路"蓝皮书

Ⅵ　附件

Abstract

Annual Report on Development of the Belt and Road Construction (2019) is divided into five parts: General Report, Sub-reports, International Cooperation, Domestic Regions and Monographic Studies.

The General Report states that in the five years since the Belt and Road Initiative was proposed, China and other countries involved have developped new collaboration modes, activated types of cooperation mechanisms and created many cooperation records, which has facilitated regional economic development and provided Chinese solutions to globalization.

The Sub-reports focus on analyzing China's cooperation with the countries along the Belt and Road in trade, investment, capacity, industrial parks and sports culture. The trade cooperation between China and the countries involved has been enhanced gradually. Remarkable achievements have been made in investment cooperation, and China's investment liberalization and facilitation have been enhanced greatly and its investment abroad has become an important engine driving the increase of global foreign direct investment. In terms of capacity cooperation, positive progress has been achieved. For instance, the capacity cooperation scale is continuously growing, overseas economic and trade cooperation zones have been developing rapidly, and the cooperation fields have been constantly expanded and participants are gradually increasing. Cooperation in industrial parks has become a crucial carrier of China's development modes and philosophy and an important card for the development of overseas investment, while cooperation in sports culture has become an important medium for promoting people-to-people bonding.

The International Cooperation mainly discusses the role of China's cooperation with Central Asia, South Caucasus, West Asia, South Asia, Africa and North Europe in the construction of the Belt and Road. Over the past five years, countries in Central Asia have gained more and more knowledge about the

Belt and Road Initiative. The cooperation between China and South Caucasus has been developing rapidly under the framework of the Belt and Road Initiative, and the bilateral trade investment is growing steadily and initial achievements have been made in policy making, connectivity and capacity cooperation. Through the Belt and Road, the bilateral relation between China and West Asia has been improved. They have developed cooperation in infrastructure construction, energy industry, finance and other fields, through which a compound connective development pattern has been formed. South Asia is an important region along the Belt and Road. The China-Pakistan Economic Corridor and Bangladesh-China-India-Myanmar Economic Corridor are significant components of the Belt and Road. China-Africa cooperation in the Belt and Road construction is the highlight of the international Belt and Road cooperation. In the past five years, the role of China-Africa cooperation has shifted from an experimental pioneer to an exemplary model for international Belt and Road cooperation. Nordic countries are distant from China geographically but are active in seeking their own development through the Belt and Road.

In Domestic Regions part, attention is given to the planning and implementation of the Belt and Road construction in Beijing, Jiangsu, Fujian, Sichuan, Shanxi, Inner Mongolia, Guangxi and Ningxia. Beijing has been participating in the construction based on its city orientation and advantages, and will implement the Belt and Road Initiative continuously, playing an exemplary role as a pioneer through accelerating the transformation of city functions. Jiangsu Province has been focusing on the construction of the meeting point of the Belt and Road and endeavors to promote facility connectivity and reinforce the river-ocean and land-sea coordination. Fujian lays emphasis on both business cooperation and cultural exchanges and attempts to develop all-round cooperation in multiple field with the countries along the Belt and Road. Based on the construction of transportation network, Sichuan is able to combine its economic and cultural resources with those of the countries along the Belt and Road and to execute its "251" economic development plan. The proposal of the Belt and Road Initiative has brought Shanxi to the frontier for opening up from the inland. In China's general plan of Belt and Road Initiative, Inner Mongolia is entrusted with the duty to connect Russia and Mongolia by taking its geographical advantage. Guangxi has achieved positive results in the promotion of building new channels for international land-sea trade and the China-ASEAN Information Port. Ningxia has been reinforcing exchanges and cooperation with the countries along the Belt and Road through the construction of an inland opening-up economic zone and the China-Arab States Expo.

The Monographic Studies illustrate the prospects and problems concerning state-owned enterprise' cooperation, cooperation with Central Asia, Belt-Union alignments, overseas interest protection and public opinions. CITIC Group offers a typical case of synergetic business mode for the Belt and Road construction. The Silk Road Economic Belt has brought new power for the developments in Central Asia. The docking development of the Silk Road Economic Belt and the Eurasian Economic Union is in response to each's need for future development and there is a good foundation for the alignment. There are both opportunities and challenges concerning the protection of oversea interest. Over the past five years, interpretations of the Belt and Road Initiative have been made around the world through news media, books and think tank studies, which has aroused a great deal of positive public opinions and gradually strengthened the global consensus.

Contents

I General Report

Abstract: In the five years since the Belt and Road Initiative was proposed,
China and other countries involved have developed new collaboration modes,
activated types of cooperation mechanisms and created many cooperation records,
which has facilitated regional economic developments and provided Chinese
solutions to globalization. Globalization has changed peoples' awareness and
understandings toward their interests and rights in each country. It is the demand of
the times to respect these interests and rights and to treat our partners with a new
attitude. Equality, mutual benefit and inclusiveness are genuinely included in the
cooperation philosophy of the Belt and Road Initiative.

Keywords: The Belt and Road Initiative; Global Governance; Chinese
Solutions

II Sub-reports

Abstract: Since the Belt and Road Initiative was proposed five years ago, trade cooperation between China and the countries involved has been boosted gradually. According to the trade value and proportion, the ratio of China' exports to the countries along the Belt and Road to the total exports is continuously growing while the ratio of imports from these countries fluctuates due to the fluctuation of the prices of staple commodities. In terms of the trade structure, inter-industry trade is the main structural feature between China and the Belt − and − Road countries, while it features obvious intra-industry trade between China and Southeast Asian countries. This shows a higher level of labor division within industry between China and the countries along the Belt and Road, which accounts for the higher trade value. Relatively speaking, central and eastern European countries are more industrialized, but the industrial trade with China demonstrates a lack of intra-industrial labor division and cooperation. The development of the cooperation with the countries along the Belt and Road is still limited to the progress in trade facilitation and the construction of free trade zones which is the main measure taken to promote trade facilitation.

Keywords: The Belt and Road; Trade Cooperation; Trade Facilitation; Free Trade Zones

Abstract: Remarkable achievements have been made since the Belt and

Road Initiative was proposed five years ago. China's investment liberalization and facilitation have been enhanced greatly and its investment abroad has become an important engine driving the increase of global foreign direct investment. But meanwhile, there remain problems regarding China's investment in the countries along the Belt and Road. For instance, the investment is imbalanced in terms of space and industry distribution, the completion rate of cross-border mergers and acquisitions is low, the profit status of overseas economic and trade cooperation parks is worrying and the guarantee of bilateral investment treaty is not very effective. Therefore, China needs to start from a top-level design and promote cooperation with the Belt-and-Road countries in investment field through continuously optimizing the facilitation of foreign direct investment, scientifically evaluating the oversea targets of state-owned enterprises' mergers and acquisitions, adopting localization and diversified business models in the economic and trade cooperation parks and reconfiguring bilateral investment treaties.

Keywords: The Belt and Road Initiative; Foreign Direct Investment; Cross-Border Mergers and Acquisitions; Overseas Economic and Trade Cooperation Parks; Bilateral Investment Treaty

B. 4 Capacity Cooperation between China and the Countries along the Belt and Road   *Guo Chaoxian, Yang Xiaoyan* / 052

Abstract: In the last five years, China has developed cooperation with the countries along the Belt and Road and achieved positive progress. For instance, the capacity cooperation scale is continuously growing, several major landmark projects have been initiated; oversea economic and trade cooperation zones have been developing rapidly and distribute dispersedly as a whole and concentratedly in parts; cooperation fields have been expanded constantly and participants are gradually increasing; Eastern area is the main gateway for Chinese enterprises to go global while central and western areas have great potential; the Belt and Road capacity cooperation, China-Central and Eastern Europe (16 + 1) and China-Africa cooperation have been developing synergistically. Nonetheless, the current capacity cooperation is still confronted with problems and obstacles, including low cooperation level and development quality of the oversea industrial zones, financing difficulties, limited acceptance of China's technical standards and high risks in oversea investment. However, we think there is bright prospect for the Belt and Road capacity cooperation and a new picture will be revealed: China's success in industrialization will enhance its international influence, the Belt and Road capacity cooperation will accelerate; related domestic policies will be improved gradually to facilitate the capacity cooperation; the preparation and experience of investment will effectively increase the benefit of cooperation and decrease the risks; the Belt and Road capacity cooperation will restructure the international division of labor and China will lead the new international industry chain. At the end, this article put forward some suggestions. We should make better overall planning and improve the supporting system for international capacity cooperation; further strengthen the construction of oversea industrial zones and optimize the management mechanism of the industrial zones; innovate in capacity cooperation modes and improve success chances and economic interest; create new investment and financing mechanisms and overcome the financing difficulties; encourage the adoption of Chinese technical standards and implement strategies for standard internationalization; actively develop cooperation with third parties and advance the formation of the community of common destiny; strengthen country studies and reduce risks in capacity cooperation; reinforce the construction of compliance capability and avoid risks in overseas operations.

Keywords: The Belt and Road; Capacity Cooperation; Oversea Industrial Zones; Prospect and Outlook

B. 5   Industrial Park Cooperation between China and the Countries

along the Belt and Road *Zou Haofei*, *Tan Xiao and Du Zhenli* / 074

Abstract: Cooperation with industrial parks along the Belt and Road is an important way to implement the Belt and Road Initiative and an important platform to realize international capacity and investment cooperation. It is also a crucial carrier of China's development modes and philosophy and an important card for developing of overseas investment. This article analyzes the background, significance and relevant measures or policies concerning the cooperation among the industrial parks along the Belt and Road, investigates the status quo and achievements as well as the problems in the cooperation and poses some specific suggestions and countermeasures.

Keywords: Overseas Economic and Trade Cooperation Zones; Industrial Park Cooperation; Capacity Cooperation

B. 6   Sports Culture Cooperation between China and the Countries

along the Belt and Road   *Meng Tao* / 089

Abstract: The Belt and Road construction has entered into the a critical period summarized as "focus on the key points and work with greater care". Sports are like a kind of body language that is comprehensible to the whole world and thus its power in bonding people is prominent. Based on literature review and field visit, expert interview and logical analysis, this study focuses on the international communication and cooperation of sports culture and the Belt and Road construction. The study also reviews the sports culture communication of the ancient Silk Road and analyzes the achievements, new characteristics and trends of the current international sports communication and cooperation under the background of the Belt and Road Initiative. In this way, lessons could be drawn for future development of the traditional sports in the countries involved. Besides, the study also elaborates on the connections regarding traditional sports in China and Central Asia, Southeast Asian countries, etc. At the end, this article also proposes some pertinent suggestions.

Keywords: The Belt and Road; Sport Culture Cooperation; International Exchanges and Cooperation

III International Cooperation

Abstract: Over the last five years, countries in Central Asia have gained more and more knowledge about the Belt and Road Initiative and their initial interest has grown into a sincere support and expectation. Significant achievements have been harvested in Central Asia. For instance, the policy coordination is smooth, facilities connectivity is promoted steadily, capacity cooperation is developed comprehensively, breakthroughs have been made in financial cooperation and rich results have been attained in people-to-people bonding. But meanwhile, the Belt and Road construction has encountered some problems, including the emergence of the threat theory about the investments, limited improvement of the investment environment and lack of agreements on technical standards, etc. Though there are problems, the general trend is for a deeper cooperation in light of the highly corresponding bilateral strategic interest.

Keywords: The Belt and Road; Central Asia; Regional Cooperation

"一带一路"蓝皮书

B. 8 The Belt and Road Construction and the Cooperation with South Caucasus

Deng Hao / 120

Abstract: South Caucasus is one of the important passages linking China and Europe and is an important region in the Belt and Road construction. In the last five years, the cooperation between China and South Caucasus has been developing rapidly under the framework of the Belt and Road Initiative, the bilateral trade investment is growing steadily and initial achievements have been made in policy making, connectivity and capacity cooperation. Meanwhile, the Belt and Road construction in South Caucasus is mainly confronted with four challenges concerning regional hotspot issues, internal political situation, economic development and external influences. Generally speaking, based on the need of the Belt and Road construction, the tendency of regional political situations and the development of China-South Caucasus relation, there are great potentials and positive prospects for China and South Caucasus to jointly build the Belt and Road.

Keywords: South Caucasus; The Belt and Road; Connectivity

B. 9 The Belt and Road Construction and the Cooperation with West Asia

Zhang Yuan / 134

Abstract: West Asia lies in the area where the Belt and the Road meet. The Belt and Road Initiative is a platform provided by China for international cooperation. It represents the global value of constructing a community with a shared future for mankind and aligns with the developmental interest for every country. Through the Belt and Road, the bilateral relation between China and West Asia has been improved. They have developed diverse cooperation in infrastructure construction, energy industry, finance and other fields, through which a compound connective development pattern has been formed. Most countries in West Asia are developing countries and China is an emerging country. They all have imperative demands for cooperation in economic development. The cooperation emphasizes on government negotiations as well as the needs of people's livelihood; promotes energy cooperation and the creation of new energies and technologies; respects peace and security and meanwhile speaks up for the weak; attaches importance to the existing multilateral mechanisms and also to the construction of new multilateral mechanisms participated or initiative by China. West Asia is facing structural dilemmas, such as fragmentation of nations, communal conflicts, terrorism, external interference and civil misunderstandings. To solve these problems in the future, China's wisdom and solutions under the framework of the Belt and Road are needed.

Keywords: The Belt and Road; West Asia; Strategic Partnership; Connective Development

B. 10 The Belt and Road Construction and the Cooperation with South Asia *Tang Qifang* / 156

Abstract: South Asia is an important region along the Belt and Road. The China-Pakistan Economic Corridor and Bangladesh-China-India-Myanmar Economic Corridor are significant components of the Belt and Road. At present, these key projects and the bilateral cooperation between China and the South Asian countries has all achieved some progress and meanwhile encountered some challenges, such as the influence of India, political instability of host countries and poor business environment. But in general, the Belt and Road Initiative is highly congruent with the development strategies of the South Asian countries, is able to meet the practical needs of local developments and is widely embraced in this region and thus there is great potential for further development and cooperation.

Keywords: The Belt and Road; South Asia; Countermeasures

B. 11　The Belt and Road Construction and the Cooperation

with Africa　　　　　　　　　　　　　　*Zhao Chenguang* / 169

Abstract: China-Africa cooperation in the Belt and Road construction is the highlight of the international Belt and Road cooperation. In the last five years, the role of China-Africa cooperation has shifted from an experimental pioneer to an exemplary model for international Belt and Road cooperation. This is reflected not only from the accomplishments made in connectivity building through China-Africa cooperation but also from the path choice made for "the five types of connectivity". In the future, China-Africa cooperation in building the Belt and Road needs to be further deepened, should pay attention to the strategic values of the Forum on China-Africa Cooperation, the direction of China-Africa developmental strategies and the impact of Indo-pacific geostrategy and maintain the merits, features and highlights in the cooperation.

Keywords: The Belt and Road; China-Africa Cooperation; the Five Types of Connectivity

B. 12　The Belt and Road Construction and the Cooperation

with North Europe　　　　　　　　　　　*Zhao Yang* / 183

Abstract: It has been five years since the Belt and Road Initiative was established in 2013. During these years, China have developed deep and wide cooperation with the countries along the Belt and Road in infrastructure construction, import and export business, financial cooperation, investment and financing business, etc. and remarkable results have been achieved. Northern European countries are distant from China geographically but are active in seeking their own development through the Belt and Road. Besides, the five Nordic countries are the original members of the Asian Infrastructure Investment Bank which is the important pillar for the Belt and Road construction. Meanwhile, because there are no historical disputes or interest conflicts between China and the Nordic countries, the cooperation meets less political barriers and North Europe can become the extension of the Belt and Road to the north. On the other hand, the Nordic countries are located in the Arctic area where there are rich natural resources with a relatively sparse population, so there is a great need for infrastructure construction. China has advantages in this aspect and thus can collaborate with the Nordic countries to improve the infrastructure construction in the Arctic region and to benefit both from the development of this region.

Keywords: The Belt and Road; Five Nordic Countries; Regional Cooperation; Connectivity

Ⅳ   Domestic Regions

B. 13   Planning and Implementation of Beijing City's Participation
in the Belt and Road Construction   *Li Tieniu* / 199

Abstract: In 2013, President Xi Jinping proposed to jointly develop the Silk Road Economic Belt and the 21st-Century Maritime Silk Road. In the past five years, Beijing has been participating in the construction based on its city orientation and advantages. On October 22nd 2018, Beijing announced "Beijing's three-year plan to promote the construction of the Belt and Road (2018 −2020)" which included 70 key tasks for the following three years. This indicates that Beijing will implement the Belt and Road Initiative continuously and will play an exemplary role as a pioneer through accelerating the transformation of city functions.

Keywords: The Belt and Road; Beijing; Foreign Trade; Cultural Exchanges

B. 14   Planning and Implementation of Jiangsu Province's

Participation in the Belt and Road Construction   *Li Feng* / 216

Abstract: In recent years, Jiangsu Province has been focusing on the construction of a meeting point of the Belt and Road. It endeavors to promote facility connectivity and reinforce the river-ocean and land-sea coordination, to develop international capacity cooperation and facilitate the integration of "going global" and "bring in"; to develop economic and cultural exchanges and build new platform and channels; to strengthen the construction of the strategic joint cities and enhance its fulcrum role; to expand financial cooperation and promote financial connectivity; to forge exemplary projects and advance people-to-people bonds. In order to guarantee the smooth construction of the Belt and Road, Jiangsu Province has established a series of policy promotion systems, including strengthening organizational leadership, increasing financial support, enhancing financial service, improving service assurance, expediting talents team construction and reinforcing risk prevention and control, etc.

Keywords: Jiangsu Province; Opening up; The Belt and Road

B. 15   Planning and Implementation of Fujian Province's

Participation in the Belt and Road Construction

Li Hongjie, Liao Meng / 229

Abstract: Fujian Province makes full use of its advantages and takes active part in the Belt and Road planning and construction. In order to achieve win-win and mutual benefit and to develop together with the countries and regions along the Belt and Road, it lays equal emphasis on business cooperation and cultural exchanges, adopts both "going out" and "bring in" strategies, develops all-round cooperation in multiple fields and accelerates promotions of connectivity, maritime cooperation and system and mechanism innovations.

Keywords: Fujian Province; The Belt and Road Construction; Planning; Implementation

B. 16   Planning and Implementation of Inner Mongolia's
         Participation in the Belt and Road Construction

Zhang Yongjun , Kang Lei and Qi Jing / 244

Abstract: Inner Mongolia lies near to the northern border of China and borders on Russia and Mongolia. Hence it has a special advantage and role for the opening up to the north. In the general plan of the Belt and Road Initiative, Inner Mongolia is entrusted with the duty to connect Russia and Mongolia by taking its geographical advantage. This article analyzes the status quo and the major accomplishments of the cooperation between Inner Mongolia and the countries along the Belt and Road, elaborates briefly on the problems at present and finally proposes some specific suggestions for Inner Mongolia's future participation in developing the Belt and Road and an all-round opening-up pattern.

Keywords: Inner Mongolia; Economic Development; Infrastructure; Economic Corridor

B. 17   Planning and Implementation of Sichuan Province's
         Participation in the Belt and Road Construction

Da Jie , Hu Qinglong / 259

Abstract: Sichuan is a province with a large population, rich cultural and natural recourses. Sichuan is in southwest China and is a transportation hub for inland China and Europe. China's the Belt and Road Initiative has provided a good opportunity for Sichuan's economic development. Through the Belt and Road transportation construction, Sichuan has become a channel for freight transport

between inland China and Europe. And more importantly, through the implementation of "Chengdu-Europe +" strategy and based on the construction of transportation network, Sichuan is able to combine its economic and cultural resources with those of the countries along the Belt and Road, make full use of the market mechanism to allocate the resources effectively, and take full advantage of the cultural-communication platform and the China (Sichuan) Pilot Free Trade Zone to execute its "251" economic development plan. In the last five years, Sichuan has gradually grown from a participant into a facilitator for the regional economic development and become an important fulcrum for the implementation of the international Belt and Road Initiative. The "Chengdu-Europe +" strategy, the China (Sichuan) Pilot Free Trade Zone and international cultural exchanges have already become vital measures to implement the Initiative.

Keywords: The Belt and Road; Sichuan Province; Planning and Implementation

B. 18   Planning and Implementation of Guangxi's Participation in
         the Belt and Road Construction   *Cao Jianfei, Ge Hongliang* / 276

Abstract: Since the Belt and Road Initiative was proposed, Guangxi Province has been taking active part in the construction as an important gateway for the Belt and Road. Over the last five years, Guangxi has achieved positive results and gained rich experiences in developing new channels for international land-sea trade, the China-ASEAN Information Port, the international capacity cooperation, the cultivation of new strengths in trade competition, financial cooperation and cultural exchanges. However, Guangxi is also confronted with challenges and problems, such as the weakness in infrastructure construction, the urgent need for platform transformation and upgrade, the need for higher-level communication and cooperation and shortage in funds, etc. In the future, Guangxi should focus on building new channels for land-sea trade, make the best efforts to promote the facility connectivity construction and platform transformation, enhance cooperation quality, provide services for the Belt and Road construction and furtherly make contribution to the creation of "China-ASEAN Community of Common Future".

Keywords: The Belt and Road; New Channels for Land-Sea trade; International Capacity Cooperation; Facilities Connectivity; Guangxi Province

B. 19   Planning and Implementation of Shanxi Province's
         Participation in the Belt and Road Construction

Wang Jianan / 297

Abstract: Shanxi is the start of the Ancient Silk Road and thus has deep historical connection with the Belt and Road. In this new era, the proposal of the Belt and Road Initiative has brought Shanxi to the frontier for opening up from the inland. Following China's general plan for the Belt and Road construction, Shanxi issues "The Action Plan for the Belt and Road Construction" annually. It has been taking active part in building the five types of connectivity, "the Five Centers for the Belt and Road" and a new inland platform for reform and opening up. Shanxi has been playing a more and more important role in the new opening-up pattern of "land-sea connectivity, east-west mutual benefit".

Keywords: Shanxi Province; The Belt and Road Construction; Open Economy

B. 20   Planning and Implementation of Ningxia's Participation
         in the Belt and Road Construction

Wang Jianmin, Wang Xiaotao and Tuo Xingxing / 311

Abstract: Since 2013 when General Secretary Xi Jinping proposed the Belt and Road Initiative, Ningxia Hui Autonomous Region has attached great

importance to it. By focusing on policy communication, facilities connectivity, trade and finance connecting, and communication between people, the government has made a scientific evaluation of Ningxia's advantages and disadvantages in developing the Silk Road Economic Belt. After years of efforts, following the principle of innovation and development, Ningxia has made remarkable progress in the construction of the Belt and Road. Exchanges with foreign countries have been improved and pragmatic cooperation has been deepened. This demonstrates the active role of Ningxia and the great responsibility that Ningxia has taken. First, the international influence of China-Arab States Expo has been continuously enhanced and it has become an important platform for foreign exchanges and cooperation. Second, China has established its first inland opening-up pilot economic zone, providing experience for inland opening up. Third, the construction of aviation, railway, highway, network and other passageways has developed comprehensively, providing an important guarantee for China's opening to the outside world, especially to the west. In the future, Ningxia will continue to innovate and strengthen the mechanism for holding the China-Arab States Expo and further enhance its international influence. Yinchuan Hedong airport will be built into an open inland international aviation hub to serve the Belt and Road as the main channel of the Air Silk Road to West Asia and North Africa. By taking the opportunity of the construction of a region-wide tourism demonstration zone, Ningxia will emphasize on building a distinctive international tourism destination and become an important international tourism transit port in China.

Keywords: Ningxia; The Belt and Road; Regional Economy

V Monographic Studies

Abstract: China International Trust & Investment Corporation (CITIC) is
one of the state-owned enterprises that firstly started overseas investment and
financing business in response to China's reform and opening policy. At present, its
businesses have reached to over sixty countries in the world and it has accumulated
rich overseas-business resources and experiences. During its participation in the Belt
and Road construction, CITIC has been taking full advantage of its strengths in
multi-industry synergy and external resources to actively develop overseas
business. Its efforts have led to some achievements which could provide insights and
references for others.

Keywords: CITIC Group; State-owned Enterprises; The Belt and Road;
Business Synergy

Abstract: It has been five years since the Silk Road Economic Belt initiative
was proposed and the initiative has brought six positive changes to the countries in
Central Asia. Firstly, it improved the friendship relations between Central Asia and
China. Secondly, it facilitated the process of Central Asian countries' participation
into the economic globalization. Thirdly, it helped with the development of a
diversified economic structure in Central Asian countries. Fourthly, it alleviated the
fund shortage in Central Asia. Fifthly, it helped these countries develop toward

economic integration. Lastly, it promoted the construction of a community with a shared future for all mankind. Xi Jinping's diplomatic philosophy in the new era of socialism with Chinese characteristics shows the direction for developing friendly relations with Central Asian countries. With joint efforts, the Silk Road Economic Belt construction has already brought and will continuously bring great benefit for both sides.

Keywords: The Silk Road Economic Belt; Central Asian Countries

B. 23 The Cooperation of the Construction of the Silk Road Economic Belt and the Eurasian Economic Union

Liu Huaqin / 361

Abstract: In 2013, President Xi Jinping proposed the Belt and Road Initiative (BRI) for the first time. On January 1st 2015, the Eurasian Economic Union (EEU) came into force. To align the BRI and the EEU construction is in response to each's need for development and there is a good foundation for the alignment. They are mutually reinforcing. The promotion of trade facilitation will reduce the trade costs, which will create positive conditions for expanding trade scale between China and the member countries of EEU. And it is a win-win cooperation to build free trade zones and both sides should set this as a long-term goal. On this basis, studies could be conducted on the feasibility of developing Eurasian economic partnership and thereby cooperation could be facilitated. This could lay foundations for building an all-round and high-level trade and investment liberalization.

Keywords: The Belt and Union Alignment; The Belt and Road; Trade Facilitation

Abstract: It is getting more and more difficult for China's traditional overseas interest protection mode to meet the needs in protecting the interest of the Belt and Road projects. This article makes a comprehensive elaboration on the possible risks and challenges confronting the projects in the Belt and Road construction. Besides, based on the analysis of the weaknesses of the traditional overseas interest protection mode home and abroad, this article suggests that security system should be established with focus on key projects and specific suggestions should be proposed for the development of the overseas security industry. This has practical implications for the mechanism reform of the security protection of the Belt and Road projects and China's overseas interest protection.

Keywords: The Belt and Road; Project Risks; Integrated Countermeasures of Projects Risks; Security Industry

Abstract: In the five years since the Belt and Road Initiative was established, it has attracted great attention from foreign media (including Chinese media abroad), think tanks and books. This article analyzes the reports and comments of international mainstream media, media in the countries along the Belt and Road and overseas Chinese media, academic views of global think-tank experts and books focusing on the Belt and Road. It aims to present a comprehensive picture on overseas comments on the promotion of the Belt and Road Initiative, analyze the characteristics of the international public opinions or reactions and explore the world's responses or resonances. Thereby, the changing tendency of the responses and opinions over the last five years is summarized. It is expected to gain a more

profound comprehension on the historical and international significance of the joint development of the Belt and Road and to provide insights into future promotion of the Belt and Road initiative with higher quality.

Keywords: The Belt and Road Initiative; Fifth Anniversary of the Belt and Road; Public Opinions

Ⅵ   Appendix

❖ 皮书起源 ❖

"皮书"起源于十七、十八世纪的英国,主要指官方或社会组织正式发表的重要文件或报告,多以"白皮书"命名。在中国,"皮书"这一概念被社会广泛接受,并被成功运作、发展成为一种全新的出版形态,则源于中国社会科学院社会科学文献出版社。

❖ 皮书定义 ❖

皮书是对中国与世界发展状况和热点问题进行年度监测,以专业的角度、专家的视野和实证研究方法,针对某一领域或区域现状与发展态势展开分析和预测,具备原创性、实证性、专业性、连续性、前沿性、时效性等特点的公开出版物,由一系列权威研究报告组成。

❖ 皮书作者 ❖

皮书系列的作者以中国社会科学院、著名高校、地方社会科学院的研究人员为主,多为国内一流研究机构的权威专家学者,他们的看法和观点代表了学界对中国与世界的现实和未来最高水平的解读与分析。

❖ 皮书荣誉 ❖

皮书系列已成为社会科学文献出版社的著名图书品牌和中国社会科学院的知名学术品牌。2016 年,皮书系列正式列入"十三五"国家重点出版规划项目;2013~2019 年,重点皮书列入中国社会科学院承担的国家哲学社会科学创新工程项目;2019 年,64 种院外皮书使用"中国社会科学院创新工程学术出版项目"标识。

权威报告·一手数据·特色资源

皮书数据库
ANNUAL REPORT(YEARBOOK)
DATABASE

当代中国经济与社会发展高端智库平台

所获荣誉

- 2016年，入选"'十三五'国家重点电子出版物出版规划骨干工程"
- 2015年，荣获"搜索中国正能量 点赞2015""创新中国科技创新奖"
- 2013年，荣获"中国出版政府奖·网络出版物奖"提名奖
- 连续多年荣获中国数字出版博览会"数字出版·优秀品牌"奖

成为会员

通过网址www.pishu.com.cn访问皮书数据库网站或下载皮书数据库APP，进行手机号码验证或邮箱验证即可成为皮书数据库会员。

会员福利

- 已注册用户购书后可免费获赠100元皮书数据库充值卡。刮开充值卡涂层获取充值密码，登录并进入"会员中心"—"在线充值"—"充值卡充值"，充值成功即可购买和查看数据库内容。
- 会员福利最终解释权归社会科学文献出版社所有。

社会科学文献出版社 皮书系列
SOCIAL SCIENCES ACADEMIC PRESS (CHINA)

卡号：971129473285
密码：

数据库服务热线：400-008-6695
数据库服务QQ：2475522410
数据库服务邮箱：database@ssap.cn
图书销售热线：010-59367070/7028
图书服务QQ：1265056568
图书服务邮箱：duzhe@ssap.cn

基本子库
SUB DATABASE

中国社会发展数据库（下设 12 个子库）

全面整合国内外中国社会发展研究成果，汇聚独家统计数据、深度分析报告，涉及社会、人口、政治、教育、法律等 12 个领域，为了解中国社会发展动态、跟踪社会核心热点、分析社会发展趋势提供一站式资源搜索和数据分析与挖掘服务。

中国经济发展数据库（下设 12 个子库）

基于"皮书系列"中涉及中国经济发展的研究资料构建，内容涵盖宏观经济、农业经济、工业经济、产业经济等 12 个重点经济领域，为实时掌控经济运行态势、把握经济发展规律、洞察经济形势、进行经济决策提供参考和依据。

中国行业发展数据库（下设 17 个子库）

以中国国民经济行业分类为依据，覆盖金融业、旅游、医疗卫生、交通运输、能源矿产等 100 多个行业，跟踪分析国民经济相关行业市场运行状况和政策导向，汇集行业发展前沿资讯，为投资、从业及各种经济决策提供理论基础和实践指导。

中国区域发展数据库（下设 6 个子库）

对中国特定区域内的经济、社会、文化等领域现状与发展情况进行深度分析和预测，研究层级至县及县以下行政区，涉及地区、区域经济体、城市、农村等不同维度。为地方经济社会宏观态势研究、发展经验研究、案例分析提供数据服务。

中国文化传媒数据库（下设 18 个子库）

汇聚文化传媒领域专家观点、热点资讯，梳理国内外中国文化发展相关学术研究成果、一手统计数据，涵盖文化产业、新闻传播、电影娱乐、文学艺术、群众文化等 18 个重点研究领域。为文化传媒研究提供相关数据、研究报告和综合分析服务。

世界经济与国际关系数据库（下设 6 个子库）

立足"皮书系列"世界经济、国际关系相关学术资源，整合世界经济、国际政治、世界文化与科技、全球性问题、国际组织与国际法、区域研究 6 大领域研究成果，为世界经济与国际关系研究提供全方位数据分析，为决策和形势研判提供参考。

法律声明

　　"皮书系列"（含蓝皮书、绿皮书、黄皮书）之品牌由社会科学文献出版社最早使用并持续至今，现已被中国图书市场所熟知。"皮书系列"的相关商标已在中华人民共和国国家工商行政管理总局商标局注册，如LOGO（▊）、皮书、Pishu、经济蓝皮书、社会蓝皮书等。"皮书系列"图书的注册商标专用权及封面设计、版式设计的著作权均为社会科学文献出版社所有。未经社会科学文献出版社书面授权许可，任何使用与"皮书系列"图书注册商标、封面设计、版式设计相同或者近似的文字、图形或其组合的行为均系侵权行为。

　　经作者授权，本书的专有出版权及信息网络传播权等为社会科学文献出版社享有。未经社会科学文献出版社书面授权许可，任何就本书内容的复制、发行或以数字形式进行网络传播的行为均系侵权行为。

　　社会科学文献出版社将通过法律途径追究上述侵权行为的法律责任，维护自身合法权益。

　　欢迎社会各界人士对侵犯社会科学文献出版社上述权利的侵权行为进行举报。电话：010-59367121，电子邮箱：fawubu@ssap.cn。

社会科学文献出版社